UTB 2049

UTB
FÜR WISSEN
SCHAFT

Eine Arbeitsgemeinschaft der Verlage

Wilhelm Fink Verlag München
A. Francke Verlag Tübingen und Basel
Paul Haupt Verlag Bern · Stuttgart · Wien
Hüthig Fachverlage Heidelberg
Verlag Leske + Budrich GmbH Opladen
Lucius & Lucius Verlagsgesellschaft Stuttgart
Mohr Siebeck Tübingen
Quelle & Meyer Verlag Wiesbaden
Ernst Reinhardt Verlag München und Basel
Schäffer-Poeschel Verlag Stuttgart
Ferdinand Schöningh Verlag Paderborn · München · Wien · Zürich
Eugen Ulmer Verlag Stuttgart
Vandenhoeck & Ruprecht in Göttingen und Zürich

Die Ökonomik des Alltags

Von Baseball über Gleichstellung zur Einwanderung: Was unser Leben wirklich bestimmt

von

Gary S. Becker

und

Guity Nashat Becker

übersetzt von

Gerhard Engel

Mohr Siebeck

Gary S. Becker ist Professor im ökonomischen Fachbereich der Universität von Chicago und Fellow der Hoover Institution in Stanford. Im Jahr 1992 erhielt er den Nobelpreis für Wirtschaftswissenschaften.

Guity Nashat Becker ist Associate Professor für Geschichte an der Universität von Illinois in Chicago, Fellow der Hoover Institution in Stanford und Absolventin der Columbia University School of Journalism.

Die Deutsche Bibliothek – CIP-Einheitsaufnahme

Becker, Gary S.:
Die Ökonomik des Alltags : von Baseball über Gleichstellung zur Einwanderung: was unser Leben wirklich bestimmt / von Gary S. Becker und Guity Nashat Becker. Übers. von Gerhard Engel. – Tübingen : Mohr Siebeck, 1998
(UTB für Wissenschaft : Uni-Taschenbücher ; 2049)
Einheitssacht.: The economics of Life ⟨dt.⟩
ISBN 3-8252-2049-4 (UTB)
ISBN 3-16-146825-2 (Mohr Siebeck)

Titel der Originalausgabe: *The Economics of Life. From baseball to affirmative action to immigration, how real-world issues affect our everyday life.*

ISBN 3-8252-2049-4 UTB Bestellnummer

Im Gedenken an
Marvin Becker und **Amir Nashat**
wundervolle Brüder
die viel zu früh
von uns genommen
wurden

Inhaltsverzeichnis

1.

Vom Elfenbeinturm zum Kolumnisten

Wie alles begann. Garys Laufbahn schlug eine entschieden andere Richtung ein, als er vor mehr als 10 Jahren seinem neuen Beruf als ‚Journalist' nachzugehen begann – war er doch seit langem als ein führender Wissenschaftler anerkannt. Anfang 1985 erhielt Gary einen Anruf von Seymour Zucker, einem der Herausgeber der *Business Week*. Er wollte wissen, ob Gary regelmäßig für dieses Magazin schreiben wolle. Wir waren sehr überrascht von diesem Angebot, weil er nie zuvor ein einziges Wort für Zeitungen oder andere auflagenstarke Zeitschriften verfaßt hatte. Seine Bücher und Artikel waren mit mathematischen Ausdrücken gespickt und richteten sich an ein professionelles Publikum.

Die *Business Week* schlug vor, daß Gary alle 4 Wochen eine Kolumne schreiben sollte – im Wechsel mit drei anderen Autoren, die schon zugestimmt hatten: Alan Blinder, Robert Kuttner und Paul Craig Roberts. Kuttner und Roberts wurden der politischen Linken bzw. Rechten zugerechnet, während Blinder und Gary mehr als Theoretiker und Vertreter eines mittleren Kurses galten – mit Blinder links und mit Gary rechts von der Mitte.

Garys erste Reaktion war, das Angebot abzulehnen, obwohl er wußte, daß viele Ökonomen nur auf eine solche Gelegenheit warteten. Er ahnte, daß es eine Menge Zeit kosten würde, für ein breites Publikum zu schreiben, vor allem, wenn man darin unerfahren war; und es würde ihn von einem umfangreichen Forschungsprogramm ablenken, an dem er beteiligt war.

Zu dieser Zeit war fast jeder, der regelmäßig für Zeitungen und Zeitschriften über Ökonomie schrieb, an makroökonomischen Fragen interessiert: ob die Konjunktur sich stetig weiterentwickeln oder in eine Rezession abkippen wird, wie sich die Arbeitslosigkeit und die Zinssätze in den nächsten Monaten entwickeln werden, und ähnliche Fragen. Solche Dinge gehörten nicht zu Garys beruflichen Interessen, schon weil er glaubte, daß die Wirtschaftswissenschaft kaum etwas zur Vorhersage kurzfristiger Veränderungen in der Wirtschaft beigetragen hat (vgl. dazu die Diskussion in Teil 14).

Diese Zweifel gaben dem wesentlichsten Grund für Garys Abneigung noch mehr Gewicht: die Furcht, daß er scheitern könnte. Das war um so eher zu erwarten, als die Kolumnen eine Seite der *Business Week* ausfüllen sollten – nicht mehr und nicht weniger. Zahlreiche bedeutende Autoren haben angemerkt, daß es viel schwerer ist, sich kurz zu fassen, als in aller Ausführlichkeit zu schreiben. Blaise Pascal verteidigte sich im Jahre 1656: „Ich habe diesen Brief länger als üblich werden lassen, weil mir die Zeit fehlt, ihn kurz zu fassen." Und gerade Gelehrte gehören zu den schlimmsten Platzverschwendern: Wie George Stigler einmal bemerkte, braucht ein typischer Professor schon fünf Seiten, bloß um sich zu räuspern! In dieser wissenschaftlichen Tradition aufgewachsen glaubte Gary nicht, daß er sich im Rahmen der etwas über 800 Wörter einer Kolumne klar ausdrücken konnte.

Gary holte den Rat von drei Mentoren und Freunden ein: Milton Friedman, Ted Schultz und George Stigler – alle Nobelpreisträger für Wirtschaftswissenschaften. Von Friedman hatte er schon erwartet, daß er sich positiv äußern würde, da dieser über viele Jahre hinweg eine bemerkenswert erfolgreiche Kolumne für die *Newsweek* geschrieben hatte. Aber Gary war doch überrascht, daß sowohl Stigler, einer seiner engen Freunde, als auch Schultz der Meinung waren, er solle akzeptieren, obwohl George davor warnte, daß ihm nach zwei oder drei Jahren die zugkräftigen Themen ausgehen könnten.

Natürlich beriet sich Gary auch mit seiner Frau Guity, außerordentliche Professorin für Geschichte an der Universität Illinois in Chicago; sie hatte letztlich den größten Einfluß auf seine Entscheidung. Für sie waren solche Kolumnen ein ausgezeichnetes Mittel, auf die Regierungspolitik Einfluß zu nehmen und seine Ideen darüber hinaus noch einem viel breiteren Publikum zu vermitteln. Und um Garys Befürchtungen zu zerstreuen, versprach Guity, die Entwürfe der Kolumnen zu lesen und Vorschläge zu machen, wie sie wirkungsvoller gestaltet werden könnten.

Tatsächlich hat Guity sogar mehrere Entwürfe zu jeder Kolumne gelesen, und sie war sein schärfster Kritiker. Sie hat außerdem zahlreiche Themen vorgeschlagen, besonders solche, die sich mit aktuellen Fragen der staatlichen Politik befassen. Sie hat den Rang eines Mitautors an diesem Buch erlangt. Obwohl die Kolumnen unter Garys Namen publiziert wurden, wären sie wohl ohne Guitys Ermutigung und Kritik und ohne ihre Verbesserungsvorschläge nicht geschrieben worden; die Resultate wären jedenfalls viel weniger überzeugend gewesen.

Im Mai 1985 nahm Gary das Angebot Zuckers versuchsweise an. Zucker ließ erkennen, daß auch die *Business Week* die Sache als Experiment ansah, das scheitern konnte. Der Herausgeber, Stephen Shepard, übersandte einen Vertrag, der von jeder Seite mit einer Frist von 4 Wochen gekündigt werden konnte. Das alles wirkte wie ein Weckruf aus dem wirklichen Leben draußen, das sich grundlegend von der beschützten Welt der unbefristeten akademischen Dauerstellung unterscheidet, welche die Universitätsprofessoren innehaben.

Die ersten Schritte. Gary und Guity fanden auf verschiedenen Wegen zu ihrem Interesse an Politik. Als Gary mit dem Studium in Princeton begann, wählte er aus dem Wunsch heraus, ‚etwas für die Gesellschaft zu tun', Wirtschaftswissenschaft und Mathematik als Hauptfächer. Dort entwickelte sich ein besonderes Interesse an der Ökonomik. Nach dem Abschluß ging er für ein Graduiertenstudium an die Universität Chicago zu Milton Friedman und anderen hoch angesehenen Wirtschaftswissenschaftlern, die dort lehrten.

Die Chicagoer Ökonomen betrieben weit und breit die innovativste Forschung, indem sie die mikroökonomische Theorie auf wichtige aktuelle Probleme anwandten. Als junger fortgeschrittener Student nahm Gary diesen Geist in sich auf und kam zu der Überzeugung, daß die Ökonomik den Schleier des wirtschaftlichen und sozialen Lebens lüften konnte. Seine Doktorarbeit befaßte sich mit der Diskriminierung von Schwarzen und anderen Minderheiten – ein Thema, das Ökonomen bis dahin vernachlässigt hatten. Nach der Publikation eines Buches, das auf der Dissertation aufbaute, arbeitete Gary weiterhin an Fragen, welche die Grenzen der traditionellen Wirtschaftswissenschaft überschritten – beispielsweise über Investitionen in die Erziehung und andere Formen des Humankapitals, über Familienverhalten, über Determinanten der Kriminalität und über den Wettbewerb zwischen Sonderinteressengruppen um politische Einflußnahme.

Diese Arbeit wurde von den meisten Ökonomen nicht gut aufgenommen; sie glaubten, solche Themen sollte man lieber Spezialisten aus der Soziologie, der Politikwissenschaft und anderen Disziplinen überlassen. Kontroversen über seine Arbeiten waren ein ständiger Begleiter in Garys Werdegang; sie waren selbst 1992, als er den Nobelpreis für Wirtschaftswissenschaften erhielt, noch nicht verstummt. Das Nobelpreiskomitee würdigte zwar seine Arbeiten über Diskriminierung, Humankapital und Kriminalität; aber sogar hier wurden Stimmen laut, daß seine Forschungen zur Familie weiterhin ‚kontrovers' seien.

Gary konnte die jahrelangen, manchmal sehr häßlichen Angriffe nur durchstehen, weil er von seiner Frau unterstützt und ermutigt wurde – und von seinen Kollegen, zuerst in Columbia und danach in Chicago. Die Einbindung in Chicago erwies sich dabei als besonders bedeutsam, denn auch viele der dortigen Ökonomen betrieben eigenständige Forschungen, die sich nicht mit der Mehrheitsmeinung der Profession vertrugen. Diese Vitalität der ökonomischen Forschung in Chicago erklärt, warum sie verschiedene Fachgebiete innerhalb der Ökonomik so erfolgreich neu definieren konnte und warum sie in den letzten zwanzig Jahren mehr Nobelpreise errang als irgendein anderer Fachbereich, seit diese Auszeichnungen erstmals verliehen wurden.

Guity ist eine gebürtige Iranerin mit familiären und kulturellen Wurzeln auch in anderen mittelöstlichen Ländern. Ihr Interesse an der Politik und an aktuellen Ereignissen erwachte, als sie die Amerikanische Universität in Kairo besuchte und sich für das Hauptfach Journalistik entschied. Während ihres kurzen Aufenthalts dort arbeitete sie als Korrespondentin für *Ettela'at*, die damals größte iranische Tageszeitung. Sie regte auch das persische Sprachprogramm im Ägyptischen Rundfunk an.

In ihrem Jahr als ‚Junior' ging sie an das Barnard College und belegte Englische Literatur als Hauptfach, um die westliche Kultur besser kennenzulernen. Nach der Prüfung in Barnard wechselte sie an die Columbia School für Journalistik, um ihren journalistischen Bestrebungen nachzugehen. Während eines fünfjährigen Aufenthalts in London arbeitete sie als freiberufliche Journalistin für das persischsprachige Programm der BBC und anderer Medien.

Die politische Unterdrückung im mittleren Osten ließ sie von einer Rückkehr in den Iran Abstand nehmen, und so kehrte sie in die Vereinigten Staaten zurück. Sie entschied sich für ein Studium der Geschichte, weil die politischen Umwälzungen im mittleren Osten sie davon überzeugt hatten, daß die vielen Probleme, unter denen die Region litt, tiefreichende historische Wurzeln besaßen. Sie erwarb den Ph.D. an der Universität von Chicago, wo sie auch Gary kennenlernte und heiratete, und begann, an der Universität von Illinois in Chicago Geschichte des Mittleren Ostens zu lehren. Ihre wissenschaftliche Arbeit gründet auf der Überzeugung, daß viele der heutigen drängenden Probleme, wie etwa die Behandlung der Frauen in den verschiedensten Teilen der Welt, nur dann besser verstanden werden können, wenn man ihre historische Entwicklung richtig einschätzt.

Wie Ökonomik und Politik verbunden werden können. Es war klar, daß die Kolumnen auf einer ökonomischen Analyse beruhen sollten, so daß sie auf mehr hinauslaufen würden als auf den Ausdruck einer persönlichen Meinung. Dies um so mehr, als sich das wirtschaftliche Marktgeschehen und die staatliche Politik in vielfältiger Weise auf das Verhalten auswirken – was schon von den meisten Ökonomen nicht ausreichend verstanden wird, geschweige denn von anderen Leuten.

Die Ökonomik analysiert, auf welche Weise die Märkte, die Politik und sonstige Ereignisse das Verhalten von Individuen und Organisationen beeinflussen, die so gut wie möglich ihre Lage zu ihrem Vorteil zu verändern suchen, indem sie miteinander um Einkommen, Arbeitsplätze, Kunden, ja sogar um Prestige und Macht konkurrieren. Märkte und Preise tragen dazu bei, das grenzenlose Bestreben von Individuen und Organisationen, sich selbst besserzustellen, mit den sehr knappen Ressourcen in Einklang zu bringen, die für die Befriedigung dieses Verlangens zur Verfügung stehen.

Nach diesem Ansatz hängt Verhalten entscheidend von Anreizen ab. Zum Beispiel konsumieren Familien weniger Güter und nehmen weniger Dienstleistungen in Anspruch, wenn diese teurer werden; und Betriebe produzieren mehr, wenn sie höhere Preise für ihre Produkte erzielen. Die Tatsache, daß Verhalten in dieser Weise von Anreizen abhängt, ist in den meisten Fällen mit dem gesunden Menschenverstand vereinbar. Leider kommt der gesunde Menschenverstand ganz schnell abhanden, wenn politische Maßnahmen und ihre Auswirkungen diskutiert werden. Wie oft haben wir Behauptung hören müssen, daß Verhaftungen und Strafen nicht von Verbrechen abschrecken können, oder daß die Subventionierung von Krankenhäusern und Ärzten durch Medicaid und Medicare nicht in nennenswertem Maße zu dem explosiven Wachstum der Gesundheitsausgaben beigetragen hat!

Unter dem Ausdruck ‚Markt‘ versteht man im allgemeinen die geregelte Art und Weise, wie man Güter oder Vermögenswerte handelt und explizite Preise ermittelt, ob auf Finanzmärkten für gewöhnliche Aktien und Rentenpapiere, oder auf den Weltmärkten für Öl und Weizen. Wir hingegen sehen Märkte als informell strukturierte Übereinkünfte zur Allokation von Ressourcen an. Solche informellen Märkte benutzen wohl eher Schattenpreise als explizite Preise, um Ressourcen den verschiedenen Nachfragern zuzuführen.

Gary begann die Kolumnen nicht mit einer Erläuterung, was sie erreichen sollten; vielmehr haben praktisch alle die faktische Verbindung zwischen Anreizen und öffentlicher Regelsetzung sowie dem sonstigen Umfeld hervorgehoben. Unsere Erfahrungen zeigen, daß die Leser zwar ein kurzes Gedächtnis haben, was den besondern Inhalt der jeweiligen Kolumnen betrifft, daß sie aber die generelle Stoßrichtung einer ganzen Reihe von Kolumnen über allgemein interessierende Themen richtig einzuschätzen wissen.

Garys akademischer Stil ist unverwechselbar, weil er die Bedeutung von überlegten Wahlhandlungen und Märkten nicht nur im wirtschaftlichen Bereich, sondern auch im sozialen und politischen Leben aufzeigt. Wir wollten, daß die Kolumnen diese breitgefächerte Herangehensweise an menschliches Verhalten widerspiegeln. In der Tat analysierte die allererste Kolumne (veröffentlicht im Mai 1985; [vgl. S. 161]) ökonomische und soziale Einflüsse auf die Beschäftigung und die Einkünfte von Frauen in den Vereinigten Staaten, wie sie sich Ende der 1970er Jahre abzeichneten. Die vorletzte in dieses Buch aufgenommene Kolumne (Teil 2 [S. 16]) untersucht die Auswirkungen, die der Wettbewerb zwischen Religionen auf religiöse Überzeugungen gehabt hat. Andere Kolumnen erörtern Heirat und Scheidung, Geburtenraten, die Diskriminierung von Minoritäten, Erziehung, Trunkenheit am Steuer, Verbrechen, die Verfügungen des Obersten Gerichtshofes, die religiöse Rechte, Amtszeitbegrenzungen für Politiker und die Rolle von Sonderinteressengruppen bei politischen Entscheidungen.

Sind wir Liberale oder Konservative? Viele Leute reagierten auf einzelne Beiträge mit erbosten Briefen, in denen sie Gary bezichtigten, konservativ und reaktionär zu sein. Führt uns das Vertrauen, das wir in die Bedeutung von Anreizen und in die Märkte setzen, zu konservativen Positionen in ökonomischen, sozialen und politischen Fragen? Nein – wir unterstützen die Sache der individuellen Freiheit und der privatwirtschaftlich verfaßten Ökonomie, wie sie von Adam Smith, David Hume und anderen Denkern des 18. und 19. Jahrhunderts entworfen wurden. Sie bevorzugten ein System, in dem die Individuen die Freiheit haben, die sie betreffenden Entscheidungen in größtmöglichem Maße selbst zu fällen. Sie setzten damit nicht voraus, daß Menschen immer rational sind und kaum Fehler machen, sondern nur, daß sie in ihrer überwiegenden Mehrheit rationaler sind und in der Verfolgung ihrer eigenen Interessen weniger Fehler machen als noch so wohlmeinende Regierungsbeamte. Heute ist eine solche Sicht der Dinge sogar noch triftiger als in früheren Zeiten, wenn man an das gewaltige Wachstum der Steuern, der staatlichen Regulierungen und der Bürokratie denkt, das sich in den letzten hundert Jahren vollzogen hat.

Wir sind also Liberale im klassischen bzw. europäischen Sinne, und wir bevorzugen ein dezentralisiertes ökonomisches, politisches und soziales Milieu, das solange Wahlfreiheit erlaubt, wie die individuelle Freiheit nicht anderen Personen eindeutigen und beträchtlichen Schaden zufügt. Solche Liberale sind nicht konservativ in dem herkömmlichen Sinne, daß sie den Status quo aufrechterhalten wollen. Obwohl klassische Liberale durchaus sehen, daß das, was überlebt hat, oft funktional ist und zur sozialen Wohlfahrt beiträgt, sehen sie auch, daß einige geheiligte Bräuche und Traditionen im Rechtswesen, in Politik und Wirtschaft sich nur deshalb halten konnten, weil mächtige Interessengruppen die staatliche Politik zu ihren Gunsten beeinflussen. Darum werden in den Beiträgen ohne Zögern Veränderungen des Status quo befürwortet, etwa um die ökonomische Effizienz zu erhöhen oder um die Armen besserzustellen. Einige dieser Empfehlungen erschienen manchen Lesern sogar eher als zu liberal als zu konservativ.

Wir identifizieren uns auch nicht unmittelbar mit irgendeiner politischen Partei in den Vereinigten Staaten, da keine Partei eine einheitliche Position in der Frage einnimmt, ob Individuen auf Anreize reagieren und ihre eigenen Interessen besser kennen als Politiker und Bürokraten. Natürlich gestehen die meisten führenden Politiker die Bedeutung von Anreizen zu, wenn das ihre Positionen stützt. Aber gerne übersehen sie solche Anreize dann, wenn diese ein Verhalten fördern, das mit ihren Anschauungen schlecht vereinbar ist. Zum Beispiel vergessen manche Konservative nur zu gern ihre Argumente zugunsten des Wettbewerbs, wenn sie sich gegen den internationalen Freihandel wenden. Auf der anderen Seite übersehen viele Liberale, daß erst der moderne Wohlfahrtsstaat Wanderungsbewegungen in wohlhabende Staaten künstlich erzeugt, in denen man Anspruch auf soziale Sicherheit, medizinische Versorgung und anderes mehr hat. Das Engagement vieler Konservativer für die Freizügigkeit führt sie dazu, die Reaktionen der Migranten auf solche Vergünstigungen herunterzuspielen.

Ganz ähnlich erinnern sich Liberale zwar an die große Rolle der Anreize, wenn sie höhere Tabaksteuern befürworten, um das Rauchen einzudämmen, oder wenn sie die Reduzierung oder Abschaffung von Studiengebühren an staatlichen Universitäten betreiben, um Studenten aus bescheidenen Verhältnissen zu ermutigen, ein Studium aufzunehmen. Aber Liberale ignorieren noch häufiger als Konservative die Bedeutung von Anreizen, wenn das ihren Argumenten hilft – wenn es etwa darum geht, ob Wohlfahrtsunterstützung Ehen zerstört und Abhängigkeit fördert, oder ob hohe Einkommensteuern die Arbeitsleistung und die Investitionen verringern.

Trotz seiner klassisch-liberalen Grundorientierung wollte Gary in seinen Beiträgen eigentlich seinen Forschungsergebnissen folgen und es vermeiden, zu politischen Fragen Stellung zu beziehen. Anfänglich unterließ er das auch; aber schon bald erkannte er, daß die Leser etwas anderes erwarten: Kolumnisten sollen deutlich machen, wie sie zu aktuellen Fragen stehen.

George Stiglers Erfahrungen bestätigten das. Einige Jahre, nachdem Gary begonnen hatte, für die *Business Week* zu schreiben, fragte ein konkurrierendes Wirtschaftsmagazin bei George an, ob er eine monatliche Kolumne verfassen wolle. George Stigler galt ja nicht nur als ein herausragender Ökonom, sondern auch als einer der vortrefflichsten Schriftsteller unter den Ökonomen. Seine Beiträge waren witzig, scharfsinnig und ansprechend geschrieben, aber sie beschränkten sich auf die Analyse und unterbreiteten nur wenige Politikvorschläge. Nach einem Jahr stellte er seine Tätigkeit ein, weil er das Gefühl hatte, daß er nur für sich selbst schrieb; kaum einmal erhielt er eine Rückmeldung von den Lesern. Das lag wohl hauptsächlich daran, daß er keinen klaren Standpunkt in politischen Fragen bezog.

Gary entschied sich daher schon bald dazu, Wege aufzuzeigen, wie die in den Beiträgen beleuchteten Probleme angegangen werden können. Aber grundlegend blieb dabei immer die Analyse der Anreize und der Wahlmöglichkeiten in einem breiten Spektrum des Verhaltens. Er wollte zu zeigen versuchen, wie sich aus einem solchen Verhaltensmodell wie von selbst Politikempfehlungen ergeben.

Kurz: Die in diesem Buch zusammengefaßten Beiträge enthalten Empfehlungen zu wichtigen und kontroversen Themen. Sie richten sich unzweideutig gegen übermächtige Regierungsapparate und zentrale Planung; gegen illegale Einwanderung; gegen Quotierungen auf dem Arbeitsmarkt und Ausnahmeregelungen für Minderheiten; gegen die Freistellung der Gewerkschaften von Kartellgesetzen; gegen hoch subventionierten Unterricht für gut situierte oder reiche Studenten an staatlichen Universitäten; gegen die von der NCAA festgelegten Höchstgrenzen für die Bezahlung von Collegesportlern; gegen die Amtszeitbegrenzung für Kongreßmitglieder; gegen den ESOP* und andere Subventionen, um Beschäftigte zu Anteilseignern ihrer Betriebe zu machen; und gegen Zölle und Einfuhrbeschränkungen aller Art – selbst wenn andere Nationen solche Handelshemmnisse erlassen.

Aber die Beiträge sprechen sich nicht nur ‚gegen' bestimmte Dinge aus. Unter anderem treten sie ein für ein frei handelbares Recht auf legale Einwanderung; für die weitgehende Privatisierung öffentlicher Dienste; für die Einführung von Bildungsgutscheinen vor allem für die Kinder aus ärmeren Familien; für die Legalisierung vieler Drogen; für die Umstellung der sozialen Sicherung vom Umlageverfahren auf ein Kapitaldeckungsverfahren; für den Aufbau einer reinen Freiwilligen-Armee; für ein hartes Vorgehen gegen Väter, die es verabsäumen, für ihre Kinder aufzukommen; für die Durchsetzung von Heiratsverträgen und vorehelichen Übereinkommen; für die Ermutigung freien Wettbewerbs zwischen religiösen Sekten und Glaubensgemeinschaften; für eine Verfassungsänderung, die es ermöglicht, Bundesrichter nicht mehr lebenslang, sondern nur noch für verlängerbare Amtszeiten in Dienst zu nehmen; für die Einführung strenger Strafen für Kapitalverbrechen, besonders wenn sie mit Waffengewalt verübt wurden; und für eine andere Wohlfahrtsunterstützung, welche die Hilfe auf die Kinder statt auf die Mütter oder die Sozialarbeiter fokussiert.

Hatten wir irgendeinen Einfluß auf die Politik? Hatten die Gedanken und Analysen in diesen Kolumnen nennenswerte Auswirkungen auf die Politik und die Ansichten der Leser? Wir glauben, sie *hatten* einen solchen Einfluß, doch oft erst nach einiger Zeit und auf vielen Umwe-

---

* Siehe Fußnote auf Seite 53.

gen. Wenn wir an solche Auswirkungen nicht glaubten, dann hätten wir wohl kaum ein Interesse daran, über aktuelle Fragen zu schreiben, und hätten kaum einen Anreiz, Reformen in der Wirtschafts- und Sozialpolitik vorzuschlagen.

Intellektuelle übertreiben gern den Einfluß von Ideen, da Qualität und Originalität ihrer Ideen ihr Renommee bestimmen. An einer bekannten Stelle behauptete John Maynard Keynes: „Praktiker, die sich von nennenswerten intellektuellen Einflüssen völlig frei wähnen, sind gewöhnlich die Sklaven irgendwelcher verblichenen Ökonomen. ... Es sind Ideen, nicht Interessengruppen, die über gut und böse entscheiden."

Einige Intellektuelle erwarten sogar, daß Politiker, Wähler und Leser recht schnell eine überzeugende Analyse akzeptieren, die klar und eindringlich dargelegt wurde. Nach unserer Auffassung beruht diese Behauptung jedoch auf einer völlig falschen Sicht der Art und Weise, wie Ideen auf die Politik und auf Einstellungen wirken. Politische Entscheidungen sind nicht in erster Linie durch eine nüchterne Abwägung von Ideen und Untersuchungen bestimmt, sondern durch eine pragmatische Machtbalance zwischen konkurrierenden Pressure Groups mit engeren und weiteren Zielsetzungen. Ideen sind meist kraftlos, wenn sie sich gegen mächtige Interessen stellen.

Die internationale Handelspolitik liefert für diese Suprematie von Interessen über Ideen klare Belege. Seit Adam Smith und David Ricardo vor zwei Jahrhunderten die Spezialisierung und die komparativen Kostenvorteile von Nationen untersuchten, sind Ökonomen in der Regel wortgewaltige und unzweideutige Fürsprecher des Freihandels gewesen. Gleichwohl verhängen die meisten Staaten beträchtliche Einfuhrzölle und Einfuhrbeschränkungen, um Importe zu erschweren, die mit inländischen Produzenten in Wettbewerb treten. Das Eintreten der Intellektuellen für freien Handel hat sich als zu schwach erwiesen, um die politische Macht heimischer Industriezweige zu brechen, die den Wettbewerb mit ausländischen Produzenten fürchten.

Dennoch: Ideen können *auf lange Sicht* einen erheblichen Einfluß auf die Politik und die Überzeugungen ausüben, selbst wenn sie auf kurze Sicht durch Interessen an den Rand gedrängt werden. Bestimmte Ideen können von Gruppen aufgegriffen werden, die sie als ihren Interessen förderlich ansehen. Denn politische Vereinigungen können nicht offen zugeben, daß das Hauptziel der von ihnen betriebenen Politik ist, sich selbst auf Kosten anderer besser zu stellen. Samuel Gompers, der mächtige Führer der AFL*, konnte in *nichtöffentlichen* Verhandlungen mit

---

* Der AFL (= American Federation of Labor) ist der im Jahre 1886 gegründete Dachverband der amerikanischen Gewerkschaften. – Anm. d. Übers.

Arbeitgebern unverblümt feststellen, daß Gewerkschaften einfach ‚mehr' wollen; aber ein solches Eingeständnis wäre tödlich für die Ambitionen derjenigen Gruppen, die Zugeständnisse in der Politik anstreben. Sie müssen ihre Argumente mit Ideen bemänteln, die den Eindruck erwecken, daß es gut für das Land ist, sie zu unterstützen.

Daher erklärt die Industrie niemals offen, daß sie Einfuhrzölle und Einfuhrbeschränkungen deshalb anstrebt, weil ausländische Produzenten effizienter sind. Statt dessen versucht sie den Wählern einzureden, daß ausländische Produzenten unfair konkurrieren oder daß Importe Arbeitsplätze kosten. Man denke an Perots ‚großes Sauggeräusch', das seinen Anhängern so zusagte, weil sie – übrigens ganz zu Unrecht – fürchteten, daß das NAFTA-Abkommen viele amerikanische Arbeitsplätze nach Mexiko verlagern würde.

Gruppen, die nach einem politischen Richtungswechsel an Einfluß gewinnen, entdecken manchmal, daß Ideen, die vor Jahren von einem Intellektuellen hingekritzelt wurden, ihren Forderungen nach öffentlicher Unterstützung Nachdruck verleihen können. Man verpackt sie in neue Schläuche und wirbt für sie als Ideen, deren Zeit gekommen ist. Obwohl Ideen vielleicht einen guten Teil dazu beitragen, breite politische Unterstützung zu erhalten, dürften sie ebensowenig die letzte Ursache für eine Verschiebung im politischen Machtgleichgewicht sein, wie Expertenaussagen vor Gericht die Ursache für den Rechtsstreit zwischen Klägern und Angeklagten sind.

Die langfristige Tragweite von Ideen läßt uns zu Befürwortern der manchmal neuen und häufig ‚unrealistischen' Vorschläge in diesem Buch werden. Wir glauben nicht, daß radikale politische Kursänderungen zügig und ohne Schwierigkeiten vorgenommen werden, selbst wenn sie dringend geboten erscheinen. Aber die politische Macht und die intellektuelle Mode können sich ändern, und so wird die Zeit reif für Alternativen, die eine völlige Abkehr von der gegenwärtigen Politik bedeuten.

Wir nehmen die gleiche langfristige Perspektive ein, wenn es um die Annahme der übrigen Vorschläge in diesem Buch geht. Wir haben nicht die Illusion, daß die Zeit gekommen ist für die Legalisierung von Drogen, für eine Verfassungsänderung zur Abschaffung lebenslanger Amtszeiten für Bundesrichter, für die Subsumierung der Gewerkschaften unter Antitrustgesetze, für einen einschneidenden Abbau des Regierungsapparats oder für die Abschaffung der von der NCAA festgelegten Höchstgrenzen für die Bezahlung von Collegesportlern. Aber was wir erwarten, ist die Akzeptanz einiger dieser Vorschläge in der Zukunft – wenn der Schaden immer offensichtlicher wird, der aus der Fortsetzung der gegenwärtigen Politik erwächst.

Ein Blick in die Vergangenheit. Kolumnen in Zeitungen und Zeitschriften befassen sich mit aktuellen Ereignissen, die normalerweise schnell vergessen werden. Wir stimmten daher einem Wiederabdruck der Kolumnen in diesem Buch nur zu, weil wir glauben, daß sie ein längerfristiges Interesse verdienen, auch wenn es in ihnen um Anlässe geht, an die man sich schon nicht mehr erinnert. Die hier entwickelten Analysen sollen Studenten, Entscheidungsträgern, Unternehmern und vielen anderen Lesern dazu verhelfen, die ökonomischen, sozialen und politischen Tagesfragen noch besser zu verstehen.

Studenten der Wirtschaftswissenschaft haben ganz unnötigerweise Lernschwierigkeiten, weil die Lehrbücher im allgemeinen nicht genug passende Beispiele enthalten, in denen der Bezug der vermittelten ökonomischen Grundsätze zur wirklichen Welt deutlich wird. Dabei ist das Studium von Anwendungen unerläßlich, wenn man diese Grundsätze beherrschen lernen will. Die in diesem Buch zu findenden zahlreichen Beispiele für ökonomisches Denken können eine wertvolle Ergänzung zu den Lehrbüchern mit grundlegenden Analysen darstellen – wenn es etwa darum geht zu entscheiden, ob Sportstadien privates oder öffentliches Eigentum sein sollten, oder ob staatliche Kredite an Studenten zu einem festen Zinssatz vergeben werden sollten oder eher zu einem Zinssatz, der vom späteren Verdienst abhängt.

Leitende Angestellte und Geschäftsleute können besonders von der Erörterung der Regeln in Politik und Wirtschaft profitieren, die den Erfolg und das Verhalten von Firmen beeinflussen. Dazu gehören eine Analyse der Auswirkungen eines goldenen Handschlags auf die Anreize für Führungskräfte; der Einfluß von höheren Mindestlöhnen auf Beschäftigung und Gewinne; und die Kosten, die das Gesetz zum Schutz behinderter Amerikaner [The Americans with Disabilities Act] und andere Regulierungen der Wirtschaft auferlegen.

Wir glauben, daß die Kolumnen viel Interessantes für eine breit interessierte Leserschaft enthalten, die die Ursachen von Veränderungen in Wirtschaft und Gesellschaft besser verstehen will – etwa warum *sowohl* der Anteil der verheirateten Frauen im Berufsleben *als auch* die Scheidungsraten langfristig ansteigen, oder warum Länder mit geringer wirtschaftlicher Freiheit wirtschaftlich versagen. Die Kolumnen wollen auch dazu beitragen, den Leser auf eine selbständige Analyse kontroverser Politikprobleme vorzubereiten – etwa ob Religionen vom Staat zu schützen sind oder zum Wettbewerb um private Geldmittel und Mitglieder gezwungen werden sollten; oder ob ‚Industriepolitik' wünschenswert ist; oder ob es zahlreichen Immigranten gestattet werden sollte, in die Vereinigten Staaten und andere bevorzugte Länder einzureisen.

Wie genau sind unsere Voraussagen gewesen? Um den Lesern ein Urteil darüber zu erleichtern, wieviel ‚Durchblick' dieser ökonomische Ansatz zum Verständnis von Verhalten vermittelt, wollen wir untersuchen, wie gut unsere Analysen der Veränderungen in Politik, Wirtschaft und Gesellschaft sich in der Zeit bewährten. Eine frühe Kolumne (1985) sagte voraus, daß sich in den Vereinigten Staaten die Einkommensunterschiede zwischen Männern und Frauen weiter verringern werden; eine andere behauptete im Jahre 1990, daß die Kurse an der japanischen Börse nicht manipuliert sind; andere vertraten die These, daß man eine ‚Industriepolitik' meiden sollte (1985, 1992 und 1993); daß die Obersten Bundesrichter jeweils nur auf Zeit berufen werden sollten (1990); daß die Schwarzen in den Vereinigten Staaten ihre relative ökonomische Stellung bedeutend verbesserten (1986); daß die Freiwilligenarmee einen großen Fortschritt bedeutet (1988); und daß eine Amtszeitbegrenzung für Politiker keine gute Idee ist (1990).

Was internationale Probleme betrifft, stellten wir die These auf, daß Schweden in ernsthaften ökonomischen Schwierigkeiten sei und daß seine Politik von osteuropäischen Ländern, in denen gerade die Kommunisten davongejagt worden waren, nicht übernommen werden sollte (1990); daß die Apartheid in Südafrika nicht aus dem Kapitalismus resultierte, sondern aus dem politischen Einfluß der weißen Gewerkschaften und anderer Gruppen, die den Wettbewerb mit schwarzen Arbeitern fürchteten (1990); daß billiges Öl gut für die westliche Welt ist (1986); daß die schädlichen Konsequenzen eines ‚Treibhauseffektes' stark übertrieben werden (1991 und 1992); daß das Wachstum der Weltbevölkerung nicht zu einer Katastrophe führt (1986 und 1994); und daß viele Nationen mit einer gemischten ethnischen Bevölkerung – wie Jugoslawien oder die Tschechoslowakei – auseinanderfallen werden, weil kleine Nationen jetzt in einer globalen Wirtschaft konkurrieren können (1990 und 1994).

Das Urteil über einige dieser Schlußfolgerungen und Analysen steht noch aus, aber sie scheinen aus unserer voreingenommenen Sicht eine hohe Trefferquote aufzuweisen. Die Löhne von Frauen in den Vereinigten Staaten sind kontinuierlich gestiegen; trotz unermüdlicher Anstrengungen war die japanische Regierung nicht in der Lage, an ihrem Aktienmarkt eine Erholung zu bewirken; die Regierung Mandela ist eher prokapitalistischen Grundsätzen gefolgt; entgegen den Behauptungen von Schwarzsehern ging die Verdopplung der Weltbevölkerung seit den fünfziger Jahren mit einem Anstieg, nicht mit einem Absinken der weltweiten Pro-Kopf-Einkommen einher; und nur noch wenige Länder nehmen Industriepolitik ernst.

Natürlich gingen nicht alle Voraussagen so gut in Erfüllung. Obwohl die weiblichen Schwarzen ihren ökonomischen Aufstieg fortgesetzt haben, stehen die Männer nicht so gut da, weil das Einkommen der gering qualifizierten Männer während der 1980er Jahre stark sank. Wir erwarteten, daß Japan sich von seiner tiefen wirtschaftlichen Rezession schneller erholen würde als es der Fall war – vielleicht wegen des für uns unerwartet starken deflationären Drucks der japanischen Zentralbank. Die Besorgnis über den Treibhauseffekt wächst immer noch – trotz einer alles andere als schlüssigen Beweislage. Und wir glauben zwar immer noch, daß das Gesetz zum Schutz behinderter Amerikaner Wirtschaft und Verbrauchern gewaltige Kosten auferlegt, aber das ist nicht leicht zu belegen.

Aber selbst eine hohe Trefferquote der Analysen in diesen Kolumnen bedeutet nicht, daß wir die Zukunft voraussagen könnten. Sie ist eher ein Beweis dafür, daß der ökonomische Ansatz mit seiner Betonung von kosten- und nutzensensitiven Wahlhandlungen mannigfache Einsichten in das wirtschaftliche, soziale und politische Verhalten bietet. Diese Einsichten gehen Leuten ab, die das Verhalten aus einer rein politischen, sozialen oder psychologischen Perspektive betrachten.

Um den Lesern bei der Lokalisierung bestimmter Themenbereiche behilflich zu sein, haben wir die Kolumnen in umfassende Kategorien gruppiert, wie etwa Regulierungen, Investitionen in Humankapital, internationalen Handel, Einwanderung, Erziehung, Frauen, Kriminalität, Umwelt, Drogen und andere Süchte, Kapitalismus, Arbeitsmarkt, Familienverhalten, Politik und Staat, Aktienmärkte und Management sowie die Senioren und die Sozialversicherung.

Was die Kolumnen für uns bedeutet haben. Wir sind hocherfreut, daß die Zusammenarbeit mit *Business Week* zustande kam. In diesen 10 Jahren wurden mehr als 130 Kolumnen publiziert, und es war uns immer wieder eine besondere Freude, sie zu schreiben. Allerdings hat eine solche Verpflichtung auch ihre Schattenseiten, etwa wenn eine Kolumne fällig, Gary aber im Ausland ist, oder wenn eine Idee für eine Kolumne sich nicht ausarbeiten läßt. Aber noch haben wir den Schwung nicht verloren, denn ständig tauchen in der Welt neue und aufregende Dinge auf, über die man schreiben kann.

Als ein unerwartetes Vergnügen bei der Abfassung der Kolumnen stellten sich die Kontakte mit den Lesern heraus – üblicherweise in Form von Briefen an den Herausgeber, die bestimmte Argumente entweder billigten oder, weit häufiger, kritisierten. Manche Leser reagierten übellaunig und grob, die meisten aber durchaus höflich. Wir wünschten manches Mal, ein Brief wäre *vor* Fertigstellung einer Kolumne angekommen, so daß sein Urteil noch hätte berücksichtigt werden können.

Gary versucht, alle Briefe zu beantworten, schon weil der Anstand es gebietet, Lesern, die sich die Mühe machen zu schreiben, auch zu antworten. Mehr noch: Manchmal kommen sogar bessere zurück – der Beginn eines anregenden Briefwechsels.

Überraschend häufig stieß Gary auf Leute, die die Kolumnen lesen und zu schätzen wissen. Manche behaupten sogar, die *Business Week* nur wegen der Kolumnen abonniert zu haben. Wir haben jedenfalls den Eindruck, daß er nicht im luftleeren Raum schreibt und daß man der nächsten monatlichen Kolumne mit Spannung entgegensieht. Dieser Gedankenaustausch mit Leuten außerhalb des akademischen Bereichs ist etwas, was den meisten Akademikern fehlt, und wir sind daher froh, ihn zu haben.

Von Anfang an erhielt Gary tatkräftige Unterstützung seitens der Redaktion, von anderen Autoren und von den Herausgebern der *Business Week*. Während der ersten Jahre betreute Jack Peterson die Kolumnen, danach im wesentlichen Jack Pluennecke. Seit kurzem hat Bruce Nussbaum diese Aufgabe übernommen. Die beiden Jacks wie auch andere sorgten für hervorragende Anregungen und gaben Gary wertvolle Hinweise, wie man für ein breites Publikum noch wirkungsvoller schreibt. Wir sind ihnen für ihre Hilfe und für ihre stets zuvorkommende Höflichkeit zu großem Dank verpflichtet.

Wir danken ferner dem Herausgeber der *Business Week,* Stephen Shepard, für seine Unterstützung allgemein und für die journalistischen Grundsätze des Blattes, die es zuließen, daß Gary frei über alles schreiben konnte, was ihn interessierte. Nie versuchte man, seine Auffassungen zu beeinflussen, sogar wenn sie umstritten waren oder sich substantiell von denen unterschieden, die in Editorials und anderen *Business Week*-Kommentaren zum Ausdruck kamen. Es war eine Freude, zu einer solchen Zeitschrift einen kleinen Beitrag geleistet zu haben.

2.

Regulierung und Deregulierung

Die Essays in diesem Teil untersuchen, wie die Auswirkungen staatlicher Vorschriften die Anreize von Firmen, Verbrauchern und Arbeitnehmern verzerren. Zu den behandelten Beispielen gehören die weitverbreitete Ineffizienz staatlicher Postbetriebe und die gestiegene Zahl der Autounfälle, die dadurch verursacht wurden, daß detaillierte staatliche Regelungen es erschweren, die Versicherungsprämien für Fahrer heraufzusetzen, die zu unfallträchtigem Fahren neigen.

Ein anderer Essay spricht sich für die nahezu vollständige Deregulierung der Telekommunikationsbranche aus, da schnelle technologische Fortschritte (man denke an das Internet und die Glasfaserkabel) die Wettbewerbsmöglichkeiten und das Innovationspotential in dieser Industrie rasant ansteigen ließen. Einige Firmen in diesem Industriezweig haben erkannt, daß staatliche Regulierungen bei ihrer Reaktion auf diesen fundamentalen Wandel hinderlich waren und sind zu dem Schluß gekommen, daß sie in einem freieren Umfeld besser agieren könnten. Sie schlossen sich der Bewegung für eine grundlegende Deregulierung dieser Branche an. Dieser Druck verstärkte den weltweiten Trend zu Deregulierung und mehr Wettbewerb und damit auch in Richtung auf eine Gesetzgebung zur Deregulierung der Telekommunikation in den Vereinigten Staaten.

Wir kritisieren energisch die Art und Weise, wie New England die Fischerei in den Gewässern um Cape Cod und anderswo einschränkt, um der Überfischung von Buntbarschen und anderen Fischarten vorzubeugen. Kumulierende Fangquoten, die zur Zeit angewandte Methode, um den Fang von Buntbarschen zu senken, führen in der Frühsommersaison zur intensiven Befischung, um der Konkurrenz zuvorzukommen. Das hat zur Folge, daß während der eigentlichen Hauptsaison die Fangquote bereits ausgeschöpft ist. Wir sind hier sogar persönlich betroffen, da wir den Sommer am Cape Cod verbringen und gerne fast jeden Tag Fisch essen. Damit Fisch zu jedem Zeitpunkt für die Konsumenten erhältlich ist und um auch die finanzielle Situation des kommerziellen Fischfangs zu verbessern, schlagen wir vor, das gegenwärtige Quotensystem durch Steuern auf den jeweiligen Fang zu ersetzen.

Dieser Vorschlag rief eine Flut von Briefen hervor, besonders von Regierungsbeamten, Journalisten und Ökonomen aus Island, wo die Fischerei der hauptsächliche Industriezweig ist. Island befindet sich offensichtlich mitten in einer umfassenden und erbitterten Debatte darüber, ob es besser ist, ein Überfischen durch Vergabe von Fangquoten für jedes einzelne Fischerboot oder durch Steuern auf den jeweiligen Fang jedes Bootes zu verhindern. Trotz einiger guter Argumente, die in diesem Briefwechsel von Befürwortern einer Quotenlösung vorgebracht wurden, glauben wir weiterhin, daß Steuern vorzuziehen sind, insbesondere wenn die dadurch erzielten zusätzlichen Staatseinnahmen zu einer Senkung anderer Steuern führen.

Regulierung

Auch Religionen gedeihen in einem freien Markt

(15. Januar 1996)

Viele Leute sind durch die steigende Anziehungskraft der religiösen Rechten beunruhigt. Aber ich sehe solange keinen Grund zur Besorgnis, wie Religionen um Anhänger werben müssen und keine Religion vom Staat bevorzugt wird.

Unter Wettbewerbsbedingungen sind wiedergeborene Christen, orthodoxe Juden, fundamentalistische Moslems und andere Gruppen für ihre Mitglieder nur dann attraktiv, wenn sie den spirituellen und moralischen Bedürfnissen besser als etablierte Religionen gerecht werden. Die meisten Leute glauben, daß einzelne Menschen die Kraft haben, ihr eigenes Leben zu gestalten, selbst wenn sie unter schwierigen Begleitumständen aufgewachsen sind. Sie erwarten, daß religiöse Verkündigung sie in ihrem Bestreben bestärkt, für ihr Verhalten Verantwortung zu übernehmen. Solange etablierte Religionen es versäumen, auf dieses Bedürfnis nach Einübung von Selbstkontrolle und Verantwortlichkeit Gewicht zu legen, verlieren sie Mitglieder an fundamentalistische Gruppen mit eher traditionellen Lehren. Fundamentalisten sind auch an vorderster Front zu finden, wenn es um die Bekämpfung des Zusammenbruchs der Familie, der Pornographie und des Autoritätszerfalls geht.

Manche Nationen haben wie die Vereinigten Staaten einen offenen ‚Markt' für Religion. Verschiedene Glaubensgemeinschaften und Sekten wetteifern um Mitglieder mit Hilfe von spiritueller Führung und anderen Anreizen. Wettbewerb ist ebenso gut für die Religion wie für gewöhnliche Güter, weil religiöse Gruppen gezwungen sind zu lernen, wie den Bedürfnissen ihrer Mitglieder besser entsprochen werden kann – was sie in einer Monopolposition nicht tun müßten.

Beweglich und offensiv. Die Bedeutung des Wettbewerbs für das Verhalten religiöser Organisationen wurde vor 200 Jahren von Adam Smith in einem wenig beachteten Kapitel seines *Wohlstands der Nationen* erkannt.[1] Er legte eingehende Belege dafür vor, daß die Kirche von England sich den Bedürfnissen der gläubigen Briten deshalb immer mehr verschloß, weil die Regierung ihr eine privilegierte Position gewährt hatte. Smith argumentierte überzeugend, daß der einzige Weg, um Trägheit und Gleichgültigkeit der Kirchenführer zu überwinden, die Beseitigung ihrer Privilegien war und die Kirche von England zu veranlassen, mit den neueren Religionen um Mitglieder zu konkurrieren.

Thomas Jefferson und andere Gründer der Vereinigten Staaten hatten erkannt, daß Kirche und Staat in der neuen Nation getrennt sein sollten. Der Erste Verfassungszusatz legt fest, daß „der Kongreß kein Gesetz erlassen soll bezüglich der Etablierung einer Religion oder des Verbots der freien Ausübung einer solchen". Einer der Gründe für die Trennung von Kirche und Staat ist, die Religionen dazu zu zwingen, bei dem Wettbewerb um Gläubige beweglich und offensiv zu bleiben.

Lawrence Iannoccone von der Universität Santa Clara prüfte den Smith-Jefferson-Grundsatz mit empirischen Daten über den Grad der Religiosität in den protestantischen Ländern in Europa und Nordamerika. Er fand, daß die Religion – gemessen durch die Zahl regelmäßiger Kirchgänger und durch die Strenge der religiösen Überzeugungen – den Menschen in Gesellschaften mit zahlreichen konkurrierenden Glaubensgemeinschaften wichtiger war als in Ländern mit nur einer Kirche. Zum Beispiel ist nur ein kleiner Prozentsatz der Bevölkerung in skandinavischen Ländern an Religion interessiert, vor allem weil die Lutherische Kirche eine privilegierte Position innehat und sich hauptsächlich mit Hilfe des Staates finanziert (allerdings wird in Schweden gerade damit begonnen, Kirche und Staat voneinander zu trennen). Im Unterschied dazu gedeihen die Religionen in den Vereinigten Staaten, weil verschiedene Sekten und Glaubensgemeinschaften aufs heftigste um Mitglieder werben.

Kommunistische Unterdrückung. In Südamerika hat die katholische Kirche ihre beherrschende Monopolstellung verloren. An ihre Stelle treten zunehmend fundamentalistische protestantische Sekten, weil die meisten Priester die spirituellen Bedürfnisse zugunsten einer Konzentration auf politische Ziele ignoriert haben. Vor dem Zweiten Weltkrieg subventionierte die japanische Regierung den Shintoismus und diskriminierte andere Religionen. Diese Protektion des Shintoismus wurde nach dem Krieg abgeschafft. Jetzt florieren Hunderte von neuen Gruppen in Japan, die spirituelle Bedürfnisse angesprochen haben, die durch den Shintoismus offensichtlich nicht befriedigt wurden.

Kein Beispiel aus neuerer Zeit zeigt die durch Konkurrenz geförderte Anziehungskraft von Religion schlagender als die Ereignisse in den ehemals kommunistischen Staaten in Osteuropa und der früheren Sowjetunion. Fast 75 Jahre lang versuchte die Sowjetunion, den Widerstand gegen den Kommunismus dadurch zu schwächen, daß Kirchen geschlossen und religiöse Führer verhaftet wurden. Im Grunde versuchte der Kommunismus, ein säkulares Monopol zu etablieren. Doch seit dem Zusammenbruch des Kommunismus boomt die Religion. Bei Umfragen bekannten mehr als 22 % der Russen, sie seien früher Atheisten gewesen, nun aber glaubten sie an Gott. Mehr als 6.000 orthodoxe russische Kirchen und Klöster wurden wieder geöffnet, und viele andere religiöse Organisationen haben dort mit der Anwerbung von Anhängern begonnen.

Diese Beispiele zeigen, daß liberale und streng religiöse Gruppen dynamischer sind, wenn sie unter gleichen Bedingungen um Mitglieder konkurrieren müssen. Ein gesunder Wettbewerb verlangt auch für religiöse Überzeugungen offene Märkte, in denen keine religiöse Organisation spezielle Protektion oder Privilegien vom Staat erhält.

Wie man das Überfischen verhindert? Besteuert den Fang!

(18. September 1995)

Als Sommergast am Cape Cod an der Küste von Massachusetts ist mir bewußt geworden, daß das Fischen für Ernährung, Lebensunterhalt und Sport dort wohl eine besondere Bedeutung hat. Aber die lokale Diskussion über Kontrollen der Buntbarschbestände – ‚stripers' genannte, schmackhafte weiße Fische, seit langem das gastronomische Haupterzeugnis am Kap – ist ein konkretes Beispiel für das allgemeine Problem der Hindernisse für intelligente Regularien.

In den 1970er Jahren wurde der Bestand an Buntbarschen in den ozeanischen Gewässern von Maine bis Maryland ernstlich dezimiert. Ursache war eine Kombination aus Futtermangel, Verschmutzung der

Laichgründe und Überfischung. Massachusetts und andere Staaten der Region reagierten darauf mit einer strengen Fangquotenbeschränkung für den kommerziellen Fischfang und die Sportfischerei. Möglicherweise war Überfischung nicht der Hauptgrund für die schrumpfenden Bestände, aber Umweltschützer setzten sich mit ihrer Überzeugung durch, daß Fischfang-Restriktionen zur Erholung der Bestände beitragen könnten.

Massachusetts setzte eine Obergrenze fest, bis zu der von kommerziellen Fischern Buntbarsche gefangen werden durften. Leider hilft dies kaum, den Fischfang zu kontrollieren, weil es jeden Fischer dazu veranlaßt, schon zu Beginn der Saison möglichst viel zu fangen, bevor andere Boote so viel Fisch anlanden, daß die festgesetzte Gesamtmenge an Fisch erreicht wird.

„Fischlose Wochen". Genau das geschah im vergangenen Jahr, als die von Massachusetts festgesetzte kommerzielle Fischfangquote von ca. 100 Tonnen schon Ende Juli erreicht war, also lange vor dem regulären Ende der Fischfangsaison im September. Die Jagd auf Buntbarsche ließ schon früh die Großhandelspreise zusammenbrechen, weil die Fischer große Mengen zu verkaufen hatten. Nachdem die Fangquote ausgeschöpft war, stieg der Preis dann steil an: Buntbarsche waren auf dem Markt kaum noch zu haben. Die perversen Anreize, die von den Quoten ausgingen, erhöhten noch die Schwierigkeiten, in dieser Region seinen Lebensunterhalt durch Fischfang zu bestreiten.

Die Zahl der Buntbarsche in den küstennahen Gewässern hat in den vergangenen Jahren wieder kräftig zugenommen – vielleicht weil die Fischfang-Kontrollen auch den Aufwuchs neuer Bestände förderten. Massachusetts erhöhte daher im Jahre 1995 die kommerzielle Fangquote auf ca. 375 Tonnen, fast viermal so viel wie 1994. Weil man erwartete, daß auch diese höhere Quote schon früher erreicht werden würde, versuchte der Staat, die Fangmenge über die Saison zu strecken, indem er die kommerzielle Buntbarsch-Fischerei durch „fischlose Wochen" einschränkte. Infolgedessen wurde Buntbarsch in diesen Wochen knapper und teurer.

Aber es gibt für die Einzelstaaten einen viel besseren Weg als Fangquoten und fischlose Wochen, um die Fischerei zu regulieren – einen, der für Fischer, Sportfischer und Steuerzahler gleichermaßen attraktiv sein dürfte: die Besteuerung der Fangmenge. Die Steuer würde nach Gewicht und Größe variieren, so daß das exzessive Fangen kleiner und junger Fische streng geahndet werden könnte. Die gegenwärtigen Regeln verlangen dagegen, Barsche unter einer bestimmten Mindestgröße ins Meer zurückzuwerfen.

Einmal täglich. Der Steuersatz würde die gesamte Fangmenge erfassen, weil die Barschfischerei in dem Maße zurückgehen würde, in dem der Steuersatz steigt. Dieser Ansatz eliminiert den gegenwärtig bestehenden Anreiz, in der Frühsaison Fische zu fangen, weil die Fischer, die nach ihrem Fang besteuert werden, keinen Anlaß haben zu versuchen, Barsche vor der Konkurrenz einzubringen. Statt dessen würden sie ihre Fischerei über die Saison strecken und versuchen, dann mehr Fisch zu fangen, wenn die Preise höher sind.

Freizeitfischer sind vielleicht für mehr als die Hälfte des Gesamtfangs an Barschen verantwortlich, weshalb auch sie überwacht werden müßten. Massachusetts erlaubt gegenwärtig jeder Person, einmal täglich einen Fisch zu fangen. Sowohl für die kommerziellen als auch für die Freizeitfischer sollte der gleiche Steuersatz erhoben werden, denn es macht für die Barsche keinen Unterschied, ob sie von der einen oder der anderen Gruppe gefangen werden.

Fischfangsteuern für kommerzielle Boote und Mietboote sind nicht schwieriger in die Tat umzusetzen als eine Überwachung der Fänge, wie sie das geltende Quotensystem erfordert. Eine Steuer hätte den weiteren Vorteil, daß sie für zusätzliche Staatseinnahmen sorgte; sie könnten dafür verwendet werden, Untersuchungen über die Ursachen der großen und irritierenden Schwankungen der Buntbarschbestände und anderer Fische zu finanzieren und um Wege zu finden, wie das maritime Umfeld verbessert werden kann.

Es ist selbst in einem unbedeutenden Industriezweig wie der Buntbarschfischerei nicht leicht, vernünftige Kontrollmechanismen zu installieren, wo doch eine Regulierung besonders dringlich ist. Man muß sich fragen, was in der großen Politik geschieht, wenn hier die Vorteile einer Regulierung debattiert werden, vor allem in großen nationalen Industriezweigen mit großem Medieninteresse. Der hier geschilderte Fall könnte daher besonders für laufende Dispute über allgemeine Umweltvorschriften und für die Deregulation in bezug auf Gesundheits- und Sicherheitsfragen relevant sein. Das ist die Hauptlektion über Regulierung, die wir aus der Geschichte vom Fisch am Kap lernen können.

Freiheit für die Telefongesellschaften, Hohes Haus!

(5. Dezember 1994)

Nach langwierigen gerichtlichen Auseinandersetzungen stimmte AT&T im Jahre 1982 zu, sich von 22 Bell-Gesellschaften zu trennen, die ihre örtlichen Vermittlungsstellen betrieben. Der Vorsitzende Richter, Harold H. Greene, gewährte den sieben regionalen Mini-Telefongesellschaften, die überlebten, ein Monopol auf lokale Telefondienste in ihrem jeweiligen Gebiet. AT&T wurde im wesentlichen auf Fernverbindungen beschränkt; dafür erhielt es, gewissermaßen als Köder, Zutritt zum Computergeschäft.

Seitdem haben rasche Veränderungen in der Telekommunikationsindustrie diese und andere Regulierungen obsolet werden lassen. Leider nahm sich der Richter das Recht heraus – wofür höhere Gerichte offenbar anfällig sind –, den Telefongesellschaften jede beabsichtigte Änderung ihrer Geschäftsaktivitäten zu verweigern. Aber Greene ist Richter, kein Geschäftsmann, und so ist es kaum überraschend, daß er die grundlegend neuen Entwicklungen in der Telekommunikation nicht überschaute. Letztlich stellte er ein Hindernis bei der effizienten Organisation dieses Industriezweigs dar.

Sein Urteil von 1982 basierte auf der Überzeugung, daß die Bereitstellung von Nahverbindungen ein ‚natürliches Monopol' darstellte: Zahlreiche Telefongespräche konnten von einer einzelnen Gesellschaft, die in einer Stadt Leitungen gezogen hatte, kostengünstig abgewickelt werden. Der Rechtsstreit war ja entstanden, weil AT&T beschuldigt wurde, diese Monopolmacht benutzt zu haben, um den Wettbewerb bei Fernverbindungen zu blockieren. Der Richter rechtfertigte seine restriktiven Auflagen bezüglich des Geschäftsbereiches der kleinen Telefongesellschaften als unumgänglich, damit sie ihre Monopolmacht im örtlichen Telephonverkehr nicht dazu benutzen, auch in anderen Marktsegmenten unfair zu konkurrieren.

Aber damit verhinderte Richter Greene auch, daß die Mini-Telefongesellschaften Telefondienstleistungen und entsprechende Produkte auch außerhalb der Regionen verkauften, in denen sie die Nahverbindungen bereitstellten. Doch der potentielle Mißbrauch der Marktmacht im Nahbereichsdienst könnte schwerlich auf Aktivitäten ausgedehnt werden, die völlig außerhalb der von den kleinen Telefongesellschaften bedienten Märkte liegen. Dort wären sie einfach neue Marktteilnehmer, die mit etablierten Anbietern von Telefondienstleistungen und Produkten in Konkurrenz träten.

Tolle Technik. Als AT&T zerschlagen wurde, mag der potentielle Mißbrauch einer beherrschenden Marktstellung eine gewisse Kontrolle der Telefongebühren gerechtfertigt haben. Aber eben deshalb machen die meisten anderen Beschränkungen der Telefongesellschaften wenig Sinn, und die geradezu revolutionären Veränderungen der Telekommunikation haben sogar die Forderung nach Preiskontrollen gegenstandslos gemacht.

Das liegt daran, daß Kabelfernsehsysteme und Mobiltelefone jedes lokale Monopol kleiner Telefongesellschaften unterlaufen können. Über 90 % der amerikanischen Haushalte verfügen über einen Kabelanschluß, und die verlegten Kabel können auch für eine telefonische Zwei-Wege-Kommunikation eingerichtet werden. Aber Regulierungen haben die Kabelgesellschaften von der Bereitstellung von Telefondienstleistungen abgehalten, und sie schränken die Kabelprogrammangebote der Telefongesellschaften ein. Wenn es diesen Gesellschaften erlaubt wäre, ihr Wissen zu bündeln, würde das den Wettbewerb beflügeln – und Telefongesellschaften entstehen lassen, die Nah- und Fernverbindungen zusammen mit Kabel- und TV-Dienstleistungen anbieten.

Hilfe, die Amis kommen ... Einige Monate zuvor billigte Richter Greene die Fusion von AT&T und der McCaw Cellular Inc., der landesweit größten Mobiltelefon-Gesellschaft. Weitere Fusionen zwischen Telefon-, Mobiltelefon- und Kabelgesellschaften griffen schnell um sich – vor allem, um sie angesichts der kommenden Versteigerung von weiteren Radiofrequenz-Lizenzen für die Bereitstellung von Mobiltelefonen, Pagern, E-mail und vielen anderen Dienstleistungen richtig zu positionieren.

Bei Telefon-Fernverbindungen und bei Kabelprogrammen haben die Vereinigten Staaten einen scharfen Wettbewerb hinter sich. Aber bei anderen Dienstleistungen fällt Amerika hinter Großbritannien und Neuseeland zurück. Großbritannien läßt Kabelgesellschaften jetzt über ihre Leitungen sowohl Telefon- als auch TV-Dienstleistungen anbieten. Kabelanbieter konkurrieren um lokale Kunden mit der British Telecom$_{PLC}$, dem beherrschenden Telefonanbieter. Es ist paradox, daß der Wettbewerbsdruck von den US-Kabelgesellschaften und den kleinen Telefongesellschaften ausgeht, die in Übersee tun, was sie zu Hause nicht tun dürfen: unbehelligt sowohl Kabelfernsehen als auch Telefondienstleistungen anbieten.

New York, Kalifornien und einige andere Bundesstaaten haben nun erstmals einen erheblich umfangreicheren zwischenstaatlichen Wettbewerb bei lokalen Telefon- und Kabelfernsehdiensten zugelassen. Aber die Bundesgesetzgebung zur Telekommunikation verzettelt sich während der laufenden Legislaturperiode in Auseinandersetzungen zwischen Republikanern und Demokraten um die von ihnen eingebrachten Gesetzesvorlagen. Um diesem Treiben im Kongreß ein Ende zu setzen, übernahm der Republikaner Bob Dole aus Kansas die Initiative im Senat und forderte eine grundlegende Deregulierung der Telekommunikationsbranche. Es gibt daher begründete Hoffnung, daß der neue, von den Republikanern dominierte Kongreß zügig die Preisregulierungen und die Vorschriften darüber abschafft, welche Produktlinien die Telefon-, Mobiltelefon-, Fernseh- und Kabelgesellschaften anbieten dürfen. Im Ergebnis werden die Konsumenten aus der neuen Technologie vollen Nutzen ziehen können.

Kein Richter – und kein Gesetzgeber, Ordnungspolitiker oder Ökonom – kann die Zukunft in einer Branche voraussehen, die sich so schnell wandelt wie die Telekommunikationsindustrie. Daher sollte der Wettbewerb die Entwicklung dieses Industriezweiges bestimmen – und nicht Beamte und Bürokraten.

Wie das Behindertengesetz die Wirtschaft lähmen wird

(14. September 1992)

Ende Juli trat eines der seit Jahren folgenreichsten Stücke der Arbeitsgesetzgebung in Kraft. Leider ist das Gesetz zum Schutz behinderter Amerikaner [Americans with Disabilities Act] eher eine Arbeitsbeschaffungsmaßnahme für Richter als ein effektiver Weg, den Behinderten zu helfen.

Das Gesetz schützt nicht nur Menschen mit Hör-, Seh- oder Mobilitätseinschränkungen, sondern auch solche mit Gemütskrankheiten, Legasthenie, AIDS und früherer Drogen- oder Alkoholsucht. Darum behaupten manche Befürworter des Gesetzes, daß es mehr als vierzig Millionen Amerikanern zugute kommen wird. Aber es bedeutet eine Verzerrung der Bedeutung von ‚Behinderung', wenn man ein Gesetz passieren läßt, das fast 40 Prozent der Erwerbstätigen einschließen dürfte.

Es ist für die mehr als zwei Millionen Betriebe mit 25 oder mehr Beschäftigten nun nicht mehr länger legal, Bewerber für eine Arbeitsstelle nach Behinderungen zu fragen oder diesbezügliche Referenzen zu verlangen. Diese Regel ist so weit definiert, daß darunter Fragen fallen nach der Krankengeschichte, nach früherem Fehlen infolge Krankheit und nach früherer Behandlung von Alkoholismus. Arbeitgeber müssen außerdem „angemessene" Anstrengungen unternehmen, um Behinderte im Betrieb einzugliedern; und wenn nach einer medizinischen Untersuchung eine Behinderung entdeckt wird, kann ein Arbeitgeber sein Stellenangebot nicht zurücknehmen – es sei denn, dieser Schritt wird als eine geschäftliche Notwendigkeit gerechtfertigt.

Das neue Gesetz definiert ‚Behinderungen' so vage, daß es oft unmöglich sein dürfte, mit einiger Sicherheit festzustellen, ob eine Person in ungerechter Weise von einer Stelle ausgeschlossen worden ist oder nicht. Sind Menschen schon deshalb behindert und haben schon deshalb Anspruch auf besondere Rücksicht, weil sie nicht unter belastenden Umständen arbeiten können oder weil sie sich jegliche Kritik an ihrer Arbeit verbitten, die zu einem Rückfall in eine Alkohol- oder Drogenabhängigkeit führen könnte? Unter dem neuen Gesetz sind gerichtliche Auseinandersetzungen auf Grund solcher und anderer seltsamer Argumente möglich. Die Gesetzgebung im Zivilrecht mag viele Schwächen haben, aber eine grundlegende Unklarheit, auf wen sie sich bezieht, gehört nicht dazu. Diskriminierung wird aufgrund von Eigenschaften verboten, die in der Regel leicht festzustellen sind, etwa Rasse, Geschlecht oder Religion.

Rundumschlag. Unter dem 1991 erlassenen Civil Rights Act erhielten die Behinderten das Recht, auf ausgleichenden und erhöhten Schadenersatz zu klagen. Die zusätzlichen Bestimmungen des Behindertengesetzes sind daher vermutlich ein Segen für die Rechtsanwälte. Schon jetzt blokkiert eine beunruhigend hohe Zahl von Prozessen das amerikanische Justizsystem. Ein weiteres zusammengeschustertes Gesetz mit einem so unübersehbaren Anwendungsbereich gibt daher wenig Sinn.

Kongreßmitglieder und andere, die den Behinderten wirklich helfen wollen, dürften einen solchen legislativen Rundumschlag nur unterstützen, wenn sie glaubten, die amerikanische Geschäftswelt sei unfähig, die für eine Beschäftigung nötigen Qualifikationen von Personen mit kleineren Hörbeeinträchtigungen, psychischen Problemen, einer Alkoholvergangenheit oder Drogenmißbrauch selbst festzustellen. Doch das ist unter den gegenwärtigen Bedingungen, unter denen Firmen angesichts eines starken internationalen und inländischen Wettbewerbsdrucks Kosten drücken und die Arbeitsplätze mit den besten verfügbaren Bewerbern besetzen, höchst unwahrscheinlich. Und es ist besonders lächerlich zu glauben, daß Geschworene und Richter besser als der Wettbewerbsdruck auf dem Markt bestimmen können, ob jemand auf einen Arbeitsplatz paßt.

Die Vereinigten Staaten sind sicherlich reich genug, um denen zu helfen, die ernsthafte Behinderungen haben – ob angeboren oder erworben.

Und weil eine nutzbringende Betätigung die Selbstachtung fördert, sollte diese Hilfe die Unterstützung bei der Suche nach nützlicher und befriedigender Arbeit einschließen. Das neue Gesetz ist jedoch ein irritierendes Beispiel für die neuerdings zu beobachtende Tendenz des Kongresses, die Kosten seiner Beschlüsse eher der Wirtschaft als den Steuerzahlern aufzuerlegen. Das erlaubt ihm offensichtlich, die Kosten seiner Willfährigkeit zu verschleiern, denn sie trägt nichts zum Haushaltsdefizit bei.

Hartherzig. Der weltweite Wettbewerb, mit dem Amerikas Geschäftswelt konfrontiert ist, prädestiniert sie nicht dazu, höhere Kosten ohne den Verlust von Märkten und den Abbau von Arbeitsplätzen zu tragen. Die meisten dieser Kosten werden an Arbeitnehmer, Konsumenten und wohl auch an die Behinderten selbst weitergegeben. Walter Y. Oi, ein namhafter Ökonom an der Universität Rochester, der seit seiner Jugend blind ist, glaubt, daß viele Firmen nach Lücken im Gesetz suchen werden, um die Einstellung behinderter Bewerber zu vermeiden, weil sie kostspielige Rechtsstreitigkeiten fürchten. Aber jeder, der ein Gesetz in Frage stellt, das Behinderten hilft, riskiert, als hartherzig gebrandmarkt zu werden – als zu geizig, um jenen etwas zukommen zu lassen, die vom Schicksal geschlagen sind. Darum ging das neue Gesetz spielend durch den Kongreß – mit voller Unterstützung des Präsidenten. Aber dennoch ist es ein schlechtes Gesetz, das wohl mehr Schaden als Nutzen stiftet; und darum wird ein völlig anderer Entwurf benötigt.

Nach meiner Auffassung sollte die Absicherung Behinderter auf die vielleicht drei oder vier Millionen Menschen eingegrenzt werden, von denen man annimmt, daß sie ernsthafte Seh-, Hör- oder Bewegungsstörungen haben – gemäß den sachgemäßen Definitionen solcher Beeinträchtigungen. Anstatt die Verantwortung auf die Wirtschaft und die Gerichte abzuwälzen, sollte der Kongreß denjenigen Arbeitgebern, die behinderte Arbeitnehmer einstellen, eine großzügige Lohnsubvention anbieten, die mit dem Grad der Behinderung steigt. Dieser Ansatz würde die Steuerzahler direkt belasten und würde die Hilfe auf wirklich Behinderte konzentrieren.

Die Gesamtkosten eines solchen Programms wären überschaubar. Eine durchschnittliche Subvention von 3 Dollar pro Stunde – wahrscheinlich viel mehr als nötig – für beispielsweise 3 Millionen behinderte Arbeitnehmer, die durchschnittlich 1.200 Stunden pro Jahr arbeiten, summiert sich auf ungefähr 11 Milliarden im Jahr. Das ist kein vernachlässigbarer Zuwachs der Staatsausgaben, aber weit weniger als die vermutlichen Gesamtkosten des gegenwärtigen vagen Gesetzes.

Uncle Sam sollte seine Finger von den Ölpreisen lassen

(29. Oktober 1990)

Bei Ölpreisen von fast 40 Dollar pro Barrel stehen die USA und andere industrialisierte Länder unter einem enormen Druck, etwas – nein: alles zu tun, um die Preise stabil zu halten. Aber das, wozu Regierungen aufgefordert werden, wird ihrer Wirtschaft eher schaden als nützen. Hier finden sich daher einige Hinweise, was man im Interesse einer angemessenen Energiepolitik tun und was man lassen sollte.

Am allerwichtigsten ist: Man sollte sich nicht am Markt für Öl und andere Energieträger zu schaffen machen, so daß Angebot und Nachfrage den Preis bestimmen können. Wenn das Öl wegen der erwarteten Angebotsverknappungen dauerhaft teuer bleibt, werden die um ihre Budgets besorgten Betriebe und Haushalte viele Möglichkeiten auftun, den Energieverbrauch zu reduzieren, etwa durch kleinere Autos, durch einen größeren Kernenergieanteil oder mehr Wärmeisolierungen in den Häusern. Schließlich bewirkte der dreimalige sprunghafte Anstieg der Weltölpreise von den frühen 1970er Jahren bis 1980, daß sich die Ölmenge, die für einen Dollar reales Bruttosozialprodukt aufgewendet werden mußte, in allen industrialisierten Ländern verringerte.

Japans Ölverbrauch veränderte sich seit 1970 fast überhaupt nicht, obgleich seine Industrieproduktion gewaltig anstieg. Obwohl Japan sein gesamtes Öl importiert, paßte es sich viel schneller als die Vereinigten Staaten den härteren Zeiten an – wohl auch deswegen, weil Tokio es zuließ, daß die heimischen Ölpreise auf Weltmarktniveau kletterten, während Washington die Wirkungen des Ölpreisschocks mit Kontrollen und Rationierungen abfederte.

Schmerzhafte Erinnerungen. Regierungen sollten der großen Versuchung widerstehen, Öl und Erdgas zu rationieren und zu bewirtschaften. Rationierung war die eklatanteste von zahlreichen abwegigen Reaktionen der USA auf den Preisanstieg seit den 70er Jahren. Die schmerzhaften Erinnerungen der Wähler an lange Schlangen vor den Tankstellen sollten Washington dazu veranlassen, diesen Fehler nicht noch einmal zu begehen.

Es ist auch unklug, besondere Verwendungsweisen von Öl zu reglementieren, etwa durch die Festsetzung strengerer Verbrauchsnormen für Autos. Ich bin sogar der Auffassung, daß der Kongreß die Beschränkungen des durchschnittlichen Verbrauchs einer Wagenflotte restlos abschaffen sollte. Diese Beschränkungen verlangen, daß die Neuwagenflotte jedes Herstellers im Durchschnitt höchstens 8,5 l auf 100 km verbraucht. Bei hohen Benzinpreisen wählen Autobesitzer zwischen dem Spareffekt durch benzinsparendere Autos und dem sichereren, weicheren und geräumigeren Fahrkomfort größerer, schwererer Wagen, die mehr Benzin schlucken.

Eine Bundessteuer auf Kraftstoff ist ein weiterer Versuch, eine bestimmte Verwendungsweise von Öl der Kontrolle zu unterstellen. Das mag eine willkommene Hilfe zur Verringerung des Haushaltsdefizits darstellen, doch sie ist ein ungeeignetes Mittel zur Dämpfung der Ölnachfrage: Sie senkt künstlich eine bestimmte Art von Ölverbrauch gegenüber allen übrigen Verwendungsweisen. Dies verzerrt die Allokation des Rohöls zwischen den Treibstoffen und den übrigen Ölprodukten.

Eine allgemeine Steuer auf Ölimporte stimuliert die Hinwendung zu heimischem Öl. Das ist nicht wünschenswert, weil es dazu verleiten würde, die amerikanischen Ölreserven schneller aufzubrauchen. Auf lange Sicht würde das die Abhängigkeit Amerikas von importiertem Öl erhöhen statt abbauen. Mehr Sinn macht eine selektive Steuer auf Öl, das aus dem Mittleren Osten importiert wird. Eine solche Steuer würde die Importnachfrage in Richtung auf Venezuela, Mexiko, Indonesien und andere, sicherere Länder verlagern. Eine solche Steuer hätte auch den Vorteil, daß Staaten des Mittleren Ostens über höhere Mittel verfügen könnten. Das würde ihnen dabei helfen, in der gegenwärtigen Golfkrise und in ähnlichen Situationen ihre Verteidigungsaufwendungen zu bestreiten.

Bushs Fehler. Regierungen sollten vermeiden, ‚moralischen Druck' auszuüben, um Ölgesellschaften zum Einfrieren der Preise von Benzin und anderen Mineralölprodukten unter dem Marktpreisniveau zu nötigen. Künstlich niedrige Preise erzeugen Mangelsituationen: Sie regen eine exzessive Nachfrage nach den Produkten an, während sie den Raffineriebetreibern jeglichen Anreiz nehmen, das Angebot zu erhöhen und nach neuen Ölfeldern zu suchen.

Die Vereinigten Staaten brauchen sicherlich keine weitere ‚Gewinnabschöpfungssteuer' für Ölgesellschaften. Eine solche Steuer hält von Investitionen zur Prospektion neuer Reserven ab sowie von einer besseren Nutzung produzierender Quellen. Hohe Gewinne bei knappem Angebot und hohen Preisen sind für die Ölgesellschaften eine wertvolle Hilfe, niedrige Gewinne bei üppigem Ölangebot und niedrigen Preisen auszugleichen.

Präsident Bush machte einen Fehler, als er dem Druck nachgab, Öl aus der Strategischen Erdölreserve zu veräußern, auch wenn es sich nur um eine kleine Menge handelte. Die US-Administration und andere Regierungen haben ebensowenig die Aufgabe zu versuchen, den Ölpreis zu stabilisieren, wie die Aufgabe, den Preis von Kupfer, Platin, Kunststoffen oder anderen Güterpreisen mit großer Schwankungsbreite konstant zu halten. Gewinnorientierte private Gesellschaften können viel besser als Bundesbürokraten entscheiden, wie viele Ölreserven unter Berücksichtigung der erwarteten Preisschwankungen zu lagern sind. Aber eine rationale private Vorratshaltung erfordert klare Signale, was eine Regierung mit ihren Ölreserven tun will. Die staatliche strategische Ölreserve sollte nur für militärische Zwecke während eines Krieges, eines Boykotts oder in anderen Zeiten bedrohlicher Ölknappheit genutzt werden.

Die neu entstehenden Marktwirtschaften Osteuropas müssen möglicherweise eine schwierige Phase durchlaufen, weil die Weltölpreise gerade zu dem Zeitpunkt stiegen, als die Sowjetunion aufhörte, sie zu subventionierten Preisen zu beliefern. Aber sogar bei 40 Dollar pro Barrel wird der Ölpreis auf die meisten anderen Länder keine verheerenden ökonomischen Auswirkungen haben, es sei denn, er führt zu einer ähnlich unklugen Politik wie während der Preissteigerungen der 70er Jahre. Solange Regierungen dem gewaltigen politischen Druck widerstehen können, in die Märkte für Öl und andere Energieträger zu intervenieren, kann man die gegenwärtige Krise mit nur geringen Schäden für die Weltwirtschaft überstehen.

Nicht jedermann verdient eine erschwingliche Kraftfahrzeugversicherung

(19. Februar 1990)

Bittere Klagen über zu hohe Kraftfahrzeugversicherungsprämien haben in den letzten Jahren zu schärferen Regulierungen geführt. Das Ergebnis war, daß viele Bundesstaaten dem politischen Druck nachgegeben haben, bestimmte Gruppen durch Preisauflagen und andere Regulierungen zu subventionieren.

Bis zum Jahre 1966 regulierten alle Staaten außer Kalifornien die Kraftfahrzeugversicherungsprämien, 15 Staaten deregulierten dann im Laufe der 1970er Jahre. 1988 machten die kalifornischen Wähler jedoch eine Kehrtwendung und sprachen sich in einem Volksentscheid mit großer Mehrheit dafür aus, den freien Markt auf dem Gebiet der Versicherungsprämien abzuschaffen und die Versicherungsgesellschaften zur Senkung vieler Tarife zu zwingen. In Kalifornien, wo einige Gesellschaften sich dazu entschlossen hatten, keine Kraftfahrzeug-Policen mehr auszustellen, entschied der Oberste Gerichtshof kürzlich gegen den Versicherungsbeauftragten dieses Staates und legte fest, daß Versicherungsgesellschaften sich aus einem Bundesstaat zurückziehen dürfen, ohne vorher einen anderen Versicherer zu ermitteln, der ihre Kunden übernimmt.

In den frühen achtziger Jahren richtete New Jersey eine Versicherung ein als letzten Ausweg für solche Fahrer, die auf dem freien Markt keinen Versicherungsschutz mit moderaten Prämien finden konnten. New York hat die Berücksichtigung des Geschlechts, des Familienstandes und anderer relevanter Eigenschaften bei der Festlegung der Prämienhöhe untersagt. Einige andere Staaten führten Regulierungen der Kraftfahrzeugversicherung wieder ein oder verschärften sie.

Beschränkter Wettbewerb. Aber die Regulierung hat die Kraftfahrzeugversicherungsprämien für die meisten Autofahrer nicht gesenkt, trotz aller Beschwerden über zu hohe Prämien auf unregulierten Märkten. Eine immer noch gültige Studie, die vor zehn Jahren von dem Ökonomen Richard A. Ippolito (jetzt bei der Pension Benefit Guaranty Corporation) durchgeführt wurde, fand keinen signifikanten Unterschied zwischen durchschnittlichen Prämienhöhen in Staaten mit und ohne Regulierungen.

Statt dessen fand er heraus, daß die Regulierungen den Wettbewerb zwischen Versicherungsgesellschaften schwächen, die Kosten für Fahrer mit guten Schadensbilanzen erhöhen, die Kosten für Hochrisiko-Fahrer senken und die Zahl der Wagen ansteigen läßt, deren Halter nur mit Hilfe von Subventionierungsprogrammen versichert werden können, da sie auf dem freien Markt keinen Versicherungsschutz erhalten. So waren zum Beispiel in den frühen 1970er Jahren 12 % der Hochrisiko-Fahrer in New Jersey auf verschiedene Versicherer aufgeteilt. Nachdem der Staat seine Regulierung der Kraftfahrzeugversicherung ‚reformiert' und 1983 die Kontrollen der Versicherungsprämien verschärft hatte, gehörte fast die Hälfte der mehr als 4 Millionen Kraftfahrzeuge zum Subventionspool.

Deshalb ist es kaum überraschend, daß in dieser Versicherung für Hochrisikofälle ein erhebliches Defizit auflief (über 3 Milliarden Dollar), auch wenn Autos im Garden State,* die nicht zu diesem Pool gehören, mit Prämien belastet werden, die zu den höchsten des Landes zählen. Gouverneur James J. Florio schlug kürzlich vor, diese Versicherung aufzulösen, die Prämien auf dem freien Markt per Gesetz zu senken und

* Anderer Ausdruck für New Jersey. – Anm. d. Übers.

von anderen Kfz-Versicherern Hilfe zum Defizitausgleich zu verlangen. Was immer New Jersey entscheidet – ich glaube nicht, daß sich die Prämien für sicherere Fahrer senken lassen, ohne daß der Staat die Prämien für die Mehrzahl der risikofreudigeren Fahrer freigibt.

Auf unregulierten Märkten müssen Leute, die häufiger in einen Verkehrsunfall verwickelt werden, überdurchschnittlich hohe Prämien zahlen, um die wahrscheinlich größeren Schäden an Personen und Sachen zu versichern, die aus ihrem Fahrstil resultieren. Sie können versuchen, um diese erheblichen Kosten herumzukommen, indem sie ihre Autos nicht versichern. Aber eine Zwangsversicherung für Kraftfahrzeuge, wie es sie in einer wachsenden Zahl von Staaten gibt, kann das verhindern helfen.

Höhere Prämien halten unfallträchtige Personen von Besitz und Führung eines Kraftfahrzeugs ab, und daher reduzieren sie die Zahl der Verkehrsunfälle. Wenn die Prämien künstlich niedrig gehalten werden, dürften die schwerwiegenden Schäden an Gesundheit und Eigentum durch mehr Hochrisiko-Fahrer auf den Straßen hohe soziale Kosten verursachen.

Eine oft geäußerte Kritik an unregulierten Versicherungsprämien ist, daß so mancher gute Fahrer dann hohe Prämien bezahlen muß, nur weil er in einen Tarif eingestuft wird, der auch für eine große Anzahl unfallträchtiger Fahrer gilt. Gerade die umsichtigen Fahrer aus den Innenstädten zahlen in der Regel auf dem freien Markt hohe Prämien, weil Unfälle und Kraftfahrzeugdiebstähle dort an der Tagesordnung sind.

Sicher abgestellt. Aber der freie Wettbewerb zwischen Versicherungsgesellschaften schützt gute Fahrer vor hohen Prämien; denn Gesellschaften erzielen höhere Gewinne, wenn sie separieren können und niedrigere Prämien für die weniger unfallträchtigen Mitglieder einer Gruppe berechnen dürfen. Darum bekommen Frauen, verheiratete Männer und alle, die einen besonderen Übungskurs absolviert haben, oft niedrigere Beitragsrechnungen als die jungen unverheirateten Männer. Da ich in einem Teil von Chicago lebe, in dem Autodiebstähle nicht selten sind, erhalte ich für meine Gegend einen Abschlag auf die Prämie, weil ich meinen Wagen in einer Garage abstelle. Dennoch – nur weil es Versicherungsgesellschaften an Informationen über relevante Eigenschaften von Fahrern fehlt, zahlen einige vorsichtige Fahrer auf freien Märkten hohe Prämien, da sie in Hochrisiko-Gruppen eingestuft wurden.

Aber selbst wenn politisch entschieden wurde, daß Fahrer einer höheren Risikokategorie unterstützt werden sollen, sollten die erforderlichen Subventionen eher durch Steuermittel finanziert werden als durch höhere Prämien für vorsichtige Fahrer und Autobesitzer aus Gebieten mit weniger Unfällen und Kraftfahrzeugdiebstählen. Höhere Prämien für sichere Fahrer im Tausch für geringere Prämien für Hochrisiko-Fahrer mit Hilfe einer Beitragsregulierung ist nur ein Beispiel für die wachsende Neigung, an öffentlichen Ausgaben zu sparen, indem man per Wählerauftrag die finanziellen Belastungen auf die privaten Haushalte abwälzt – in diesem Falle auf bestimmte Gruppen von Autobesitzern.

Die Erfahrung mit der Kraftfahrzeugversicherung enthält eine wichtige Lehre für die Beurteilung von Vorschlägen, umfangreiche Regulierungen von Fluglinien und anderen Industriezweigen wiedereinzuführen: So wie eine Regulierung die Effizienz des Marktes für Kraftfahrzeugversicherungen beeinträchtigt, wird sie auch die Effizienz in diesen Wirtschaftsbereichen beeinträchtigen.

Jetzt steht es fest: Überregulierung würgt das Wachstum ab

(22. Juni 1987)

Warum wachsen manche Länder viel schneller als der Durchschnitt und andere deutlich langsamer? Zwar sind die treibenden Kräfte des Wachstums noch nicht restlos verstanden; klar ist aber, daß auch privates Unternehmertum und freier Wettbewerb es stimulieren. Umgekehrt wird das Wachstum verlangsamt, wenn Sonderinteressengruppen ihren Einfluß geltend machen, um weitreichende politische Vergünstigungen zu erhalten, etwa großzügige Exportbeihilfen oder strenge Einfuhrbeschränkungen und Zölle auf konkurrierende Importe. Wenn staatliche Regulierung und Kontrolle zu weit gehen, dann beginnt der Wachstumsmotor zu stottern und kommt dann insgesamt zum Stillstand.

Ein gutes Beispiel dafür stellen die afrikanischen Länder dar, die ihre Unabhängigkeit erst nach dem Zweiten Weltkrieg erlangten. Deren Führer bewunderten den Sozialismus und sorgten dafür, daß in ihren Ländern eine interventionistische Mentalität vorherrschte. Infolgedessen schnitt ihre Wirtschaft schlecht ab. In einer wichtigen Studie der Weltbank untersuchten die Professoren Robert Summers und Alan W. Heston von der Universität von Pennsylvania mehr als 70 Länder. Sie verglichen das Wachstum des Pro-Kopf-Einkommens von 1950 bis 1980 mit dem Pro-Kopf-Einkommen von 1950. Die durchschnittliche Wachstumsrate der untersuchten afrikanischen Volkswirtschaften betrug weniger als 1,5 % pro Jahr, deutlich unter dem Mittel anderer Länder. Im

Gegensatz dazu wiesen die marktwirtschaftlichen Tigerstaaten in Asien – Hongkong, Japan, Südkorea, Singapur und Taiwan – hohe Wachstumsraten auf. Nach Summers und Heston betrug das Wachstum des Pro-Kopf-Einkommens von 1950 bis 1980 beispielsweise in Japan 7 % und in Taiwan 5,5 % jährlich.

Mittelmäßige Spieler. Eigentlich schnitten die zentral geplanten Ökonomien in Summers' und Hestons Auswahl kommunistischer Länder besser ab als der Durchschnitt. Aber die Autoren konnten keine Einkommensschätzungen für diese Länder vornehmen, in denen auch minderwertige Konsumgüter und andere Verzerrungen ihrer Wirtschaft zum Ausdruck gekommen wären. Auch das Mittelfeld – zum Beispiel China, Nordkorea, Albanien und Kuba – ist nicht erfaßt, weil befriedigende Daten nicht erhältlich waren.

China hat seinen riesigen landwirtschaftlichen Sektor privatisiert und fördert die Eigeninitiative auch in der Industrieproduktion, während Rußland unter Michail S. Gorbatschow versucht, eine stagnierende Wirtschaft nach Chinas Vorbild umzukrempeln. Diese Maßnahmen kommen dem Eingeständnis gleich, daß die kommunistischen Volkswirtschaften ohne einen spürbaren Abbau zentraler Planung und ohne eine Ausweitung privater Produktion und Initiative nicht dauerhaft wachsen können.

Es wird oft gesagt, daß die Wirtschaft Japans und einiger erst in jüngster Zeit industrialisierter Länder während der letzten Jahrzehnte schneller wuchs als in Amerika und Europa: Der Westen sei zu sklerotisch und satt geworden, um sich effektiv gegen junge und hungrige Volkswirtschaften zu behaupten. Nun sind Analogien zwischen dem Alter von Menschen und dem von Volkswirtschaften verführerisch, aber sie werden zum Glück nicht von den empirischen Daten gestützt.

Alter und Wohlstand haben das Wachstum der amerikanischen Wirtschaft nicht verlangsamt. Studien wie etwa die von Professor Paul Romer von der Universität Rochester zeigen, daß das Pro-Kopf-Einkommen in Amerika eher schneller und nicht langsamer wuchs, als seine Wirtschaft älter und reicher wurde. Das Pro-Kopf-Einkommen wuchs beispielsweise in der Zeit von 1950 bis 1970 schneller als während der meisten Jahrzehnte des 19. und frühen 20. Jahrhunderts. Das Wachstum verlangsamte sich zwar in der Zeit zwischen 1973 und 1983, aber ein Jahrzehnt langsamen Wachstums ist nicht ungewöhnlich: Man erinnere sich an die katastrophale Bilanz der 1930er Jahre.

Goldene Jahre. Die Daten zeigen auch nicht, daß reichere Länder langsamer wachsen als ärmere. Die Wachstumsraten unterscheiden sich zwischen Ländern mit vergleichbaren Einkommen sogar erheblich. Die durchschnittliche Wachstumsrate der Länder aus Summers' und Hestons Studie beträgt zwischen 1950 und 1980 etwa 2,8 % pro Jahr; damit weisen die allermeisten Länder ein viel höheres Wachstum auf als in früheren Zeiten. Die vernünftigste Schlußfolgerung aus ihren Daten ist, daß Wohlstand kein Wachstumshindernis war: Die schon 1950 reicheren Länder wuchsen etwa so schnell wie ärmere.

Das Pro-Kopf-Einkommen in den Vereinigten Staaten, dem 1950 bei weitem reichsten Land, wuchs von 1950 bis 1980 um jährlich 2 %. Damit wuchs Amerika so schnell wie in der Vergangenheit, aber langsamer als der Durchschnitt aller Länder. Obwohl das zu zeigen scheint, daß reichere Länder nicht so leicht wachsen wie ärmere, wuchsen andere reiche Länder 1950 schneller als die USA. Die durchschnittliche Wachstumsrate der 10 wohlhabendsten Länder liegt über 2,3 %, also nicht wesentlich unter dem Mittel aller Länder.

Solche Daten zeigen klar, daß Wohlstand ein Land keineswegs zu einer wirtschaftlichen Zukunft des Mittelmaßes verdammt; und Armut garantiert auch nicht künftige Prosperität. Ärmere Länder haben bei ihrer Aufholjagd lediglich gewisse Vorteile, etwa relativ leichten Zugang zu Kapital und Technologien der führenden Länder. Auch diese verfügen jedoch über Vorteile, die ein kontinuierliches Wachstum begünstigen. Tatsächlich haben wohlhabende Länder offenbar genau so viele Vorteile wie Nachteile. Besonders wichtig sind hochqualifizierte Arbeitskräfte, die normalerweise in reichen Ländern zu finden sind. Qualifizierte Arbeitskräfte sind für die Entwicklung neuer Produkte und kostensenkender Produktionsmethoden unabdingbar.

Reiche Länder, die nicht so gut abschneiden, sollten das ihrer Politik und ihrem Verhalten zuschreiben – nicht dem Alter und dem Wohlstand. Wenn sie Selbstzufriedenheit sowie die fortwährende Versuchung vermeiden, überzuregulieren und die Wirtschaft zu kontrollieren, wird auch ihre Wachstumsrate nicht niedriger sein.

Verbrauchsnormen: Eine veraltete Idee

(2. September 1985)

„Jeder Gewinn geht auf Kosten irgendeines anderen." Das behauptete Michel de Montaigne vor 400 Jahren; und die Leute glauben immer noch, daß, in moderner Sprache ausgedrückt, die Wirtschaft und ihre Kunden in einem Nullsummenspiel gefangen sind. Diese Auffassung erklärt sicherlich zu einem Teil den Widerstand gegen General Motors und

Ford, weil sie den Transportminister davon überzeugen konnten, die Normen für den durchschnittlichen Flottenverbrauch (CAFE*) zu entschärfen. Doch diese Lockerung der Normen dient den Interessen des Landes ebenso wie denen der Autofirmen. Tatsächlich käme es dem Land zugute, wenn diese Standards ganz abgeschafft würden.

Auf dem Höhepunkt der allgemeinen Besorgnis über die Energiekrise im Jahre 1975 ordnete der Kongreß an, daß Autohersteller spezifische Benzinverbrauchsnormen erfüllen müssen. Bis 1985 wurden sie immer mehr verschärft; die Neuwagen jedes Herstellers dürfen jetzt nicht mehr als durchschnittlich 8,5 l pro 100 km verbrauchen. Diese Normen mögen zur damaligen Zeit gerechtfertigt gewesen sein, weil Preiskontrollen die Auswahlentscheidungen von Autokäufern verzerrten.

Der reale Benzinpreis hat sich von 1973 bis 1981 fast verdoppelt, und Konsumenten sahen sich während einiger Jahre einem eingeschränkten Benzinangebot gegenüber. Um zu sparen, stiegen Autokäufer auf benzinsparendere Autos um, besonders auf kleinere japanische Modelle. Bis 1982 entsprachen die amerikanischen Autobauer bereitwillig den CAFE-Standards, weil sie die Produktion von kleineren und benzinsparenderen Autos ausweiten mußten, um die Nachfrage der Konsumenten zu befriedigen.

Sicherheit und Prestige. Zehn Jahre danach fielen die realen Benzinpreise um mehr als 30 %, als weltweit die Erdölpreise fielen und Preiskontrollen abgeschafft wurden. Das erhöhte die Nachfrage nach größeren, weniger benzinsparenden Autos; einige Konsumenten fanden sie komfortabler, sicherer und prestigeträchtiger. Um zwischen 1983 und 1985 den durchschnittlichen Benzinverbrauch ihrer Wagen zu senken, dämpften GM und Ford die Nachfrage nach größeren Wagen, indem sie deren Preise relativ zu den kleineren Autos erhöhten und weitere Anreize für den Erwerb kleinerer Autos einführten. Trotzdem erfüllten GM und Ford nicht die CAFE-Standards von 1983 und 1985, weil ihre Produktpalette an größeren Wagen orientiert war. Natürlich wirken sich die CAFE-Standards jetzt auf die Konsumentscheidungen aus, indem sie das Angebot von weniger benzinsparenden Wagen verringern.

Aber sollte es Konsumenten nicht erlaubt werden, ihre Nachfrage nach solchen Autos ohne die Beschränkung durch Benzinverbrauchsstandards zu befriedigen? Manche Leute antworten ‚nein', weil Autokäufer nicht in vollem Umfang die größere Verschmutzung und andere Umweltschäden in Betracht ziehen, die von weniger benzinsparenden Autos angerichtet werden. Aber Benzinverbrauchsstandards vernach-

---

* Corporate Average Fuel Economy-Standard. – Anm. d. Übers.

lässigen die Schäden durch ältere Wagen und unterscheiden nicht zwischen Vielfahrern und solchen, die nur gelegentlich das Auto benutzen. Die beste Methode, die Fahrer zu zwingen, für verkehrsbedingte Umweltschäden zu bezahlen, ist die Einführung einer Benzinsteuer, die den sozialen Kosten der Schäden entspricht. Die Bundessteuer beträgt zur Zeit ca. 2$^{1}/_{2}$ Cent pro Liter, und die Steuern der Einzelstaaten betragen durchschnittlich etwa 3$^{1}/_{2}$ Cent pro Liter. Vielleicht sollten beide Steuerarten weiter angehoben werden; aber 6 Cent pro Liter ist kein unerheblicher Ausgleich für Verschmutzung und andere Verkehrsschäden.

Angebotskrise? Die *New York Times* unterstützte in Leitartikeln die CAFE-Standards, um die Nachfrage nach Öl zu senken und um das „Risiko einer Angebotskrise" zu verkleinern. Aber die Fähigkeit der OPEC oder jeder anderen kleinen Gruppe von Ländern, durch Angebotsverknappung eine Ölkrise herbeizuführen, schwächte sich während des letzten Jahrzehnts ab wegen der stärkeren Integration und der geringeren Konzentration des Weltölmarkts. Der Anteil der OPEC an der Weltölproduktion halbierte sich von etwa 60 % im Jahre 1973 bis etwa 30 % im Jahre 1984. Wenn die OPEC die USA erneut boykottierte, könnte dieses Land auf dem Weltmarkt von anderen Produzenten Öl kaufen. Darüber hinaus kann erhöhte Sparsamkeit im Benzinverbrauch in den Vereinigten Staaten den Weltölpreis nicht spürbar senken, weil deren Benzinverbrauch weniger als 20 % vom Weltverbrauch ausmacht. Und schließlich sind Benzinverbrauchsnormen ein dürftiges Mittel, sich für eine solche ‚Krise' zu wappnen. Öffentliche und private Vorratshaltung von Öl und Benzin sind hier viel effektiver.

Ein 1979 erstelltes Gutachten der renommierten Nationalen Akademie der Wissenschaften, betitelt mit „Energie im Übergang: 1985 – 2010", empfahl Verbrauchsnormen für Benzin und andere Energieträger. Darin findet sich die These, daß Konsumenten „mehr auf die Anschaffungskosten achten als auf die voraussichtlichen Betriebskosten". Insbesondere behauptet der Report, daß Autokäufer die höheren Benzinkosten bei weniger benzinsparenden Autos nicht angemessen in Rechnung stellen. Die verfügbaren Daten stützen diese Behauptung nicht. Zum Beispiel legen die Forschungen von Professor Zvi Grichiles von der Harvard-Universität und von Professor Makoto Ohta von Japans Tsukuba-Universität nahe, daß Gebrauchtwagenkäufer die künftigen Betriebskosten voll in ihre Rechnung einbezogen, als sie nach dem Anstieg der Benzinpreise in den 1970er Jahren weniger benzinsparende Wagen auch weniger nachfragten.

Die Angst vor den Folgen einer Energieknappheit förderte nach 1973 auf vielen Gebieten eine unvernünftige Energiepolitik: CAFE-Standards, Preiskontrollen beim Öl, Bezugsscheine, die verschiedensten Steuervergünstigungen und eine Steuer auf *windfall*-Profite [Steuer zur Abschöpfung der Gewinne aus den Ölpreissteigerungen] der Ölgesellschaften. Einige dieser Maßnahmen sind wieder rückgängig gemacht worden, und die meisten anderen sollten folgen. Die USA wären besser dran, wenn die CAFE-Standards abgeschafft würden: Benzinverbrauchsstandards schränken die Wahlfreiheit der Konsumenten ein; sie lassen sich nicht rechtfertigen. Daß GM und Ford gleichfalls profitieren würden, allein schon von weniger strengen Verbrauchsnormen, beweist nur, daß, was gut ist für die Wirtschaft, manchmal auch gut ist für Amerika.

Privatisierung

Es gibt nichts, was das Postwesen erschüttern könnte – noch nicht einmal gute Ideen

(20. Juni 1994)

Es ist viel leichter, schlechte öffentliche Programme zu schaffen, als sie wieder abzuschaffen, wenn sie bereits eine gewisse Zeit existiert haben. Dieses alte, aber häufig ignorierte Gesetz der politischen Wissenschaft ist ‚die Tyrannei des Status quo' genannt worden. Es erklärt, warum sich sogar eine ausgesprochen unsinnige staatliche Politik hartnäckig halten und manchmal sogar ausbreiten kann.

Der politische Status quo ist für Gruppen wichtig, die aus bestimmten Programmen hohen Nutzen ziehen und erbittert ihre Weiterführung verteidigen, ungeachtet ihrer schädlichen Auswirkungen für andere. Zugleich ist die Opposition oft schwach und zersplittert, weil die Nachteile in Form von hohen Steuern oder schlechtem Service über so viele Gruppen verteilt sein können, daß keine einen hinreichend starken Anreiz zu energischem Protest besitzt. Manchmal werden die Nachteile erst nach einer Änderung der Politik offensichtlich, etwa wenn eine Privatisierung aufdeckt, wie ineffizient ein Staatsunternehmen gearbeitet hat, oder wenn drastisch reduzierte Importzölle und Importquoten die Einfuhr attraktiver ausländischer Produkte beleben.

Das staatliche Monopol für die Postzustellung ist ein ausgezeichnetes Beispiel für diesen Einfluß des Status quo. In der Vergangenheit übertrugen die meisten Länder bestimmten Staatsunternehmen die alleinige

Zuständigkeit für die Postverteilung. Die amerikanische Verfassung schreibt zwar kein staatliches Monopol fest, aber sie ermächtigt den Kongreß, „Postämter und Poststraßen einzurichten".

Tote Briefe. Doch nach den Erfahrungen der letzten 50 Jahre würden wohl nur wenige vernünftige Leute noch irgendwo ein Staatsmonopol für die Postbeförderung befürworten. Die Qualität der Zustellung in verschiedenen Ländern reicht von gerade noch angemessen bis grauenhaft: In Kanada, Italien, Israel, Argentinien und in den meisten Ländern der Dritten Welt erwartet niemand, daß Briefe innerhalb einer vernünftig erscheinenden Zeit zugestellt werden. Das staatliche US-Postwesen funktioniert zwar besser als der Durchschnitt, aber die Unzufriedenheit ist weit verbreitet. In meinem Wohnort Chicago wurde kürzlich ein Skandal aufgedeckt: Post wurde tonnenweise verbrannt, weggeworfen oder über Jahre hinweg einfach nicht ausgetragen.

Das Monopol, dessen sich die staatliche Post erfreut, hat sie träge und phantasielos werden lassen. Die Federal Express Corporation hat mit einer erfolgreichen 24-Stunden-Zustellung von Briefpost und Päckchen begonnen, trotz der Hindernisse, die errichtet wurden, um einen regelmäßigen privaten Postdienst zu verhindern. United Parcel Service Inc. und andere Gesellschaften beherrschen den Markt für größere Pakete, weil sie schnellere, zuverlässigere, praktischere und manchmal auch billigere Dienstleistungen anbieten. Das staatliche Postwesen spielte bei der Entwicklung von Faxübertragungen, computergestützter elektronischer Post und interaktivem Fernsehen keine Rolle; ein weniger reguliertes System hätte versucht, angesichts dieser neuen Formen von Nachrichtenübermittlung zu diversifizieren.

Aber abgesehen von einigen wenigen Ländern war es unmöglich, mehr als kosmetische Korrekturen an den Postmonopolen vorzunehmen. Eine Privatisierung der Postzustellung und andere Reformen werden von Postangestellten politisch blockiert, die zu Recht befürchten, daß viele von ihnen ihre Stellen verlieren würden. In den USA ist die Politik sogar ein integraler Teil des Postwesens, weil Postamtsleiter oft politische Mandate haben. Auch Postmanager widersetzen sich grundlegenden Veränderungen, weil sie damit rechnen, von effizienteren Managern aus dem privaten Bereich abgelöst zu werden; Bürokraten dagegen rechnen mit einer Einschränkung ihrer Machtbefugnisse, wenn der Wettbewerb an die Stelle staatlicher Leitung tritt. Firmen und Haushalte, die von Subventionen für eine drittklassige Post und ihre Verteilung in ländlichen Gegenden profitieren, sind ebenfalls gegen Reformen, weil sie Kostensteigerungen bei den von ihnen in Anspruch genommenen Postdienstleistungen erwarten.

Schwung. Zum Glück kann der Status quo unterminiert werden, wenn seine negativen Auswirkungen groß genug und offenkundig werden. Energische politische Führungspersönlichkeiten wie Margaret Thatcher können mit der Forderung nach weitgehenden Privatisierungen und dem Zurückstutzen staatlicher Programme und Regulierungen an die Macht kommen. Andere Politiker wie Präsident Carlos Menem von Argentinien ändern ihre Meinung, nachdem sie eine Weile im Amt waren: Sie ergreifen die Gelegenheit, politisches Kapital aus der Unzufriedenheit mit einer schlechten staatlichen Politik zu schlagen, indem sie auf die Interessen derer eingehen, die unter ihr zu leiden haben.

Der Trend der letzten 15 Jahre in Richtung auf die Privatisierung schlecht gemanagter Staatsunternehmen hat weltweit an Schwung gewonnen. Viele Länder haben Telefongesellschaften, Ölraffinerien, Fluglinien und Staatsunternehmen in verschiedenen anderen Sektoren veräußert. Sogar staatseigene Postunternehmen waren nicht immun gegen den Privatisierungsdruck. Die Niederlande kündigten im April an, in Kürze mit dem Verkauf einer Mehrheitsbeteiligung an seinem Post- und Telefonmonopol zu beginnen. Obwohl Großbritannien über eines der effizienteren staatlichen Postwesen verfügt, brachte es kürzlich ein Aktienverkaufsangebot ins Gespräch, das die Mehrheit der Anteile in private Hände überführen wird. Schweden läßt bei der Verteilung von Post in Stockholm private Gesellschaften mit dem staatlich betriebenen System konkurrieren. Ich erwarte, daß andere Länder Schwedens Beispiel folgen und privaten Wettbewerb mit dem staatlichen Postwesen zulassen werden.

Sobald die Tyrannei des Status quo in breiten Kreisen als ein zuverlässig wirkendes Gesetz der Politik erkannt ist, wird der Widerstand gegen undurchdachte Vorschläge politischer Programme wachsen, selbst gegen jene, die als begrenzt oder befristet charakterisiert wurden. Und es mag ein wenig leichter werden, bestehende Verfahrensweisen zu beseitigen, die eindeutig mehr Schaden als Nutzen gestiftet haben.

Warum öffentliche Unternehmen in private Hände gehören

(24. Februar 1986)

Als ich zum College ging, wurde die Wasserkraftwerksbehörde im Tennessee-Tal weithin als Musterbeispiel dafür betrachtet, wie Strom produziert und verteilt werden sollte. Ich war daher völlig überrascht, als ich kürzlich von Plänen erfuhr, diesen Kraftwerksbetreiber hauptsächlich aus Effizienzgründen an den privaten Sektor zu veräußern. Die Eisenbahngesellschaft Conrail steht zum Verkauf an, und der Druck nimmt zu, auch andere bundesstaatliche Unternehmen zu privatisieren, unter anderem die Eisenbahnnetzbetreiberin Amtrak, die Postbetriebe, die staatlichen Wohnungsbaugesellschaften und sogar große Teile von Amerikas unermeßlichem öffentlichen Grundbesitz.

Manche Leute tun Vorschläge zum Verkauf von Staatsunternehmen als verzweifelte Versuche ab, das Haushaltsdefizit zu reduzieren. Aber solche Bestrebungen sind nicht nur durch den Druck zu erklären, den Umfang des staatlichen Sektors zu beschneiden. Ronald Reagan und Margaret Thatcher etwa sind glühende Befürworter der Privatisierung; unter beiden sind jedoch die öffentlichen Ausgaben insgesamt beträchtlich gestiegen.

Privatisierung ist zur Zeit ein weltweiter Trend. Bestens bekannt sind die Vorgänge in Großbritannien, wo die Thatcher-Administration den Verkauf von Hunderttausenden öffentlicher Wohnungen sowie von mehrheitlich in öffentlichem Besitz befindlichen Unternehmen der Luft- und Raumfahrt, des Automobilbaus und der Telekommunikation veranlaßte. Außerdem ist geplant, auch British Airways, Rolls-Royce, British Gas und viele andere öffentliche Unternehmen zu verkaufen.

Selbst sozialistische und Dritte-Welt-Regierungen sind auf den Privatisierungszug aufgesprungen. Im Jahre 1982 verstaatlichte die gerade gewählte sozialistische Regierung Spaniens umgehend ein privates Großunternehmen. Seitdem jedoch hat sie einen Großteil desselben wieder in den privaten Sektor überführt und weitere Staatsunternehmen verkauft. In Frankreich verstaatlichte die sozialistische Regierung von Francois Mitterrand kurz nach dem Machtwechsel im Jahre 1981 Banken und verschiedene Industriezweige. Aber auch in Frankreich geht der Trend jetzt in Richtung Privatisierung und Deregulierung. Mexiko, Brasilien, Indien und andere Länder der Dritten Welt haben schon vereinzelt öffentliche Unternehmen verkauft; andere sollen folgen.

Eine kühne Umstellung. China hat die einschneidendsten Maßnahmen in Richtung auf eine Privatisierung seiner Wirtschaft unternommen. In den fünfziger Jahren faßte China seine bäuerliche Bevölkerung in Kommunen und anderen kollektiven Produktionsgemeinschaften zusammen. Aber als zwischen 1955 und 1977 die Erhöhung der Getreideproduktion pro Kopf mißlang, fällten die Nachfolger Mao Tse Dongs die unter den gegebenen Umständen als kühn zu bezeichnende Entscheidung, die Kommunen aufzulösen und einen Großteil des Landes in privaten Besitz zurückzugeben. China privatisiert jetzt auch einen Teil des Dienstleistungsgewerbes und des verarbeitenden Sektors, und es verringert ganz allgemein das Ausmaß zentraler Kontrolle über die Wirtschaft.

Staatliche Unternehmen gelten weithin als schwerfällig und ineffizient. Der vielleicht überzeugendste Beleg dafür ist die explosionsartige Zunahme der Nahrungsmittelproduktion in China nach der Privatisierung der Landwirtschaft. In der gleichen Zeit stagnierte die Produktion der kollektivierten Landwirtschaft der Sowjetunion. Weil nur wenige verläßliche vergleichende Untersuchungen zur Leistung privater und öffentlicher Unternehmen durchgeführt worden sind, gründet sich das meiste Beweismaterial nur auf Indizien. Ich bin dennoch davon überzeugt, daß die Einmischung der Politik in wirtschaftliche Entscheidungen den öffentlichen Unternehmen beträchtlich schadet.

Man denke an Großbritannien: Nach sechs Jahren Privatisierung unter Thatcher erhielten die staatlichen Stahl-, Kohle- und Eisenbahnbetriebe in den Jahren 1984 bis 1985 noch über 5 Milliarden Dollar Subventionen; in der Zeit von 1979 bis 1980 waren es noch weniger als 3 Milliarden Dollar. Die US-Post machte 1985 250 Millionen Dollar Verlust, nachdem sie in den vorangegangenen vier Jahren einen kumulativen Verlust von über 2 Milliarden Dollar erwirtschaftet hatte. Offensichtlich verlieren also auch private Betriebe manchmal Geld. In den letzten Jahren sind beispielsweise die meisten US-Stahlfirmen nicht profitabel gewesen. Aber private Firmen, die ständig Geld verlieren, gehen normalerweise entweder bankrott, wie es McLouth Steel tat, oder sie werden von anderen Gesellschaften übernommen, wie Republic Steel durch LTV. Und andere verkauften Firmenvermögen, wie es International Harvester und die Pan Am taten.

Druckempfindlich. Politische Erwägungen haben auch spürbare Auswirkungen auf die Beschäftigungs- und Preispolitik öffentlicher Unternehmen. Die politische Opposition gegen ‚skandalös' hohe Gehälter führt dazu, daß Spitzenmanager von Unternehmen in Staatsbesitz deutlich geringere Einkommen haben als die in privaten Firmen. Zum Beispiel erhält der Postminister nur 86.000 Dollar im Jahr, also einen Bruchteil der Summe aus Grundgehalt, Bonusanteilen und Aktienoptionen eines Leitenden Angestellten eines ähnlich großen Privatunternehmens. Wieviele fähige Geschäftsleute wählen unter solchen Umständen eine Laufbahn im Managament von Staatsbetrieben, wenn sie soviel mehr im privaten Sektor verdienen können?

Zu allem Überfluß können öffentliche Unternehmen nur unter großen Schwierigkeiten Arbeitskräfte entlassen. Sie neigen auch dazu, Gewerkschaftsforderungen nach großzügigen Lohnabschlüssen und dem Verlangen der Konsumenten nach niedrigen Preisen nachzugeben. Kein

Wunder, daß sowohl Gewerkschaften als auch subventionierte Verbraucher entschlossene Gegner von Privatisierung und Deregulierung sind.

Der Verkauf von staatlichen Unternehmen an den privaten Sektor kann und sollte noch viel weitergehen. Unternehmen in Staatsbesitz sind offensichtlich deshalb weniger effizient und weniger flexibel als konkurrenzfähige Privatunternehmen, weil sie wirtschaftliche Entscheidungen und politische Erwägungen nicht trennen können. In einer späteren Kolumne (sie erörtert Vorschläge zur Privatisierung der Schulausbildung) werde ich die allgemeinen Gründe näher erläutern, die für einen Verkauf von Staatsunternehmen sprechen.

3.

Arbeitsmarkt und Einwanderung

Dieser Teil befaßt sich mit Mindestlöhnen, mit der Sozialversicherung und anderen Lohnnebenkosten, mit Arbeitnehmereigentum an Unternehmen, Einwanderung und sonstigen Aspekten des Arbeitsmarktes. Ökonomen haben seit mehr als 60 Jahren erörtert, wie Mindestlöhne die Beschäftigungslage, die Gewinne und die finanzielle Lage der Armen beeinflussen. Aber immer noch erwartet man von konservativen und liberalen Politikern gleichermaßen eine Anhebung des Mindestlohnniveaus. Eine konservative französische Regierung erhöhte im Sommer 1995 die Mindestlöhne auf den Gegenwert von 7 Dollar (bzw. auf 36 französische Francs) pro Stunde, obwohl die französische Arbeitslosenrate 11 % überstieg. Gegenwärtig wird in den Vereinigten Staaten erwogen, das schon jahrelang geltende bundesweite Minimum von 4,25 Dollar pro Stunde anzuheben. Die Chancen für eine Erhöhung um etwa einen Dollar stehen während dieses Wahljahrs gut: Im Kongreß wollen die Republikaner nicht den Eindruck erwecken, daß sie etwas gegen die Armen haben.

Das in Europa und den Vereinigten Staaten anzutreffende Engagement für die Erhöhung der Mindestlöhne wurde durch einige kürzlich erschienene amerikanische Untersuchungen gefördert, nach denen eine geringfügige Erhöhung des Minimallohns die Zahl der Beschäftigten nicht verringert und sogar erhöhen kann. Diese Untersuchungen sind wegen unzureichender empirischer Belege heftig (wir glauben: vernichtend) kritisiert worden. Ein Essay erörtert diese Kritik sowie die grundsätzlichen wirtschaftswissenschaftlichen Argumente gegen eine Erhöhung der Mindestlöhne.

Der höchst umstrittene Essay über Einwanderung plädiert dafür, daß die Regierung eines Einwandererlandes das Recht auf Einwanderung meistbietend an Interessierte versteigert. Dieser Vorschlag wurde anfänglich von Leuten kritisiert, die sich über die scheinbare „Herzlosigkeit" entsetzten, Rechte auf Staatsbürgerschaft zu verkaufen. Die Unterstützung für diesen Ansatz ist jedoch mittlerweile gewachsen; zum Teil übernahm ihn sogar eine von Präsident Clinton eingesetzte Einwanderungskommission mit dem Vorschlag, Arbeitgebern das Recht einzuräumen, Visa für qualifizierte ausländische Arbeitskräfte zu kaufen.

Einwanderung ist in den Vereinigten Staaten und in Westeuropa in dem Maße zu einem beherrschenden politischen Thema geworden, wie die Zahl der Emigranten aus ärmeren Ländern anschwoll, die ihre wirtschaftlichen Verhältnisse verbessern wollen. Die wohlhabenden Länder haben auf Grund widersprüchlicher Kriterien festgelegt, wer aus dem großen Reservoir potentieller Einwanderer akzeptiert wird.

Indem man Zutrittsrechte verkauft, bringt man eine gewisse Rationalität und Ordnung in die Auswahlprozedur, denn das favorisiert junge und qualifizierte Einwanderer, die eine Menge zu bieten bereit sind, weil sie durch Arbeit in den wohlhabenden Ländern wirtschaftlich erheblich gewinnen. Eine solche Vorgehensweise pariert auch die Kritik, daß Einwanderer unrechtmäßig großzügige Wohlfahrtszahlungen und sonstige Beihilfen einstreichen: Einwanderer, die für ihren Eintritt bezahlen, haben damit auch das Recht auf gewisse Unterstützungszahlungen erworben.

Arbeitsmärkte

Es ist ganz einfach: Erhöhe den Mindestlohn, und du bringst die Menschen um ihren Job

(6. März 1995)

Höhere Arbeitskosten kosten Arbeitsplätze. Genau darum sollte Präsident Clintons Vorschlag zurückgewiesen werden, die bundeseinheitlichen Mindestlöhne anzuheben. Ein höherer Mindestlohn verringert die Beschäftigungsmöglichkeiten für gering qualifizierte Arbeitskräfte noch weiter.

Jugendliche, Schulabbrecher, Einwanderer und andere gering qualifizierte Arbeitskräfte verdienen oft weniger als den geplanten neuen Mindestlohn von 5,15 Dollar pro Stunde. Sie finden in kleinen Betrieben Arbeit, vor allem in Schnellimbiß-Ketten und in anderen Bereichen des Einzelhandels. Eine Anhebung des Mindestlohns, wie der Präsident sie will, würde einige von ihnen arbeitslos machen, da ihre Produktivität nicht hoch genug ist, um für ihre Arbeitgeber ihre Kosten zu rechtfertigen.

Viele Studien aus den letzten Jahrzehnten ergaben, daß eine Erhöhung des Mindestlohns die Arbeitsplätze für Jugendliche und andere gering Qualifizierte verringert. Aber immer noch sind Mindestlohn-Gesetze unter Gewerkschaftern und vielen Politikern populär. Und immer wieder haben einige wenige Ökonomen die vorherrschende Auffassung in Frage gestellt, daß es solche schädlichen Effekte überhaupt gibt.

Ernsthafte Mängel. Eine vielzitierte Herausforderung dieser Art bilden mehrere neuere Studien von zwei Ökonomen der Princeton Universität, David Card und Alan B. Krueger – der letztere inzwischen Robert B. Reichs Chefökonom im Arbeitsministerium. Eine dieser Studien ergab, daß sich die Beschäftigungsquote in Staaten mit einem größeren Anteil niedrig qualifizierter Arbeitskräfte nach einer Anhebung des Mindestlohns vergleichsweise wenig verändert – obwohl doch gerade diese Gruppe am meisten von höheren Mindestlöhnen betroffen sein sollte.

Auch eine andere Studie wird von Reich und anderen Mitgliedern der Administration häufig zitiert. Sie soll das Argument stützen, daß ein höherer Mindestlohn die Beschäftigung nicht senkt. Diese Studie vergleicht die Zahl der Arbeitsplätze in Fast-food-Restaurants in New Jersey und Pennsylvania, nachdem New Jersey 1992 den geltenden Mindestlohn erhöht hatte. Card und Krueger argumentieren, daß der beobachtete Beschäftigungsrückgang in Pennsylvania genau so groß wie in New Jersey ausgefallen sei und daher auf andere Gründe als auf den Anstieg des Mindestlohns zurückgeführt werden müsse.

Nun gibt es so manchen, der diese Studien für fehlerhaft hält – und ich gehöre dazu. Anläßlich des Januar-Treffens der American Economic Association wurden die entsprechenden Mängel eingehend erörtert – in einem Beitrag von Donald R. Deere und Finis R. Welch von der Texas-A&M-Universität sowie von Kevin M. Murphy von der Universität Chicago.

Ein Beispiel. Die Erhöhungen des bundeseinheitlichen Mindestlohns in den Jahren 1990 und 1991 bewirkten in New Jersey einen weitaus deutlicheren Rückgang in der Beschäftigung Jugendlicher als in Pennsylvania. Das könnte erklären, warum die Zahl der Arbeitsplätze in New Jersey nicht stärker fiel, als dieser Staat 1992 den Mindestlohn anhob. Indem New Jerseys Arbeitgeber die früheren Lohnerhöhungen mit einer drastischen Reduzierung der Arbeitsplätze beantworteten, nahmen sie wohl den Anstieg des in ihrem Staat geltenden Mindestlohns vorweg.

Konkurrierende Studien. Die Card-Krueger-Studien sind fehlerhaft und können die zahlreichen anderen Belege für einen beträchtlichen negativen Einfluß von höheren Mindestlöhnen auf die Beschäftigung nicht entkräften, wie sie zahlreiche frühere und neuere Untersuchungen aufgewiesen haben. So zeigt die Studie von Deere, Murphy und Welch eindeutig, daß die stufenweise Anhebung des bundeseinheitlichen Mindestlohns von 3,35 auf 4,25 Dollar in den Jahren 1990 und 1991 die Beschäftigung von Jugendlichen, Schulabbrechern und anderen Gruppen mit niedrigen Einkommen verringerte.

Das Ausmaß des Arbeitsplatzabbaus wird plausibel erklärt, vor allem nachdem die Autoren die wirtschaftliche Rezession dieser Zeit in ihre Berechnungen einbezogen haben. Nachdem der Mindestlohn um 27 % angehoben wurde, verringerte sich die Zahl der Arbeitsplätze männlicher und weiblicher Jugendlicher um 12 % bzw. 18 %, während die von Schulabbrechern um ungefähr 6 % zurückging. Das bedeutet: Sollte der Kongreß den Lohn um weitere 18 % auf 5,15 Dollar pro Stunde erhöhen, werden die Arbeitsplätze von Niedrigqualifizierten um über 5 % abgebaut.

Präsident Clinton rechtfertigte die Notwendigkeit einer höheren Bezahlung mit der Bemerkung, daß eine Familie von Mindestlöhnen nicht anständig leben könne. Aber auch Card und Krueger zeigten nicht, daß die Anhebung des Mindestlohns ein wirksamer Weg zur Reduzierung der Armut ist, zumal arme Familien normalerweise nur einen kleinen Teil ihres Einkommens von Mitgliedern beziehen, die ungefähr den Mindestlohn verdienen.

Der Präsident beabsichtigt auch, die schon bestehende Bezuschussung für Fortbildungsmaßnahmen gering qualifizierter Beschäftigter zu erhöhen. Aber diese Förderung wäre unnötig, wenn Clinton nicht auch noch für höhere bundeseinheitliche Mindestlöhne plädierte. Höhere Mindestlöhne machen es nämlich für niedrig qualifizierte Arbeitskräfte noch weniger attraktiv, ihre Zeit mit Lernen statt mit Geldverdienen zu verbringen.

Selbst ein Zauberer könnte nur unter großen Schwierigkeiten das ökonomische Gesetz außer Kraft setzen, daß höhere Mindestlöhne Arbeitsplätze kosten. Da Politiker keine Zauberer sind, sollten sie es gar nicht erst versuchen.

Europa am Boden – eine Lektion für Amerika

(4. Oktober 1993)

Für viele Intellektuelle in den Vereinigten Staaten und Asien ist die Politik des europäischen Wohlfahrtsstaates ein Modell für die eigenen Länder. Aber diese Politik wird zu Lasten der Wirtschaft mit hohen Steuern und Abgaben finanziert, die wenigstens zum Teil für den spektakulären Anstieg der Arbeitslosigkeit in Europa während der 1980er und 1990er Jahre verantwortlich sind.

In den frühen 1980er Jahren betrug die Arbeitslosigkeit in Frankreich, Deutschland und den meisten anderen westeuropäischen Ländern weniger als 4 %. Jetzt beläuft sie sich auf durchschnittlich mehr als 10 %, für unter 25-jährige sogar auf fast 20 %. Im Gegensatz dazu hat sich die Arbeitslosigkeit in den USA während der letzten 15 Jahre nur geringfügig erhöht und liegt noch unter 7 % ; in Japan schließlich ist die Arbeitslosigkeit nur langsam gestiegen und liegt noch unter 3 %.

Das amerikanische und japanische Beispiel zeigt, daß die Zunahme der Arbeitslosigkeit in Europa weder auf mehr Wettbewerb von seiten der Entwicklungsländer zurückgeführt werden kann noch auf andere Einflüsse, denen alle Länder in gleichem Maße ausgesetzt waren. Die explosionsartige Zunahme der Arbeitslosigkeit scheint viel mit dem rapiden Wachstum der Arbeitskosten in ganz Europa zu tun gehabt zu haben.

In Deutschland kommt etwa die Hälfte der durchschnittlichen Arbeitskosten von 27 Dollar pro Stunde durch Abgaben für die Renten-, Kranken-, Arbeitslosen- und Erwerbsunfähigkeitsversicherung und andere Sozialabgaben zustande. In Frankreich, Italien, Spanien und Schweden ist der Anteil aller staatlich veranlaßten Arbeitskosten beinahe ebenso hoch. Im Gegensatz dazu beträgt dieser Anteil in Japan und den USA weniger als 25 %, noch weniger als selbst in Südkorea und Taiwan.

Europas Arbeitskosten werden nicht nur durch ein hohes Lohnniveau und durch hohe Sozialabgaben in die Höhe getrieben, sondern zusätzlich noch durch Regulierungen, die Entlassungen erschweren und zahlreiche bezahlte Krankheits- und Urlaubstage vorsehen. Unter anderem ließen großzügig bemessene bezahlte Krankheitstage die Fehlzeiten in Schweden auf 10 % und in Deutschland auf 9 % ansteigen, im Vergleich zu 2 % bzw. 3 % in Japan und den USA.

Schattenwirtschaft. Um Kosten zu sparen, griffen viele europäische Betriebe zunehmend auf Teilzeitbeschäftigte zurück, die leicht zu entlassen sind und kein Anrecht auf Sonderleistungen und Sozialabgaben haben. In Spanien, wo es fast unmöglich ist, reguläre Arbeitskräfte zu entlassen, sind über ein Drittel der Beschäftigten Aushilfskräfte. Sogar in Frankreich und Deutschland gilt das für mehr als 10 % der Arbeitnehmer.

Europas Schattenwirtschaft ist ebenfalls enorm angewachsen – wohl auch deshalb, weil in ihr staatlich auferlegte Arbeitskosten umgangen werden können. Obwohl keine verläßlichen Zahlen für diesen Sektor existieren, arbeiten nach groben Schätzungen etwa 25 % aller italienischen und spanischen Arbeitskräfte wenigstens zeitweise schwarz; in Belgien, Frankreich, Deutschland und Schweden sind es 10 %.

Wenn Arbeit teuer ist und wenn Beschäftigte nur schwer entlassen werden können, ersetzen Firmen ausgeschiedene Arbeitskräfte nur langsam und expandieren nur ungern – selbst dann, wenn die Wirtschaft sich wieder erholt. Darum dauert es jetzt auch viel länger als vor 10 Jahren, in Europa einen Job zu finden – ob als Berufsanfänger, als Mutter, die nach der Geburt eines Kindes in die Arbeitswelt zurückkehrt, oder als Einwanderer. Das macht auch verständlich, warum die Jugendarbeitslosigkeit so hoch ist und warum die Langzeitarbeitslosen inzwischen mehr als ein Drittel der Arbeitslosen ausmachen. Während der letzten 20 Jahre ist in der Europäischen Gemeinschaft die Beschäftigung im privaten Sektor kaum angestiegen: Das Beschäftigungswachstum wurde fast gänzlich vom öffentlichen Sektor getragen. In Japan und den USA geschah das Gegenteil: Die private Beschäftigung hat kräftig zugenommen, die Stellen im Staatsdienst dagegen kaum.

Schlechte Erfahrungen. Langzeitarbeitslose, Jugendliche, Teilzeitbeschäftigte und Schwarzarbeiter – keine dieser Gruppen hat irgendeine Möglichkeit, in berufsspezifische Fertigkeiten und ihre Ausbildung zu investieren. Das starke Wachstum dieser Gruppen bedeutet, daß weniger Arbeitskräfte für die Arbeit in modernen Volkswirtschaften ausgebildet werden können, die ein hohes Maß an Fähigkeiten und Wissen erfordern. Die unzulängliche Ausbildung der Arbeitskräfte macht es für sie noch schwerer, eine befriedigende Dauerbeschäftigung zu finden.

Zum Glück beginnt man, auf diese Lage zu reagieren. Schwedens konservative Regierung hat die Regelungen zur Lohnfortzahlung im Krankheitsfall verschärft – sie sind allerdings immer noch allzu großzügig. Theo Waigel, der deutsche Finanzminister, will das Arbeitslosengeld und die Sozialhilfe kürzen und das Mutterschafts- und Schlechtwettergeld abschaffen. Die französische Regierung hat die Sozialleistungen eingefroren und die Zahl der Arbeitsjahre erhöht, die man für eine Rentenberechtigung nachweisen muß. In den Niederlanden wollen die Christdemokraten das Mindestlohngesetz auf Eis legen. Eine sozialistische Regierung in Spanien versucht, den Firmen die Entlassung von Beschäftigten zu erleichtern.

Leider ist Präsident Clintons Vorschlag einer Krankenversicherungsabgabe für Beschäftigte nur das jüngste Beispiel für den Trend in den USA, die Wirtschaft für die Finanzierung öffentlicher Leistungen heranzuziehen. Andere Beispiele sind übertriebene Sozialversicherungs- und Gesundheitsabgaben, Eingliederungsbeihilfen, um behinderte Bewerber um Arbeitsplätze in Lohn und Brot zu bringen, und der bezahlte Mutterschaftsurlaub. Das europäische Beispiel sollte den USA und anderen Ländern eine Lehre sein: Die Beschäftigungslage entwickelt sich um so günstiger, je weniger sich der Staat in den Arbeitsmarkt einmischt. Wir wollen hoffen, daß diese Lektion nicht nach schlechten Erfahrungen gelernt werden muß – auf Grund hoher Arbeitslosigkeit.

Ihre Krankenversicherung sollten die Familien selbst finanzieren

(9. September 1991)

Die angespannte Situation der Haushalte des Bundes und der Einzelstaaten war die treibende Kraft hinter dem Trend der achtziger Jahre, viele Bereiche des Wirtschaftsgeschehens staatlich zu reglementieren, etwa die Kinderbetreuungseinrichtungen am Arbeitsplatz und die Beschäftigung bestimmter Bevölkerungsgruppen. Aber dadurch, daß man den Unternehmen Verpflichtungen auferlegt, werden keine volkswirtschaftlichen Ressourcen geschaffen. Es erhöht nur die Belastungen der Arbeitgeber und Arbeitnehmer und bürdet den Unternehmen Aufgaben auf, die sie wohl kaum erfüllen können.

Ein vom demokratischen Senator Edward M. Kennedy aus Massachusetts eingebrachter Gesetzentwurf würde die Betriebe zwingen, für eine Krankenversicherung der Arbeitnehmer zu sorgen. Eine umfassende Krankenversicherung ist natürlich wünschenswert; doch ich glaube, daß nicht die Betriebe, sondern die Haushalte sie finanzieren sollten.

Wenn es das Ziel ist, so viele Bürger wie möglich vor größeren medizinischen Ausgaben zu schützen, dann wäre es gerade der falsche Weg, von den Unternehmen die Bereitstellung einer Krankenversicherung zu verlangen. Die Arbeitslosen, die Rentner und andere, die nicht im Arbeitsprozeß stehen, müßten sich ohnehin anderweitig versichern. Vor allem im Niedriglohnbereich würden die Arbeitskosten für diejenigen Firmen ansteigen, die Versicherungen nicht freiwillig anbieten.

Obwohl Gruppen-Krankenversicherungen das Risiko ernsthafter Erkrankungen verteilen helfen, sind viele Firmen nicht groß genug, um für einen ausreichenden Versicherungsschutz zu sorgen. Ein teurer Versicherungsfall bei nur einem Beschäftigten eines kleinen Betriebes führt meist zu einer deutlichen Erhöhung der Versicherungsprämien, und in manchen Fällen sogar zur Kündigung seitens der Versicherung. Darum stellen Arbeitgeber nur ungern Leute ein, die möglicherweise große Krankheitskosten verursachen.

Trittbrettfahrer. Körperschaftlich organisierte Arbeitgeber sind die wichtigsten Krankenversicherungsträger in den USA, aber nur, weil das

Finanzamt die Kosten nicht als Teil des zu versteuernden Einkommens des Arbeitnehmers ansieht. Das bedeutet eine Subvention. Eine Besteuerung der betrieblichen Gesundheitsaufwendungen würde die Steuereinnahmen des Bundes und der Einzelstaaten jährlich um etwa 60 Milliarden Dollar erhöhen und für die Unternehmen einen steuerlichen Anreiz zur Überversicherung beseitigen. Bei einer Besteuerung der betrieblichen Gesundheitsaufwendungen würden viel mehr Beschäftigte über Gewerkschaften, Kirchen, professionelle Verbände und Krankenversicherungsvereine versichert, die effektiv gegen kleinere Anbieter konkurrieren und eine billigere Risikoabdeckung anbieten könnten.

In wohlhabenden Ländern verweigert man Personen mit Krankheiten, die lange Krankenhausaufenthalte und einen hohen ärztlichen Behandlungsaufwand erfordern, eine entsprechende Pflege in der Regel nicht, selbst wenn sie weder versichert sind noch über die nötigen Mittel zur Kostendeckung verfügen. Um die so entstehende Versuchung zum Trittbrettfahren auf Kosten anderer zu beseitigen, sollte eine bundesweite Verfügung von allen Familien, die sich das leisten können, den Kauf eines Basispakets verlangen, das größere medizinische Aufwendungen und vielleicht auch einige Vorsorgeuntersuchungen abdeckt. Jede Familie könnte sich natürlich auch für eine teurere Versicherung entscheiden.

Familien, die sich einen Versicherungsschutz nicht leisten könnten, bekämen ihre Versicherungsprämien von der Bundesregierung bezahlt. Die Berechtigung dazu hinge vom Familieneinkommen und von den Kosten der privaten Absicherung ab. Menschen mit ernstlichen chronischen Krankheiten, die zu bezahlbaren Tarifen nicht versicherbar sind, wären in dem öffentlichen Programm überproportional vertreten, da sie nur mit viel Geld einen privaten Versicherungsschutz bekämen.

Mehr Steuern. Ungefähr 34 Millionen Amerikaner sind derzeit ohne irgendeine Art von Krankenversicherungsschutz. Sie müßten ihn entweder selbst bezahlen, oder sie kämen für öffentliche Unterstützung in Frage. Aber die nicht versicherte Bevölkerung ist kein so ernsthaftes Problem, wie die Gesamtzahl nahelegt. Nach Auffassung des National Center for Health Statistics (NCHS) sind die meisten von ihnen erwerbstätig, zwischen 15 und 40 Jahre alt und neigen kaum zu ernstlichen Krankheiten. Sie ließen sich in das vorgeschlagene System durch eine geringfügige Erhöhung der privaten und öffentlichen Aufwendungen für die Krankenversicherung integrieren.

Der Unversicherte arbeitet meist in kleinen Betrieben, die aus dem Krankenversicherungsmarkt ausgeschieden sind auf Grund von staatlichen Vorschriften, daß alle Versicherungsverträge auch solche nicht zwingend nötigen medizinischen Dienstleistungen wie Chiropraktik und Akupunktur umfassen müssen. Man hört oft, daß für den großen Anteil unversicherter Menschen die Praxis der Versicherungsgesellschaften verantwortlich zu machen ist, den Anfälligsten den Versicherungsschutz zu verwehren. Die NCHS-Statistiken zeigen, daß diese Anschuldigung übertrieben ist.

Auch gut gestellte ältere Menschen sollten verpflichtet werden, eine private Versicherung gegen größere Krankheitsrisiken abzuschließen. Über drei Viertel von den über 65-jährigen haben bereits neben Medicare eine private Zusatzversicherung. Obwohl viele ältere Menschen öffentliche Unterstützung benötigten, weil ein privater Vollversicherungsschutz für sie sehr teuer wäre, dürfte die Zunahme von Gruppenverträgen, die in keinem Zusammenhang mit einem Beschäftigungsverhältnis stehen, die Kosten senken.

Wenn die Bundesregierung 60 % der älteren Menschen versicherte, außerdem die gegenwärtig über Medicaid versicherten Familien und die Hälfte von denen, die zur Zeit ohne private Krankenversicherung sind, dann bedeutete das eine Subventionierung der Krankenversicherung für ungefähr 20 % der Bevölkerung. Das entspricht dem Anteil, der jetzt über Medicaid und Medicare versichert ist, so daß die Bundesausgaben für das Gesundheitswesen nicht steigen würden. Und das Steueraufkommen des Bundes nähme sogar zu, wenn die Krankenversicherungsbeiträge der Arbeitnehmer besteuert würden.

Der Lösungsvorschlag zum Problem der Krankenversicherung, den ich befürworte, stärkt nicht die Rolle der Bundesregierung. Das gegenwärtige System ist nicht deshalb in Schwierigkeiten, weil es zu wenig staatliche Intervention gibt, sondern einen falschen Typ von Intervention. Der Bund sollte lediglich sicherstellen, daß alle Familien gegen die größeren Gesundheitsrisiken versichert sind.

Langzeitarbeitslose brauchen Langzeithilfe

(20. Mai 1991)

Das gegenwärtige System der amerikanischen Arbeitslosenversicherung ist nicht in der Lage, Arbeitnehmer gegen das Risiko von Langzeitarbeitslosigkeit zu schützen. Das Segment der Arbeitslosen, die länger als 26 Wochen ohne Beschäftigung sind, hat sich seit den späten 1960er Jahren mehr als verdoppelt. Diese explosionsartige Zunahme der Langzeitarbeitslosigkeit ist eine der Ursachen dafür, daß heute so viele Arbeitslose ohne Anspruch auf Leistungen sind. 1988 war mehr als ein Viertel von ihnen für mehr als ein halbes Jahr arbeitslos.

Nach gegenwärtiger Rechtslage beginnen die Zuwendungen eine Woche nach Beginn der Arbeitslosigkeit. Anspruchsberechtigte Arbeitslose erhalten dann Zahlungen für die Dauer von bis zu 26 Wochen. Normalerweise beziehen sie etwas weniger als die Hälfte vom vorherigen Verdienst. Danach werden die Zahlungen eingestellt, es sei denn, die Zahl der versicherten Arbeitslosen in einem Staat ist höher als etwa 5 % der Gesamtzahl der Beschäftigten. Das ist jedoch unwahrscheinlich. Daher haben während der gegenwärtigen leichten Rezession nur wenige Staaten die Zuwendungen ausgeweitet, da die nationale Gesamtarbeitslosenrate bis jetzt unter 7 % geblieben ist.

Viele Menschen, die nur für kurze Zeit arbeitslos sind, schaffen es, diese Zeit ohne übermäßige Einschränkungen zu überbrücken, indem sie Sparguthaben auflösen, sich von Verwandten und Freunden Geld leihen oder die Rückzahlung von Hypotheken und anderen Verbindlichkeiten aussetzen. Jene, die saisonal arbeitslos oder vorübergehend entlassen sind, rechnen in der Regel damit, auf ihre alten Stellen zurückkehren zu können.

Der gesunde Menschenverstand legt nahe, daß es Langzeitarbeitslose schwerer haben, da sie ihre Sparguthaben und ihren Kredit bei anderen schon ausgeschöpft haben. Sie verfügen nicht über die Mittel zur Deckung grundlegender Bedürfnisse, geschweige denn zu etwas anderem.

Opposition gegen Steuererhöhungen. Das gegenwärtige System leistet eindeutig nicht, was es leisten sollte: diejenigen Arbeitslosen zu schützen, die es am nötigsten haben. Ein Schritt in die richtige Richtung wäre es, die Berechtigungszeit von 26 Wochen auf vielleicht ein Jahr zu verlängern. Diejenigen, die weitaus länger arbeitslos sind, werden kaum wieder reguläre Stellen finden. Ihnen sollte auf andere Weise geholfen werden, etwa durch die Wohlfahrt.

Das Arbeitslosengeld wird gegenwärtig in jedem Bundesstaat aus einem Treuhandvermögen finanziert, das aus einer Einkommensteuer auf die ersten 7.000 Dollar gebildet wird, die im jeweiligen Staat verdient werden. Einige Kongreßabgeordnete fordern höhere Steuersätze oder einen deutlichen Anstieg der Bemessungsgrenze über 7.000 Dollar hinaus, um eine Verlängerung der Berechtigungszeit über 26 Wochen hinaus zu finanzieren. Aber im Senat und im Repräsentantenhaus gibt es auch großen Widerstand gegen höhere Einkommensteuern.

Das gegenwärtige System könnte jedoch auch ohne Steuererhöhungen die Einnahmen erbringen, die zur Absicherung der Langzeitarbeitslosen gebraucht werden. Dazu müßten einige der Kurzzeitarbeitslosen aus dem Kreis der Leistungsberechtigten herausgenommen werden. Da diejenigen, die nur für einige Wochen arbeitslos sind, normalerweise recht gut zurechtkommen, würde das Geld besser an die ausbezahlt, die es nötiger haben.

Wenn die Karenzzeit von zur Zeit einer Woche auf fünf Wochen ausgedehnt würde, reichten die freiwerdenden Steuermittel für eine Verlängerung der Berechtigungszeit von zur Zeit einem halben Jahr auf ein ganzes Jahr. Wenn die Arbeitslosen erst nach sechs bis acht Wochen anspruchsberechtigt wären, hätte das Treuhandvermögen sogar genug Kapital, um in das System noch solche Personen einzubeziehen, die zur Zeit keinen Anspruch auf Zahlung von Arbeitslosengeld haben. Der Anteil der Arbeitslosen, die Zahlungen erhalten, liegt jetzt weit unter den 60 %, die während der Rezessionsjahre in den frühen 1970er Jahren anspruchsberechtigt waren. Viele, die heute keinen Anspruch haben, sind geringqualifizierte Arbeitnehmer, die mehrere Monate lang arbeitslos waren und Schwierigkeiten haben, zurechtzukommen.

Wo begonnen werden sollte. Die Tatsache, daß die Leistungsberechtigung nach nur einer Woche beginnt, ermutigt tendenziell zum Mißbrauch des Systems. Manche Firmen sind eher bereit, Arbeitskräfte zu entlassen, die erst in einigen Wochen wieder gebraucht werden; sie wissen, daß der Treuhandfonds dafür schon aufkommen wird. Ferner gewinnt die saisonale Beschäftigung eine falsche Attraktivität, weil das System periodische Zeiten der Arbeitslosigkeit abdeckt. Dieser Mißbrauch des Systems ließe sich stark einschränken, wenn der Leistungsanspruch erst einige Wochen nach Beginn der Arbeitslosigkeit begänne. Obwohl die Ausdehnung der Leistungen auf ein volles Jahr manche Langzeitarbeitslose dazu veranlassen würde, sich nicht mehr nach einer Stelle umzusehen, will die große Mehrheit so schnell wie möglich einen Arbeitsplatz finden, um eine weitere Erosion ihrer beruflichen Fähigkeiten zu verhindern.

Auch andere staatliche Sozialprogramme sind anfangs zu großzügig bemessen, in späteren, viel schwierigeren Stadien der Not jedoch nicht großzügig genug. Die Sozialhilferegelungen sollten eine längere Wartefrist vorsehen, bevor eine Familie anspruchsberechtigt wird; statt dessen sollten sie für höhere Zahlungen an die dauerhaft Armen sorgen, die kaum Aussicht auf eine Verbesserung ihrer Lage haben. Das Ziel der Sozialversicherung und von Medicare ist es, die Älteren gegen chronische Krankheiten und andere ernstliche Risiken des hohen Alters zu schützen. Im Gegensatz zu dieser Zielsetzung lassen wir den gutgestellten Pensionären und akut Kranken zu viel zukommen und sind zu knauserig mit den chronisch Kranken und Armen.

Der Steuer- und Abgabendruck erzwingt eine Überprüfung aller staatlichen Programme mit dem Ziel einer wirksameren Politik. Ein guter Anfang läßt sich mit dem System der Arbeitslosenversicherung machen: Man nimmt die Kurzzeitarbeitslosen aus der Versicherung heraus und erhöht die Unterstützung der Langzeitarbeitslosen. Ein Arbeitslosenversicherungsfonds sollte die wirtschaftliche Notlage von Arbeitnehmern mildern, die ohne eigenes Verschulden vor einer längeren, wenn nicht sogar dauerhaften Zeit der Entbehrungen stehen.

Das Arbeitnehmerbeteiligungsmodell* ist kein Allheilmittel

(23. Oktober 1989)

Fast jedermann schätzt den Begriff des Arbeitnehmereigentums. Sozialdemokraten, die ihre Illusionen über staatseigene Unternehmen verloren haben, jedoch daran zweifeln, daß der Kapitalismus die Rechte der Arbeiter schützt, finden die Idee ebenso reizvoll wie Konservative, die einen ‚Volkskapitalismus' verbreiten wollen. Aber Wunschdenken hält einer nüchternen Analyse nicht stand. Die Vorteile des Arbeitnehmereigentums wurden zu sehr herausgestellt, seine Nachteile dagegen übersehen.

Während der letzten 10 Jahre stieg in Westeuropa, Jugoslawien und China die Zahl der Betriebe in Arbeitnehmerbesitz rasch an. In den USA nahm die Zahl von einigen wenigen im Jahre 1974 auf inzwischen mehr als 5.000 zu, weil in dieser Zeit Steuervergünstigungen eingeführt wurden. Eine Firma, die Kredite zur Finanzierung eines Arbeitnehmerbeteiligungsmodells aufnimmt, kann sie von der Steuer absetzen und so auf kostengünstige Weise für Zuwendungen an Arbeitnehmer sorgen.

Ein verbreitetes Argument für diese Steuervergünstigungen ist, daß Arbeitnehmer härter arbeiten und gewissenhafter sind, wenn sie Anteile an der Firma besitzen. Nun ist es zwar nicht ausgeschlossen, daß Eigentum die Motivation der Arbeitnehmer indirekt steigert, aber der direkte Anreiz ist schwach: Fast der gesamte zusätzliche Gewinn, der entsteht, wenn ein Arbeitnehmer härter arbeitet, geht an die Kollegen und andere Kapitaleigner.

---

* ESOP = ‚*Employee Stock Ownership Plan*', hier übersetzt mit ‚Arbeitnehmerbeteiligungsmodell'. – Anm. d. Übers.

Größeres Risiko. Es ist auch nicht klar, daß Kapitalanteile die Arbeitnehmer besser motivieren als Gewinnbeteiligungen und andere anreizorientierte Zahlungsmodelle, die zusätzliche Lohnzahlungen den Beiträgen bestimmter Arbeitnehmer zielgenauer zuordnen können. Einige Betriebe sind zum Teil nur wegen der Steuervorteile und anderer Vergünstigungen dazu übergegangen, ältere Gewinnbeteiligungsmodelle durch Arbeitnehmerbeteiligungsmodelle zu ersetzen oder zu ergänzen.

Arbeitnehmerbesitz erhöht für die Angestellten das mit einer schwankenden Geschäftslage verbundene Risiko. Schon ohne Anteilsbesitz ist das Vermögen der meisten Arbeitnehmer nur unzureichend diversifiziert, da es großenteils in Form von Humankapital an den Erfolg ihrer Arbeitgeber gebunden ist. Das Risiko ist schon unangenehm genug für diejenigen, die noch arbeiten. Für Ruheständler jedoch ist es noch größer, weil der Wert des Pensionsfonds-Vermögens und dessen Erträge auch davon abhängen, wie gut es der Firma geht. Andererseits können Gewinnbeteiligungsmodelle die Arbeitnehmer motivieren, ohne daß ihre Ruhestandsbezüge oder ihr Vermögen an das Kapital der Firma gebunden sind.

Arbeitnehmerbeteiligungsmodelle werden nicht selten zu einem Mittel, mit dem das Management feindliche Übernahmen und andere Versuche zur Ablösung des jeweiligen Managements abzuwehren sucht. Beispielsweise konterte auf Initiative der Piloten der United Airlines Inc. ein 6,7 Milliarden Dollar umfassendes Arbeitnehmerbeteiligungsmodell ein externes Angebot von Marvin Davis. So wurden auch viele andere große Arbeitnehmerbeteiligungsmodelle nach Übernahmeangeboten aufgelegt. Kapital im Arbeitnehmerbesitz sorgt oft in Übereinstimmung mit dem Management für die Ablehnung von Übernahmeangeboten, die den übrigen Anteilseignern zugute kämen, aber womöglich das Management ersetzen und die Geschäftspolitik restrukturieren würden. Aber der Kongreß gewährte die den Staatshaushalt belastenden Steuervergünstigungen für die Arbeitnehmerbeteiligungsmodelle natürlich nicht, um lediglich ein ineffizientes Management zu stärken.

Die beste Studie darüber, ob Arbeitnehmerbesitz die Leistungsfähigkeit von Unternehmen verbessert, wurde im Oktober 1987 vom General Accounting Office (GAO) veröffentlicht. Sie ergab, daß Gewinne und Produktivität sich kaum veränderten, nachdem Unternehmen Arbeitnehmerbeteiligungsmodelle eingeführt hatten. Michael Conte von der Universität Baltimore und Jan Svejnar von der Universität Pittsburgh kamen in ihrer jüngsten Zusammenfassung vieler Untersuchungen zum Arbeitnehmerbesitz in verschiedenen Ländern zu ähnlichen Schlußfolgerungen.

Steuerausfälle. Das GAO schätzt, daß die durch Arbeitnehmerbeteiligungsmodelle bedingten Steuerausfälle den Bund von 1977 bis 1983 mehr als 12 Milliarden Dollar Steuereinnahmen gekostet haben. Reformen in den Jahren 1984 und 1986 ersetzten die meisten geltenden Steuervorteile durch neue: Unternehmen können den Kapitalbetrag wie auch die Zinsen auf die Kreditsumme für die Schaffung eines Arbeitnehmerbeteiligungsmodells steuerlich geltend machen, und Kreditgeber zahlen nur 50 % der regulären Steuern auf ihre Erträge aus Krediten für solche Modelle. Dividendenzahlungen für Aktien, die nach einem Arbeitnehmerbeteiligungsmodell gehalten werden, sind außerdem abzugsfähig – im Gegensatz zu Dividenden, die an andere Kapitaleigner ausgeschüttet werden. Diese neuen Steuervorteile haben die Steuereinnahmen des Bundes seit 1983 – einer Zeit hoher Budgetdefizite – um mehrere Milliarden Dollar verringert.

Arbeitnehmer können mitbestimmen, auch wenn sie weder Aktien besitzen noch politisch tätig sind. Angeregt durch den Erfolg japanischer Firmen mit ihren Problemlösungsrunden, den sogenannten ‚Qualitätszirkeln', bemühen sich immer mehr Betriebe in den USA und in Westeuropa um einen Arbeitnehmereinfluß auf die Produktionsmethoden, das Vorschlagswesen, die Produktentwicklung und andere Dinge mehr. Die GAO-Studie kam in Übereinstimmung mit anderen Untersuchungen zu dem Ergebnis, daß die Produktivität größer ist, wenn Arbeitnehmer in die innerbetriebliche Entscheidungsfindung eingebunden sind.

Im letzten Juni beschwor ich auf einer Konferenz in Warschau die Befürworter des Arbeitnehmerbesitzes in den Reihen der Solidarność, bei der Privatisierung der am Boden liegenden polnischen Wirtschaft nicht auf dieses Konzept zu setzen. Es gibt aber letzten Endes nur einen Weg, um festzustellen, ob arbeitnehmereigene Firmen den Angestellten nützen und die Produktivität erhöhen: indem man sie zum fairen Wettbewerb mit Gewinnbeteiligungsmodellen, Unternehmen in Privatbesitz und Unternehmen mit öffentlich gehandeltem Aktienkapital zwingt.

Auf der Grundlage der verfügbaren Daten bin ich zur Auffassung gelangt, daß Unternehmen im Arbeitnehmerbesitz zu viele Mängel aufweisen, um in diesem Wettbewerb häufig gewinnen zu können. Um einen fairen Wettbewerb sicherzustellen, sollten die USA und die europäischen Länder die Steuervorteile und andere Vergünstigungen abschaffen, die den Arbeitnehmerbesitz künstlich fördern.

Laßt uns mit der Deregulierung auf dem Arbeitsmarkt beginnen

(14. Juli 1986)

Die tiefgreifende Deregulierung der Fluglinien, Transportunternehmen, der Telekommunikation und der Banken im Laufe der letzten 10 Jahre hat den falschen Eindruck erweckt, als sei in den USA eine Deregulierungsbewegung im Gange. Genau so schnell wie diese Bereiche dereguliert worden sind, wurden andere stärker reguliert. Ein wichtiges Beispiel ist das rasche Anwachsen der legislativen, exekutiven und judikativen Einmischung in den Arbeitsmarkt.

Die angelsächsische Rechtstradition des Common Law förderte das Prinzip der ‚freiwilligen' Arbeitsverträge, nach denen Arbeitnehmer kündigen und Arbeitgeber einstellen und entlassen konnten, ohne ihre Handlungen rechtfertigen zu müssen. In den USA wurde dieses Prinzip in den 1930er Jahren zugunsten kollektiver Abmachungen mit zugelassenen Gewerkschaften geändert. Später vollzogen sich weitere Abänderungen dieses Prinzips. Inzwischen legen eher staatliche Bestimmungen als die Arbeitnehmer und Arbeitgeber die Beschäftigungskonditionen fest. Zum Beispiel sind Entlassungen unzulässig, wenn gerichtlich festgestellt wird, daß sie gegen Gleichstellungsziele* und gegen das Programm zur Bekämpfung der Diskriminierung von Frauen und Minderheiten verstoßen. Ebenso ist es Unternehmen nicht erlaubt, Bewerber nach bestimmten Details über ihr Strafregister und ihren Drogengebrauch zu befragen. Mehr noch: Entlassungen können den Nachweis eines ‚gerechtfertigten Grundes' erfordern. In einigen Gegenden besteht man auf Nichtraucherzonen am Arbeitsplatz, und von Unternehmen wird verlangt, bis zu 18 Monaten für die Krankenversicherung eines früheren Beschäftigten aufzukommen.

Eine gewisse Regulierung beim Arbeitsantritt und bei den Beschäftigungskonditionen ist sicherlich erforderlich. Aber wir gehen dabei zu weit und vergessen die Lektionen der Deregulierung. Man denke an die

---

* Der Ausdruck *Affirmative action* läßt sich nicht ohne einen erheblichen Bedeutungsverlust übersetzen. Die im Deutschen geläufigen Ausdrücke ‚positive' oder ‚ausgleichende Diskriminierung' sind eher verwirrend, weil sie positiv und negativ besetzte Bedeutungsfelder (‚Diskriminierung') miteinander verbinden. Der Ausdruck ‚Gleichstellung' ist hier neutraler, zumal er über die Mittel, mit denen dieses Ziel erreicht werden soll (Gleichstellung durch Wettbewerb oder Gleichstellung durch staatliche Intervention) nichts aussagt und daher im Sinne Beckers auch kritisch verwendet werden kann. In manchen Kontexten habe ich den Ausdruck auch unübersetzt übernommen. – Anm. d. Übers.

in den USA neuerdings immer nachdrücklicher vorgebrachten Vorschläge, einen bezahlten Erziehungsurlaub für Männer und Frauen nach Geburt oder Adoption eines Kindes einzuführen und von den Unternehmen Kinderbetreuungseinrichtungen am Arbeitsplatz zu verlangen. Die meisten Betriebe in den USA garantieren bisher nicht, daß Arbeitnehmer nach einer Beurlaubung für die Kinderbetreuung an ihren Arbeitsplatz zurückkehren können. Außerdem legt eine kürzlich abgeschlossene Studie des Conference Board die Vermutung nahe, daß nur wenige Unternehmen Kinderbetreuungseinrichtungen betreiben oder die Beschäftigten mit kleinen Kindern auf andere Weise wirksam unterstützen.

Die Last verlagern. Die Befürworter von Regulierungen, die von der Wirtschaft die Bereitstellung solcher Vergünstigungen verlangen, betonen, daß die meisten europäischen Länder schon einen obligatorischen Erziehungsurlaub eingeführt haben. In Schweden wird ein solcher Urlaub nach Geburt eines Kindes für ein volles Jahr bezahlt, und das Recht auf Rückkehr zum vorherigen Arbeitgeber ist für 18 Monate garantiert. Die Befürworter argumentieren, daß ein obligatorischer Erziehungsurlaub sowie Kinderbetreuungseinrichtungen am Arbeitsplatz die Nachteile beseitigen würden, die Mütter mit kleinen Kindern bei der Konkurrenz um Arbeitsplätze haben. Entsprechende Gesetze, so sagen sie weiter, machten es für die arbeitenden Frauen leichter, Kinder zu bekommen und erhöhen so die Zahl der betreuten kleinen Kinder mit arbeitenden Müttern.

Aber die Fürsprecher einer gesetzlichen Festschreibung des Erziehungsurlaubs und der Kinderbetreuungseinrichtungen wollen im Endeffekt die Lasten der Kindererziehung von den arbeitenden Eltern auf die Arbeitgeber und Steuerzahler verlagern. Weil eine solche Gesetzgebung die Gesamtkosten von erwerbstätigen Frauen mit kleinen Kindern erhöht, stellen Arbeitgeber nur ungern Frauen mit kleinen Kindern und jüngere Frauen ein, die möglicherweise Kinder bekommen werden. Das Ergebnis wären geringere Löhne und höhere Arbeitslosigkeit unter jüngeren Frauen. So würde die Belastung durch den bezahlten Erziehungsurlaub und die Kinderbetreuungseinrichtungen teilweise auf alle jüngeren Frauen verlagert – eine Konsequenz, die natürlich der Intention dieser Vorschläge direkt zuwiderläuft.

Man könnte diese Schlußfolgerung für die Ausgeburt einer Elfenbeinturm-Ökonomik halten. Aber man bedenke, daß die Arbeitslosigkeit in Großbritannien, in Westdeutschland, Frankreich und vielen anderen europäischen Ländern während der letzten 10 Jahre anstieg – und zwar im Vergleich zu den USA von deutlich niedrigeren auf deutlich höhere Werte. Europa verschärfte auch weit schneller als die USA die Regulierung der Löhne und der Beschäftigungskonditionen. Eine kürzlich erschienene Untersuchung (*Unemployment in Britain*) von Professor Richard Layard von der London School of Economics und Professor Stephen Nickell von der Universität Oxford[2] kam zu dem Ergebnis, daß die Zunahme der auf den Arbeitnehmerschutz gerichteten Gesetzgebung in Großbritannien für einen großen Teil des Anstiegs der Frauenarbeitslosigkeit von 5,5 % im Jahre 1975 auf mehr als 15 % im Jahre 1984 verantwortlich war.

Eine gerechtere Methode. Es ist in keiner Weise offensichtlich, daß wir die Last der Kindererziehung von erwerbstätigen Eltern stärker auf andere Personen verlagern sollten. Wenn wir das dennoch tun wollen, dann wäre es effizienter und gerechter, die Belastung auf die Steuerzahler und auf geschiedene Väter zu verlagern, und nicht – infolge der Regulierung der Arbeitsverträge – auf junge erwerbstätige Frauen. Zum Beispiel könnte man den Steuernachlaß für Aufwendungen für die Kinderbetreuung anheben. Erwerbstätigen Frauen könnte man durch höhere Steuernachlässe für erarbeitetes Einkommen helfen, wie das in der Steuerreformvorlage des Finanzausschusses im Senat vorgesehen ist. Ein wichtiger Schritt wäre es, die erschreckend hohe Delinquenz wegen Verweigerung der Alimentenzahlungen geschiedener und getrennt lebender Väter zu senken. Ausreichende Alimente ermöglichten geschiedenen Frauen eine bessere Betreuung ihrer Kinder.

Man muß nicht ein Laissez-faire auf dem Arbeitsmarkt befürworten, um den Trend zu wachsender Regulierung von Löhnen und Beschäftigungskonditionen beunruhigend zu finden. Die schlichte Wahrheit, die sich aus den Vorteilen der Deregulierung in einigen Industriezweigen ergab, ist: Zu viele staatliche Regulierungen im Arbeitsmarkt schaden mehr als sie nützen.

Einwanderung

Die Vorlage 187 ist der richtige Weg – deshalb jetzt: Novellierung des Bundesrechts

(9. Januar 1995)

Während des letzten Kongreßwahlkampfes gab es eine erbitterte Kontroverse um die Volksabstimmung in Kalifornien über die Gesetzesvorlage 187, die illegal eingewanderte Ausländer von Bildungs- und Gesundheitsleistungen ausschließen würde. Die Gründe für eine drastische

Reduzierung der Zahl illegaler Immigranten sind zwingend. Aber die Kriterien, nach denen man festlegt, wer legal einreisen darf, bedürfen einer Revision.

In den 1920er Jahren wurden strenge Beschränkungen für die Zahl legaler Einwanderer in Kraft gesetzt. Aber die Zahl illegaler Zuwanderer blieb bis vor etwa 20 Jahren nahezu konstant; danach verbilligte sich der internationale Verkehr, und die Einwanderungsbestrebungen nahmen explosionsartig zu – nicht zuletzt wegen der Vorteile, die der Wohlfahrtsstaat bietet. Dennoch ist bemerkenswert wenig geschehen, um die illegale Einwanderung zu unterbinden.

Ohne Mumm. Wer gefaßt wird, wird per Flugzeug oder Bus ins Ursprungsland abgeschoben, in aller Regel nach Mexiko. Viele machen auf dem Absatz kehrt und kommen wieder – manche wurden mehr als ein dutzendmal aufgegriffen. Eine derart symbolische Bestrafung ermuntert Ausländer dazu, illegal einzuwandern, da es normalerweise Jahre braucht, um eine legale Erlaubnis zu erhalten.

Das Immigration Control & Reform Act aus dem Jahre 1986 versuchte, etwas entschlossener zwischen legalen und illegalen Einwanderern zu unterscheiden: Es verlangte von den Unternehmen zu prüfen, ob ein Bewerber um einen Arbeitsplatz sich rechtmäßig im Land aufhielt. Jeder Arbeitgeber, der wissentlich illegale Ausländer einstellt, wird mit empfindlichen Geldbußen oder mit Gefängnis bestraft. Aber ein offenbar prächtig gedeihender Markt für gefälschte Einwanderungspapiere hat diese Sanktionen ausgehebelt.

Genau deshalb will der Entwurf der Vorlage 187 dem kalifornischen Strafgesetzbuch besondere Gefängnisstrafen oder Bußgelder für Personen hinzufügen, die überführt sind, falsche Einbürgerungsdokumente verkauft oder benutzt zu haben – etwa um einen Arbeitsplatz zu bekommen oder für andere Zwecke.

Der Streit um Vorlage 187 geht im wesentlichen um andere Passagen. Sie verwehren illegalen Immigranten den Zugang zu öffentlich finanzierten Schulen und zum System der Gesundheitsvorsorge – illegale Ausländer würden nur noch eine Notfallversorgung erhalten – und verlangen von Schul- und Gesundheitsbeamten zu prüfen, ob Patienten und Schüler aufenthaltsberechtigt sind. Diese Abschnitte machen nach meiner Auffassung Sinn. Denn warum sollte es sittenwidriger sein, von Schulvertretern und Verwaltungsangestellten im Gesundheitswesen etwas zu verlangen, das von Arbeitgebern schon gefordert wird? Und warum sollten Personen, die gar kein Anrecht auf solche Leistungen haben, weil sie in einem anderen Land leben, die Berechtigung dadurch erwerben, daß sie illegal in die USA einreisen?

Die Vorlage 187 erhielt mehr als 60 % der abgegebenen Stimmen in Kalifornien, und das trotz der Opposition fast aller maßgebenden Presseorgane im Staat. Einige Gegner sehen die Vorlage als Tarnung für Versuche an, die Einwanderung aus Mexiko zu beschränken. Vor kurzem wurde ich auf einer Reise nach Mexiko häufiger nach diesem Gesetz als nach dem Nordamerikanischen Freihandelsabkommen oder anderen aktuellen Themen befragt, welche die Beziehungen mit den USA betreffen. Um die Befürchtungen zu zerstreuen, daß eine Kontingentkürzung bevorsteht, und vielleicht auch um die Anreize für eine illegale Einwanderung zu verringern, könnten die USA den Antragstellern aus Mexiko besondere Priorität gewähren und gleichzeitig die illegale Einwanderung von dort und aus anderen Nationen energisch beschränken.

Aber die zwingenden Gründe, die für eine härtere Politik gegenüber illegalen Ausländern sprechen, rechtfertigen in keiner Weise Forderungen, jegliche Einwanderung zu beschränken. Neuankömmlinge haben die Kultur und Vitalität der USA sowie vieler anderer Nationen in der westlichen Hemisphäre ungeheuer bereichert. Und man kann die Einwanderung kaum als Bedrohung für die amerikanische Kultur ansehen, wenn die aus dem Ausland stammenden Menschen einen viel kleineren Anteil der Bevölkerung bilden als vor 50 oder 100 Jahren.

Zu bescheiden. Dennoch: Die Kriterien für die Einreise sollten revidiert werden, um diejenigen zu begünstigen, die am meisten zur Wirtschaft beitragen und keine Subventionen vom Steuerzahler verlangen würden. Ein Weg dazu ist, jungen und qualifizierten Einwanderern größere Priorität zu geben; die entsprechenden Regelungen des Einwanderungsgesetzes von 1990 sind viel zu vorsichtig. Jüngere qualifizierte Arbeitskräfte werden auch nicht so leicht durch Arbeitslosigkeit, Sozialhilfeanträge, Krankheit oder Rentenansprüche zu einer Belastung.

Ein radikaler Wandel in der Zulassungspolitik, wie er jetzt von einigen Republikanern im Repräsentantenhaus vorangetrieben wird, liefe auf die Einführung einer mehrjährigen Wartezeit hinaus, bevor ein Immigrant Medicaid, Wohlfahrtsunterstützung oder andere Sozialprogramme in Anspruch nehmen darf. Aber wenn eine radikale Abweichung vom gegenwärtigen Kurs überhaupt politisch durchsetzbar ist, wäre es besser, einem Vorschlag zu folgen, den ich vor langer Zeit an dieser Stelle gemacht habe (*Business Week*, 2. März 1987 [in diesem Band, S. 71]): zahlreiche Einwanderungsberechtigungen an die Meistbietenden zu versteigern. Eine solche Politik würde automatisch den qualifizierten Bewerbern Priorität gewähren, da sie für solche Rechte tendenziell am meisten bieten würden.

Für die USA sind sogar noch größere Immigrantenzahlen angezeigt – wenn die illegale Einwanderung unterbunden wird und wenn junge, qualifizierte Bewerber entweder direkt oder indirekt höchste Priorität erhalten.

Illegale Einwanderung: Wie man den Trend umkehrt

(22. Februar 1993)

Die Aufregung um die vom Weißen Haus nominierten Kandidaten für das Amt des Justizministers, die illegale Einwanderer beschäftigt hatten, richtete die Aufmerksamkeit einmal mehr auf die illegale Einreise von Arbeitskräften aus armen Ländern. Das ist ein kompliziertes Problem – nicht nur für die USA, sondern auch auch für Frankreich, Deutschland, Italien, Japan und andere prosperierende demokratische Länder. Nach meiner Auffassung kann diese Art der Einwanderung wirksam unterbunden werden, indem man die Zahl legaler Einwanderer beträchtlich erhöht und gleichzeitig alle illegalen Einwanderer oder ihre Arbeitgeber härter bestraft.

Das Problem wird sich angesichts der starken Einkommensunterschiede zwischen reichen und armen Ländern nicht einfach von selbst erledigen – jedenfalls solange es so leicht bleibt, in prosperierende Länder illegal oder mit Touristenvisa einzureisen. Die reichen Länder ziehen Arbeitskräfte an, weil die dort zur Verfügung stehenden Jobs viel besser bezahlt sind als alles, was sie in ihren Heimatländern finden können. Und das trifft selbst dann zu, wenn sie gewöhnlich als geringbezahlte, ungelernte Arbeitskräfte in Restaurants, Haushalten, in der Landwirtschaft oder manchmal auch im verarbeitenden Gewerbe tätig sind.

Da illegale Einwanderer hauptsächlich Jobs annehmen, die von einheimischen Arbeitnehmern gemieden werden, sind manche Ökonomen dagegen, sie zu bestrafen. Stattdessen empfehlen sie, ‚die Augen zuzudrücken' – besonders wenn die Immigranten kein Anrecht auf steuerfinanzierte Zuwendungen haben. Aber in Demokratien gilt es als politisch nicht durchsetzbar, ihnen Gesundheitsfürsorge, Schulausbildung für ihre Kinder und andere vom Steuerzahler bezahlte Leistungen vorzuenthalten. Und wenn die Zahl der Illegalen in einem Land größer wird, steigt oft auch der politische Druck, ihnen eine Amnestie zu gewähren. So geschah es in den 1980er Jahren in den USA – wie ich fürchte, vor allem gemäß einer politischen Moral, die Gesetzesverletzungen von Arbeitgebern und illegalen Einwanderern hinnimmt, während Millionen die Einreise verwehrt wird, die geduldig warten, bis sie mit der Berechtigung zur legalen Einreise an der Reihe sind.

Selten bestraft. Darum müssen die demokratischen Länder strengere Maßnahmen ergreifen als einfach die illegalen Zuwanderer, deren man habhaft wird, nach dorthin zurückzuschicken, wo sie herkamen. Die illegale Einreise läßt sich nicht reduzieren, ohne entweder die illegalen Fremden oder ihre Arbeitgeber wirksam zu bestrafen. Die Arbeitgeber werden nicht damit aufhören, illegale, auf sich selbst gestellte Ausländer einzustellen, da sie nicht das Gefühl haben, etwas Unrechtes zu tun. Das Immigration Control & Reform Act von 1986 sieht Strafen für Firmen vor, die illegale Ausländer einstellen. Aber Haushalte und sehr kleine Betriebe haben das fast noch nie zu spüren bekommen. Auch wenn, wie man annimmt, Haushaltshilfen einen beträchtlichen Anteil aller Schwarzarbeiter ausmachen, scheint Zoë Bairds Haushalt der erste zu sein, dem ein Bußgeld auferlegt wurde.

Die Gründe, die ich für schärfere Restriktionen gegen illegale Zuwanderer angeführt habe, sollten von irrigen Behauptungen unterschieden werden, daß sie einheimischen Arbeitskräften Arbeitsplätze wegnehmen oder daß sie oft ausgenutzt werden. Die Forschung hat ergeben, daß die Beschäftigungschancen einheimischer Arbeitskräfte nur leicht verringert werden, wenn Immigranten in einen lokalen Arbeitsmarkt eintreten. Und obwohl manche illegalen Arbeitskräfte sich aus Angst nicht über eine schlechte Behandlung beklagen – etwa weil sie abgeschoben werden könnten –, gibt es in einem von scharfem Wettbewerb geprägten Arbeitsmarkt, in dem die meisten Illegalen ihre Jobs finden, keinen Raum für systematische Ausbeutung. Beispielsweise sind diejenigen Haushalte und kleinen Betriebe, die keine Sozialversicherungsbeiträge und Arbeitslosenversicherungsabgaben für illegal Beschäftigte zahlen, durch den Wettbewerb um Arbeitskräfte gezwungen, höhere Löhne zu zahlen, als wenn diese Abgaben gezahlt würden. In einer Studie über festgenommene illegale Arbeitskräfte fand der Ökonom Barry R. Chiswick von der Universität von Illinois in Chicago, daß ihr Durchschnittsverdienst tatsächlich deutlich über dem Mindestlohn lag.

Vernünftiges Asyl. Ich befürworte nicht, eine Mauer gegen die Einwanderung zu errichten. Stattdessen sollte eine großzügigere Einwanderungspolitik Hand in Hand gehen mit einer schärferen Bestrafung illegaler Einwanderer; das schließt Bußgelder und vielleicht auch Gefängnisstrafen ein. Eine verstärkte legale Einwanderung ist aber nicht nur um ihrer selbst willen wünschenswert, sondern verringerte auch die Zahl derer, die sich um eine illegale Einreise bemühen. Es ist kaum überraschend, daß die illegale Einwanderung im allgemeinen zunimmt, wenn ein Land die Zahl der Einwanderungsgenehmigungen senkt.

Frankreich, Deutschland und andere Länder befinden sich im Irrtum, wenn sie glauben, daß sie ihr Einwanderungsproblem dadurch verkleinern können, daß sie das Recht auf politisches Asyl oder andere legale Mittel der Einreise beschneiden. Wenn man die legale Einwanderung erschwert, wird die Zahl derer zunehmen, die heimlich über die Grenze kommen oder nach der Einreise mit einem Touristenvisum Arbeit suchen – es sei denn, ein Land ist gewillt, entweder die illegalen Einwanderer oder die Haushalte und kleinen Betriebe wirksam zu bestrafen, die sie beschäftigen.

In einer früheren Kolumne vertrat ich die Auffassung, daß der vernünftigste Ansatz wäre, das Recht auf Einwanderung zu verkaufen [in diesem Band, S. 71]. Eine weniger radikale Methode, die gegenwärtige Politik zu verbessern und die illegale Einwanderung zu bekämpfen, wäre dagegen, die legale Einreise einer größeren Zahl qualifizierter junger Leute zu gestatten. Um Immigranten davon abzuhalten, aus staatlichen Sozialleistungen Nutzen zu ziehen, sollten sie dennoch nicht Sozialhilfe, Lebensmittelgutscheine, öffentlich finanzierte Gesundheitsleistungen oder bestimmte andere Zuwendungen beziehen können, bevor sie eingebürgert sind. Die politischen Kontrahenten in dieser Debatte könnten diese Bedingung ohne weiteres gemeinsam unterstützen, weil sie legale Einwanderer von steuerfinanzierten Sozialleistungen nicht dauerhaft ausschließen würde. In der Zwischenzeit hätten sie dadurch Anreize, so bald wie möglich Bürger zu werden.

Die Barbaren vor den Toren – oder ein wirtschaftlicher Segen?

(7. Oktober 1991)

Das Gespenst, das umgeht in Westeuropa, ist nicht länger der Kommunismus, wie es Karl Marx im Kommunistischen Manifest behauptete, sondern die Einwanderung aus Nordafrika und den kollabierten Staaten Osteuropas und der Sowjetunion.

Deutschland, Frankreich, Italien und andere Länder der Europäischen Gemeinschaft sind davon überzeugt, daß sie die erste Anlaufstelle sein werden, wenn die Scharen beginnen, aus dem Osten herbeizuströmen. Die Zahl derjenigen, die mit der Einreise in den Westen ihre wirtschaftliche Lage zu verbessern suchen, wird sogar noch weiter ansteigen, wenn die Sowjetrepubliken ihre Grenzen öffnen.

Obwohl alle Länder den Zugang zur Staatsbürgerschaft noch strikt begrenzen, wird es wegen des Trends zu offenen Grenzen, wegen der Reisemöglichkeiten zwischen Ost- und Westeuropa und wegen der leichten Überfahrt von Nordafrika nach Italien und Frankreich fast unmöglich, die Einreise in wohlhabendere Gesellschaften zu kontrollieren. In Berlin gibt es nicht nur zahlreiche Ostdeutsche, sondern auch viele Türken, Polen, Ungarn und andere Menschen aus Osteuropa. Die Schwierigkeit, genaue Statistiken über die Einwanderer zu bekommen, stellt sich auch in den USA, wo viele der etwa 11 Millionen Besucher, die im Jahre 1990 (in der Regel mit Touristenvisa) in die USA einreisten, illegal arbeiteten. Etwa eine weitere Million wurde beim Versuch einer illegalen Einreise gefaßt.

Illegale Einwanderer und viele von denen, die in diese Länder legal als Touristen einreisen, kommen auf der Suche nach Arbeitsplätzen. Die Zahl der illegal in den USA arbeitenden Immigranten geht sicherlich in die Millionen, obwohl niemand genaue Zahlen kennt. Bauvorhaben, die Hausarbeit, Restaurants und manche Fabriken in Berlin kommen inzwischen kaum noch ohne Türken und andere, meist illegale Einwanderer aus.

Deutschland und andere Länder in Westeuropa könnten mehr illegale Einwanderer von der Einreise abhalten, wenn sie ihre Grenzpatrouillen verstärkten und die gefaßten illegalen Arbeitskräfte selbst wie auch die sie beschäftigenden Betriebe streng bestraften. Aber selbst solche drakonischen Maßnahmen dürften bei den wirtschaftlichen Vorteilen der Arbeit in Westeuropa und bei dem großen Umfang der Schattenwirtschaft kaum erfolgreich sein.

Es wäre vernünftiger, gegenüber den Illegalen, die in unbeliebten Jobs arbeiten, eine tolerante Haltung einzunehmen. Es gibt jedoch keinen Grund, überflüssige Anreize zur Einreise zu etablieren. Illegale Ausländer sollten von der Sozialhilfe und anderen subventionierten Sozialleistungen ausgeschlossen werden. Man sollte ihnen auch verwehren, einen legalen Status durch regelmäßige Amnestieprogramme zu erwerben. Außerdem läßt sich mit dem dramatischen Wandel in Osteuropa die Zahl der anerkannten politischen Flüchtlinge stark verringern.

Es mag unbarmherzig und ausbeuterisch erscheinen, illegalen Ankömmlingen soziale Leistungen zu verweigern und ihren Status nicht zu legitimieren. Aber wären sie besser dran, wenn sie gar nicht erst kommen dürften, oder wenn sie ausfindig gemacht und in weitaus größerer Zahl abgeschoben würden? Das ist die wahrscheinliche Alternative zu dem von mir vertretenen Ansatz; denn vielen Westeuropäern mißfallen nicht nur ihre fremdartigen Kulturen, sondern auch ihr Zugang zu Leistungen, die von den Steuerzahlern bezahlt werden. Aber was auch immer man tut – ohne das Wunder eines wirtschaftlichen Booms im Osten wird die Einwanderung als politisches Problem in Westeuropa an Bedeutung noch zunehmen. Extremisten wie Jean-Marie LePen in Frankreich und neonazistische Gruppen in Deutschland werden dann für viele Wähler mit ihren Forderungen attraktiv, die Grenzen dicht zu machen und die Ausländer auszuweisen.

Ein Teil der Anziehungskraft von Extremisten speist sich aus einem falschen Verständnis der Auswirkungen der Einwanderung auf Einheimische. Trotz der weitverbreiteten Ansicht, daß unqualifizierte Immigranten hauptsächlich die Arbeit von Einheimischen übernehmen und deren Löhne drücken, zeigen die Daten, daß sie im allgemeinen Jobs annehmen, die einheimische Arbeitskräfte verschmähen. George Borjas, ein Ökonom an der Universität von San Diego, faßt verschiedene Studien in seinem Buch *Friends or Strangers* aus dem Jahre 1990[3] so zusammen: Einwanderer in die USA haben die Einkünfte oder die Erwerbsquote der Bürger kaum beeinflußt.

Heilsame Vernachlässigung. Ebenso irreführend ist die Vorstellung, daß illegale Einwanderer in besonderer Weise von Arbeitgebern und anderen ausgebeutet werden. Daten von festgenommenen illegalen Arbeitern in den USA zeigen, daß ihr Verdienst deutlich über dem Mindestlohn liegt und daß sie nur geringe Arbeitslosenraten aufweisen. Sie finden sich mit den schwierigen Bedingungen, die mit dem Leben in einem fremden Land verbunden sind, nur ab, weil sie sich wirtschaftlich weitaus besser stehen, als wenn sie wieder zu Hause in Mexiko, in der Karibik, in Lateinamerika oder in Asien wären. Sie kehren nach Hause zurück, wenn sie für längere Zeit arbeitslos werden oder wenn sie ein finanzielles Polster zusammengespart haben, um ein Haus zu kaufen oder ein Geschäft zu eröffnen.

Eine liberale Vorgehensweise gegenüber qualifizierten Immigranten und eine heilsame Vernachlässigung illegaler Einwanderer würde Europa befähigen, mit dem Druck einer Einwanderung großen Stils ohne weiteres fertig zu werden. Westeuropäische Nationen könnten aus ihrem freien Zugang zu einem Reservoir an Talenten aus dem Osten profitieren, indem sie einer großzügig bemessenen Zahl von jungen qualifizierten Arbeitskräften die Einreise erlauben. Jüngere Immigranten erweisen sich nicht nur als hochproduktiv, sondern sie passen sich auch relativ gut einer fremden Kultur an. Und wenn sie Bürger werden, nehmen sie in geringerem Maße die Sozialversicherung, die Arbeitslosenversicherung, die Sozialhilfe, die medizinische Versorgung und andere Sozialleistungen in Anspruch.

Die Öffnung Osteuropas und der Sowjetunion kann sich für den Westen ebenso wie für die Menschen dieser Länder als ein Segen erweisen – vorausgesetzt, daß westliche Demagogen nicht ihren eigenen eisernen Vorhang errichten.

Die Goldene Pforte noch weiter öffnen – für Neuankömmlinge mit Know-how

(11. Juni 1990)

Das 1986 erlassene Gesetz, das Arbeitgeber für die Beschäftigung illegaler Einwanderer bestraft, hat es nicht vermocht, die Flut der Immigranten einzudämmen. Aber die USA können durchaus wirksame Schritte zur Verringerung illegaler Grenzübertritte unternehmen. Gleichzeitig sollte man die Zahl der qualifizierten Arbeitskräfte, die legal hereingelassen werden, kräftig erhöhen.

Das Amt für Einwanderung und Einbürgerung schätzt, daß jedes Jahr mehr als 750.000 illegale Einwanderer gefaßt werden. Die meisten werden von Grenzpatrouillen aufgegriffen und einfach über die Grenze zurückgeschickt. Diejenigen, die man auf Arbeitsstellen oder andernorts entdeckt, werden ebenfalls abgeschoben. Aber viele wandern erneut illegal ein.

Die illegale Immigration kann ohne Ausweiszwang und ungerechtfertigtes Eindringen in die Privatsphäre eingeschränkt werden, indem man diejenigen, die gefaßt werden, vor ihrer Abschiebung bestraft. Sie sollten, falls sie Geld haben, ein Bußgeld zahlen müssen und in manchen Fällen auch zu Gefängnisstrafen gezwungen werden. Die Bestrafung könnte für Ersttäter milder ausfallen, aber sie sollte sich bei wiederholtem illegalem Grenzübertritt erhöhen. Eine solche Regelung würde viele abschrecken, die auf der Suche nach höheren Löhnen illegal einreisen.

Das geltende Gesetz hat teilweise deswegen versagt, weil Arbeitgeber oft die schlecht gefälschten Dokumente akzeptieren, die illegale Einwanderer auf dem blühenden Schwarzmarkt erwerben. Obwohl eine Studie des General Accounting Office zeigt, daß manche Firmen sich absichern, indem sie Arbeitskräfte mit ausländischem Akzent abweisen, gibt es offensichtlich genügend Arbeitgeber, die nicht in die Papiere schauen oder kaum Fragen stellen über die von ihnen eingestellten Arbeitskräfte. Wenn dagegen die illegalen Immigranten bestraft würden, dann hätten die Betriebe keinen Grund, die Einstellung spanischsprechender Arbeitskräfte oder solcher mit ausländischem

Akzent zu scheuen. Es sind dann die illegalen Arbeitskräfte, die das Gesetz brechen.

Gefälschte Unterlagen. Die amerikanische Tradition, Einwanderer willkommen zu heißen, mag durch einen Vorschlag gefährdet erscheinen, illegale Einwanderer zu bestrafen. Die Verteidiger dieser Tradition stellen den Sinn eines Gesetzes in Frage, Männer und Frauen zu bestrafen, die einen Arbeitsplatz finden und die Sozialhilfe und andere staatliche Programme kaum in Anspruch nehmen. Aber solche Einwände verwechseln den Wert von Immigranten mit dem Anreiz zu illegaler Einwanderung.

Die Einwanderung ist den USA sicherlich in höchstem Maße zugute gekommen. Das gegenwärtige System diskriminiert aber gesetzestreue Personen, die jahrelang auf eine der mehreren Hunderttausend grünen Karten warten, die jedes Jahr für die legale Einwanderung ausgestellt werden.

Die Amnestieverordnungen des Jahres 1986 verschlimmerten die Diskriminierung, indem sie viele illegal eingewanderte Menschen belohnen. Wer früh genug kam, kann legal bleiben; andere schaffen es, unter die Amnestiebedingungen zu fallen, indem sie gefälschte Unterlagen über den Einreisezeitpunkt vorlegen.

Die Bestrafung illegaler Immigranten sollte Bestandteil einer neuen Einwanderungspolitik sein, die auch viel mehr jüngere, qualifizierte Arbeitskräfte hereinläßt. Solche Neuankömmlinge können dazu beitragen, den Mangel an Ingenieuren, Krankenschwestern, Programmierern und vielen anderen Berufen zu lindern. Bei ihren überdurchschnittlichen Einkommen würden sie überdurchschnittliche Steuern zahlen und die Wohlfahrt, Medicaid und andere Transferprogramme kaum beanspruchen. Und es dauerte viele Jahre, bevor die jungen Immigranten für Leistungen der Sozialversicherung berechtigt wären. Während dieser Zeit würden sie in das System einzahlen.

Die Wirtschaft kann viel mehr gut ausgebildete Arbeitskräfte gebrauchen. Doch fast alle derzeitigen Immigranten haben nur geringe Qualifikationen. Sie sind entweder ungelernte illegale Einwanderer oder Nutznießer der bevorzugten Behandlung, die Eltern, Kinder und andere enge Verwandte derzeitiger Einwohner genießen. Im Jahre 1988 wurden weniger als 4 % der 640.000 legalen Einwanderer auf Grund ihrer Qualifikationen hereingelassen.

Es ist grotesk, eine Politik zu verfolgen, die auf die eine oder andere Weise ungelernte Einwanderer bevorzugt. Australien und Kanada setzen bei der Zulassung von Immigranten in viel größerem Ausmaß besondere Prioritäten für qualifizierte Arbeitskräfte. Eine von dem demokratischen Senator Edward M. Kennedy (Massachusetts) und dem republikanischen Senator Alan K. Simpson (Wyoming) eingebrachte Zweiparteien-Gesetzesvorlage des Senats macht einen Schritt in die richtige Richtung: Sie erhöht die Zahl der qualifizierten Arbeitskräfte, die jedes Jahr hereingelassen werden sollen, auf 150.000. Aber selbst das ist noch nicht genug.

Leider ist die von dem demokratischen Abgeordneten Bruce A. Morrison (Connecticut) eingebrachte Gesetzesvorlage des Repräsentantenhauses ein großer Schritt in die falsche Richtung. Sie würde die Bevorzugung von Familienmitgliedern eher erhöhen als abbauen. Und obgleich die Vorlage Qualifikationen berücksichtigt, müßte die Bürokratie des Arbeitsministeriums festlegen, wie viele Einwanderer in bestimmte Regionen oder Branchen hereingelassen werden können.

Skandalös. Millionen von Arbeitskräften in der ganzen Welt wollen unbedingt nach Amerika. Ich finde es skandalös, daß die USA nicht die Hunderttausende gutausgebildeter Bürger Hongkongs akzeptiert haben, die vor der Übernahme durch China im Jahre 1997 auswandern wollen. Und fast eine Million Juden und andere Sowjetbürger – viele von ihnen sind recht ordentlich ausgebildet – haben Ausreisevisa beantragt. Doch die USA haben ihren Status als politische Flüchtlinge aufgehoben und die Zahl der Einreisebewilligungen drastisch gesenkt – mit dem Argument, daß eine unübersehbare Menge weiterer qualifizierter Arbeitskräfte aus Osteuropa, Irland, Südamerika, Afrika und sonstwoher dann die Gelegenheit beim Schopf ergreifen würde, hierherzukommen.

Die USA sollten unter Einsatz von Strafen illegale Grenzübertritte unterbinden, und sie sollten weitaus mehr qualifizierte Arbeitskräfte hereinlassen. Damit wäre ein großer Schritt in Richtung auf eine vernünftige Einwanderungspolitik getan, die der Wirtschaft in erheblichem Maße zugute käme.

Hongkongs Elite: Wir können sie haben

(17. Oktober 1988)

Unsicherheit hat sich in Hongkong ausgebreitet, seit China im Jahre 1983 ein Abkommen mit Großbritannien unterzeichnet hat, das den freien Markt auf der Insel für weitere 50 Jahre nach der Übernahme durch Peking im Jahre 1997 garantiert. Der Wahlspruch lautet „Ein Land, zwei Systeme“. Aber das Verhalten der Einheimischen verrät erhebliche Skepsis, ob China an der Vereinbarung festhalten wird. Es erscheint vielleicht paradox, daß die Immobilienpreise nicht gefallen sind, während die Emigration ins Ausland rapide anwuchs. Aber darin spiegeln sich einfach die unterschiedlichen Risiken, die mit dem Anschluß an China für das Finanzkapital einerseits und für das Humankapital andererseits verbunden sind.

Die Immobilienpreise brachen ein, nachdem Großbritannien zugestimmt hatte, Hongkong insgesamt abzutreten, obwohl nur die ‚Neuen Territorien' von China gepachtet worden waren. Aber die Preise erholten sich und überschreiten jetzt ihr Niveau von 1983; damit zählen die Grundstücke in Hongkong zu den teuersten Immobilien der Welt. Die Erholung der Preise könnte den Eindruck erwecken, daß die Bewohner nach dem anfänglichen Schock zu dem Schluß kamen, daß China seinen Teil des Abkommens einhalten werde. Dem widersprechen allerdings zahlreiche Fakten. Alle ortsansässigen Geschäftsleute, die ich kürzlich während eines Besuchs traf, legen ihr Kapital außerhalb von Hongkong an. Einige suchen auch ausländische Firmen als Partner, während andere Schutz vor Chinas Regierung suchen, indem sie sich an Gemeinschaftsunternehmen mit Kommunalverwaltungen und anderen Partnern auf dem Festland beteiligen.

Der Boom geht weiter. Geschäftlich genutzte Immobilien in Hongkong bleiben so teuer, weil bedeutende ausländische Investitionen die Abwanderung von heimischem Kapital ausgeglichen haben. Chinesische Firmen kaufen ebenso wie japanische, amerikanische und andere ausländische Unternehmen Grundstücke, mieten Büroräume und engagieren sich in Bauprojekten und im verarbeitenden Gewerbe. Diese Firmen erwarten, daß der Hafen Hongkong, der China mit dem Rest der Welt verbindet, noch an Bedeutung gewinnt. Der Handel zwischen Hongkong und China ist während der letzten fünf Jahre bereits stark angewachsen, und man rechnet mit einem weiterem Zuwachs. Da China künftig eine wichtigere Rolle in der Welt spielen will, glauben ausländische Firmen auch, daß ihre Regierungen in der Lage sein werden, sie gegen Enteignung und andere Schikanen von seiten Chinas zu schützen.

Manche Ökonomen aus Hongkong stimmen mit dieser Sicht nicht überein. Sie argumentieren, daß die Grundstückspreise deshalb hoch bleiben, weil das in Hongkong erwirtschaftete künftige Einkommen normalerweise mit hohen Zinssätzen abdiskontiert wird, welche die großen Unsicherheiten über die Erträge aus dort getätigten Investitionen widerspiegeln. Von einem ökonomischen Standpunkt aus sind dann bei so hohen Zinssätzen die verbleibenden neun Jahre bis 1997 eine lange Zeit. Aber hohe Renditen können nicht die gewaltige Zahl der laufenden langfristigen Bauvorhaben erklären, die vor 1997 nur für wenige Jahre Erträge abwerfen werden.

Solche Zinssätze können auch nicht die kräftige Zunahme der Emigration aus Hongkong erklären – von nur 11.000 Menschen im Jahre 1985 auf mehr als 25.000 im Jahre 1987, wobei man eine noch viel höhere Zahl für 1988 erwartet. Viele einheimische Bewohner haben in Schulausbildung, Wissen und Berufsausbildung investiert. Solche Investitionen bilden Humankapital. Da dieses Kapital immer dorthin geht, wohin die Menschen gehen, ist Emigration der einzige Weg, auf dem sie die Risiken für ihr Humankapital verringern können, die aus dem Anschluß an China entstehen. Sie können eben nicht diversifizieren, indem sie nur einen Teil ihres Humankapitals im Ausland anlegen.

Der Tanz um die grünen Karten. Obwohl das Ausmaß der Auswanderung im Vergleich zu den mehr als 2 Millionen Mitgliedern von Hongkongs Arbeitskräftepotential noch unbedeutend ist, konzentriert sie sich auf Personen mit verwertbaren Kenntnissen. Bei Computerprogrammierern, Ingenieuren, Englischlehrern, Forschern sowie bei Angehörigen des mittleren Managements und einer Anzahl von anderen Berufen sind schon bedrohliche Knappheiten entstanden. Noch mehr würden gehen, wenn andere Länder sie aufnähmen – vor allem englischsprachige.

Die Bewohner Hongkongs dürften die weltweit besten Experten für die Feinheiten der Einwanderungspolitik anderer Länder sein. Die USA sind typischerweise ihre erste Wahl. Aber die Einwanderung in dieses Land ist auch am schwierigsten zu bewerkstelligen und erfordert eine fünfjährige Wartezeit beim Erwerb der Staatsbürgerschaft. Australien ist weniger beliebt, aber qualifizierte Leute können relativ leicht einreisen und müssen nur zwei Jahre auf die Staatsbürgerschaft warten. Kanada hat eine dreijährige Sperrfrist vorgesehen, Ausländer können jedoch die dortige Staatsbürgerschaft kaufen – und viele Einwohner Hongkongs tun das –, indem sie in ausreichendem Maße in bestimmte Aktivitäten investieren. In einer früheren Ausgabe der *Business Week* machte ich den Vorschlag, daß auch wir das Recht, nach Amerika zu emigrieren, verkaufen sollten.

Die Sperrfrist ist wichtig: Manche von denen, die weggehen, wollen zurückkehren, nachdem sie anderswo ihre Staatsbürgerschaft erworben haben. Das ermöglicht ihnen den Schutz ihres Humankapitals für den Fall, daß China die Politik des „Ein Land, zwei Systeme" aussetzt. Ihre Kinder hätten auch eine Zuflucht, wenn das Leben unter der chinesischen Herrschaft unerträglich würde.

Die amerikanische Einwanderungspolitik bevorzugt bisher Verwandte von Staatsbürgern. Das erschwert die Einwanderung qualifizierter Hongkong-Bürger in die USA sehr. In den vergangenen Jahren wurden weniger als 4 % der legalen Immigranten auf der Basis ihrer Fähigkeiten angenommen – obwohl Amerika angeblich unter einem Mangel an Ingenieuren, Computerexperten und anderen qualifizierten Arbeitskräften leidet. Ein gangbarer Weg, dieses Problem zu lindern, wäre eine kräftige Erhöhung der Zahl qualifizierter legaler Einwanderer aus Hongkong und anderen Ländern. So kann Amerika die unsichere Lage in Hongkong nutzen, um ambitionierte und fleißig arbeitende Einwanderer mit den benötigten Fähigkeiten zu gewinnen.

Warum lassen wir die Einwanderer für eine zügige Einreise nicht bezahlen?

(2. März 1987)

In einer Marktwirtschaft wird man mit einem Nachfrageüberschuß nach einem Produkt oder einer Dienstleistung dadurch fertig, daß man den Preis anhebt. Das verringert die Nachfrage und erhöht das Angebot. Nach meiner Auffassung sollten die USA sich einen ähnlichen Ansatz zu eigen machen, um einer Lösung ihrer Immigrationsprobleme näherzukommen. Nach meiner Vorstellung dürfte jeder, der bereit ist, einen bestimmten Preis zu zahlen, sofort in die Vereinigten Staaten einreisen.

Zur Zeit kontingentieren die Vereinigten Staaten streng die Anzahl legaler Immigranten (knapp 500.000), die sie pro Jahr akzeptieren. Manche potentiellen Einwanderer müssen viele Jahre warten; einige geben die Hoffnung auf, andere reisen illegal ein. Nach dem neuen Einwanderungsgesetz müssen nach dem willkürlichen Kriterium der Reihenfolge 10.000 zusätzliche Einreisegenehmigungen erteilt werden. Mehr als eine Million Anträge für diese wenigen Genehmigungen wurden registriert – ein klarer Beweis für die gewaltige Nachfrage nach Einwanderung in die USA. Würde jedoch das Recht, in dieses Land zu kommen, nicht vergeben, sondern verkauft, hätten einige der vielen Menschen, die zur Zeit nicht regulär kommen können, eine Einreisemöglichkeit ohne Betrug.

Weniger Ressentiments. Im Rahmen meines Programms würde das Büro für Einwanderung und Einbürgerung den Preis einer dauerhaften Aufenthaltserlaubnis für die USA jedes Jahr neu festsetzen. Jeder, der diesen Preis entrichtet und bei dem kein sonstiger Hinderungsgrund vorliegt – etwa ein Vorstrafenregister oder Infektionskrankheiten –, würde kommen dürfen. Potentielle Immigranten, die ihre Aufenthaltsgenehmigungen nicht bezahlen können oder wollen, könnten noch abwarten, bis sie mit einer Einreise durch die regulären Einwanderungskanäle an der Reihe sind.

Natürlich müßten viele Einzelheiten noch geklärt werden. Sollte es einen Sonderpreis für Familien mit Kindern geben? Sollten Immigranten, die nach einer kurzen Aufenthaltsdauer in diesem Land nach Hause zurückkehren, Rückerstattungen erhalten? Die Erfahrung würde einen angemessenen Preis für das Recht zur dauerhaften Einreise festlegen. Aber nehmen wir an, er liege bei 50.000 Dollar. Vielleicht wären 40.000 Menschen im Jahr bereit, diese Gebühr zu bezahlen – weniger als 10 % der Menschen, die in jedem Jahr legal hereingelassen worden sind. Obwohl der Hauptzweck dieses Vorschlages ist, das Verfahren der Einwanderung zu verbessern, wären einige Milliarden Dollar an jährlichen Extrasteuern willkommen, besonders im Lichte des großen Haushaltsdefizits des Bundes.

Der Verkauf von Aufenthaltsgenehmigungen hat gegenüber dem gegenwärtigen System weitere Vorteile. Die Vereinigten Staaten lassen teilweise nur deshalb ungern viele Immigranten herein, weil Einwanderer auf diese Weise ein Recht auf den Bezug von Sozialhilfe, medizinischen Leistungen und anderen Beihilfen erwerben. Immigranten, die für die Einreise bezahlen können, benötigen dagegen wahrscheinlich keine Hilfe vom Staat. Und selbst wenn: Da diese Einwanderer schon für ihre Einreise bezahlt haben, erzeugen sie weniger Ressentiments als Neuankömmlinge, die als Trittbrettfahrer auf Kosten der Steuerzahler erscheinen.

Ehrgeizige, leistungsbereite und hochqualifizierte Personen können in der Regel am meisten gewinnen, wenn sie sich in die offene und wettbewerbsorientierte US-Wirtschaft integrieren. Auch die USA profitieren von ihrer Anwesenheit. Doch gerade sie haben große Mühe hereinzukommen, da mehr als drei Fünftel der legalen Einwanderer Eltern oder andere nahe Verwandte von Staatsbürgern sind. Unter den Einwanderern, die für eine sofortige Einreise zu zahlen bereit sind, wären viele höchst erwünscht; sie könnten damit rechnen, bei gutem Verdienst selbst eine hohe Einreisegebühr innerhalb weniger Jahre wieder hereinzubekommen.

Ein Einwand gegen den Verkauf der Einreiseberechtigung kommt in der Formulierung zum Ausdruck: „Eine Staatsbürgerschaft sollte nicht verkäuflich sein." Dieser Einwand ignoriert die Tatsache, daß die meisten früheren Ankömmlinge an diesen Küsten sehr große Opfer auf sich nahmen. Die Kosten einer Atlantiküberquerung entsprachen im frühen

19. Jahrhundert ungefähr einem Jahresverdienst in den Kolonien. Obwohl im späten 19. und frühen 20. Jahrhundert die Transportkosten im Verhältnis zu den Löhnen kräftig sanken, hatten die Einwanderer immer noch eine lange und beschwerliche Reise vor sich. Außerdem sahen sie ihre Familien und Freunde wahrscheinlich niemals wieder. Die Zunahme schneller und billiger Flugreisen in der Mitte dieses Jahrhunderts senkte die finanziellen und psychologischen Kosten der Einwanderung erheblich. Aber Menschen, die heutzutage in dieses Land kommen wollen, müssen sich in lange Warteschlangen einreihen. Immigranten haben also auf die eine oder andere Weise für das Einreiserecht in der Regel eine Menge bezahlt. Das vorgeschlagene System, für eine sofortige Einreise Gebühren zu berechnen, würde sich nur darin unterscheiden, daß die Lasten der Immigranten auch zum Steueraufkommen beitragen würden.

Radikale Operation. Die USA haben von den Millionen armer und ehrgeiziger Immigranten ungeheuer profitiert. Ein Verkauf des Einwanderungsrechts würde mittellose Menschen glücklicherweise nicht ausschließen. Manche würden sparen oder bei Freunden und Verwandten einen Kredit aufnehmen, um ihre Mittel für eine sofortige Einreise aufzustocken. Andere nehmen einen Kredit vielleicht bei den US-Firmen auf, die sie einstellen wollen. Kommerzielle Geldverleiher helfen möglicherweise, zuverlässige und fähige Immigranten zu finanzieren. Die Bundesregierung könnte bedürftigen Einwanderern Teile der Gebühr stunden, wie es schon jetzt bei bedürftigen Collegestudenten geschieht. Staatliche Kredite könnten an die Bedingung geknüpft sein, daß der Schuldner kein Bürger werden kann, ehe nicht der Kredit zurückgezahlt ist. Mittellose Personen könnten außerdem noch auf dem üblichen Weg ins Land kommen: indem sie sich in die Schlange derer einreihen, die auf ihre grünen Karten warten.

Die Regelung, Einwanderungsrechte zu verkaufen, mag politisch nicht durchsetzbar erscheinen. Aber Kanada hat damit begonnen. Das jetzige System legaler Einwanderung in die Vereinigten Staaten weist erhebliche Mängel auf und muß dringend verbessert werden. Ein Verkauf der Einwanderungsrechte würde die Vorteile des Preissystems dafür nutzen, den Markt für Einwanderung in dieses Land substantiell zu verbessern.

Eine verpaßte Chance für eine wirkliche Einwanderungsreform

(1. Dezember 1986)

Man muß die politischen Fähigkeiten des US-Kongresses bewundern, wie sie bei der Verabschiedung des Gesetzentwurfes zur Einwanderung zu Tage traten. Die Verabschiedung kam nach wiederholten Pannen und angesichts massiver Widerstände seitens der US-Industrie- und Handelskammer, der Amerikaner mexikanischer Abstammung und anderer Gruppen zustande. Viele begrüßten das neue Gesetz, weil die amerikanische Einwanderungspolitik mangelhaft ist und grundlegend umgestaltet werden muß. Nichtsdestoweniger ist das Gesetz mit der heißen Nadel gestrickt und wird die Einwanderungspolitik verschlechtern, nicht verbessern.

Die USA sind für Millionen Menschen in anderen Ländern attraktiv – wegen ihrer hohen Lohnsätze, wegen der Aufstiegsmöglichkeiten, die sie auch denen eröffnen, die aus armen Verhältnissen kommen, und wegen ihrer wirtschaftlichen und politischen Freiheit. Doch die USA kontingentieren die Zahl der legalen Einwanderer streng. Bis jetzt sind während der 1980er Jahre etwas mehr als eine halbe Million Immigranten pro Jahr ins Land gelassen worden. Von diesen waren mehr als 40 % mit US-Bürgern verwandt. Die zahlreichen potentiellen Einwanderer, die keine Erlaubnis erhielten, müssen ihre Einwanderungspläne entweder aufgeben, sich viele Jahre in Warteschlangen einreihen oder versuchen, illegal einzureisen.

Potentielle Immigranten haben also nicht nur wegen der attraktiven Arbeits- und Lebensbedingungen in den Vereinigten Staaten Anreize, illegal hereinzukommen, sondern auch wegen der strengen Beschränkungen legaler Einwanderung, denen sie sich gegenübersehen. Doch die grundlegende Unzulänglichkeit des neuen Gesetzes ist, daß es sich über die legale Einwanderung ausschweigt. Es zieht nicht in Betracht, das Problem der illegalen Einwanderung dadurch zu entschärfen, daß man die Zahl der legalen Immigranten erhöht und die Kriterien für ihre Auswahl ändert.

Unbelohnte Vorzüge. Das Gesetz bietet vielen illegalen Ausländern eine Amnestie an. Alle, die ‚beweisen' können, daß sie seit 1982 ununterbrochen hier gewohnt haben, und die meisten der illegalen Ausländer, die während des vergangenen Jahres in der Landwirtschaft arbeiteten, bekommen den Status legaler Einwohner. Ihnen wird diese Amnestie trotz der Millionen potentieller Immigranten gewährt, die sich an die

US-Gesetze hielten, indem sie geduldig warten, bis sie an der Reihe sind – oder ihren Versuch der Einreise aufgeben. Während zahlreiche illegale Ausländer eine Amnestie erhalten, werden viele Studenten und andere Immigranten, die eine Aufenthaltserlaubnis hatten, ausgewiesen, weil sie für einen legalen Einwandererstatus nicht in Frage kommen.

Leider tendieren Amnestieprogramme dazu, gerade dasjenige Verhalten zu belohnen, das sie legalisieren. Wenn jetzt politische Überlegungen zu einer Amnestie führen, wird eine rationale Person, die über eine illegale Einreise nachdenkt, künftige Amnestieprogramme natürlich mit in ihre Überlegungen einbeziehen. Viele potentielle illegale Einwanderer haben bisher die zerstörerischen Folgen einer Abschiebung gefürchtet, nachdem sie einige Zeit in den USA gelebt und gearbeitet haben. Nach der Abschiebung müssen sie nämlich in ihrem Geburtsland von vorne anfangen, oder sie reisen erneut illegal in die USA ein und beginnen wieder ohne den Vorteil des höheren Dienstalters oder Ranges, den sie sich vorher erarbeitet hatten. Die Erwartung einer künftigen Amnestie nimmt solchen Befürchtungen das Gewicht.

Um in Zukunft illegale Einwanderung abzuwehren, sieht das neue Gesetz Bußgelder und Gefängnisstrafen für Arbeitgeber vor, die wegen der Beschäftigung illegaler Ausländer verurteilt wurden. Im Gegensatz zu manchen Kritikern des Gesetzes sehe ich in diesen Sanktionen für Arbeitgeber im Prinzip kein Unrecht. Aber sie streben die Kontrolle der illegalen Einwanderung auf ineffiziente Weise an.

Schuldige Opfer. Sanktionen für Arbeitgeber verletzen in diesem Fall den angelsächsischen Rechtsgrundsatz, die Vermeidung einer illegalen Handlung von denjenigen zu verlangen, die auf sie den größten Einfluß haben. Kriminelle zum Beispiel sollten eher bestraft werden als ihre Opfer, die vorsichtiger hätten sein können, um nicht zum Opfer zu werden. Nach dem hier diskutierten Gesetz sind es die Arbeitgeber, die illegale, im Ausland geborene Arbeitskräfte von legalen Einwohnern unterscheiden müssen. Das bereits florierende Geschäft der Fälschung von Ausweispapieren – Pässe, Geburtsurkunden, Führerscheine und ähnliches – wird noch weiter zunehmen. Infolgedessen werden viele Arbeitgeber nur ungern Arbeitskräfte mit fremdländischem Akzent einstellen – auch keine legalen Einwohner.

Die effizienteste Methode, die illegale Einwanderung zu unterbinden, ist die Ergreifung und Aburteilung illegaler Immigranten. Wer weiß schließlich besser als die Immigranten, ob sie illegal in den USA sind? Die Bestrafung illegaler Ausländer würde weitaus effektiver von der illegalen Einwanderung abschrecken als jede Art von Sanktionen gegen Arbeitgeber. Doch die USA haben die Politik verfolgt, aufgegriffene illegale Ausländer einfach in ihre Ursprungsländer abzuschieben, ohne ihnen Bußgelder oder Gefängnisstrafen aufzuerlegen. Diejenigen, die entlang der mexikanischen Grenze gefaßt werden – wo es die meisten Festnahmen gibt –, können einfach umkehren und den Grenzübertritt erneut versuchen.

Das Einwanderungsgesetz enthält noch einige weniger wichtige Bestimmungen, die ebenfalls problematisch sind. Die spezielle Behandlung von Saisonarbeitern in der Landwirtschaft hat keine Berechtigung – wenn man von der politischen Schlagkraft der Farmer in Kalifornien und anderen Staaten absieht. Es legt ferner fest, daß illegale Ausländer, die amnestiert werden, sofort Medicaid beanspruchen und nach Ablauf von fünf Jahren Wohlfahrtsunterstützung, Lebensmittelgutscheine und andere Bundesbeihilfen zum Lebensunterhalt in Anspruch nehmen dürfen. Das Gesetz erhöht schließlich die Wahrscheinlichkeit der Einführung von nationalen Identitätskarten und einer verstärkten staatlichen Überwachung der Einwohner.

Aber seine größten Mängel liegen in den nachdrücklichen Sanktionen gegen Arbeitgeber statt gegen illegale Einwanderer und in der pauschal gewährten Amnestie. Es versäumt vor allem, eine Politik zu formulieren, die mehr legale Einwanderer zuläßt und die Kriterien für die legale Einreise verändert. Daher ist das Gesetz für mich eine verpaßte Gelegenheit, die Einwanderung vernünftig zu regeln. Es wird wohl mehr schaden als nützen.

4.

Humankapital und Schulen

Für das Wirtschaftswachstum sind beträchtliche Investitionen in die Schulausbildung und andere Formen von Humankapital unentbehrlich. Da der Staat für die Finanzierung der meisten Aufwendungen für die Ausbildung verantwortlich ist, beschäftigen sich die Essays in diesem Teil ausschließlich mit der staatlichen Bildungspolitik in entwickelten und unterentwickelten Ländern.

In den Vereinigten Staaten und einigen europäischen Ländern ist die Rendite einer besseren Ausbildung vor allem deshalb gestiegen, weil moderne Volkswirtschaften auf der effektiven Nutzung von Wissen beruhen und deshalb den Erwerb umfangreicher Kenntnisse prämiieren. Doch in den meisten Ländern ist die Bildungspolitik darauf ausgerichtet, die Wohlhabenderen zu begünstigen, denn sie besuchen eher als die Bedürftigen öffentliche Colleges und Universitäten mit hoch subventioniertem Unterricht. Das bedeutet eine Form der Einkommensumverteilung von unten nach oben: Der Staat subventioniert Schüler und Studenten, die aus wohlhabenderen Familien kommen und im allgemeinen deutlich überdurchschnittliche Einkünfte erzielen werden. Wir erörtern die Ersetzung dieser staatlichen Subventionen durch staatlich finanzierte Studentendarlehen und vergleichen die Effizienzwirkungen von Festzinskrediten mit Krediten, für die ein einkommensabhängiger Zinssatz erhoben wird.

Einige Essays untersuchen, wie man den Wettbewerb unter Grundschulen und weiterführenden Schulen verstärken kann, um die Aufgeschlossenheit von Schulen gegenüber den Bildungsbedürfnissen der Schüler zu verbessern, besonders solcher aus benachteiligten Verhältnissen. Wir stellen die These auf, daß der beste Weg zur Forcierung des Wettbewerbs ist, den Familien Gutscheine auszuhändigen, mit denen sie die Ausbildung ihrer Kinder an Schulen ihrer Wahl bezahlen können – entweder an öffentlichen oder an privaten Schulen, zu denen religiöse Bekenntnisschulen ebenso wie säkulare Schulen gehören. Leider ist dieser Vorschlag auf heftigen und bisher erfolgreichen politischen Widerstand von Lehrergewerkschaften gestoßen, die völlig zu Recht fürchten, daß solche Gutscheine die Gewerkschaftskontrolle über die Bildungspolitik verringern werden.

Investitionen in Humankapital

Vielleicht sind Einkommensunterschiede gar keine so schlechte Sache

(6. Februar 1995)

Unter der Präsidentschaft von Reagan und Bush nahm die Einkommensungleichheit wesentlich zu. Aber die Kongreß- und Kommunalwahlen während der Amtszeit des Präsidenten lassen darauf schließen, daß die Wähler diese Entwicklung nicht der republikanischen Partei anlasten – vielleicht deshalb, weil sie den Zusammenhang zwischen dem Anstieg der Ungleichheit und dem Wirtschaftswachstum erkennen. Wenn größere Ungleichheit auf höhere Humankapitalrenditen und auf höhere Erträge aus anderen Investitionen in Wissen zurückzuführen ist, dann kann sie der Motor eines schnelleren Wirtschaftswachstums sein.

Seit Jean-Jacques Rousseaus „Diskurs über den Ursprung und die Grundlagen der Ungleichheit unter den Menschen" von 1755 hat man fast ausschließlich die negativen Aspekte der Einkommensungleichheit betont. Aber in modernen Volkswirtschaften setzt Wachstum ausgebildete und erfahrene Arbeitskräfte voraus, da für die Produktion von Computern und anderen elektronischen Geräten sowie der meisten Industriegüter und Dienstleistungen sachkundige Mitarbeiter nötig sind. Eine Volkswirtschaft wächst schneller, wenn die Renditen von Humankapitalinvestitionen ansteigen oder wenn die investierten Beträge zunehmen.

Die zunehmenden Einkommensunterschiede, die in den Vereinigten Staaten während der letzten beiden Jahrzehnte beobachtet werden konnten, resultieren im wesentlichen daraus, daß sich die Schul- und Berufsausbildung sowie die Berufserfahrung stärker auszahlen. Das war nicht das Ergebnis einer bestimmten Politik des Präsidenten oder des Kongresses; vielmehr waren es die Unternehmen, die im Wettbewerb um qualifizierte Arbeitskräfte deren Löhne im Vergleich zu den Entgelten für geringqualifizierte Arbeitskräfte in die Höhe trieben.

Bildungsbonus. Seit Beginn der 1970er Jahre verbreiterte sich die Kluft zwischen den Wochenverdiensten von College- und Highschoolabsolventen kontinuierlich von etwa 40 % auf 70 % am Ende der 1980er Jahre; der Einkommensvorteil durch einen Highschoolabschluß schnellte in dieser Zeit auf über 30 % hoch. Einen ähnlichen Verlauf nahm auch die Gehaltsentwicklung älterer Arbeitnehmer mit Berufserfahrung im Vergleich zu jüngeren und unerfahreneren Arbeitskräften. Dieser Trend in Richtung auf mehr Lohn durch mehr Wissen verlangsamte sich zwar während der letzten Jahre, kehrte aber seine Richtung nicht um.

Das gilt auch für die meisten westeuropäischen Länder. Auch hier wuchsen die Einkommensunterschiede auf Grund von Ausbildung und Berufserfahrung. In Europa sind die Arbeitsmärkte allerdings nicht so flexibel; daher vergrößerte sich dort der Abstand zwischen den Wochenlöhnen unterschiedlich qualifizierter Arbeitnehmer nicht so stark. Dafür stieg die Arbeitslosigkeit unter jüngeren Arbeitskräften mit geringerer Berufserfahrung viel stärker als in Amerika.

Die sich verstärkende Ungleichheit bei den Löhnen und die lebhafte Nachfrage nach qualifiziertem Personal stimulieren auch indirekt ein stärkeres Wirtschaftswachstum, denn die Anreize für junge Leute nehmen zu, Humankapitalinvestitionen in sich selbst vorzunehmen. Auch darum weisen die offiziellen Daten in den USA seit den späten 1970er Jahren deutlich gestiegene Highschool-Abschlußziffern bei Schwarzen auf; inzwischen liegen sie dicht an den sehr hohen Werten der Weißen.

Höhere Studentenzahlen. Und trotz des rapiden Anstiegs der Studiengebühren seit 1980 nahm der Anteil der männlichen Highschoolabsolventen, die ihre Ausbildung am College fortsetzten, um mehrere Prozentpunkte zu; der Anteil der eingeschriebenen Frauen erhöhte sich sogar noch stärker. Die Kürzungen der Bundesmittel für Collegestudenten während der 1980er Jahre haben vor allem Studenten aus bedürftigen Familien geschädigt. Eine Studie von Thomas J. Kane von der Harvard Universität zeigt allerdings, daß die Einschreibungsraten von Schwarzen nach einem mehr als zehnjährigen Rückgang Ende der 1980er Jahre steil anstiegen.

Leider bedeuteten die höheren Humankapitalrenditen auch, daß Personen am unteren Ende der ökonomischen Leiter schlechter entlohnt wurden. Die Realeinkommen von Highschoolabbrechern und anderen Geringqualifizierten sanken nicht nur relativ zu den besser ausgebildeten Arbeitnehmern, sondern fielen auch absolut gesehen ganz erheblich. Das erklärt, warum seit Ende der 1970er Jahre die Erwerbsquoten der Ungelernten merklich gesunken sind, obwohl die Zahl der Arbeitsplätze in dieser Zeit drastisch zunahm.

Das macht es nur um so notwendiger, jungen Leuten aus ärmeren Familien dabei zu helfen, jedes künstliche Hindernis zu überwinden, das einer Verbesserung ihrer Schul- und Berufsausbildung entgegensteht. Die Behörden der Einzelstaaten, der Kommunen und des Bundes können dazu mit einer Politik beitragen, die nicht wesentlich höhere öffentliche Gelder verlangt. Die Einzelstaaten können die Qualität von Highschools in sozial schwachen Gegenden verbessern, indem sie den Wettbewerb um Schüler zwischen den Schulen intensivieren. Nach meiner Auffassung kann das am besten dadurch erreicht werden, daß man Schülern aus armen Familien Unterrichtsgutscheine anbietet, die sie an privaten ebenso wie an an öffentlichen Schulen einlösen können.

Der Bundesregierung fällt bei diesen Humankapitalinvestitionen eine begrenzte, aber hilfreiche Rolle zu: Ihre Darlehensprogramme für Collegestudenten sollten ausgeweitet werden. Gleichzeitig müssen aber entschlossene Anstrengungen unternommen werden, die beschämend hohen Ausfallraten bei den früheren Studentendarlehen zu senken.

Jedermann, von der Regierung bis hin zu den Intellektuellen, muß die Vor- und Nachteile von Einkommensdisparitäten noch einmal grundlegend überdenken.

Warum die Dritte Welt die drei Kulturtechniken betonen sollte

(2. Mai 1994)

Die Rebellion in der mit Armut geschlagenen Provinz Chiapas in Mexiko hat auf dramatische Weise den ungleichen Lebensstandard in einem Land sichtbar werden lassen, das eine zügige ökonomische Entwicklung voranzutreiben sucht. Wenn Dritte-Welt-Staaten die Schul- und Berufsausbildung und das Wohl der Armen vernachlässigen, zementieren sie Trennungslinien, die ihr soziales Gefüge sprengen können.

Vor kurzem vertrat ich auf einer Konferenz zur Bildungspolitik in Brasilien den Standpunkt, daß eine ökonomische Entwicklung nicht dauerhaft sein kann, wenn ein Land die elementare Schulbildung für einen erheblichen Teil der Bevölkerung vernachlässigt. Schulbildung vermittelt jungen Menschen aus bescheidenen Verhältnissen die Fähigkeiten, in der Welt voranzukommen, und sie verringert die Tendenz zu einem Wohlstandsgefälle, das sich von einer Generation zur nächsten verfestigt. Das Beispiel der sogenannten asiatischen Tiger – Hongkong, Südkorea, Singapur und Taiwan – ist hier instruktiv: Schon zu Beginn ihrer Entwicklung beseitigten sie weitgehend das Analphabetentum und erhöhten die schulische Bildung der Unterschicht auf ein annehmbares Niveau.

Nach Statistiken, die Robert J. Barro von der Harvard-Universität erstellte, hatten mehr als zwei Drittel aller über 25-jährigen Brasilianer weniger als vier Jahre und ein weiteres Viertel gar keinen Schulunterricht. Die Situation in Mexiko ist fast genauso schlimm. In beiden Ländern hat sich die Schulausbildung der Armen in den letzten zwei Jahrzehnten zwar stark verbessert; doch sogar jetzt geht weniger als ein Drittel aller brasilianischen Jugendlichen zur Schule. Die über Rio de Janeiro verstreuten Slums sind voller Kinder, die ihre Zeit nicht in der Schule, sondern auf der Straße verbringen, wobei sie Bewohner und Besucher mit Diebstählen und Raubüberfällen terrorisieren.

Die aus ungleicher Schulbildung erwachsenden sozialen Probleme werden oft durch rassische Differenzen verschärft: In Brasilien, Mexiko und vielen anderen Ländern sind Wohlstand, Bildung und Beschäftigung entlang rassischer Linien gespalten. Die Armen in Mexiko sind hauptsächlich Indios, während sie in Brasilien in erster Linie Abkömmlinge von Sklaven sind, die man aus Afrika herbeigeschafft hatte.

Anständige Mahlzeiten. Kinder aus armen, analphabetischen Elternhäusern brauchen eine Schulausbildung, die an ihren speziellen Bedürfnissen ausgerichtet ist. Meine Frau und ich verbrachten als Gäste vom Gouverneur des Bundesstaates Rio de Janeiro, Leonel Brizola, einen Tag in einer der mehreren hundert Schulen, die während der letzten 10 Jahre in diesem Staat für arme Kinder eingerichtet worden waren. Dort bekommen die Schüler täglich drei Mahlzciten sowie fast 10 Stunden Unterricht, der auch Erholungsaktivitäten umfaßt. Ihre Hausaufgaben erledigen sie lieber in der Schule als daheim. Aber da solche Schulen nur mit viel Geld (man rechnet mit einer Million Dollar pro Schule) gebaut und betrieben werden können, sind sie für arme Kinder keine Lösung.

Familien in der Dritten Welt (und nicht nur dort) wäre eher mit einem Gutscheinsystem für Unterrichtsgebühren gedient. Familien mit niedrigem Einkommen erhielten Gutscheine für die Bezahlung von Unterrichtsgebühren an jeder genehmigten Schule, die ihre Kinder akzeptiert. Man könnte von diesen Schulen verlangen, daß sie für anständige Mahlzeiten und für Gesundheitsüberprüfungen sorgen. Solche Gutscheine würden den Wettbewerb zwischen öffentlichen und privaten Schulen mit dem Ziel anregen, die Ausbildung und die Gesundheit derjenigen Kinder zu verbessern, denen am meisten geholfen werden muß. Familien mit mittlerem und höherem Einkommen haben Gebührengutscheine weniger nötig; denn wo immer sie wohnen, schaffen sie es in vielen Fällen, daß ihre Kinder annehmbar unterrichtet werden.

Mittellose Eltern wollen in der Regel ein besseres Leben für ihre Kinder, als sie selbst es hatten; und viele von ihnen würden die Schulen mit Bedacht auswählen. Doch selbst diejenigen, denen ihre Familien am Herzen liegen, zwingen ihre Kinder in manchen Fällen, frühzeitig von der Schule abzugehen, damit sie mithelfen können, das magere Haushaltseinkommen aufzubessern – selbst wenn das die Kinderarbeits- und Schulpflichtgesetze verletzt.

Nichts verschwenden. Aber man kann auch arme Eltern dazu bringen, auf die Interessen ihrer Kinder zu achten: Man zahlt ihnen eine Einkommenszulage, um den Einkommensverlust auszugleichen, der dadurch entsteht, daß man die Kinder vom Erwerbsleben fernhält. Diese Zulage könnte größer ausfallen, wenn die Kinder regelmäßig die Schule besuchen; sie könnte sogar noch einmal steigen, wenn die Kinder gute Abschlüsse machen.

Apologeten des Status quo behaupten, daß arme Länder einfach nicht über die Ressourcen verfügen, um die Schulausbildung aller Bürger auf ein angemessenes Niveau zu heben. Sie glauben, daß internationale Organisationen wie die Weltbank die Schulausbildung der Armen finanzieren sollte. Aber in diesen Ländern gibt der Staat normalerweise ein Viertel des Bruttoinlandsprodukts oder mehr für den Defizitausgleich bei ineffizienten Staatsbetrieben, für übertrieben teure Universitäten und für viele andere verschwenderische Dinge aus.

Das eigentliche Hindernis für größere staatliche Aufwendungen der Länder in der Dritten Welt für die grundlegende Schulausbildung, die Bekämpfung der Kriminalität und andere wichtige öffentliche Aufgaben sind daher auch gar nicht ihre begrenzten Ressourcen. Die Regierungen lassen sich vielmehr von dem ablenken, was höhere Priorität haben sollte. Sie sind zu sehr mit Dingen beschäftigt, die man entweder überhaupt nicht tun oder dem privaten Sektor überlassen sollte.

Länder wie Brasilien und Mexiko verfügen über ein enormes Bevölkerungs- und Wirtschaftspotential. Aber sie werden ihren Eintritt in die Erste Welt weiter hinauszögern, wenn sie weiterhin nur ungenügend auf die Schulbildung und das Wohl der Armen achten.

Clintons Ausbildungskreditkonzept verdient die Note 6

(14. Juni 1993)

Präsident Clinton hat vorgeschlagen, in drei Punkten die Methode zu ändern, nach der die Bundesregierung die Ausbildung von Collegestudenten unterstützt. Er will die Banken aus dem Vorgang der Kreditvergabe heraushalten, er will die Studenten für die Ableistung eines sogenannten Sozialdienstes finanziell entschädigen, und er will ihnen eine andere Schuldenrückzahlungsoption anbieten. Diese Vorstellungen sind in jeder Hinsicht undurchdacht.

Um Kreditvermittlungsgebühren zu sparen, will der Präsident die Banken übergehen und die Bundesregierung veranlassen, die Kredite direkt an die Studenten zu vergeben. Der Kongreßausschuß für Ausbildung und Arbeit hat diesen Teil des Pakets bereits genehmigt. Aber wenn Regierungen mehr Erfahrungen mit der Kreditvergabe haben als der Bankensektor, dann sollten sie es auch übernehmen, Investitionskredite an Firmen oder Kredite an Familien für den Hausbau und den Autokauf zur Verfügung zu stellen. Zwar machen auch private Banken Fehler; das ist zur Genüge publik gemacht worden. Aber Regierungsstellen versagen bei der Kreditvergabe in noch viel schlimmerem Maße – deshalb stellt ja die weltweite Privatisierungsbewegung das Bank- und Finanzwesen in den Mittelpunkt. Ich kenne kein einziges Kreditprogramm des Bundes – einschließlich das für Kleinbetriebe und Farmer –, das für seine Effizienz bekannt wäre.

Banken können wertvolle Dienstleistungen erbringen, indem sie die Bonität studentischer Schuldner überprüfen und die Rückzahlungen kontrollieren. Aber unter den gegenwärtigen Ausbildungskreditregelungen haben die Banken für beide Dienstleistungen keinen Anreiz, da die Bundesregierung den Banken alle Verluste aus Ausbildungskrediten ersetzt. Das erklärt, warum die Ausfallrate mit 10 % beunruhigend hoch ist und warum noch weit mehr Schuldner im Zahlungsverzug sind. Der Sparkassenskandal hat gezeigt, was passiert, wenn die Banken durch staatliche Garantien von ihrer Verantwortung für leichtsinnige Kreditzusagen entbunden werden: Es fördert die Vergabe extrem riskanter Kredite, die alle Gewinne aus profitablen Krediten aufzehren – während der Steuerzahler die Rechnung für solche Fehler bezahlt.

Junge Anfänger. Es ist keine Lösung, die Banken mit ihrer Erfahrung bei der Kreditvergabe zu übergehen. Man sollte vielmehr von ihnen verlangen, einen größeren Anteil der Kosten ihrer notleidenden Ausbildungskredite zu tragen. Denn Banken sind ja auch am Geschäft mit den Ausbildungskrediten interessiert. Wenn eine Bank höhere Ausfallraten bei solchen Krediten verkraften muß, dann sollte sie es sein, die eine höhere Prämie für die Kreditausfallversicherung zu zahlen hat.

Clinton will denjenigen Studenten, die nach Abschluß der Ausbildung zwei Jahre Sozialdienst absolvierten, als Ausgleich bis zu 10.000 Dollar Kreditsumme erlassen, die für das College oder die berufliche Bildung aufgenommen wurde. Die Gouverneure und andere Amtsträger sollen entsprechende gemeinnützige Arbeitsplätze in den Bereichen

Schulbildung, Umwelt, öffentliche Sicherheit und Sozialarbeit auswählen. Natürlich gibt es in all diesen Bereichen Schwierigkeiten. Aber sie werden nicht dadurch einer Lösung nähergebracht, daß man die aus politischen Gründen geschaffenen Stellen an unerfahrene Berufsanfänger vergibt, welche die Bedingungen für einen Zuschuß zu den Studiengebühren erfüllen wollen. Und warum gerade diese Bereiche? Wie steht es mit anderen gemeinnützigen Tätigkeiten und mit privater Beschäftigung in gewinnorientierten Unternehmen?

Das Konzept des Präsidenten übermittelt den jungen Leuten eine zweifelhafte Botschaft. Sie enthält im Kern die Behauptung, daß es nutzbringender ist, seine Zeit damit zu verbringen, beim Hausbau für Obdachlose zu helfen – ein häufig genanntes Beispiel für eine gemeinnützige Dienstleistung –, als zur Produktivität der US-Wirtschaft beizutragen, indem man ein besserer Ingenieur, Computerprogrammierer oder Architekt wird. Das ist für eine Wirtschaft immer eine gefährliche Botschaft, aber erst recht in einer Zeit, in der Amerikas Konkurrenzfähigkeit auf dem Weltmarkt auf eine harte Probe gestellt wird.

Studenten, die Bundeskredite aufgenommen haben, zahlen nach gegenwärtiger Rechtslage nach Abschluß ihrer Ausbildung feste Zinssätze für ihre Schulden. Der Präsident will diese Regelung als Wahlmöglichkeit beibehalten, aber den Studenten auch eine andere Option anbieten, nach der diejenigen, die mehr verdienen, auch höhere Zinsen zahlen.

Fest oder variabel. Diese neue Wahlmöglichkeit ist so konstruiert, daß höhere Zahlungen von Vielverdienern und geringere von Niedrigverdienern sich die Waage halten, so daß der Durchschnittsverdiener in etwa die gleichen Zinssätze bezahlen würde wie nach der gegenwärtigen Regelung. Aber das wünschenswerte Ziel, die Rückzahlung der studentischen Schulden gegen die Unsicherheiten des künftigen Einkommens zu versichern, wird auf diese Weise wahrscheinlich nicht erreicht, und zwar wegen eines Phänomens, das Ökonomen als ‚Selbstauswahl' bezeichnen. Studenten, die voraussichtlich in die Justiz, in die Wirtschaft und andere gutbezahlte Bereiche gehen, werden zur Wahl der Festzinsoption neigen, so daß sie einen geringeren Zinssatz zahlen. Diejenigen, die mit niedrig bezahlten Stellen rechnen, werden die Option wählen, nach der Geringverdiener weniger zurückzahlen – also die Option mit dem variablen Zinssatz. Da zahlreiche Kredite von Berufstätigen und graduierten Studenten aufgenommen werden, wissen viele Kreditantragsteller im voraus, ob sie sich für gut- oder schlechtbezahlte Berufsfelder vorbereiten.

Man kann entweder feste oder variable Rückzahlungsraten einrichten – aber nicht beide zugleich. Alles in allem ist der bestehende Ansatz wahrscheinlich besser, weil die zahlreichen Studenten, die wissen, daß sie in gutbezahlten Berufsfeldern sind, sich an dem Programm nicht beteiligen werden, wenn die Zinssätze an die Einkünfte gebunden sind. Als die Universität Yale in den 1970er Jahren die Rückzahlungen von den Einkünften abhängig machte, stellte sich heraus, daß Studenten, die in die Justiz, in die Wirtschaft und in die Medizin gingen, sich im allgemeinen entschieden, bei dieser Universität keinen Ausbildungskredit zu beantragen.

Die vom Präsidenten vorgeschlagene Reform des Ausbildungskreditprogramms ist mit ihrem Aufruf zum Dienst an der Gemeinschaft, mit der Einsparung von Vermittlungsgebühren für Banken und mit der Option einer niedrigen Rückzahlungssumme für Geringverdiener vielleicht ein guter Schachzug. Aber vom Standpunkt der Nation als ganzer ist sie kein guter Weg zur Reform der staatlichen Ausbildungsförderung.

Die Humankapital-Debatte: Vorteil Bush

(12. Oktober 1992)

Präsident Bush und Gouverneur Clinton haben unterschiedliche Vorstellungen darüber, auf welche Weise man mehr in das Wissen, das berufliche Können und andere Arten des Humankapitals amerikanischer Arbeitskräfte investieren sollte, um die Produktivität der US-Wirtschaft und ihre Wettbewerbsfähigkeit auf den Weltmärkten zu erhöhen. Wer hat das bessere Konzept?

Beide Kandidaten legen großes Gewicht auf eine Bildungsreform. Sie gehen davon aus, daß viele öffentliche Grundschulen und Highschools schlecht sind und es nicht schaffen, die Schüler auszubilden. Aber sie wollen dem auf eine sehr unterschiedliche Weise abhelfen. Ein schärferer Wettbewerb soll nach Gouverneur Clintons Vorstellungen nur zwischen öffentlichen Schulen stattfinden, während der Präsident ein staatlich finanziertes Gutscheinsystem befürwortet, das ebenso die Privatschulen einschließen würde.

Bush's Ansatz zur Schulreform scheint weit überlegen zu sein, da der größte Mangel des bestehenden Bildungswesens im Fehlen eines wirksamen Wettbewerbs von seiten des privaten Sektors besteht. Wenn man den schärferen Wettbewerb auf öffentliche Schulen begrenzt, wird das auch deren Effizienz steigern, aber nur sehr wenig im Vergleich zu den Auswirkungen einer freigesetzten Privatinitiative auf schulische Innovation und Produktivität. Leistungsvergleiche zwischen Schülern auf der Basis standardisierter Tests, die in öffentlichen und privaten Schulen durchgeführt wurden – vor allem im Rahmen der Untersuchungen über katholische Highschools von James Coleman und Mitarbeitern, einem Soziologen an der Universität Chicago –, zeigen unmißverständlich, daß Privatschulen tendenziell eine bessere Ausbildung für weniger Geld bieten.

Wachsender Graben. Mehr als 20 % aller Schüler, die in die Highschool eintreten, schaffen ihren Abschluß nicht; und die meisten Schulabbrecher sind für die Arbeitswelt mangelhaft vorbereitet. Das rückt das öffentliche Schulsystem in ein schlechtes Licht. Ich befürworte im Rahmen meines ‚GI-Gesetzes' für die Ghettojugend (*Business Week*, 22. Juni [in diesem Band, S. 103] die Bereitstellung öffentlicher Mittel, um das berufliche Können von Schulabbrechern zu verbessern. Der Präsident fordert für alle, die nicht aufs College überwechseln, ein ‚GI-Gesetz für Jugendliche', also ein Programm für eine Lehrlingsausbildung, die sowohl theoretischen Unterricht als auch berufliche Weiterbildung umfaßt.

Der Gouverneur hat ähnliche Pläne für die berufliche Weiterbildung und die Lehre. Aber er verlangt von den Unternehmen außerdem, mindestens 1,5 % der Lohn- und Gehaltssumme für die Ausbildung und Weiterbildung der Arbeitskräfte auszugeben. Doch Clinton macht einen schweren Fehler, eine staatliche Festlegung zusätzlicher Betriebskosten vorzuschlagen – was auch für die Krankenversicherung gilt. Die Zunahme derartiger Vorschriften während des letzten Jahrzehnts stellt eine der besorgniserregendsten Entwicklungen in der Bundesgesetzgebung dar. Seine Ausbildungsvorschriften spiegeln Clintons Wunsch, den Einfluß der Bundesregierung auf Unternehmensentscheidungen in mehreren Bereichen auszuweiten.

Beide Kandidaten favorisieren großzügigere Zuschüsse an Collegestudenten und ein erweitertes Ausbildungskreditvolumen. Aber keiner der beiden kann höhere öffentliche Subventionen gut begründen. Der Einkommensunterschied zwischen College- und Highschoolabsolventen beträgt derzeit in Amerika durchschnittlich rund 60 % – so viel wie seit 50 Jahren nicht. Gerade angesichts der Besorgnis über die wachsende Einkommensungleichheit ist es nicht sehr geschickt, für eine Gruppe mit hohen Einkommen, der es besser geht als je zuvor, zusätzliche Subventionen vorzuschlagen.

Familienangelegenheit. Wenn der Anteil der US-Highschoolabgänger, die ihre Ausbildung fortsetzen, gesunken oder hinter den Prozentsätzen anderer Länder zurückgeblieben wäre, verstünde man eher, warum Hilfe für Collegestudenten auf der Tagesordnung steht. Aber die USA schicken mehr als die Hälfte ihrer Highschoolabgänger auf das College – soviel wie sonst nirgendwo auf der Welt. Und der Anteil der Highschoolabgänger, die auf das College gehen, stieg ab Mitte der 1970er Jahre bis in die 1990er Jahre hinein signifikant an; selbst die Rassenunterschiede beim Collegebesuch verringerten sich in dieser Zeit etwas.

Das Humankapital der erwerbstätigen Bevölkerung wird nicht nur durch die Schulen und die betriebliche Ausbildung bestimmt, sondern auch durch die elterlichen Bemühungen um die Verbesserung der Gesundheit, der Gewohnheiten, der Werte und des Könnens ihrer Kinder. Die meisten Eltern sind dabei wohl ganz erfolgreich. Aber manche versagen dabei vollständig, besonders jene, die drogensüchtig oder Alkoholiker sind, zu viele Kinder haben oder sich einfach nur um nichts kümmern. Unser beiden Kandidaten gehen das Thema der familiären Verantwortung unter anderem dadurch an, daß sie eine Reform der Sozialhilfe befürworten, die größeres Gewicht auf Wohlfahrt durch Beschäftigung legt und den Zeitraum begrenzt, in dem Familien Sozialhilfe beziehen können.

Es ist wünschenswert, Familien von der Sozialhilfe wegzubekommen. Aber die dringendste Reform würde darauf hinauslaufen, die Eltern zu belohnen, deren Kinder in eigenes Humankapital investieren. Wir sollten das gegenwärtige Sozialhilfesystem abändern und Zuwendungen nicht in erster Linie von der Zahl der Kinder abhängig machen, sondern davon, was die Eltern für jedes Kind tun. Die Zuwendungen sollten sich erhöhen, wenn die Kinder regelmäßig zur Schule gehen und zu Vorsorgeuntersuchungen mitgenommen werden, und sie sollten sinken, wenn die Eltern Drogen nehmen oder wenn die Kinder in der Schule schlecht sind. Das sind keine Vorschläge aus dem Elfenbeinturm, denn verschiedene Staaten, etwa Wisconsin und Connecticut, haben entsprechende Reformen bereits vorgeschlagen; und es ist beschämend, daß kein Präsidentschaftskandidat einen dieser Vorschläge unterstützt.

Dennoch: Beide Kandidaten verdienen Anerkennung dafür, daß sie das Können, die Berufsausbildung, die Gesundheit und die Werte der amerikanischen Bevölkerung in der Vordergrund stellen. Obwohl die Vorschläge beide ihre Vor- und Nachteile haben, ist für mich das Konzept des Präsidenten für die Schul- und Berufsausbildung klar überlegen, da es konsequenter auf die individuelle Wahlfreiheit abstellt – und nicht auf Zwang.

Wie man sich auf die Bedürfnisse von Highschoolabbrechern einstellt

(3. Juli 1989)

Seit den frühen 1970er Jahren sind die Reallöhne junger Highschoolabbrecher um mehr als 30 % gefallen – wohl der größte Rückgang in diesem Jahrhundert für eine Gruppe, die unser Bildungssystem durchlaufen hat. Der Anteil der Schüler, die vorzeitig von der Highschool abgingen, blieb während der 1970er und 1980er Jahre mit etwa 15 % konstant. Aber der Gesamtanteil der Abbrecher unter männlichen Schwarzen aus den Innenstädten liegt weit höher – fast bei 25 %.

Untersuchungen von Professor Kevin M. Murphy von der Universität Chicago zeigen außerdem, daß während der letzten 15 Jahre die Löhne für das untere Viertel der jungen männlichen Highschoolabsolventen fast ebenso stark gefallen sind wie die Löhne der Schulabbrecher. Im Gegensatz dazu entwickelten sich in diesem Zeitraum die Reallöhne der übrigen Highschoolabsolventen nach oben.

Für diesen Trend sind mehrere Erklärungen vorgeschlagen worden. Die einer modernen Wirtschaft entsprechenden Produktionsmethoden, Güter und Dienstleistungen begünstigen in starkem Maße ausgebildete und geschulte Arbeitskräfte – so die eine Erklärung. Nach einer anderen hat der scharfe Wettbewerb mit ausländischen Produkten den weniger gut ausgebildeten Arbeitskräften in den USA geschadet.

Die Bestrebungen für eine Reform der Highschoolausbildung in Amerika, vor allem in den Innenstädten, spiegeln die Besorgnisse über die düstere Statistik wider. Obwohl der Unterricht in vielen städtischen Gegenden beträchtlich verbessert werden kann, wäre ein ausreichend finanziertes bundesweites Programm, das die berufliche Ausbildung mit berufspraktischer Erfahrung verbindet, noch viel wichtiger.

Ein nützliches Modell. Fast überall hat sich die Einsicht durchgesetzt, daß das untere Viertel der amerikanischen Highschoolschüler für das Erwerbsleben nicht gut vorbereitet ist. Ein umfassendes Berufsbildungs- und Beschäftigungsprogramm für Highschoolabbrecher könnte ihre ökonomischen Aussichten erheblich verbessern. Im Idealfall würde jeder Abbrecher das Äquivalent für eine zwei- oder dreijährige Berufsausbildung und eine Anstellung in einem Handwerk oder einer anderen praktischen Tätigkeit erhalten. Die Steuerzahler übernähmen die Kosten für die Berufsausbildung und könnten besonders in den frühen Stadien des Programms auch Betriebe subventionieren, die Teilnehmer beschäftigen.

Ein derartiges Konzept würde mehrere laufende Programme teilweise ergänzen, besonders das Programm nach dem Berufsausbildungs-Partnerschaftsgesetz [Job Training Partnership Act]. Dieses ist offenbar bei der Unterbringung von Teilnehmern auf regulären Arbeitsplätzen recht erfolgreich gewesen; es hat aber nur einem Teil der jungen Schulabbrecher genützt.

Das westdeutsche System liefert ein nützliches Modell. Fast drei Viertel der jungen Deutschen erhalten zusätzlich zu ihrer praktischen beruflichen Tätigkeit in einem von mehr als 400 Berufen Berufsschulunterricht. Die Ausbildung geht über mehr als drei Jahre und beginnt in der Regel im Alter zwischen 15 und 16 Jahren, also normalerweise in einem Alter, in dem die US-Jugendlichen von der Schule abgehen. Die Länderregierungen finanzieren den Berufsschulunterricht, der ungefähr einen Tag pro Woche in Anspruch nimmt, während die Arbeitgeber den Lohn zahlen, der durchschnittlich mehr als 500 Dollar im Monat beträgt. Es liegt vermutlich an diesem System, daß Westdeutschlands Jugendarbeitslosigkeit so niedrig ist wie in kaum einem anderen OECD-Land.

Ein entsprechendes Programm für die US-Abbrecher würde einen weitaus kleineren Teil der jungen Menschen aufnehmen müssen als in Deutschland, da ein viel höherer Prozentsatz der Schüler in Amerika die Highschool abschließt. Aber die deutschen Erfahrungen zeigen, daß ein intensives Berufsbildungs- und Beschäftigungsprogramm die Stellung der Highschoolabbrecher auf dem Arbeitsmarkt beträchtlich verbessern kann.

Größere Auswahl. Ein derartiges Programm würde die öffentlichen Ausgaben zu einer Zeit erhöhen, in der das Haushaltsdefizit zu Ausgabenkürzungen zwingt. Aber es ist natürlich weder gerecht noch effizient, jährlich fast 4.000 Dollar für die Schulausbildung der Schüler in der Unter- und Oberstufe der Highschool aufzuwenden – und nur ein paar Cents für die der Highschoolabbrecher. Außerdem würde die Highschoolausbildung billiger, wenn geringere Anstrengungen darauf verwendet werden müßten, junge Leute in der Schule zu halten; denn sie würden ein Berufsausbildungsprogramm vorziehen, das besser zu ihren Interessen und Begabungen paßt.

Einige der Schüler aus dem unteren Quartil, die gegenwärtig die Highschool abschließen, würden noch früher abgehen, um die Vorteile eines solchen Berufsausbildungsprogramms zu nutzen. Das ist kein Grund zur Beunruhigung, da die Einkommensstatistiken zeigen, daß diese Schüler zur Zeit von ihrem Highschool-Abschluß kaum profitieren. Sie stehen sich besser, wenn sie eine berufsspezifische Ausbildung erhalten, die viel stärker an einer produktiven Beschäftigung orientiert ist. Damit werden sie die öffentlichen Gesamtaufwendungen wahrscheinlich nicht erhöhen, da sie einen Teil ihrer Highschoolausbildung überspringen und so weniger Geld in Anspruch nehmen.

Erziehungsminister Lauro F. Cavazos bekräftigte kürzlich den Grundsatz, Schülern mehr Wahlmöglichkeiten unter den von ihnen besuchten öffentlichen Schulen zu geben. Die Jugendlichen aus den Innenstädten und den Minderheiten, die den Großteil der Teilnehmer eines auf die Abbrecher zugeschnittenen Programms zum Erwerb spezifischer Fähigkeiten stellen würden, können gegenwärtig die von ihnen besuchten Highschools nicht auswählen. Aber sie wären in der Lage, die privaten Berufsschulen und Betriebe zu wählen, in denen sie ihre Ausbildung und ihre Stellen erhielten. Obwohl zugegebenermaßen einige Handelsschulen für ihren schlechten Ausbildungsstandard bekannt sind, glaube ich, daß der Wettbewerb derartige Berufsschulen und Betriebe dazu zwingen würde, solchen Schülern bessere Dienste zu leisten, als es die Highschools der Innenstädte getan haben.

Die USA müssen die Qualität ihrer Arbeitskräfte verbessern, um auf dem internationalen Markt wettbewerbsfähiger zu werden. Worum es geht, sind Investitionen in das Humankapital dieser Nation. Die düsteren Aussichten junger Highschoolabbrecher würden sich bedeutend aufhellen, wenn sie sorgfältig ausgebildet würden und in einem nützlichen Handwerksberuf Berufserfahrung erwerben könnten.

Warum legen wir auf die Schulausbildung nicht so viel Wert wie die Asiaten?

(12. Dezember 1988)

Der Aufstieg von Japan, Südkorea, Taiwan, Hongkong und Singapur zählt sicherlich zu den bedeutendsten wirtschaftlichen Ereignissen der letzten 30 Jahre. In Hunderten von Büchern und Aufsätzen sind miteinander unvereinbare Erklärungen für diesen Aufstieg zu finden. Nach meiner Überzeugung ist ein entscheidender Faktor, daß sich diese Länder viel eingehender als die USA um die Schul- und Berufsausbildung, die Arbeitsgewohnheiten und andere Methoden kümmern, um die Fähigkeiten der Arbeitskräfte zu erhöhen.

Die USA haben ihr Humankapital vernachlässigt, wie man an der Qualität der Schulausbildung in vielen Grundschulen und Highschools in urbanen Gegenden sieht. Mehr als 14 % der Schüler in den amerikanischen Highschools machen nie einen Abschluß; bei den japanischen

Sekundarschulen sind es nur 6 %. In den großen amerikanischen Städten übersteigt der Anteil der Schulabbrecher unter den männlichen Schwarzen 20 %. Die Reallöhne junger Highschoolabsolventen in den USA sind seit 1975 um mehr als 10 % gesunken; die Löhne von Schulabbrechern sind sogar noch stärker gefallen – was zeigt, daß nicht nur die Schulabbrecher, sondern auch zahlreiche Absolventen schlecht für die Arbeit in einer modernen Wirtschaft vorbereitet sind.

Schlechte Zensuren. Schulen in Japan und in anderen erfolgreichen asiatischen Ländern legen großen Wert auf Mathematik und andere technische Fertigkeiten, die von einer modernen Industrie und Landwirtschaft sowie von vielen Dienstleistungsunternehmen verlangt werden. Schüler in asiatischen Ländern sind auch viel fleißiger als die Schüler in den USA – ob im Klassenraum oder zu Hause bei den Schularbeiten. So gesehen ist es nicht überraschend, daß Schüler in Japan und Hongkong in mathematischen Standardtests an der Spitze, amerikanische Schüler dagegen ziemlich am Ende rangierten. Entsprechende Tests wurden im Jahre 1984 mit Absolventen der 12. Klassen in mehr als 20 Ländern durchgeführt.

Japanische Eltern ergänzen die Schularbeiten ihrer Kinder mit *juku*, einer Art Förderunterricht und Tutorium für die Prüfungsvorbereitung in Mathematik, Naturwissenschaften, Sprachen und anderen Fächern. Die Zahl der gewinnorientierten *juku*-Unternehmen ist während der letzten 10 Jahre rasch angewachsen; inzwischen konkurrieren mehr als 35.000 um die Schüler. Die Eltern setzen darauf, daß *juku* ihren Kindern hilft, in der Schule besser zu sein, und ihnen einen Vorsprung im ungewöhnlich scharfen Wettbewerb um die knappen Plätze auf den besten Colleges verschafft. Fast die Hälfte aller Absolventen der 9. Klassen erhält zusätzlichen Nachhilfeunterricht. Die Aufwendungen für *juku* betragen etwa 20 % der Familienausgaben für die Schulbildung.

Im Gegensatz zu den Grundschulen und Highschools sind die amerikanischen Colleges und Universitäten denen in Asien nicht unterlegen; die besten in Amerika sind sogar klar überlegen. Genau darum streben immer mehr asiatische Studenten hier ein Studium in Ingenieurwissenschaften, Naturwissenschaften, Ökonomik und anderen technischen Fächern an. Tatsächlich strömen so viele in unsere höheren Bildungseinrichtungen, daß die Nationale Akademie der Wissenschaften sich besorgt über die überproportionale Zahl der Doktortitel geäußert hat, die in diesen Fächern an Asiaten verliehen werden.

Obwohl verläßliche vergleichende Statistiken über den Umfang der beruflichen Weiterbildung in den verschiedenen Ländern nicht erhältlich sind, legen Indizien nahe, daß sie in den asiatischen Ländern viel ernster genommen wird als in Amerika. Die meisten Arbeitskräfte in Japan, Südkorea und anderen asiatischen Ländern bleiben die meiste Zeit ihres Lebens bei derselben Firma. Daher sind die Firmen auch gewillt, Zeit und Geld in ihre Angestellten zu investieren. Ich war beeindruckt von der Zahl der Arbeitnehmer in Unterrichtsräumen, die ich kürzlich im Rahmen einer Besichtigungstour durch Fabriken in Taiwan und Südkorea antraf. Im Gegensatz dazu ist das Ausmaß der Stellenfluktuation in amerikanischen Unternehmen derart massiven Investitionen in Arbeitskräfte nicht förderlich.

Lohn der Treue. Wie kürzlich in einer Untersuchung gezeigt wurde, wählen die japanischen Fabriken selbst in den USA ihre Belegschaft viel sorgfältiger aus als amerikanische Fabriken in denselben Industriezweigen. Vermutlich haben die in- und ausländischen japanischen Fabriken wählerische Einstellungsverfahren, weil sie die Arbeitskräfte langfristig behalten werden und beabsichtigen, in großem Maße in ihre Ausbildung zu investieren.

In Japan und Südkorea steigen die Gehälter mit der Berufserfahrung viel schneller an als in den USA. An der mit der Berufserfahrung steil ansteigenden Entlohnung der Arbeitskräfte läßt sich die Quantität der beruflichen Fort- und Weiterbildung ablesen. Jüngere Arbeitskräfte bekommen weniger Gehalt, weil sie Zeit und Mühen eher noch auf das Lernen statt auf das Produzieren verwenden. Ältere Arbeitnehmer verdienen weitaus mehr, weil sie in jüngerem Alter viel in sich investiert hatten.

Die Ausbildung in Schule und Beruf ist ohne angemessene Arbeitsgewohnheiten und ohne Engagement für die Firma von geringem Wert. Hierbei tun sich die erfolgreichen asiatischen Länder hervor. Die Belegschaft ist in der Regel begeistert bei der Sache und loyal gegenüber den Arbeitgebern: Viele japanische Arbeitskräfte lehnen es sogar ab, Urlaub zu nehmen. Die Männer arbeiten in Japan und in anderen asiatischen Ländern im Durchschnitt mehr als 2.000 Stunden im Jahr – im Vergleich zu etwa 1.800 Stunden in den USA.

Die Arbeitszeiten sind im allgemeinen in ärmeren Ländern länger. Aber Japan ist wohlhabender als viele europäische Länder, und dennoch arbeiten die dortigen Arbeitnehmer viel länger. Trotz rasch steigender Einkommen blieb in den vergangenen 10 Jahren in Japan die Arbeitszeit konstant.

Wie China während des Großen Sprungs nach vorn und während der Kulturrevolution erfahren mußte, sind Investitionen in Humankapital ohne geeignete Anreize unproduktiv und lassen die Arbeitsethik verkümmern. Fraglos haben privates Unternehmertum und viele andere

Faktoren zur Leistung der asiatischen Länder erheblich beigetragen. Aber diese Länder haben auch erkannt, daß Humankapital die Grundlage einer modernen Volkswirtschaft ist.

Warum die Präsidentschaftskandidaten bei den Collegekosten an der Sache vorbeireden

(14. November 1988)

Die weitverbreitete Beunruhigung über den rapiden Anstieg der Studiengebühren und anderer Kosten an den meisten Colleges kommt darin zum Ausdruck, daß sich George Bush und Michael Dukakis der Sache angenommen haben. Doch warum steigen die Anmeldungen an den Colleges so schnell wie nie zuvor? Das ist das Paradox, das es zu erklären gilt.

Seit 1980 sind die Studiengebühren in der Tat weit schneller als die Haushaltseinkommen angestiegen. Schlimmer noch: Die Bundeszuschüsse an Collegestudenten erhöhten sich real nur geringfügig, während die Studiengebühren rasch kletterten. Außerdem wurde die Bundeshilfe immer mehr von direkten Zuschüssen auf Ausbildungskredite verlagert; und durch neue Bestimmungen wurden die Maximalkredite gekürzt, die Studenten aus Familien mit durchschnittlichem Einkommen in Anspruch nehmen können.

Überfüllte Hochschulen. Angesichts der Beachtung, die man den steigenden Studienkosten schenkt, sollte man sinkende Anmeldungszahlen erwarten. Aber die Zahl der jungen weißen Highschoolabsolventen mit Collegeausbildung stieg nach einem Rückgang in den 1970er Jahren in den 1980er Jahren von ungefähr 10 % auf mehr als 56 %. Diese Zahl nahm auch bei den Schwarzen auf etwa 48 % zu, allerdings langsamer als bei den Weißen.

Die Studentenzahlen an vielen Colleges und Universitäten liegen zur Zeit auf Rekordniveau – obgleich es dort jetzt weniger 18-jährige gibt als 1980. Die Hochschulen melden in diesem Herbst überfüllte Räumlichkeiten und einen Lehrkräftemangel, da es viel mehr Anmeldungen gibt als erwartet. Die ganzen letzten 20 Jahre hindurch war die Zahl der jungen Leute im Collegealter ein überraschend unzuverlässiger Indikator für künftige Immatrikulationszahlen.

Das Paradox größerer Studentenzahlen angesichts höherer Kosten wird zweifelsohne durch den gestiegenen Nutzen einer besseren Ausbildung erklärt. Der monetäre Nutzen eines akademischen Grades sank während der 1970er Jahre auf den niedrigsten Stand überhaupt, ist aber jetzt so hoch wie noch nie in den letzten 40 Jahren. Die Kluft zwischen den durchschnittlichen Einkommen von Collegeabsolventen und Highschoolabsolventen mit 11 bis 15 Jahren Berufserfahrung stieg von unter 40 % im Jahre 1980 auf fast 60 % im Jahre 1987. Der Einkommensunterschied ist größer bei Arbeitnehmern mit mehr Erfahrung und kleiner bei jüngeren Arbeitnehmern.

Ein vergessener Faktor. Außerdem stiegen die Gesamtkosten eines Collegebesuchs viel langsamer als die Unterrichts- und Studiengebühren. Sie sind wahrscheinlich sogar gefallen. Bei aller Aufmerksamkeit, die sich auf die Studiengebühren konzentriert, vergißt man leicht, daß die Kosten eines Collegebesuchs zu mehr als der Hälfte aus den entgangenen Einkommen aus einer Vollzeitbeschäftigung besteht. Und diese entgangenen Einkommen sanken in den 1980er Jahren, weil der Markt für Highschoolabsolventen schwierig geworden ist. Wenn die Vorteile einer Collegeausbildung stärker zunahmen als die Gesamtkosten – ist es dann überraschend, daß die Studentenzahlen auf unerwartete Höhen kletterten?

Wenn man Einkommen und Studentenzahlen in dieser Weise betrachtet, machen Senator Ted Kennedys Plan einer Ausbildungsschuldverschreibung oder Vizepräsident Bushs ähnlich gelagerter Vorschlag einer Sparförderung für Eltern, die ihre Kinder aufs College schicken wollen, wenig Sinn. Warum noch die Subventionen für Collegestudenten erhöhen, wenn sie eines Tages viel mehr verdienen werden als der durchschnittliche Arbeitnehmer?

Anstatt die Notwendigkeit größerer Subventionen herauszustellen, sollte der Anstieg der Studiengebühren dazu veranlassen, geeigneten Studenten einen leichteren Zugang zu Krediten zu gewähren. Umfangreichere Kredite können aus dem gegenwärtigen Bundesprogramm für Studenten aus Mittelklassefamilien und ärmeren Familien zur Verfügung gestellt werden. Allerdings ist eine viel genauere Überwachung nötig, wem man gestattet, Kredite in Anspruch nehmen, und wem man erlaubt, die Zinsen für ausstehende Kredite einzunehmen. Man könnte mehr Druck auf die Colleges ausüben, um die Eintreibung von Schulden früherer Studenten zu erreichen. Oder man könnte in diesem Punkt Gouverneur Dukakis´ Vorschlag folgen, entsprechende Rückzahlungen zusammen mit der fälligen Einkommensteuer über die Finanzämter einzuziehen. Es ist skandalös, daß so wenig Druck auf säumige Schuldner ausgeübt wird, wo schon etwa 10 % der Ausbildungskredite überfällig sind. Das Problem betrifft öffentliche Colleges mehr als private und ist besonders dringlich an Zwei-Jahres-Colleges und privaten Handelsschulen, an denen die Kreditausfallrate über 17 % liegt.

Fehlende Fähigkeiten. Die hohe Ausfallrate bei Absolventen dieser Institutionen ist kaum überraschend, da sie nur wenig mehr als Highschoolabsolventen verdienen. Studenten mit bescheidenen Einkommenserwartungen werden Programme wie die von Dukakis vorgeschlagene Regelung für die Abwicklung von Ausbildungskrediten für Studenten [Student Tuition & Repayment System] (STARS) vorziehen, bei dem die späteren Einkünfte bestimmen, welcher Prozentsatz eines Kredites zurückzuzahlen ist. Studenten mit hohen Einkommenserwartungen – wie angehende Wirtschaftswissenschaftler, Ingenieure, Mediziner und Rechtsanwälte – würden jedoch viel zurückzahlen müssen und daher kaum an STARS teilnehmen wollen.

Die empirischen Daten über die Ausfallraten bringen mich zu dem Schluß, daß einkommensabhängige Kreditprogramme finanziell nicht realisierbar sein werden, weil sie vor allem von Studenten mit geringen Einkommenserwartungen genutzt würden. Daher sind wohl höhere Kredite und andere Modifikationen gegenwärtig laufender Programme der bessere Weg, um verdienstvollen Studenten ihre weiterführende Ausbildung finanzieren zu helfen.

Nicht nur die Kandidaten reden an der Sache vorbei. Die wahre Ausbildungskrise beruht nicht auf den Colleges des Landes, sondern auf der Schulausbildung, wie sie von vielen Grundschulen und Highschools bereitgestellt wird. Der Einbruch bei den Reallöhnen der Highschoolabsolventen und der sogar noch schärfere Rückgang bei den Löhnen der Highschoolabbrecher während der letzten 10 Jahre verdeutlicht, daß geringqualifizierte jüngere Arbeitskräfte weder über das Wissen noch über die berufsbezogenen und sonstigen Fähigkeiten verfügen, die eine moderne Volkswirtschaft verlangt.

Steuerfreie Anleihen für Studiengebühren: Ein Schritt in die falsche Richtung

(30. Mai 1988)

Die hohen Kosten einer Collegeausbildung sind zum Thema des Präsidentschaftswahlkampfs geworden. So stellt etwa Vizepräsident George Bush steuerfreie Anleihen in Aussicht, um Eltern die Finanzierung der Ausbildung ihrer Kinder zu erleichtern.

Während der letzten 10 Jahre sind die Unterrichts- und Studiengebühren jedes Jahr um fast 10 % gestiegen – weit mehr als die durchschnittliche Inflationsrate von 6 %. In den USA betragen die Kosten für vierjährige Studiengänge an öffentlichen Universitäten inzwischen im Schnitt mehr als 1.500 Dollar jährlich, an privaten Universitäten 7.000 Dollar und an privaten Eliteinstitutionen 10.000 Dollar. Für die meisten Studenten ist das entgangene Einkommen, das sich aus dem Schulbesuch im Vergleich zu einer Vollzeit-Erwerbstätigkeit ergibt, ein noch größerer Kostenfaktor. Einkommenseinbußen und Studiengebühren summieren sich während der vier Jahre an einem normalen öffentlichen College auf über 35.000 Dollar und an einem normalen privaten College auf 60.000 Dollar.

Aber diese hohen Kosten müssen aus einer ökonomischen Perspektive gesehen werden: Eine Collegeausbildung bietet große finanzielle Vorteile. Eine kürzlich erschienene Studie von Kevin M. Murphy von der Universität Chicago und Finis Welch von der Universität von Kalifornien in Los Angeles zeigt, daß der Einkommensunterschied zwischen College- und Highschoolabsolventen nach 1979 rasch zunahm, nachdem er sich in den 1970er Jahren verringert hatte; jetzt ist er größer als vor 30 Jahren. Murphy und Welch führen den im Laufe der 1980er Jahre stark steigenden Nutzen eines Collegebesuchs darauf zurück, daß relativ weniger Menschen mit Collegeausbildung ins Erwerbsleben eintreten. Sie weisen auch auf den Niedergang der Schwerindustrie hin, in der Highschoolabsolventen gut unterkommen.

Ein durchschnittlicher Collegeabsolvent mit 11 bis 15 Jahren Berufserfahrung verdient etwa 60 % mehr als ein Highschoolabsolvent. Im Laufe ihres Berufslebens erhalten Collegeabsolventen gut 600.000 Dollar mehr als Highschoolabsolventen; das entspricht einem mehr als 10 %-igen Ertrag der jährlichen Kosten einer besseren Ausbildung. Daher bleibt das College eine gute Investition – sogar ohne daß man kulturelle und sonstige Vorteile in Anschlag bringt. Das erklärt, warum trotz des schnellen Kostenanstiegs und trotz der relativ kleinen Zahl von Studenten, die das Collegealter erreichen, die Bewerberzahlen an Colleges rasant ansteigen.

Schwache Sicherheiten. Die Amerikaner sind möglicherweise während der 1970er Jahre überqualifiziert worden, als der finanzielle Nutzen einer Collegeausbildung gering war. Diese Meinung vertrat der Harvard-Ökonom Richard B. Freeman in seinem 1976 erschienen Buch *The Overeducated American.*[4] Aber der Ausdruck ‚überqualifiziert' paßt in den 1980er Jahren nicht mehr. Das Problem einer Collegeausbildung besteht nicht mehr länger darin, daß sie eine schlechte finanzielle Investition darstellt. Es besteht darin, daß die Kosten im voraus anfallen, während die Erträge sich erst allmählich einstellen – über die ganze Lebenszeit hinweg.

Zuwendungen der Eltern und großzügigen Stipendien- und Beschäftigungsmöglichkeiten, die von den Colleges bereitgestellt werden, entsprechen nicht den Bedürfnissen vieler potentieller Studenten, vor allem wenn sie aus Familien mit beschränkten finanziellen Mitteln kommen und sich nicht für hohe Stipendien qualifizieren. In der Sprache der Wirtschaft ausgedrückt: Das Problem ist die Finanzierung einer teuren und langfristigen Investition durch unbekannte Investoren ohne Leumund, die kommerziellen Kreditgebern nur schwache Sicherheiten bieten können.

Während der letzten 20 Jahre hat die Bundesregierung die Studentenausbildung durch Pell-Zuschüsse, Werkstudentenprogramme, direkte Kredite und durch Garantien für Bankkredite mit Niedrigzinsen finanziell unterstützt. Mehr als die Hälfte aller Erstsemester an Colleges erhält jetzt in irgendeiner Form Unterstützung durch den Bund. Die Reagan-Administration ging dazu über, die Zuschüsse zunehmend auf Darlehen umzustellen. Da dieser Trend nach meiner Auffassung weitergehen sollte, bedeutete George Bushs Vorschlag, die Eltern von Collegestudenten zu unterstützen, einen Schritt in die falsche Richtung. Warum sollte der durchschnittliche Absolvent als Mitglied der Einkommenselite von den Steuerzahlern eine Subvention in Form einer Steuerermäßigung erhalten?

Die Lasten verlagern. Die Bundesstaaten subventionieren Collegestudenten auch durch die Bereitstellung von weitgehend kostenlosem Unterricht an staatlichen Ausbildungsstätten. Doch viele Studenten ziehen nach dem Examen in andere Staaten um und bringen der Wirtschaft des Staates, der ihre Ausbildung finanziert, keinen Nutzen. Die Bundesstaaten sollten daher die Lasten vom Steuerzahler auf die Studenten verlagern. Die Studiengebühren sollten so stark angehoben werden, daß sie die Kosten der Ausbildung decken. Kredite der Einzelstaaten könnten Bundesprogramme ergänzen, um Studenten bei der Finanzierung eines höheren Gebührenniveaus zu helfen.

Sogar Studenten, die einen Kredit von mehr als 25.000 Dollar aufnehmen, um ihre Collegeausbildung zu finanzieren – weit mehr als die gegenwärtigen Durchschnittsschulden der Absolventen –, könnten in den meisten Fällen Zinsen und Kreditsumme ohne weiteres aus ihren späteren Einkommen zurückzahlen. Schließlich schrecken viele junge Leute auch nicht davor zurück, 50.000 Dollar oder mehr zur Finanzierung eines Hauses oder eines Apartments aufzunehmen, das außer möglichen Wertsteigerungen keine finanziellen Erträge bringt. Die Rückzahlungsverpflichtungen bei Ausbildungskrediten könnten vom späteren Verdienst dadurch abhängig gemacht werden, daß ein bestimmter Prozentsatz der Einkünfte pro 5.000 Dollar Kreditsumme zurückzuzahlen ist. Kreditnehmer, die beruflich nicht erfolgreich waren oder in schlecht bezahlte Berufe gingen, wären so zu viel niedrigeren Rückzahlungen verpflichtet als Schuldner mit hohen Einkommen.

Den Studenten sollte eine Collegeausbildung nicht deshalb vorenthalten werden, weil die Eltern sie nicht finanziell unterstützen können. Aber wir sollten auch keine Studenten alimentieren, die gute Erträge aus ihren Investitionen in die Collegeausbildung erzielen werden, wenn sie Ingenieure, Geschäftsleute, Rechtsanwälte, Ärzte oder Computerfachleute werden oder in andere Berufe mit überdurchschnittlichen Einkommen gehen.

Warum sollte das College keine clevere Investition sein?

(8. September 1986)

Der Beginn des neuen Schuljahres macht vielen Familien wieder die finanziellen Opfer bewußt, die mit dem Collegebesuch ihrer Kinder verbunden sind. An privaten Eliteuniversitäten belaufen sich die Studiengebühren auf etwa 12.000 Dollar pro Jahr. Die Ausgaben für Unterkunft, Verpflegung und Fahrtkosten sowie die während des Collegebesuchs entgangenen Einkommen belaufen sich jährlich auf mindestens 8.000 Dollar. Das erhöht die Gesamtkosten einer vierjährigen Ausbildung auf mehr als 80.000 Dollar.

An öffentlichen Colleges und Universitäten belaufen sich die Studiengebühren durchschnittlich nur auf 1.500 Dollar pro Jahr. Studenten an öffentlichen Hochschulen müssen jedoch ebenso wie solche an privaten Ausbildungsstätten niedrigbezahlte Teilzeitjobs annehmen. Und viele Studenten kommen auch an öffentlichen Hochschulen für Unterkunft und Verpflegung auf. Eine wachsende Zahl von Studenten hat außerdem zusätzliche Ausgaben für Aufbaustudiengänge an juristischen Fakultäten, an kaufmännischen Fachhochschulen und anderen berufsqualifizierenden Ausbildungsstätten zu tragen.

Früher waren die Kosten einer höheren Ausbildung kaum ein Problem, weil hauptsächlich die begüterten Familien ihre Kinder aufs College schickten. Heutzutage setzt mehr als jeder zweite Highschoolabsolvent seine Ausbildung fort; Schwarze, Hispanoamerikaner und andere

Minderheiten machen fast 20 % aller Collegestudenten aus. Und als sei das noch nicht genug, haben sich die Studiengebühren der Colleges seit 1980 fast verdoppelt.

Keine Barzahlung. Doch aus einer anderen Perspektive gesehen erscheinen die Kosten einer Collegeausbildung gar nicht so erschreckend. Vier Jahre an einer Eliteuniversität sind nicht teurer als, sagen wir, der Kauf eines hübschen Häuschens. Die meisten Collegeabsolventen besitzen eines Tages ihr Eigenheim; und der Medianpreis der erworbenen Einfamilienhäuser überstieg gerade die 80.000 Dollar, die sie eine Collegeausbildung kostet. Zudem wirft selbstgenutztes Wohneigentum, abgesehen von möglichen Wertsteigerungen, keine finanziellen Erträge ab, während eine Hochschulausbildung normalerweise das Lebenseinkommen beträchtlich erhöht. Die durchschnittliche Rendite einer durchschnittlichen Investition in eine vierjährige Collegeausbildung beträgt zwischen 7 % und 10 %.

Es stimmt natürlich: Ein Collegebesuch ist eine riskante Investition. Doch wenn eine erstklassige Hochschulausbildung nicht teurer ist als gutes Wohneigentum, und wenn das College eine lohnende Investition darstellt, warum haben dann diejenigen, die für ihre eigene Ausbildung ganz oder teilweise aufkommen müssen, größere Schwierigkeiten bei der Finanzierung einer Hochschulausbildung als bei der Finanzierung eines Hauskaufs? Ein Grund ist, daß die meisten Collegestudenten jung sind und noch kaum Zeit hatten, eine Anzahlung für ihre Ausbildungsinvestition anzusparen. Wichtiger noch ist: Wohneigentum kann als Sicherheit für eine Hypothek eingesetzt werden; eine Hochschulausbildung kann jedoch nicht als Sicherheit für einen Ausbildungskredit dienen. Wenn ein Hypothekenschuldner seinen Zahlungsverpflichtungen nicht nachkommt, nimmt der Gläubiger das Haus in Besitz. Ein Gläubiger kann aber offenkundig nicht eine Collegeausbildung in Besitz nehmen, ohne in gewisser Weise vom Schuldner zu verlangen, sich in unfreiwillige Knechtschaft zu begeben – was illegal wäre.

Um ihre Collegeausbildung zu finanzieren, arbeiten viele Studenten während der Sommerferien, zeitweise sogar während des Semesters. Außerdem helfen die meisten Eltern mit Geschenken oder Krediten, und alle Colleges stellen Stipendien und Beschäftigungsmöglichkeiten bereit. In den vergangenen Jahren hat die Bundesregierung mit Pell-Stipendien, direkten Krediten, garantierten Ausbildungskrediten, Werkstudienprogrammen am College und mit Weiterbildungsstipendien eine aktive Rolle bei der Finanzierung der Collegeausbildung gespielt. Mehr als die Hälfte aller Studienanfänger, die aufs College kommen, erhalten jetzt irgendeine Art öffentlicher Beihilfen.

Geschenkt. Weil eine Ausbildung eine unzureichende Sicherheit für rein kommerzielle Kredite darstellt, sollte die Bundesregierung den Studenten nach meiner Auffassung Unterstützung gewähren. Aber die gegenwärtigen Programme sind völlig fehlkonstruiert. Sie subventionieren die Collegestudenten mit dem Geld der Steuerzahler, obwohl die meisten Steuerzahler weniger verdienen als eine durchschnittliche Person mit Collegeausbildung. Diese Subventionen gibt es in vielfältiger Form: in Form von Krediten zu Zinssätzen, die unter dem Marktzins liegen; in Form von regelrechten Geschenken; und in Form der Erlaubnis, daß Schuldner ihren Zahlungverpflichtungen nicht mehr nachzukommen brauchen, selbst wenn sie sich die Rückzahlung ohne weiteres leisten könnten. Bei garantierten Ausbildungskrediten liegt die Kreditausfallrate gegenwärtig bei über 10 %.

Um die Subventionen abzuschaffen, sollten die effektiven Zinssätze der Ausbildungskredite den Renditen wirtschaftlicher Investitionen mit vergleichbarem Risiko gleichen. Studenten, die ihren Zahlungsverpflichtungen nicht nachkommen, sollten energisch strafrechtlich belangt werden, so daß Ausbildungskredite nicht länger ein Trittbrettfahren auf Kosten des Steuerzahlers bedeuten.

Die Zinssätze, die den Studenten in Rechnung gestellt werden, haben mit wenigen Ausnahmen keine Beziehung zu ihren letztendlich erzielten Einkommen. Ein Kreditprogramm könnte der Unsicherheit über die finanziellen Erträge einer Collegeausbildung dadurch Rechnung tragen, daß es von studentischen Schuldnern, die später finanziell erfolgreich sind, eine höhere Rückzahlung verlangt als von erfolglosen Kreditnehmern. Ein Pilotprogramm könnte von Schuldnern für eine bestimmte Zeitspanne die Zahlung eines festen Prozentsatzes ihres Einkommens verlangen. Praktisch würde der Staat das Risiko von Investitionen in die Collegeausbildung teilen, indem er nicht stimmberechtigte Vorzugsaktien von studentischen Kreditnehmern kauft. Aktien sind normalerweise das Mittel der Wahl, um riskante Investitionen wie eine Collegeausbildung zu finanzieren. Niedrige Erträge der Kredite an Studenten, denen es später finanziell nicht so gut geht, würden durch hohe Erträge der Kredite an diejenigen Studenten ausgeglichen, die über kurz oder lang sehr gut verdienen.

Bundeszuschüsse können Collegestudenten helfen, die beträchtlichen und steigenden Kosten einer Hochschulausbildung zu finanzieren, ohne den Steuerzahlern die Lasten aufzubürden. Ausbildungskredite mit angemessenen festen Zinssätzen und mit Rückzahlungssummen, die vom finanziellen Erfolg des Schuldners abhängen, würden dieses lohnende Ziel erreichen.

Bildungsgutscheine und Wettbewerb zwischen Schulen

Die Reform der Schulfinanzierung: Nicht die Bildungsgutscheine aufgeben

(27. Dezember 1993)

Der kalifornische Schulfinanzierungsplan, bekannt als Gesetzesvorschlag 174, hätte allen Schülern Bildungsgutscheine im Wert von 2.600 Dollar zukommen lassen, um ihnen den Besuch einer Privatschule zu ermöglichen, wenn sie sich dafür entscheiden. Gegen diesen Vorschlag sprachen sich zwei nationale Lehrergewerkschaften sowie zahlreiche Politiker und weitere gesellschaftliche Gruppen aus. Bei einem Referendum im November erlitt er eine vernichtende Abfuhr. Trotz dieser Ablehnung und obwohl entsprechende Vorschläge in den Staaten Oregon und Washington abgeschmettert wurden, scheint eine radikale Reform der Schulfinanzierung unumgänglich zu sein.

Obwohl ich den Gesetzesvorschlag 174 unterstützt habe, weil er eine Verbesserung des Status quo bot, müssen gravierende Mängel der Gutscheinpläne behoben werden, wenn sie einer überwiegenden Mehrheit der Wähler zusagen sollen. Bildungsgutscheine sollten nur Familien mit niedrigem Einkommen vorbehalten sein, da es fast immer deren Kinder sind, die unter den minderwertigen Schulen in den Innenstädten zu leiden haben. Diese Familien verfügen nicht über die finanziellen Mittel, um sich für Gemeinden mit guten öffentlichen Schulen zu entscheiden, während Familien aus den mittleren und oberen Einkommensschichten bereits einen beachtlichen Einfluß auf die Schulwahl ausüben. Sie können in die Vorstädte oder in Stadtgegenden mit guten öffentlichen Schulen umziehen oder ihre Kinder sogar auf Privatschulen schicken, wenn sie die Mittel dazu haben.

Indem man Schulgutscheine nur an arme Familien vergibt, wird man dem ernstzunehmenden Einwand gerecht, daß bei einer Vergabe an alle Familien die Bildungsgutscheine natürlich am ehesten von den reicheren Familien dafür benutzt würden, ihre Kinder auf Privatschulen zu schikken. Milwaukee hat ein Versuchsprogramm gestartet, das an Kinder aus den Innenstädten eine begrenzte Zahl von Bildungsgutscheinen für den Besuch einer Privatschule vergibt.

Das gegenwärtige System der öffentlichen Schulfinanzierung ist umständlich und ineffizient: Es besteuert erst die Haushalte, um Steuermittel für öffentliche Schulen zu beschaffen, und gibt die Steuern dann indirekt an die Familien mit Kindern in öffentlichen Schulen zurück. Nach dem kalifornischen Bildungsgutscheinplan wäre ein Teil des Steueraufkommens direkt an alle Familien zurückgegeben worden, die sich für Privatschulen entscheiden. Ein noch besseres System würde Bildungsgutscheine nicht nur an Schüler aus ärmeren Famlien vergeben, sondern auch von den öffentlichen Schulen verlangen, sich wirtschaftlich teilweise selbst zu erhalten, indem sie allen Schülern Unterrichtsgebühren in Rechnung stellen, die dem Wert der Bildungsgutscheine entsprechen.

Präzedenzfall. Nehmen wir an, die Unterrichtsgebühren an einer öffentlichen Schule betragen 3.000 Dollar, wenn das der Wert der Unterrichtsgutscheine ist. Dann müßten Steuern nur die Differenz zwischen den Ausgaben der öffentlichen Schulen und ihren Einnahmen aus den Unterrichtsgebühren abdecken. Präzedenzfälle für Unterrichtsgebühren an öffentlichen Schulen finden sich in der frühen Geschichte der allgemeinbildenden Schulen in den USA und in den beträchtlichen Studiengebühren, die gegenwärtig von staatlichen Colleges und Universitäten erhoben werden.

Die Einnahmen aus den Unterrichtsgebühren würden den öffentlichen Schulen helfen, die Kürzungen öffentlicher Mittel auszugleichen, die aus einer kostenneutralen Finanzierung der Bildungsgutscheine folgen. Derartige Einnahmen würden es den öffentlichen Schulen auch erleichtern, mit dem Wachstum der Ausgaben pro Schüler Schritt zu halten; in den vergangenen 25 Jahren haben sie sich mehr als verdoppelt.

Manche Wähler, die öffentlichen Schulen nichts mehr abgewinnen können, wandten sich gegen den kalifornischen Vorstoß, weil sie ein noch größeres Haushaltsdefizit befürchteten. Aber wenn Bildungsgutscheine auf arme Familien beschränkt blieben und wenn öffentliche Schulen Unterrichtsgebühren berechneten, dürfte sich die finanzielle Belastung des Staatsbudgets eher verringern als erhöhen. Es wäre dann finanziell viel eher möglich, mehr für die ärmeren Schüler zu tun, die am dringendsten Hilfe benötigen; man könnte für sie den Gutscheinbetrag über die 2.600 Dollar des kalifornischen Vorschlages hinaus anheben. Diese Summe entspricht noch nicht einmal der Hälfte der landesweiten Durchschnittskosten eines Schülers an einer öffentlichen Highschool.

Steuersenkung. Ärmere Familien, die ihre Kinder weiterhin auf öffentliche Schulen schicken, wären nach dem vorgeschlagenen System finanziell nicht schlechter gestellt als gegenwärtig, da ihre Gutscheine die Unterrichtsgebühren dieser Schulen abdecken würden. Es könnte aber so aussehen, als würden Mittelklassefamilien mit Kindern in öffentlichen Schulen finanziell benachteiligt, da sie sowohl Unterrichtsgebühren als auch Schulsteuern bezahlen müßten. Aber die zur Finanzierung öffentlicher Schulen nötigen Steuern würden sinken, weil diese Schulen dann Gebühreneinnahmen hätten. Aus diesem Grund sollte gleich zu Anfang eine Senkung der Schulsteuern angeordnet werden, um deutlich zu machen, daß Schulen auch Unterrichtsgebühren einnehmen werden.

Die gegenwärtige Praxis der öffentlichen Schulfinanzierung hat eine scharfe Trennung der Schüler nach Einkommen, Rasse und anderen Eigenschaften gefördert. Gutscheine, die Schülern aus ärmeren Familien vorbehalten sind, würden diese Trennung abmildern. Denn manche Privatschulen mit einer überwiegend wohlhabenden Klientel würden gern mehr Schüler anderer Herkunft akzeptieren, wenn sie Gutscheine vorlegten, die ihre Unterrichtsgebühren teilweise decken. Schon jetzt ist die Trennung nach Rasse, Einkommen und familiärem Hintergrund in römisch-katholischen Privatschulen viel weniger ausgeprägt als in öffentlichen Highschools.

Wenn auch öffentliche Schulen den Unterricht in Rechnung stellten, würden Familien die Qualitätsunterschiede zwischen Privatschulen und den verfügbaren öffentlichen Schulen mit den Unterschieden bei den Unterrichtsgebühren vergleichen und danach entscheiden, wohin sie ihre Kinder schicken. Das würde den Wettbewerb zwischen dem privaten Sektor und allen öffentlichen Schulen erhöhen – und nicht nur zwischen denjenigen Schulen, deren Schüler gutscheinberechtigt sind.

Dieser Wettbewerb um Schüler würde die öffentlichen Schulen zu einer Qualitätsverbesserung zwingen. Das System der weiterführenden Ausbildung in den USA ist nicht zuletzt deshalb das beste der Welt, weil der Wettbewerb zwischen privaten Colleges und gebührenpflichtigen öffentlichen Colleges die Leistung beider verbessert hat.

Der Bildungsgutschein: ein Fahrschein heraus aus der Inner City

(22. Juni 1992)

Für die Unruhen von Los Angeles sind viele Erklärungen vorgeschlagen worden, und ich beabsichtige nicht, diese Liste zu verlängern. Was immer die tieferliegenden Ursachen sind – die Unruhen machten die Notwendigkeit deutlich, weitaus mehr Ghetto-Jugendliche in das Wirtschaftsleben zu integrieren. Der beste Weg dazu wäre nach meiner Auffassung das Äquivalent einer durch die Regierungen der Einzelstaaten und der Kommunen finanzierten ‚G.I.-Bill' für Ghetto-Jugendliche.

Nach einem solchen Plan würden alle jungen Leute im Alter zwischen 14 und 19 Jahren aus dem Kreis der berechtigten Familien Gutscheine von der Kommunal- und Staatsregierung erhalten. Bis zum Alter von 16 Jahren könnten diese Gutscheine nur für Highschools nach Wahl des Schülers verwendet werden; so ist es auch in vielen Plänen für Bildungsgutscheine vorgesehen. Kirchliche und sonstige private Schulen dürften an diesem Programm teilnehmen, da sie für eine bessere Ausbildung sorgen als öffentliche Schulen in den Innenstädten.

Um die Kosten für ein solches Programm zu begrenzen, würde es anfangs nur für Kinder aus armen Familien gelten. Kinder aus der Mittelklasse erhalten bereits eine recht ordentliche Schul- und Berufsausbildung, da sie Zugang zu Schulen in Vorstädten und kleineren Städten haben und mehr darüber wissen, wie man an höherwertigere Arbeitsplätze kommt.

Die üblichen Vorschläge zu Bildungsgutscheinen würden den zahlreichen Jugendlichen aus den Innenstädten nicht helfen, denen die Highschool nicht viel bringt, selbst wenn bessere Schulen für sie zugänglich werden. Und sie stellen nicht sicher, daß Schüler nach Abschluß der Highschool Kenntnisse und Fertigkeiten haben werden, die ihnen bei der Integration in die Arbeitswelt von Nutzen sind. Denn beim Wettbewerb um Arbeitsplätze sind Innenstadtjugendliche viel eher durch ihr begrenztes Können als durch rassische oder sonstige Diskriminierung benachteiligt.

Sturzflug der Löhne. Man muß nur auf die deprimierende Statistik der Reallohnentwicklung verweisen: Die Löhne der Highschoolabbrecher und des unteren Viertels der Absolventen sind seit 1975 um mehr als ein Viertel gefallen. Der Niedergang in diesen Gruppen betraf Weiße genauso wie Schwarze und andere Minderheiten; aber prozentual gesehen gehen weit mehr Schwarze und Hispanoamerikaner vorzeitig von der Schule ab oder weisen schlechte Leistungen auf, auch wenn sie einen Abschluß machen. Es ist Mode geworden, die Administrationen unter Reagan und Bush für diesen Trend verantwortlich zu machen; aber die Abwärtsentwicklung setzte unter Präsident Carter ein. Weniger gut ausgebildete Arbeitskräfte haben es auch in manchen europäischen Ländern schwer.

Nach der von mir vorgeschlagenen Regelung könnten Teilnehmer, die von der Schule ohne Abschluß abgehen, bis zum vollendeten 19. Lebensjahr im privaten Sektor eine berufsbezogene Ausbildung erhalten. Wer die Highschool abschließt, hätte noch Gutscheine für ein Jahr, die für eine Zusatzausbildung genutzt werden könnten – entweder an einem Arbeitsplatz oder an einer Handelsschule, die marktfähige Fertigkeiten wie etwa den Umgang mit Computern oder das Tischlerhandwerk vermittelt. Um diese Schulen davon abzuhalten, mit übertriebenen Versprechungen Schüler anzulocken, hinge ihre weitere Teilnahme davon ab, daß sie ihre Absolventen überwiegend in Stellen unterbringen, für die mehr als ein bestimmter Betrag pro Stunde oder mehr als ein gewisser Prozentsatz oberhalb des Mindestlohns gezahlt wird.

Es ist unbedingt erforderlich, die berufliche Weiterbildung in das Programm aufzunehmen, da eine betriebliche Ausbildung besonders für Ghetto-Jugendliche und andere mittellose junge Leute wichtig ist. Ihre wirtschaftlichen Probleme sind teilweise darauf zurückzuführen, daß sie nur schwer Zugang zu Arbeitsplatzbereichen mit Aufstiegschancen erhalten. Die beteiligten Firmen müßten Einzelheiten ihrer Ausbildungsprogramme offenlegen; dazu gehören auch Informationen über die verschiedenen Aufstiegsmöglichkeiten, die erfolgreichen Teilnehmern offenstehen.

Mehr Geist fürs Geld. Eine durchschnittliche öffentliche Schule in den USA wendet für jeden Schüler 5.000 Dollar pro Jahr auf. Doch viele kirchliche und sonstige private Schulen sorgen mit viel geringeren Ausgaben pro Schüler für eine bessere schulische Ausbildung; Handelsschulen geben in der Regel sogar nur einen Bruchteil von dem aus, was öffentliche Schulen beanspruchen. Ein großzügig bemessenes Gutscheinsystem könnte nur die Hälfte dessen kosten, was von öffentlichen Schulen ausgegeben wird – und noch weniger kosteten diejenigen Schüler, die an Programmen der betrieblichen Weiterbildung oder der Handelsschulausbildung teilnehmen.

Jack F. Kemp, Minister für Wohnungsbau und Stadtentwicklung, Charles B. Rangel, der demokratische Abgeordnete für New York im Repräsentantenhaus, und andere Politiker befürworten bundesstaatlich subventionierte Wirtschaftszonen in den Innenstädten. Ich halte diese Zonen für einen Fehler, weil diese Subventionen allein politischem Opportunismus entpringen und nicht die eigentlichen Probleme beträfen, mit denen Ghetto-Jugendliche konfrontiert sind. Männlichen Schwarzen aus den Innenstädten gehen gerade die Fähigkeiten ab, die für gutbezahlte Arbeitsplätze qualifizieren, selbst wenn entsprechende Stellen in Fabriken in der unmittelbaren Nachbarschaft zu finden wären. Im Gegensatz dazu schaffen es die Koreaner und viele andere in den Innenstädten lebende Einwanderer häufig, gute Jobs zu bekommen – gerade weil sie über wertvolle Fähigkeiten und Arbeitsgewohnheiten verfügen.

Ein fünfjähriges Gutscheinsystem für arme Jugendliche würde die Haushalte der Staaten und Kommunen zu einer Zeit belasten, in der die Finanzlage bereits angespannt ist. Allerdings würden die staatlichen

Ausgaben für solche Schüler beträchtlich sinken, die Gutscheine für Privatschulen, Handelsschulen und für eine berufsbezogene Ausbildung benutzen, statt öffentliche Schulen zu besuchen. Darum lägen die durchschnittlichen Kosten eines Gutscheins viel niedriger als die Pro-Kopf-Aufwendungen für Schüler an öffentlichen Schulen.

Abgesehen davon ist ein umfangreiches Ausbildungs- und Schulungsprogramm für arme Jugendliche aller Mühe wert, sogar wenn es die Belastung der kommunalen Staatshaushalte erhöht; denn es zielt auf den Kern der Schwierigkeiten, denen sich junge Leute gegenübersehen. Ein Programm allein kann nicht alle Probleme der Innenstädte lösen. Aber der hier erläuterte Vorschlag wird die Beschäftigungsaussichten von denen verbessern, die sehr dringend bessere arbeitsplatzrelevante Fähigkeiten brauchen.

Öffentliche Mittel für religiös gebundene Schulen wären keine Sünde

(15. Juli 1991)

Präsident Bush hat vorgeschlagen, private Schulen gegen öffentliche Schulen um das Geld des Steuerzahlers konkurrieren zu lassen. Obwohl manche Städte und Einzelstaaten schon Programme haben, die begrenzte Mittel für private Schulen vorsehen, gibt es erhebliche Meinungsverschiedenheiten darüber, ob den Schulen, die von religiösen Organisationen getragen werden, die Konkurrenz um öffentliche Mittel erlaubt werden sollte – ganz unabhängig von ihrem Lehrplan.

Man nimmt häufig an, daß die Einbeziehung von Bekenntnisschulen den Grundsatz der Trennung von Kirche und Staat verletzen würde, wie er im Ersten Verfassungszusatz verankert ist, dessen einleitende Worte lauten: „Der Kongreß soll kein Gesetz erlassen bezüglich der Etablierung einer Religion oder der Verhinderung der freien Ausübung derselben ...“. Aber nach meiner Auffassung sollten öffentliche Mittel für Schulen in kirchlicher Trägerschaft verfügbar sein – unter der Voraussetzung, daß sie zu gleichen Bedingungen für alle privaten Schulen verfügbar sind.

Verfassungsrechtler sind unterschiedlicher Auffassung darüber, was genau James Madison und die anderen Befürworter des Ersten Verfassungszusatzes meinten, obwohl sie natürlich die Freiheit der Religionsausübung garantieren wollten. Ich bin kein Verfassungsexperte, aber ich stehe auf dem Standpunkt, daß die Gründungsväter die Vorteile des

Wettbewerbs zwischen religiösen Ideen und Glaubensüberzeugungen wohl zu schätzen wußten und diesen Zusatz anfügten, um gegen die Form der etablierten Kirche Schutz zu gewähren, die zur damaligen Zeit England beherrschte. In einem offenen Wettbewerbsumfeld, in dem es keine Staatsreligion gibt, würden diejenigen Glaubensüberzeugungen gedeihen, die am besten die spirituellen Bedürfnisse der Menschen erfüllen.

Dieser ‚marktwirtschaftliche' Standpunkt des Ersten Verfassungszusatzes läßt darauf schließen, daß öffentliche Mittel für die säkularen Aktivitäten von Bekenntnisschulen ausgegeben werden dürften, wenn sie gegen öffentliche Schulen oder andere Privatschulen konkurrieren müßten. Er trägt auch dazu bei, eine Ungereimtheit aufzuklären: Viele Programme lassen ja zu, daß öffentliche Mittel in die säkularen Aktivitäten religiöser Gruppen fließen. Zum Beispiel können Patienten in Krankenhäusern in kirchlicher Trägerschaft ebenso wie an anderen privaten Krankenhäusern die Leistungen von Medicare und Medicaid in Anspruch nehmen. Und jede Religion, die bestimmte minimale Kriterien erfüllt, kann die Gemeinnützigkeit beantragen und sich von der kommunalen Vermögenssteuer und anderen Abgaben und Regulierungen befreien lassen.

Es gibt außerdem Präzedenzfälle für die Einbeziehung von Ausbildungsinstitutionen in kirchlicher Trägerschaft in ein Bildungsgutschein-Programm, bei dem die Steuerzahler für den Unterricht an Lehranstalten aufkommen, die von den Schülern gewählt werden. Nach dem Zweiten Weltkrieg deckte die ‚G.I. Bill' die Unterrichtsgebühren für Veteranen an religiös gebundenen Colleges und Universitäten. Collegestudenten, die Pell-Stipendien, bundesstaatlich garantierte Ausbildungskredite und öffentliche Unterstützung anderer Art beziehen, können sie zum Besuch von Colleges in kirchlicher Trägerschaft verwenden.

Einige Entscheidungen des Obersten Gerichtshofes deuten an, daß die Richterschaft die Verwendung öffentlicher Mittel für Bekenntnisschulen zulassen will. Das Gericht bestätigte beispielsweise im Prozeß ‚Mueller gegen Allen' im Jahre 1983 die Verfassungskonformität eines Gesetzes in Minnesota, das den Eltern erlaubt, die Unterrichtsgebühren für ihre Kinder an Bekenntnisschulen von der Einkommensteuer abzusetzen – was natürlich einer indirekten Subvention gleichkommt. Frühere Entscheidungen bestätigten, daß der Schülertransport zu Bekenntnisschulen und die dort verwendeten weltlichen Schulbücher aus öffentlichen Mitteln subventioniert werden dürfen.

Trotz dieser Entscheidungen gibt es noch heftigen Widerstand gegen die Einbeziehung von Bekenntnisschulen in ein Bildungsgutschein-Programm an Grund- und Sekundarschulen. Manche befürchten, daß

Schüler, die Bekenntnisschulen besuchen, religiöser Indoktrination ausgesetzt sind. Aber ein Programm könnte festlegen, daß keine Schule zum Bezug öffentlicher Mittel berechtigt wäre, wenn sie die Teilnahme an religiösen Handlungen oder Instruktionen in einer besonderen Religion verlangt. Und öffentliche Mittel wären säkularen Fächern und der Behandlung philosophischer Aspekte der Religionsausübung vorbehalten.

Die Gegner einer Einbeziehung von Bekenntnisschulen sind auch der Meinung, daß sie das Ausmaß der Trennung von Schülern nach Rasse oder Glauben verstärkt. Nun zeigte eine bedeutende Untersuchung, das Buch *Highschool Achievement* von James S. Coleman[5] und seinen Kollegen an der Universität von Chicago, daß in der Tat 90 % aller Schüler an katholischen Highschools aus katholischen Familien stammen. Aber sie zeigen auch, daß diese Highschools weniger nach Rasse und Einkommen selektieren als öffentliche Highschools. Natürlich dürften Bekenntnisschulen und andere Privatschulen, die an einem Gutscheinsystem oder anderen Schulwahlprogrammen beteiligt wären, bei der Auswahl der Schüler nicht auf der Basis von Religion, Rasse und familiärem Hintergrund diskriminieren. Ihr Recht, schwierige Schüler auszuschließen, könnte ebenfalls beschnitten werden.

Spitzenreiter. Wenn Schulen in kirchlicher Trägerschaft minderwertig wären, dann ließe sich der pädagogische Gewinn ihrer Einbeziehung in ein Schulwahlprogramm bezweifeln. Aber die Studie von Coleman und seinen Kollegen kommt zu dem Schluß, daß katholische Schulen im Schnitt für eine bessere Ausbildung sorgen als öffentliche Schulen. Schüler aller Rassen und aus allen sozialen Schichten schneiden in Leistungstests viel besser ab als vergleichbare Schüler an öffentlichen Schulen, obwohl die durchschnittlichen Aufwendungen pro Schüler an katholischen Schulen ein gutes Stück niedriger liegen. Bei Schülern aus einem weniger gebildeten und ärmeren familiärem Umfeld ist der Vorsprung besonders groß. Katholische Schulen schneiden teilweise deshalb besser ab, weil sie die Eltern und die Gemeinde stärker in die Schulaktivitäten einbinden.

Früher oder später wird wohl die Notwendigkeit, die für die Armen und die Mittelklasse zugängliche Ausbildungsqualität anzuheben, viele Kommunen in den USA dazu bringen, die Privatschulen in den Kanon der öffentlichen Schulangebote aufzunehmen. Es wäre skandalös, Schulen in kirchlicher Trägerschaft, die eine besonders gute schulische Ausbildung anbieten, von einem solchen Programm auszuschließen.

Was unsere Schulen brauchen, ist eine gesunde Dosis Wettbewerb

(18. Dezember 1989)

Oft lassen erst die verhängnisvollen Folgen einer Politik mächtige Sonderinteressen an politischem Einfluß verlieren. Die katastrophale Erziehung, die man vielen Schülern in den Vereinigten Staaten angedeihen läßt, hat während der letzten Jahre ein bemerkenswertes Wachstum von staatlichen und regionalen Einrichtungen gefördert, die öffentliche Schulen zur Konkurrenz um Schüler zwingen.

Minnesota hat ein Programm eingeführt, das Schülern landesweit den Besuch jeder öffentlichen Schule erlaubt, die sie akzeptiert, sofern die Richtlinien zur Aufhebung der Rassentrennung nicht verletzt werden. Andere Programme laufen in East Harlem, Massachusetts, Milwaukee und Seattle. In etwa zwanzig weiteren Parlamenten werden Pläne erwogen, die eine freiere Schulwahl erlauben.

Die Armen der Innenstädte profitieren von einer größeren Wahlfreiheit am meisten. Wenn dagegen den Familien mit durchschnittlichen oder höheren Einkommen die öffentlichen Schulen in ihrer Gegend nicht gefallen, haben sie jetzt schon zahlreiche Möglichkeiten. Viele können ihre Kinder auf Privatschulen schicken oder in Gemeinden mit besseren Schulen umziehen. Arme Familien hingegen können sich weder Privatschulen noch den Umzug in teurere Gegenden mit guten öffentlichen Schulen leisten.

Ohne Kontrolle. Die Opposition gegen die freie Schulwahl kommt hauptsächlich von den Lehrerverbänden, den Schulinspektoren, der Schulverwaltung und den Menschen im Einzugsgebiet, die einen Zustrom unerwünschter Schüler befürchten. Alle diese Gruppen sind darum besorgt, daß ihnen die Dinge entgleiten; und Lehrer und Schulfunktionäre sind auch wegen des drohenden Wettbewerbs beunruhigt. Der jüngste Bericht der Kommission des Arbeitsministeriums über die Arbeitseffizienz der Beschäftigten, der ich angehörte, schweigt sich über den Wettbewerb zwischen Schulen aus, da einige Kommissionsmitglieder nachdrücklich dagegen votierten.

Eine größere Wahlmöglichkeit zwischen öffentlichen Schulen ist ein bedeutender Schritt in die richtige Richtung; aber darüber hinaus sollte benachteiligten Schülern erlaubt werden, sich für Privatschulen zu entscheiden. Im großen und ganzen sind Privatschulen in der Erfüllung ihrer Aufgaben erfolgreicher, wie mein Kollege an der Universität Chicago, Professor James Coleman, in einer umfangreichen Studie zur öffentlichen und privaten Highschoolerziehung in den Vereinigten Staaten gezeigt hat. Katholische Schulen etwa geben viel weniger aus als öffentliche Highschools in den Großstädten, und dennoch sind sie erfolgreicher – schon weil sie in geringerem Ausmaß einer politischen Einmischung in Disziplinarangelegenheiten unterworfen sind, und weil sie es schaffen, die Eltern und die Öffentlichkeit mit einzubeziehen.

Obwohl die Lehrer, die Schulverwaltung und viele andere gesellschaftliche Gruppen hartnäckig dagegen opponiert haben, daß die Programme auch die Wahl von Privatschulen erlauben, haben einige wenige Staaten eine Pionierrolle in dieser Richtung übernommen. Das Post-Secondary Option Program in Minnesota sorgt für die Übernahme aller Schulgebühren für Schüler, die ihre letzten zwei Jahre der Highschoolausbildung ganz oder teilweise an privaten oder öffentlichen Colleges und berufsbildenden Schulen erhalten wollen. Im vergangenen Frühjahr schlug der Gouverneur von Wisconsin, Tommy G. Thompson, vor, wenigstens 1.000 Grundschülern aus Familien mit geringem Einkommen im Kreis Milwaukee den Unterricht auch an bestimmten Privatschulen zu bezahlen.

Der Milwaukee-Plan geht in die richtige Richtung: Er finanziert nur Kindern aus armen Familien den privaten Schulbesuch. Bereits jetzt legen Bedürftigkeitsprüfungen fest, welche Familien für verschiedene Gesundheits- und Wohnungsbauprogramme in Frage kommen; sie sollten auch festlegen, welche Schüler Gutscheine für den Privatschulbesuch erhalten. Ärmere Familien benötigen die durch die Privatschulen bereitgestellten zusätzlichen Wahlmöglichkeiten am dringendsten.

Eine zweitrangige Frage. Obgleich die Gegner einer freien Schulwahl anerkennen, daß Privatschulen sich an die Bürgerrechtsgesetze halten müssen, um mit öffentlichen Mitteln gefördert werden zu können, behaupten sie dennoch, daß ein solches System einer rassischen, religiösen und sozialen Desintegration der Schüler zuarbeiten würde. Aber wie kann ein Programm, das nur für die Privatschulerziehung von benachteiligten Schülern aufkommt, die schulische Desintegration erhöhen und nicht verringern? Sicherlich würden sich auch einige Privatschulen mit überwiegend wohlhabenderen weißen Schülern dem Programm öffnen und mehr Schüler aus Minoritäten akzeptieren, wenn die Regierung ihren Unterricht finanziert.

Auf jeden Fall sollte ein Schulsystem eine qualitativ hochwertige Ausbildung aller Schüler sicherstellen, ungeachtet ihrer Rasse, ihrer finanziellen Situation oder anderer Merkmale. Wenn freie Schulwahl die Ausbildung benachteiligter Gruppen verbessert, wie es offensichtlich in East Harlem und anderswo der Fall ist, sollte dann nicht die rassische, ethnische und ökonomische Zusammensetzung der Schülerschaft eine zweitrangige Frage sein? Immerhin haben einige ausgezeichnete Schulen ausschließlich schwarze Schüler und Schüler anderer Minoritäten. Schüler in East Harlem können jede öffentliche Grundschule und jede weiterführende Schule ihres Bezirks besuchen. Dieses Programm hat dafür gesorgt, daß sich der Rangplatz dieser Schüler unter den Gemeindebezirken in New York City vom letzten Platz auf einen Platz ungefähr im Mittelfeld verbesserte.

Ich erwarte von einem Wettbewerb zwischen Schulen keine Wunder. Es ist gut dokumentiert, daß ein instabiles Familienleben und elterliche Gleichgültigkeit die Effektivität selbst der besten Schulen beeinträchtigen. Aber Professor Colemans Studie zeigt, daß es katholischen Schulen dennoch gelingt, die Leistungen von benachteiligten Schülern zu erhöhen und ihre Abbrecherquoten zu senken.

Ein Wettbewerb zwischen öffentlichen und privaten Schulen würde dazu beitragen, gute Schulen zur Regel statt zur Ausnahme zu machen. Eltern würden ihre Kinder aus schlechten Schulen herausnehmen und sie an guten anmelden. Das könnte weit mehr zur Verbesserung der Elementar- und Highschoolausbildung benachteiligter Schüler beitragen als alle Vorschläge, mit denen unsere zahlreichen Kommissionen und akademischen Beiräte aufwarten.

Gebt allen Eltern ein Mitspracherecht bei der Schulwahl

(24. März 1986)

Die gesamten Staatsausgaben, die unter Medicare, Medicaid und anderen Gesundheitsprogrammen des Bundes und der Einzelstaaten anfallen, um die Krankenhausrechnungen von bedürftigen und älteren Menschen begleichen zu helfen, betragen mehr als 80 Milliarden Dollar. Entsprechende Zahlungen werden direkt an Tausende von Krankenhäusern überwiesen, von denen über zwei Drittel gewinnorientierte oder gemeinnützige private Institutionen sind. Die Armen und die Alten erhalten den Gegenwert der Gutscheine, die sie für die Bezahlung von Dienstleistungen in öffentlichen oder privaten Krankenhäusern verwenden können.

Kürzlich schlug Erziehungsminister William J. Bennett einen ähnlichen, aber weniger umfassenden Weg der Finanzierung von Förderunterricht vor. Wenn Schüler einen solchen Unterricht benötigen, werden

den Eltern Gutscheine in Höhe von 600 Dollar pro Jahr ausgehändigt, die ebenso an privaten wie an öffentlichen Schulen in Anspruch genommen werden können. Sein Vorschlag ist ein kleiner Schritt in die richtige Richtung. Ein riesenhafter Schritt in Richtung auf eine Verbesserung der Schulausbildung und die Erweiterung der elterlichen Wahlmöglichkeiten wäre es, sämtliche Ausgaben des Bundes, der Einzelstaaten und der Kommunen – sie beliefen sich an öffentlichen Schulen in den letzten Jahren auf jährlich mehr als 3.000 Dollar pro Schüler – durch Gutscheine über vergleichbare Beträge zu ersetzen und ihre Einlösung an privaten wie an öffentlichen Schulen zu erlauben. Eltern, die eine aufwendigere Erziehung wollen, können aus eigenen Mitteln Ergänzungsgutscheine erwerben.

Mittelklassefamilien und wohlhabende Familien verfolgen gegenwärtig die Schulausbildung ihrer Kinder genau. Solche Eltern sind solvent genug, um ihre Kinder an privaten Schulen anzumelden, wenn sie mit den öffentlichen Schulen unzufrieden sind. Oder sie können in Gemeinden mit Schulen umziehen, die ihnen mehr zusagen. Tatsächlich stehen Vorstadtgemeinden teilweise über die Qualität ihrer öffentlichen Schulen im Wettbewerb um Einwohner.

Konkurrenz um Schüler. Benachteiligte Familien können sich keinen privaten Schulunterricht leisten und nur in Ausnahmefällen in Gemeinden mit besseren öffentlichen Schulen umziehen. Normalerweise müssen sie jede verfügbare öffentliche Schule akzeptieren, wie schlecht sie auch sein mag. Ein Gutscheinsystem würde solchen Familien einige der schulischen Alternativen eröffnen, die gegenwärtig nur Mittelklassefamilien und reichen Familien offenstehen. Minoritätenfamilien scheinen dies erkannt zu haben. In einer im Jahre 1985 durchgeführten Umfrage ermittelte Gallup, daß 59 % der Nichtweißen für Bildungsgutscheine votieren – aber nur 43 % der Weißen.

Ein umfassendes Gutscheinsystem würde von öffentlichen Schulen verlangen, um Schüler zu konkurrieren und ihre Kosten mit den Unterrichtsentgelten zu decken. Öffentliche Schulen könnten nur effektiv konkurrieren, wenn sie Gewalt unterdrücken, Disziplin einimpfen, Eltern zur Mitarbeit bewegen, ein fesselndes Unterrichtsangebot anbieten und die Kosten kontrollieren. Wenn eine öffentliche Schule nicht genügend Schüler an sich binden könnte, deren Unterrichtsgebühren die Kosten decken, müßte sie schließen oder an einen privaten Eigner veräußert werden. Wenn man die öffentlichen Schulen einem verschärften Wettbewerb aussetzte, käme dies besonders den Familien aus den Innenstädten zugute, die gegenwärtig mit Monopolanbietern einer öffentlichen Schulausbildung zu tun haben.

Schließlich könnte der Staat die Familien aus den Innenstädten und andere bedürftige Familien durch eine Gutscheinregelung in die Lage versetzen, den Schulunterricht zu bezahlen, ohne die öffentlichen Schulen stärker als die Privatschulen zu subventionieren. Ein traditionelles Argument für öffentliche Schulen lautet zwar, daß nur sie für alle Rassen, Religionen und Einkommensschichten offen seien. Aber der Anteil der Kinder aus armen schwarzen, hispanoamerikanischen und sonstigen Familien in öffentlichen Schulen ist vor allem deshalb größer als in Privatschulen, weil ihre Eltern sich solche Schulen nicht leisten können. Ein Gutscheinsystem würde die Zahl der Familien aus Minderheitengruppen und den unteren Einkommensschichten beträchtlich erhöhen, die sich für private Schulen entscheiden.

Weniger getrennt. Ferner trägt die räumliche Trennung der Familien nach Rasse, Einkommen und anderen Eigenschaften zur Isolation innerhalb der öffentlichen Schulen bei. Professor James S. Coleman und seine Mitarbeiter an der Universität von Chicago zeigen in ihrem Buch *High School Achievement*, daß Schüler in privaten Highschools auf Grund von Rasse und Einkommen in geringerem Maße sozial getrennt werden als in öffentlichen Highschools; das Umgekehrte gilt allerdings für das Merkmal Religion.

Aus dieser Studie geht auch hervor, daß Kinder aus armen Familien in privaten Highschools viel besser als in öffentlichen abschneiden, selbst wenn man die Tendenz berücksichtigt, daß sich eher die ehrgeizigeren ärmeren Familien für private Schulen entscheiden. Kinder aus armen Familien scheinen tatsächlich mehr als Kinder aus reichen Familien zu profitieren, wenn sie statt öffentliche Schulen Privatschulen besuchen.

Manche Leute befürchten, daß ein Gutscheinsystem einen qualitativ minderwertigen Schulunterricht fördern würde. Doch im Rahmen einer Untersuchung einer öffentlichen und einer privaten Highschool – beides Eliteinstitutionen – fand Professor Philip W. Jackson von der Universität Chicago heraus, daß die Privatschule über ein strukturierteres Kursangebot verfügte. Die meisten armen Familien, denen man die Möglichkeit gibt, eine gute Schulbildung für ihre Kinder zu erreichen, werden die Gutscheine klug einsetzen. Um eine übermäßige Anzahl qualitativ minderwertiger Kurse zu verhindern, könnten noch mehr Einzelstaaten und kommunale Behörden dem Trend folgen, von den Schülern aller Schulen die Ablegung eines Leistungstests in den Grundfächern zu verlangen.

Vor gut 30 Jahren schon schlug Milton Friedman ein Gutscheinsystem für den Schulunterricht vor. Viele Kritiker hielten diesen Vorschlag für unbedacht und unpraktikabel, obgleich ein vergleichbares System damals gerade für die ärztliche Betreuung im Krankenhaus eingeführt wurde und obgleich der kanadische District British Columbia damit begann, Bildungsgutscheine einzusetzen. Inzwischen scheint die Idee der Bildungsgutscheine kaum noch jemanden aufzuregen – verglichen mit der Privatisierung der Post, der Gefängnisse, des sozialen Wohnungsbaus und der bundeseigenen Grundstücke (*Business Week*, 24. Februar [in diesem Band, S. 38]). Eine Gutscheinregelung für die Schulausbildung ist ein Gedanke, dessen Zeit endlich gekommen ist.

5.

Familien

Die Familie ist die Grundlage jeder zivilisierten Gesellschaft. Die gravierenden Veränderungen der Stabilität und Zusammensetzung der Familien, wie sie sich in den letzten Jahrzehnten vollzogen, lösten daher verständlicherweise große Besorgnisse aus. In wohlhabenderen Ländern sind die Geburtenraten gefallen; die Zahl der unverheirateten Frauen mit Kindern, von denen viele von der Sozialhilfe abhängig sind, hat stark zugenommen; die Scheidungsraten sind in die Höhe geschnellt; der Anteil der Arbeitsplätze, die mit verheirateten Frauen besetzt sind, ist steil angestiegen; und die Sozialversicherungsrenten haben die Eltern in die Lage versetzt, im Alter getrennt von ihren Kindern zu leben.

In diesem Teil befassen wir uns mit einigen Aspekten dieser Veränderungen. Zum Beispiel vertreten wir die These, daß das Wohl der Kinder alle Bestrebungen zur Reform der Wohlfahrtsunterstützung leiten sollte. Das gegenwärtige System belohnt dagegen das Auseinanderbrechen der Familien, so daß Kinder nur noch sporadischen Kontakt mit ihren Vätern haben können. Es gibt für mittellose Frauen auch einen finanziellen Anreiz, mehr Kinder zu bekommen – was dazu führt, daß die Mütter für jedes Kind weniger Zeit und paradoxerweise auch weniger Geld aufwenden.

Der beste Weg, sozialhilfeabhängigen Kindern zu helfen, ist die Begrenzung des Zeitraums, in dem eine Familie Hilfe zum Lebensunterhalt beziehen kann. Ein langfristiger Bezug von Sozialhilfe erzeugt eine ‚Sozialhilfementalität', so daß Kinder ebenso wie ihre Eltern an die Abhängigkeit von staatlicher Unterstützung gewöhnt werden. Wir schlagen außerdem vor, für sozialhilfeabhängige Mütter Anreize zu schaffen, besser für ihre Kinder zu sorgen, indem man Mütter maßregelt, die ihre Kinder nicht regelmäßig zur Schule oder zu Vorsorgeuntersuchungen bringen.

Unser Vorschlag, sich des privaten Sektors zu bedienen, um Alimente von aufsässigen Vätern einzutreiben, regte viele Zuschriften an. Einige kamen von geschiedenen Frauen, die den Vorschlag begrüßten; die meisten kritischen Briefe kamen dagegen von geschiedenen Männern. Sie wandten sich gegen verstärkte Bemühungen bei der Eintreibung von Geldern, weil sie behaupteten, nur wenig Zugang zu ihren Kindern zu haben und daß sie auch in anderer Weise von den Gerichten und von ihren früheren Frauen ungerecht behandelt worden seien.

Wir können viele dieser Männer verstehen. Und doch war es nicht zu übersehen, daß ihr Zorn und ihre fortwährenden Auseinandersetzungen mit den Ex-Frauen ihr Interesse am Wohl ihrer Kinder beeinträchtigt hatten. Der Zweck unseres Vorschlages war nicht, das Gleichgewicht zwischen geschiedenen Eltern wiederherzustellen, sondern sicherzustellen, daß die Kinder eine angemessenere finanzielle Unterstützung erhalten. Selbst Eltern, die sich gut verstehen, gestatten sich zu oft heftige Auseinandersetzungen miteinander, die sich nachteilig auf ihre Kinder auswirken – und die Verschleppung der Zahlungen für die Kinder mit der Absicht, die Ex-Frauen zu bestrafen, liefert ein treffliches Beispiel dafür, was manche Männer tun, um ihrer Enttäuschung und ihrem Ärger Luft zu machen.

Die Altersrenten werden in der Regel nach einem Umlageverfahren finanziert, nach dem von den erwerbstätigen Menschen Sozialversicherungsbeiträge und gegebenenfalls noch weitere Abgaben erhoben werden, um die Unterstützung der aus dem Berufsleben ausgeschiedenen Personen zu finanzieren. Aber das Umlageverfahren ist in vielen Ländern in finanziellen Schwierigkeiten: Die Alterszuwendungen sind zu großzügig geworden und die Zahl der Arbeitskräfte pro Rentner nimmt ab – was auf die niedrigen Geburtenraten sowie auf die gestiegene Lebenserwartung der aus dem Berufsleben ausgeschiedenen Personen zurückzuführen ist.

Wir plädieren dafür, dieses System radikal zu reformieren, indem wir dem Pionierbeispiel folgen, das Chile vor über 15 Jahren gegeben hat und seitdem von einigen anderen Ländern nachgeahmt wurde. Chile ersetzte das traditionelle Umlageverfahren im Grunde durch ein System, in dem die Erwerbstätigen auf eigenen Konten für ihren Ruhestand ansparen; die Konten werden von privaten Investmentgesellschaften verwaltet, die um diese Altersruhegelder konkurrieren. Das chilenische System wurde von den Erwerbstätigen enthusiastisch begrüßt, und es funktioniert ausgezeichnet. Es hat aus den Pensionsbeiträgen viel höhere Erträge erwirtschaftet als das Umlageverfahren, weil die Beiträge im privaten Sektor in Anleihen und Aktien angelegt wurden. Außerdem wird ein Kapitaldeckungsverfahren durch niedrige Geburtenraten auch viel weniger nachteilig beeinflußt als das Umlageverfahren.

Das Familienverhalten

Gute Gründe gegen die ‚soziale Hängematte'

(1. Mai 1995)

Wirtschaftsordnungen, die auf Privatinitiative und Wettbewerbsmärkte setzen, sind effizienter als solche, die auf umfangreiche staatliche Kontrolle setzen. Langfristig gesehen sind jedoch die Auswirkungen einer marktwirtschaftlichen Ordnung auf die Selbstverantwortung, die Initiative und andere Tugenden vielleicht sogar von noch größerer Bedeutung.

Im 19. Jahrhundert hielten darum die Ökonomen und zahlreiche andere Verteidiger einer freien Marktwirtschaft die Auswirkungen des Systems auf die Werte oft für wichtiger als die Auswirkungen auf die Effizienz. Alexis de Tocqueville beobachtete nach einem längeren Besuch der Vereinigten Staaten in seiner bemerkenswerten Studie ‚Die Demokratie in Amerika', daß „der Grundsatz des Selbstinteresses ... die Menschen in Gewohnheiten der Regelmäßigkeit, Abstinenz, Mäßigung, Weitblick und Selbstkontrolle schult; und wenn er die Menschen nicht direkt aus freiem Entschluß zur Tugend führt, zieht er sie durch ihre Gewohnheiten schrittweise in diese Richtung."

Diese Einsicht in die Beziehung zwischen Selbständigkeit und Tugend sollte zu einer Reform von öffentlichen Programmen führen, die lediglich die Werte ihrer Zielgruppen korrumpieren. Das Sozialhilfesystem ist dafür ein gutes Beispiel; die Führer beider politischer Parteien stimmen darin überein, daß es nicht gut funktioniert und umgebaut werden muß. Obwohl viele sozialhilfeabhängige Familien innerhalb eines Jahres wieder aus dem Kreis der Anspruchsberechtigten ausscheiden, beziehen ungefähr 40 % der Familien weiterhin über mehr als zwei Jahre hinweg Leistungen, wobei sie mehr und mehr von staatlicher Unterstützung abhängig werden.

Die Menschen werden im allgemeinen sparsamer und selbständiger und entwickeln noch weitere Tugenden, wenn sie gezwungen sind, Entscheidungen zu treffen und für sich selbst zu sorgen. Aber sie verlieren diese zur Selbststeuerung nötigen Eigenschaften – beispielsweise eine so einfache Gewohnheit wie pünktlich zur Arbeit zu erscheinen –, wenn der Staat sie dauerhaft alimentiert. Wie wichtig solche Gewohnheiten sind, zeigte sich in den ehemals kommunistischen Ländern: Ältere Arbeitnehmer hatten Schwierigkeiten, sich das so völlig andere Verhalten anzueignen, das man braucht, um in einer freien Marktwirtschaft zu bestehen.

Zu viel Zeit? Viele Familien scheinen die schädlichen Konsequenzen zu erkennen, die mit dem Bezug von Sozialhilfe verbunden sind: Mehrere Studien zeigen, daß eine von vier sozialhilfeberechtigten Familien diese Hilfe gar nicht in Anspruch nimmt. Nach meiner Auffassung hätte die kürzlich verabschiedete Gesetzesnovelle des Repräsentantenhauses zur Sozialhilfe den Zeitraum noch enger begrenzen müssen, in dem Familien Leistungen in Anspruch nehmen können. Die geltende Gesetzesnovelle erlaubt einer Familie, bis zu fünf Jahre lang Sozialhilfe zu beziehen. Zum Glück werden viele Staaten die Pauschbeträge, die diese Gesetzesnovelle vorsieht, dazu nutzen, geringere Zeitlimits festzusetzen.

Präsident Clinton hat gedroht, gegen die Vorlage des Repräsentantenhauses sein Veto einzulegen; denn sie folgt dem Beispiel einiger Einzelstaaten, denjenigen Müttern, die bereits Sozialhilfe beziehen, zusätzliche Unterstützung zu verweigern, wenn sie uneheliche Kinder bekommen. Der Präsident und andere Kritiker sind der Auffassung, daß solche Bestimmungen die Kinder für die Fehler ihrer Eltern bestrafen, da die Eltern in armen und zerrütteten Familien ohne staatliche Hilfe nicht genug Ressourcen hätten, um angemessen für ihre Kinder zu sorgen.

Korruption. Die Auswirkungen der Sozialhilfereform auf die Kinder sollte in der Tat höchste Priorität haben. Aber die Kritiker sehen nicht, wie das gegenwärtige System die Werte korrumpiert, die Kindern vermittelt werden. Eine Veränderung des Systems mit dem Ziel, die Selbstverantwortung und Initiative mittelloser Eltern zu steigern, wird auch ihren Kindern zugute kommen – selbst wenn die Eltern vom Staat viel weniger finanzielle Unterstützung erhalten. Kinder sehen in ihren Eltern Rollenvorbilder und nehmen die elterlichen Wertvorstellungen an. Die Werte, die Kinder übernehmen, beeinflussen das, was sie als Erwachsene im Erwerbsleben und in der Ausbildung erreichen, viel mehr als das elterliche Portemonnaie.

Obwohl ich die schädlichen Auswirkungen staatlicher Programme auf die Werte der Zielgruppen am Beispiel der Sozialhilfe illustriert habe, schwächen oft auch Programme, die nicht auf Bedürftige zugeschnitten sind, den Sinn für Verantwortung und andere Tugenden der Zielgruppen. Dazu gehören Gleichstellungsinitiativen, die dazu verhelfen, daß man nicht durch seine eigenen Fähigkeiten vorankommt, sondern dadurch, daß man zu einer begünstigten Gruppe gehört; dazu gehören außerdem Hilfen an kleine und große Unternehmen, die deren Gewinne künstlich erhöhen und sie gegen Verluste absichern; und dazu gehören Regulierungen, die Firmen gegen den Wettbewerb schützen. Die Sozialversicherung ist ein weiteres Beispiel: Sie bringt viele Familien dazu, sich bei ihren Alterseinkommen auf den Staat zu verlassen, statt im Laufe ihrer Erwerbstätigkeit selbst für ihr Alter vorzusorgen – eine Praxis, die von privater Sparkapitalbildung abhält, wie mehrere Untersuchungen gezeigt haben.

Der Druck der Wähler zwingt die Gesetzgeber in den Einzelstaaten und im Kongreß zum Nachweis, daß die Vorteile staatlicher Programme und Regulierungen tendenziell ihre Kosten übersteigen. Entsprechende Überlegungen müssen ihre Auswirkungen auf Eigeninitiative, Verantwortlichkeit und andere unabdingbare Werte einer guten Gesellschaft mit einbeziehen.

Laßt die Geldeintreiber auf die unterhaltsmüden Männer los

(18. Juli 1994)

Mehr als ein Fünftel aller amerikanischen Kinder lebt in Armut. Und dies hauptsächlich wegen eines spektakulären Wachstums der Zahl der Familien mit unverheirateten alleinerziehenden Müttern. Ihre Lage wird verschlimmert durch niedrige oder völlig fehlende Alimentenzahlungen von Vätern, die nicht im Gefängnis einsitzen. Zum Glück für die Kinder wie für die Mütter ist es durchaus möglich, die Zahl der Väter erheblich zu erhöhen, die ihren Verpflichtungen nachkommen.

Es wird den Vätern viel zu leicht gemacht, die finanziellen und emotionalen Belastungen, die mit dem Großziehen von Kindern verbunden sind, auf die Mütter abzuwälzen. Männer werden sich bei der Zeugung von Kindern eher zurückhalten, wenn sie wissen, daß es Probleme gibt, wenn sie ihren Unterhaltspflichten nicht nachkommen.

Kinder können emotional und auch materiell profitieren, wenn sich ihre Väter um sie kümmern. Und wenn mehr Väter zur Zahlung gezwungen würden, hätten sie wahrscheinlich auch mehr Zeit für ihre Kinder – da sie nicht mehr länger damit beschäftigt wären, sich ihrer Entdeckung zu entziehen.

Eine Studie des Urban Institute aus dem Jahre 1993 schätzt, daß bei Erfüllung aller Alimentationspflichten das Einkommen vieler Familien mit einem alleinerziehenden Elternteil über die Armutsgrenze steigen würde. Aber die Vereinigung Amerikanischer Väter – eine Gruppe von Alimentenzahlern – steht auf dem Standpunkt, daß die Delinquenzziffern durch Mütter künstlich hochgetrieben werden, die erhaltene Zahlungen nicht angeben. Diese Vereinigung glaubt auch, daß Väter mit ihren Zahlungsverpflichtungen nicht selten deshalb in Rückstand geraten, weil die Unterstützungszahlungen zu hoch angesetzt sind.

Diese Gruppe hat einige bedenkenswerte Argumente. Aber dennoch ist es wichtig, die Durchsetzung von Alimentationsverpflichtungen zu verbessern. Der Kongreß verabschiedete in den Jahren 1984 und 1988 Gesetze, die von den Einzelstaaten größere Anstrengungen in dieser Hinsicht verlangen – wobei die Bundesregierung zum großen Teil für die dadurch entstehenden Kosten aufkommt. Es ist jetzt eher möglich, Löhne zu pfänden, selbst wenn Väter in andere Staaten umgezogen sind, und diejenigen ins Gefängnis zu bringen, die sich weigern zu zahlen. Computersysteme ermöglichen es den Staaten, einen besseren Überblick darüber zu behalten, wo die Väter leben und wieviel sie verdienen.

Vaterschaftsstation. Als Teil seines Wohlfahrtsreformpakets schlug Präsident Clinton kürzlich vor, diese Gesetze durch die Einrichtung nationaler Clearingstellen zu verschärfen, um Fälle über die Grenzen der Einzelstaaten hinaus verfolgen zu können – indem man zahlungsmüden Vätern Berufszulassungen und Fahrerlaubnisse verweigert (in einigen Staaten gelten schon entsprechende Bestimmungen) und indem man die Krankenhäuser dazu verpflichtet, bei jedem neugeborenen Baby den Vater festzustellen und zu dokumentieren.

Obwohl Bundesgesetze und einzelstaatliche Bemühungen die Zahl der Väter erhöht haben, die ihren Zahlungsverpflichtungen nachkommen, zeigt eine vom Büro für Durchsetzung des Kindesunterhalts am Health & Human Services Department erstellte Statistik, daß die staatlichen Stellen noch nicht einmal bei 19 % der bearbeiteten Kindesunterhaltsfälle das Geld eintreiben. Immer noch entziehen sich viele Väter erfolgreich der Entdeckung durch staatliche Stellen – in manchen Fällen durch die Flucht in einen anderen Bundesstaat.

Ein Grund für diese niedrige Zahl ist, daß die staatlichen Inkassostellen sich bei ihren Bemühungen um die Vaterschaftsfeststellung auf die sozialhilfebeziehenden Mütter konzentrieren. Die Staaten ziehen diese Sozialhilfefälle vor, weil die öffentlichen Ausgaben sinken, wenn die jeweiligen Familien ausreichende Unterhaltszahlungen erhalten – so daß sie aus dem Kreis der Sozialhilfeberechtigten ausscheiden.

Aber auch Frauen, die nicht von der Sozialhilfe abhängig sind, gelingt es in vielen Fällen nicht, an den ihnen zustehenden Unterhalt zu kommen. Manche Mütter, die von den staatlichen Stellen im Stich gelassen wurden, wandten sich an private Geldeintreiber, um die Väter ihrer Kinder aufzuspüren. Diese Inkassofirmen sind oft recht erfolgreich gewesen: Sie dürfen die Löhne der Väter pfänden lassen oder örtliche Behörden dazu veranlassen, die unterhaltsmüden Männer solange einzusperren, bis sie ihren Zahlungsverpflichtungen nachkommen.

Kopfgeldjäger? Private Inkassofirmen berechnen in der Regel nur eine geringe Grundgebühr. Ihre hauptsächliche Einnahmequelle liegt in einer Erfolgsprämie, die meist ein Viertel bis ein Drittel der eingetriebenen Summe ausmacht. Das scheint recht viel zu sein, aber diese Anteile entsprechen in etwa den Gebühren, die von Firmen für die Eintreibung anderer Schulden berechnet werden. Doch einige Gruppen, die das Interesse der Kinder vertreten, wenden sich gegen den Rückgriff auf gewinnorientierte Inkassofirmen; ihnen sind die großen Summen ein Dorn im Auge, die von dem abgezweigt werden, was eigentlich an die Kinder gehen sollte. Aber die Mütter wenden sich in der Regel erst dann an private Firmen, wenn sie es auf regulärem Wege nicht schaffen, das zu bekommen, was ihnen zusteht. Und schließlich sind 67 % von den auf privatem Wege eingetriebenen Geldern weitaus besser als 100 % von nichts.

Private Inkassofirmen sind oft noch dort erfolgreich, wo staatliche Agenturen versagen; denn den Regierungsbeamten fehlen die Anreize, Väter ausfindig zu machen, die mit ihren Zahlungen in Verzug sind. Aus diesem Grund sollten auch staatliche Agenturen dem Beispiel mancher Mütter folgen: private Geldeintreiber anheuern, um aufsässige Väter ausfindig zu machen und sie zur Kasse zu bitten.

Private Inkassofirmen, die unterhaltsmüde Väter für die Staatsregierungen zur Strecke bringen, lassen vielleicht an das berüchtigte Kopfgeldjäger-System aus dem Wilden Westen denken; aber ein solches System wäre eine effektive Antwort auf das Versagen staatlicher Stellen. Die Privatisierung staatlicher Eintreibungsbemühungen weist Präzedenzfälle bei anderen Schuldenarten auf: Manche Staaten haben private Firmen beispielsweise mit der Eintreibung unbeglichener Bußgelder für Verkehrsordnungswidrigkeiten beauftragt.

Der Kongreß sollte die meisten Empfehlungen des Präsidenten übernehmen; es gilt, den Arm des Staates bei der Eintreibung von Unterhaltszahlungen für Kinder zu stärken. Aber bereits die geltenden Gesetze könnten die Zahl der in Armut aufwachsenden Kinder viel wirksamer verringern, wenn die Staatsregierungen und noch mehr Mütter private Inkassofirmen damit beauftragen würden, die unterhaltsmüden Väter ausfindig zu machen.

Woran die Abschaffung des Schuldprinzips schuld ist

(7. Dezember 1992)

Sowohl Präsident Bush als auch der designierte Präsident Clinton haben während ihres Wahlkampfes wiederholt die Familienwerte beschworen. Aber keiner von beiden hat Reformen vorgeschlagen, die das Familienleben spürbar stärken würden. Völlig unbeachtet von der schlagzeilenverliebten Aufmerksamkeit, die man Murphy Brown, den Homosexuellen oder dem Gesetzentwurf zum Familienurlaub entgegenbrachte, blieben während der letzten 20 Jahre die besorgniserregenden Konsequenzen radikaler Veränderungen im Scheidungsrecht.

Im Jahre 1970 schaffte Kalifornien als erster Staat das Schuldprinzip bei der Scheidung ab. Seitdem haben praktisch alle Staaten ähnliche Regelungen übernommen. Die Abschaffung des Schuldprinzips macht es möglich, sich ohne Zustimmung des Ehegatten und ohne den Nachweis schuldhaften Verhaltens wie etwa Ehebruch scheiden zu lassen. Kaliforniens Ansatz wurde nicht nur von Frauengruppen als ein zivilisatorischer Fortschritt begrüßt; er werde sich als ein großer Segen für Frauen erweisen, die in schlechten Ehen gefangen sind.

Es kam alles ganz anders. Die Aufgabe des Schuldprinzips ist nach wissenschaftlichen Erkenntnissen zwar nicht schuld am steilen Anstieg der Scheidungen während der siebziger und achtziger Jahre; er hätte sich ohnehin vollzogen. Aber die Wissenschaft führt viele Probleme geschiedener Personen, vor allem von Frauen mit Kindern, auf die Abschaffung des Schuldprinzips zurück.

Gegenseitiges Einvernehmen. Nach geltendem Gesetz kann eine verheiratete Frau mit kleinen Kindern ihren Mann nicht davon abhalten, sich scheiden zu lassen – unabhängig davon, welche Entbehrungen sie und ihre Kinder auf sich nehmen müssen. Weil die Unterhaltszahlungen für ihre Kinder oft dürftig ausfallen, sieht sie sich einer düsteren finanziellen Zukunft gegenüber; sie wird ganztags arbeiten oder zur Sozialhilfe gehen müssen, nur um mit dem Geld zurechtzukommen. Die verzweifelte Lage dieser geschiedenen Frauen und ihrer Kinder – die jetzt fast 20 % aller Haushalte bilden – zählt in Großbritannien, Kanada, den USA und vielen anderen Ländern zu den ernstesten Problemen der Familie.

Es ist weder wünschenswert noch möglich, das Rad in die sechziger Jahre zurückzudrehen, als die meisten Staaten ohne einen Beweis für Ehebruch, Fahnenflucht oder sexuellen Mißbrauch keine Scheidung zuließen. Was kann getan werden, um die Situation dieser Familien zu verbessern? Das Experiment der Abschaffung des Schuldprinzips sollte abgebrochen und durch Gesetze ersetzt werden, die eine Scheidung nur erlauben, wenn sowohl der Ehemann als auch die Ehefrau zustimmen – was man Scheidung in gegenseitigem Einvernehmen nennt.

Diese Änderung würde die Verhandlungsposition vieler verheirateter Personen beträchtlich verbessern, besonders der Frauen, denen die Abschaffung des Schuldprinzips geschadet hat. Nehmen wir das Beispiel eines Ehemanns, der an einer Scheidung sehr interessiert ist und sich wenig um die negativen Auswirkungen auf seine Frau und seine Kinder kümmert. Nach geltendem Recht kann seine Frau wenig tun, um ihn aufzuhalten; aber wenn er ihre Zustimmung brauchte, hätte sie eine günstigere Ausgangsposition. Sie könnte sich weigern, es sei denn, der Ehemann stimmt freigebigen Unterhaltszahlungen für die Kinder, einer großzügigen Teilung der Vermögenswerte und anderen Bedingungen zu. Sie braucht ihre Zustimmung nicht zu geben, ehe er sie davon überzeugt, daß er tatsächlich seine Unterhaltsversprechen einhalten wird. Und sie muß ihm in der Ehe nicht auf Grund von Drohungen, daß er sich von ihr scheiden lassen wolle, seinen Willen lassen.

Kinder geschiedener Eltern, vor allem die Jungen, tragen wegen des eingeschränkten Kontakts mit ihren Vätern oft seelischen Schaden davon. Es gibt keine rundum zufriedenstellende Lösung für dieses Problem. Aber nach der von mir vorgeschlagenen Reform könnte eine Mutter, die sich über entsprechende Folgen einer Scheidung für ihre Kinder Sorgen macht, solange ihre Zustimmung verweigern, bis ihr Ehemann schriftlich zusichert, die Kinder häufig zu sehen, eventuell in gemeinsamer Obhut.

Ein gescheitertes Experiment. Die Abschaffung des Schuldprinzips hält verheiratete Frauen davon ab, für mehrere Jahre aus dem Berufsleben auszusteigen, um sich ihren kleinen Kindern zu widmen; denn sie wissen, daß sie für den Fall, daß ihre Ehemänner sie sitzenlassen, eine ausreichende Erwerbsquelle benötigen. Nach dem Grundsatz gegenseitigen Einvernehmens könnten die Frauen sich leichter dafür entscheiden, nach der Geburt der Kinder für eine Weile zu Hause zu bleiben; denn sie hätten dann viel weniger Grund zur Befürchtung, sich in einer finanziellen Notlage wiederzufinden.

Zur Zeit spielen die Richter in Scheidungsverfahren eine große Rolle, auch wenn sie wohl die individuellen Umstände nicht genügend kennen, um die Vormundschafts- und Unterhaltsbestimmungen auf sie angemessen anwenden zu können. Gesetze, die dem Grundsatz gegenseitigen Einvernehmens folgten, würden ihren Entscheidungsspielraum in Scheidungsverfahren einengen, da die Paare verpflichtet wären, als Teil des Konsensfindungsprozesses ihre eigenen Bedingungen auszuarbeiten. Es gibt allen Grund anzunehmen, daß die Privatisierung von Scheidungsverfahren – und das heißt: das Heraushalten der Justiz – zu einem viel besseren Ablauf führen würde, wie ja auch die Privatisierung anderer Aktivitäten Verbesserungen gebracht hat (vgl. die ökonomische Diskussion in *Business Week* vom 17. August [in diesem Band, S. 308]).

Kein Scheidungsgesetz kann alle Probleme lösen, die aus einer verfehlten Heirat entstehen. Ein verbitterter oder boshafter Ehepartner kann sich ganz unabhängig von den Bedingungen weigern, in eine Scheidung einzuwilligen – selbst wenn die Eheleute für viele Jahre getrennt leben. Diese Schwierigkeit kann partiell überwunden werden, indem man einer Person das Recht einräumt, eine verbindliche private Schlichtung im Scheidungsverfahren anzusteuern, wenn der Ehepartner nach mehreren Jahren der Trennung den Scheidungsbedingungen nicht zugestimmt hat.

Die meisten tiefgreifenden Veränderungen in der Familienstruktur, wie sie sich in den letzten 50 Jahren vollzogen haben, lassen sich nicht wieder rückgängig machen; sie sind das unvermeidliche Resultat der Erwerbstätigkeit der Frauen, des Rückgangs der Geburtenraten und anderer Entwicklungen, die ich in meinem Buch *A Treatise on the Family* untersucht habe.[6] Aber die weithin üblich gewordene Scheidung ohne Schuldprinzip ist ein gescheitertes Experiment. Wenn die Abschaffung des Schuldprinzips durch Regelungen ersetzt würde, die beiderseitige Zustimmung zur Scheidung verlangen, dann wären hohe Scheidungsraten mit viel geringeren Problemen für kleine Kinder verbunden – und für jene Frauen und Männer, die nicht wollen, daß ihre Ehen in die Brüche gehen.

Die Sozialhilfereform: Kinder haben Vorrang

(30. März 1992)

Obwohl das Sozialhilfeprogramm des Bundes die Bezeichnung „Hilfe für Familien mit abhängigen Kindern" trägt, ist es nicht so angelegt, daß die sozialhilfeabhängigen Familien dazu ermuntert werden, vorrangig das Wohl ihrer Kinder im Auge zu haben. Das System sollte reformiert werden; im Mittelpunkt sollten diejenigen stehen, die dort hingehören: die Kinder – und nicht so sehr die Eltern.

Einige Bestimmungen des überkommenen Wohlfahrtssystems sind in Bezug auf Kinder nicht einfach nur neutral: Sie schaden ihnen. Es ist beispielsweise wohlbekannt, daß praktisch bis in die jüngste Zeit mehr als die Hälfte der Einzelstaaten Unterstützungszahlungen für Mütter verweigerten, die mit ihren Ehemännern zusammenlebten. Die unbeabsichtigte Konsequenz war, daß Ehepaare einen Anreiz hatten, sich zu trennen, um unterstützungsberechtigt zu werden – trotz zunehmender Belege dafür, daß kleine Kinder, vor allem Jungen, Schaden davontragen, wenn sie nur von der Mutter großgezogen werden. Zum Glück verlangt eine Reform des Familienhilfegesetzes von 1988, daß die Staaten auch intakten Familien die Unterstützungsberechtigung gewähren.

Wir müssen erkennen, daß arme Familien auf geeignete Anreize reagieren – etwas, das vom gegenwärtigen System implizit bestritten wird. Um Sozialhilfeempfängern die richtigen Anreize zu geben, sollten Familien, die auf das Wohl der Kinder achten, zusätzliche Zahlungen erhalten. So könnten etwa die Zuwendungen größer ausfallen, wenn die Eltern ihre Kinder regelmäßig zu Vorsorgeuntersuchungen bringen; wenn die Kinder gute Schulzeugnisse haben; wenn die Eltern sich an schulischen Aktivitäten beteiligen; oder sogar wenn Kinder gute Abschlüsse machen und in Leistungstests gut abschneiden. Auf der andern Seite könnten Zuwendungen gekürzt oder sogar ganz gestrichen werden, wenn Eltern Drogen nehmen oder die Highschool abbrechen.

Es gibt zahlreiche Belege dafür, daß Schulleistungen sich erheblich verbessern, wenn die Schüler regelmäßig anwesend sind und besonders wenn Eltern an schulischen Aktivitäten Anteil nehmen. Erfolgreiche private und öffentliche Schulen haben gezeigt, daß die Einbindung der Eltern die Leistungen der Kinder selbst aus bettelarmen Familien deutlich erhöhen kann.

Schluß damit. Die vorgeschlagenen Änderungen in Kalifornien, Connecticut, Wisconsin und anderen Staaten – im allgemeinen diejenigen mit den großzügigsten Hilfesätzen – würden Familien maßregeln, die sich ihren Kindern gegenüber nicht angemessen verhalten. Vor kurzem hat New Jersey einen neuen Kurs eingeschlagen, als es einen Gesetzentwurf passieren ließ, der denjenigen Frauen höhere Unterstützungszahlungen verweigert, die während des Sozialhilfebezuges weitere Kinder bekommen.

Bevor New Jersey handelte, stiegen alle staatlichen Wohlfahrtszahlungen entsprechend der Zahl minderjähriger Kinder an – was für viele sozialhilfeabhängige Mütter ein Grund war, immer mehr Babys zu bekommen. Die Maßnahme New Jerseys beseitigt diesen monetären Anreiz. Was wohl noch wichtiger ist: Sie stellt klar, daß Frauen, die ihren Lebensunterhalt nicht selbst bestreiten können, keine Kinder bekommen sollten. Natürlich wird es wahrscheinlich manche Frauen geben, die mehrere Kinder bekommen, bevor sie zur Wohlfahrt gehen oder während sie zwischenzeitlich keine Sozialhilfe erhalten.

Manche Kritiker behaupten, daß die in verschiedenen Staaten vorgeschlagenen radikalen Änderungen allzusehr den Mittelklasse-Vorurteilen gegen arme Familien und die Sozialhilfe entgegenkommen. Solche Einstellungen haben möglicherweise dazu beigetragen, daß solche Maßnahmen politische Unterstützung gewannen. Doch auch viele arme Familien sind vom geltenden System nicht angetan. Nach einer aufschlußreichen Statistik entscheiden sich fast 40 % der sozialhilfeberechtigten Familien dafür, diese Hilfe nicht in Anspruch zu nehmen. Es mag natürlich manche geben, die nicht wissen, daß sie anspruchsberechtigt sind; aber Informationen über die Wohlfahrtsberechtigung sind flächendeckend verbreitet worden. Nach meiner Auffassung kommt die Mehrheit derjenigen, die trotz Berechtigung keine Sozialhilfe beziehen, zu dem Schluß, daß sie sich nach einem Antrag auf Sozialhilfe alles in allem schlechter stehen.

Teufelskreis. Aber warum kann eine Familie Schaden nehmen, wenn sie monatliche Schecks vom Staat erhält? Zu den greifbaren Nachteilen gehören Bestimmungen, die sozialhilfebeziehenden Familien nur Teilzeitarbeit gestatten; wer mehr verdient, erhält geringere Zuwendungen. Und wer zum jetzigen Zeitpunkt weniger arbeitet, verringert seine Chancen, sich künftig selbst zu erhalten. Das liegt daran, daß sich das künftige Verdienstvolumen beträchtlich vermindert, wenn eine Person über längere Zeit arbeitslos gewesen ist, nur in Teilzeitjobs oder nur sporadisch gearbeitet hat. Man kann unter diesen Umständen nicht die erforderlichen beruflichen Fertigkeiten erwerben, die sich nur durch Arbeit über einen längeren Zeitraum in einem Beschäftigungsverhältnis oder in einem Beruf entwickeln. Die Ökonomin Seth Sanders von der Carnegie Mellon Universität hat gezeigt, daß hierin der Grund zu finden ist, warum manche Familien den Bezug von Sozialhilfe ablehnen und warum Familien, die längerfristig Sozialhilfe beziehen, davon wahrscheinlich kaum mehr herunterkommen: Sie sind immer weniger in der Lage, für sich selbst zu sorgen.

Manche sozialhilfeberechtigten Familien bemühen sich nicht um staatliche Unterstützung, weil sie die Werte und die Selbstachtung der Familie untergräbt. Das mag auch am sozialen Stigma des Sozialhilfebezuges liegen; aber nach meiner Auffassung ist der Hauptgrund, daß manche Eltern völlig zu Recht zu der Überzeugung gelangen, daß Wohlfahrtszuwendungen die eigene Motivation und die ihrer Kinder, sich selbst zu helfen, ungünstig beeinflussen. Sie kommen zu dem Schluß, daß die schädlichen Auswirkungen ein zu großer Preis für Wohlfahrtsschecks sind.

Wenn das stimmt, dann sind Familien, die Sozialhilfe beantragen, tendenziell gerade diejenigen, die sich am wenigsten um das Wohlergehen ihrer Kinder kümmern und am wenigsten willens sind, sich selbst zu helfen. Sie brauchen am ehesten finanziellen und sonstigen Druck – Zuckerbrot und Peitsche –, um sie dazu zu bringen, sich mehr um ihre Kinder zu kümmern.

Die Amerikaner wollen bedürftigen Kindern helfen. Aber sie haben recht, wenn sie den Eindruck haben, daß dies mit dem gegenwärtigen Wohlfahrtssystem nicht zu schaffen ist. Eine Reform des Systems, die sich darauf konzentriert, das Können und die Gesundheit von Kindern zu verbessern, würde einen Großteil der feindseligen Einstellung gegenüber dem Wohlfahrtssystem beseitigen.

Sicher, gebt mehr aus für das Wohl der Kinder. Aber mit Bedacht

(8. Mai 1989)

Die Kinderfürsorge ist zu einem heftig umstrittenen politischen Thema geworden. Washington ist daran beteiligt – und sollte es sein. Schließlich liegt das Wohl der Kinder im Land – besonders das der armen oder vernachlässigten Jugendlichen – fraglos im Interesse der Öffentlichkeit.

Leider würden manche Vorschläge die Eltern auf Kosten der Kinder unterstützen; und andere kämen nicht denen zugute, die am ehesten Hilfe benötigen. Zu den zahlreichen Plänen zur Verbesserung der Kinderfürsorge gehören Präsident Bushs Steuergutschrift für geringverdienende Familien mit kleinen Kindern; der gesetzliche Erziehungsurlaub für Eltern mit neugeborenen oder kranken Kindern, wie ihn die demokratische Abgeordnete des Repräsentantenhauses aus Colorado, Patricia Schroeder, möchte; Teilzeitstellen für Mütter in Betrieben sowie eine subventionierte Kinderbetreuung – insbesondere für Kinder berufstätiger Mütter.

Wenn man sieht, was in den USA in den letzten 20 Jahren mit den Kindern passiert ist, dann kann man mit guten Gründen beunruhigt sein. Die Punktwerte bei den verbalen und mathematischen Teilen des Hochschuleignungstests [Scholastic Aptitude Test] gingen während der 1960er und 1970er Jahre steil nach unten, auch wenn sie während der 1980er Jahre wieder etwas anstiegen. Die Selbstmordrate unter Jugendlichen und jungen Erwachsenen nahm während der 1960er und 1970er Jahre stark zu, während die Rate für alle Erwachsenen konstant blieb.

Die Zahl der Kinder, die mit nur einem Elternteil aufwachsen, hat sich als Folge der in die Höhe geschnellten Scheidungsraten vervielfacht. Berufstätige Mütter mit meist geringem Einkommen stehen zur Zeit nahezu 20 % der amerikanischen Familien vor. Der Anteil schwangerer, unverheirateter Highschoolschülerinnen ist sprunghaft gestiegen, der Drogenkonsum hat jede Gemeinde erreicht, und das Bombardement mit anderen beunruhigenden Statistiken scheint kein Ende zu nehmen. Die gleichen Trends, wenn auch weniger dramatisch, lassen sich in Großbritannien, Schweden und anderen westeuropäischen Ländern beobachten.

Herzlich wenig. Präsident Bushs Steuergutschrift würde armen Familien eine Steuerrückerstattung von 1.000 Dollar pro Kind unter vier Jahren bringen. Aber das hilft den Kindern nur insoweit, wie die Eltern einen Teil des zusätzlichen Einkommens auch für die Kinder ausgeben. Doch bei Eltern, die hauptsächlich an sich selbst denken, wird davon herzlich wenig für die Kinder übrig bleiben. Leider könnte der Vorschlag des Präsidenten auch dazu führen, daß manche armen Familien sich nur deshalb trennen, weil er geschiedenen Müttern Hilfen für den Lebensunterhalt der Kinder gewährt.

Im übrigen zeigen die Geschehnisse in den 1960er und 1970er Jahren, daß das Problem der Kinderfürsorge sich nicht einfach mit mehr Geld lösen läßt. In dieser Zeit verschlechterte sich die Situation spürbar – trotz eines raschen Wachstums der bundesstaatlichen, einzelstaatlichen und kommunalen Ausgaben für die Kinder. Wir müssen wohl mehr Ressourcen für die Kinderfürsorge aufwenden. Aber nach meiner Auffassung muß jede Anhebung öffentlicher Mittel für solche Programme auf spezifische Ziele ausgerichtet sein, die nach aller Wahrscheinlichkeit das Können, die Ausbildung, die psychische Gesundheit, die Werte und sonstiges Humankapital verbessern. Auf diese Weise läßt sich am ehesten erreichen, daß die Ausgaben nicht in andere Kanäle umgelenkt werden und anderen Gruppen zugute kommen.

Die effektivste Nutzung öffentlicher Mittel würde wohl durch ein System gewährleistet, in dem arme Familien Gutscheine für solche Aktivitäten einlösen könnten, die Humankapital aufbauen. Geeignete Kandidaten für ein solches Gutschein-Programm sind beispielsweise die medizinische Betreuung, Beratungsdienste und Head-Start-Programme für Kinder.

Wenn Bushs Plan einer Steuergutschrift mangelhaft ist, so sind es erst recht die übrigen Vorschläge für die Verbesserung der Kinderfürsorge: Sie kommen oft den Mittelklasse-Familien und wohlhabenderen Familien im gleichen Maße zugute wie den armen Familien, oder sie stellen

Eltern auf Kosten der Kinder besser. So begünstigen etwa staatliche Subventionen für die Kinderfürsorge-Einrichtungen sämtliche Familien mit erwerbstätigen Müttern, nicht nur die bedürftigen Familien. Zweifellos würden Kinder in manchen Familien mit erwerbstätigen Müttern von solchen Subventionen profitieren, weil sie in besseren Kinderfürsorge-Einrichtungen untergebracht werden könnten. Aber das Programm ist natürlich keine Hilfe, wenn die Mütter, aus welchem Grund auch immer, zu Hause bleiben und daher durch das Kinderfürsorge-Programm nicht erreicht werden.

Die abwesende Mutter. Subventionen für die Kinderfürsorge veranlassen mehr Mütter zur Aufnahme einer Erwerbstätigkeit. Schweden hat praktisch schon alle Programme eingeführt, die in jüngster Zeit in den USA erörtert wurden; etwa den gesetzlichen Erziehungsurlaub für Eltern mit kleinen Kindern, subventionierte Kinderbetreuungs-Einrichtungen, die getrennte Besteuerung des Verdienstes von Ehemännern und Ehefrauen und die Förderung von Teilzeitarbeit von Müttern. Schwedens Erfahrungen zeigen, daß diese Programme einen gewaltigen Einfluß auf die Erwerbsquote der verheirateten Frauen haben: In Schweden sind mehr als 80 % der verheirateten Frauen mit kleinen Kindern erwerbstätig, im Vergleich zu 60 % der amerikanischen Frauen und weniger als 40 % der westdeutschen Frauen. Die Erwerbsquoten der Frauen in Schweden und Deutschland entwickelten sich stark auseinander, nachdem Schweden diese Programme eingeführt hatte und in Deutschland ihre Umsetzung gescheitert war.

Aber es ist durchaus fraglich, ob es für die Kinder gut ist, wenn die Mütter zur Aufnahme einer Arbeit bewegt werden. Viele Psychologen und andere Fachleute auf dem Gebiet der Kinderfürsorge vertreten die These, daß kleine Kinder durchgehend die Betreuung ihrer Mütter brauchen; und es tobt eine leidenschaftliche Debatte darüber, ob und in welchem Umfang Kinder durch die Abwesenheit ihrer Mütter Schaden davontragen.

Öffentliche Initiativen sind natürlich unerläßlich, um die wertvollste Ressource der Nation zu schützen – die Kinder. Dennoch sollten der Kongreß und der Präsident sicherstellen, daß jedes neue Gesetz auch wirklich den Kindern zugute kommt – und nicht nur der Selbstverwirklichung erwerbstätiger Mittelklasse-Frauen und der Lebensqualität anderer Gruppen mit beachtlicher politischer Durchsetzungskraft.

Senkt die Scheidungsraten mit Eheverträgen

(23. Dezember 1985)

Der Anstieg der Scheidungsziffern gehörte in den letzten 20 Jahren zu den auffallendsten Phänomenen in den westlichen Ländern. Wenn die gegenwärtige Scheidungstendenz anhält, dann werden zum Beispiel in den USA 40 % aller seit 1975 geschlossenen Ehen auseinanderbrechen. Für dieses Phänomen gibt es mehrere Gründe. Viele verheiratete Frauen arbeiten jetzt außer Haus und sind finanziell unabhängiger (*Business Week*, 13. Mai [in diesem Band, S. 161]. Die Zahl kleiner Kinder in der Durchschnittsfamilie nahm nach den 1950er Jahren stark ab, da die Geburtenraten sanken; das wiederum verminderte den Druck auf die Frauen, verheiratet zu bleiben; und die Ausdehnung des Wohlfahrtsstaates gab den mittellosen Frauen ein Äquivalent für Unterhaltszahlungen und Alimente für ihre Kinder.

Inzwischen haben sich auch die Scheidungsgesetze radikal gewandelt. 1970 verabschiedete Kalifornien das erste unilaterale, nicht am Schuldprinzip orientierte Scheidungsgesetz. Inzwischen sind praktisch alle anderen Staaten diesem Beispiel gefolgt. Diese Gesetze ermöglichen es einem Ehemann oder einer Ehefrau, die Scheidung ohne die Zustimmung seines oder ihres Ehepartners zu bekommen, und es ist auch nicht der Nachweis erforderlich, daß der jeweils andere im Unrecht ist. Man könnte denken, daß die Umstellung auf eine einseitig durchsetzbare Scheidung die Scheidungsraten erhöht. Aber mehrere Untersuchungen, etwa die ausführliche von Professor Elizabeth Peters von der Universität Colorado, haben ergeben, daß das offenbar nicht der Fall ist. In meinem Buch *A Treatise on the Family* habe ich zu zeigen versucht, daß eine einseitig durchsetzbare Scheidung die Scheidungsraten sehr wahrscheinlich nicht nennenswert beeinflußt, wenn die Ehefrauen oder die Ehemänner ihren Partnern finanzielle und sonstige Anreize anbieten können, verheiratet zu bleiben.

Die Umstellung auf eine einseitig durchsetzbare Scheidung wirkte sich auf geschiedene Frauen dennoch nachteilig aus. Neben anderen zeigt auch die Studie von Professor Peters, daß Unterhaltszahlungen für Frauen und Kinder bei Scheidungen, die von einem Ehepartner durchgesetzt wurden, niedriger ausfielen als bei Scheidungen in gegenseitigem Einvernehmen oder bei solchen, die den Nachweis eines Fehltritts verlangen. Obwohl viele Frauengruppen die einseitig durchsetzbare Scheidung anfangs befürworteten, sollte diese Entwicklung sie nicht überraschen: Ehemänner, die eine Scheidung anstreben, müssen nun nicht länger substantielle Zugeständnisse machen, um die Zustimmung ihrer Partnerin zu erhalten.

Bindende Dokumente. Wenn eine Scheidung gegenseitiges Einvernehmen oder schuldhaftes Verhalten voraussetzt, einigen sich Ehepaare vor einer Scheidung wahrscheinlich über finanzielle Angelegenheiten. Im Gegensatz dazu sind die Gerichtssäle jetzt voll von Ehepaaren, die im Zuge des Scheidungsverfahrens um die finanziellen Regelungen prozessieren. Die Anzahl der Rechtsanwälte, die sich auf Scheidungsverfahren spezialisiert haben, hat sich während der letzten 10 Jahre gewaltig vermehrt. Von den Richtern werden immer öfter Entscheidungen verlangt wie die, ob eine geschiedene Frau, die in der Zeit berufstätig war, als ihr Ehemann Medizin oder Betriebswirtschaft studierte, einen Anspruch auf einen beträchtlichen Teil seines zukünftigen Einkommenszuwaches hat; oder welchen Anteil eine Frau, die mit einem reichen Mann zusammenlebte, nach der Trennung von seinem Reichtum beanspruchen kann.

Der Gerichtssaal ist nicht der geeignete Ort, um über die immer wieder anders gelagerten Verhältnisse jeder Ehe oder Beziehung ein Urteil zu fällen. Wir sollten die richterliche Entscheidung durch Eheverträge ersetzen, die unter anderem die finanziellen und vormundschaftlichen Bedingungen einer Scheidung spezifizieren. Eheverträge würden viel alltäglicher, wenn wir uns von der Rechtstradition trennen, daß sie nicht durchsetzbar sind. In den meisten Fällen sollten sie in der gleichen Weise als juristisch verbindliche Dokumente angesehen werden wie Verträge zwischen Geschäftspartnern. Verträge zwischen Paaren, die zusammenleben, ohne verheiratet zu sein, sollten ebenfalls zivilrechtlich verbindlich sein. In ihrem Buch *The Marriage Contract*[7] diskutiert die Soziologin Lenore J. Weitzman die Vorteile eines solchen Vertrages und welche Bestimmungen er enthalten sollte.

Blind vor Liebe. Ein Einwand gegen Eheverträge lautet, daß Paare, die im Begriff sind zu heiraten, wohl kaum klare Vorstellungen über die finanziellen Bedingungen einer späteren Trennung haben. Aber solche Paare könnten mit einem sehr allgemein gefaßten Vertrag beginnen, der eine spezifischere Fassung zu einem späteren Zeitpunkt vorsieht. Es stimmt dennoch: Wer blind vor Liebe ist, läßt sich wohl nicht selten zu unfairen Verträgen verleiten. Aber ist es besser, Diskussionen über finanzielle und andere Bedingungen aufzuschieben, bis ein Paar am Rande der Scheidung steht und ein oder beide Partner wütend und mißgünstig sind?

Manche Leute lehnen Eheverträge ab, weil Verträge die Wahrscheinlichkeit eines Scheiterns erhöhen könnten: Sie verlangen von Paaren, die Bestimmungen einer Scheidungsvereinbarung explizit zu bedenken. Aber die meisten heutigen modernen Paare sind sich sehr wohl bewußt, daß eine Scheidung im Bereich des Möglichen liegt. Mehrere Untersuchungen zeigen beispielsweise, daß Frauen um so eher erwerbstätig bleiben und Schwangerschaften aufschieben, je größer die Wahrscheinlichkeit ist, daß ihre Ehe zerbricht. Verträge, welche die Absicherung der Frauen verbessern, könnten die Zahl der Scheidungen sogar reduzieren: Sie veranlassen die nicht an einer Berufslaufbahn interessierten Frauen dazu, früher Kinder zu bekommen und sich für längere Zeit aus dem Erwerbsleben zurückzuziehen, während sie für ihre kleinen Kinder sorgen.

„Wer übereilt heiratet, hat Zeit zu bereuen" – so faßte der englische Dramatiker William Congreve die Weisheit des 17. Jahrhunderts zusammen. Wir können die Probleme nach einer übereilten Heirat mit Verträgen entschärfen, die eine Ehe als privates Langzeitarrangement zwischen ehemündigen Erwachsenen behandeln. Solche Verträge würden die besonderen Verhältnisse jeder Ehe berücksichtigen. Sie würden die Verpflichtungen von Ehemännern und Ehefrauen umreißen. Und sie würden weitaus bessere Dienste bei der Spezifikation der finanziellen und sonstigen Bedingungen einer Scheidung leisten als Richter.

Die Senioren

Wie die Zukunft der Sozialversicherung gesichert werden kann

(12. Juli 1993)

Die Sozialversicherungssysteme in den USA, Deutschland und den meisten anderen wohlhabenden Ländern sind in ernsten finanziellen Schwierigkeiten – nicht unbedingt in diesem oder im nächsten Jahr, aber doch Anfang des nächsten Jahrhunderts. Ein Problem ist die starke Abnahme der Zahl erwerbstätiger Menschen, deren Abgaben eine wachsende Zahl von Ruheständlern unterstützen. Ein weiteres Problem sind Politiker, die diese Systeme mit teuren Wohltaten belastet haben, die nichts mit den zwangsweise angesammelten Spargeldern der Empfänger zu tun haben.

Beide Probleme können gelöst werden, indem man sich auf die ursprüngliche Zielsetzung der Sozialversicherung besinnt: Ruheständler mit Hilfen zum Lebensunterhalt zu versehen, die von ihren Beiträgen zu einem Treuhandvermögen während ihrer Erwerbstätigkeit abhängen. Diese revolutionäre Einrichtung, die erstmals Ende des 19. Jahrhunderts in Deutschland aufkam, verwaltete die Sparguthaben der arbeitenden Menschen so, daß sie nicht von öffentlicher Unterstützung abhängig wurden, falls sie es nicht geschafft hatten, selbst ausreichende Teile ihres Verdienstes beiseite zu legen. Wenn die heutigen Konzepte auf versicherungsmathematischen Prinzipien gründeten, wären weder das Ruhestandseinkommen noch die Sozialversicherungsabgaben politisch festgelegt. Sie würden sich nach den Gesamtbeiträgen, dem Rentenalter und dem Familienstand der Familienmitglieder richten.

So würde etwa eine Person, die über 40 Jahre hinweg 10 % ihres Einkommens gespart hat, dafür 3 % Zinsen bekäme und dann im Alter von 67 Jahren für 15 Jahre in den Ruhestand ginge, eine Pension von fast zwei Dritteln ihres Erwerbseinkommens erhalten. Eine Familie, die 40 Jahre lang jedes Jahr 3.000 Dollar von ihrem Jahreseinkommen von 30.000 Dollar sparte, würde so nahezu 20.000 Dollar im Jahr als Ruhestandseinkommen beziehen. Falls sie Kinder großgezogen haben, könnten sie wahrscheinlich genauso gut oder besser leben als vor dem Ruhestand.

Schmaler Graben. Dennoch hätten manche Arbeitnehmer auch mit Zwangsbeiträgen im Ruhestand keinen annehmbaren Lebensstandard, weil sie in jungen Jahren zuwenig verdienten – sei es wegen längerer Arbeitslosigkeit oder wegen Krankheit. Um sie auf einen vereinbarten Mindeststandard hinaufzubringen, müßte der Staat die Rentenzahlungen aus dem allgemeinen Steueraufkommen aufstocken. Aber bei einem angemessenen Umfang der erhobenen Beiträge wären solche Zusatzzahlungen nur für eine von fünf US-Familien notwendig.

Da sich alle entwickelten Länder auf ein Sozialversicherungssystem nach dem Umlageverfahren stützen – in denen die Beiträge der jeweils erwerbstätigen Menschen die Ruheständler finanzieren –, ist man wegen der niedrigen Geburtenraten erheblich beunruhigt: Sie bedeuten, daß in Zukunft weniger Arbeitskräfte verfügbar sein werden, um an eine wachsende Zahl von Rentnern Zahlungen zu leisten. Aber es gibt ein System, bei dem die Geburtenraten eine viel geringere Rolle spielen. Bei diesem Ansatz, bekannt als das versicherungsmathematisch fundierte Kapitaldeckungsverfahren, finanziert jede Familie mit Hilfe angesammelter Spargelder aus eigenen Einkünften ihre eigenen Ruhestandsbezüge.

Obwohl bereits dieser Ansatz erheblich dazu beiträgt, die Sozialversicherung von politischer Beeinflussung freizuhalten, kann man in diese Richtung noch weitergehen und privaten Unternehmen erlauben, sich um das Recht zur Verwaltung individueller Sozialversicherungskonten zu bewerben. Es gibt Präzedenzfälle in vielen Ländern, in denen private Gesellschaften um das Management von Pensionsfonds konkurrieren. Ich selbst entschied mich unter den zur Verfügung stehen Möglichkeiten für die Vanguard Company, die mein Vermögen für die Zeit meiner Emeritierung verwaltet; sie bot eine reiche Angebotspalette guter Investitionsmöglichkeiten und monatliche Informationen über die Wertentwicklung.

Safety first. Der weltweite Trend in Richtung auf die Privatisierung zahlreicher staatlicher Aktivitäten macht es überflüssig, sich ausführlich mit den Vorteilen der Einführung eines Effizienzwettbewerbs privater Gesellschaften in das Sozialversicherungssystem zu befassen. Ruheständler können vor übermäßigen Risiken ihrer Investitionen geschützt werden, indem man von privaten Anlagegesellschaften ein ausreichendes Eigenkapital sowie die Eingrenzung der Investitionen auf besondere Sicherheitskategorien verlangt.

Eine privat geführte, versicherungsmathematisch auf dem Kapitaldeckungsverfahren beruhende Alterssicherung mag völlig unpraktikabel und fern jeglicher politischen Realität erscheinen. Aber genau dieses System führte Chile vor 15 Jahren ein, nachdem die Menschen dort vom staatlichen Sozialversicherungssystem genug hatten. Argentinien ist kurz davor, Chiles Beispiel zu folgen.

In Chile konkurrieren zahlreiche private Fonds intensiv um das Recht, die Spargelder zu verwalten, die Erwerbstätige für ihr Alter auf die Seite legen müssen. Diese Fonds haben recht gute Renditen ihrer Investitionen erzielt, und die Provisionsanteile an den Beiträgen sind im Laufe der Zeit stetig gesunken. Kürzlich traf ich während eines Besuchs in Chile niemanden, der zu dem alten System hätte zurückkehren wollen, das über 25 % der Einkünfte verschlang, doch für unzureichende und in gewisser Weise auch willkürliche Ruhestandseinkünfte sorgte.

Natürlich müßten ältere Arbeitnehmer, die über lange Jahre hinweg in das traditionelle System eingezahlt haben, in die von mir vorgeschlagene Alternative integriert werden. Chile bot seinen Arbeitnehmern die Wahlmöglichkeit an, entweder im alten staatlichen System zu bleiben oder in das leistungsbezogene zu wechseln – mit einer Staatsanleihe ausgestattet, die im Verhältnis zu ihren aufsummierten Beiträgen bewertet wurde. Chiles Systemwechsel funktionierte reibungslos, und praktisch alle älteren Arbeitnehmer traten aus dem traditionellen System aus – wobei sie mit ihren Füßen gegen das staatliche Management abstimmten.

Das ursprüngliche Ziel der Sozialversicherung – nämlich Familien zu zwingen, von ihren Einkünften für ihr Alter vorzusorgen – sollte mit dem modernen Trend in Richtung auf die Privatisierung staatlicher Aktivitäten kombiniert werden. Diese Kombination würde für ein effektives Alterssicherungssystem sorgen, das weitgehend gegen die Politik, gegen niedrige Geburtenraten und gegen Finanzkrisen abgeschirmt wäre.

Was hält ältere Arbeitnehmer von der Arbeit ab?

(19. März 1990)

Während der letzten 20 Jahre sind Staat und Justiz zu bedeutenden Akteuren bei der Entscheidung über Anstellung und Bezahlung von Amerikas älteren Arbeitnehmern geworden. Der Gesetzgeber ist dabei, schrittweise das Recht eines Arbeitgebers abzuschaffen, die meisten Beschäftigten in den Ruhestand zu schicken; und Bundes- und Staatsgerichte sind mit Klagen älterer Arbeitnehmer eingedeckt, die sich diskriminiert fühlen. Nach meiner Auffassung ist die Diskriminierung allerdings nur ein unbedeutender Teil des Problems; eher hat die Einmischung des Staates viele ältere Menschen vom Erwerbsleben ferngehalten.

Staatliche Regulierungen und Transferzahlungen, nicht das Verhalten der Unternehmen, erklären den scharfen Rückgang der Erwerbsquote bei Männern im Alter zwischen 60 und 65 Jahren – von etwa 80 % in den 1960er Jahren bis auf weniger als 55 % heute. Großzügigere Bestimmungen bei der Gewährung von Erwerbsunfähigkeits- und Sozialversicherungsrenten brachten viele Arbeitnehmer dieser Altersgruppe dazu, vorzeitig aus dem Erwerbsleben auszuscheiden. Warum sollte man auch weiterarbeiten, wenn man fast genauso hohe Einkünfte erzielen kann, indem man sich zur Ruhe setzt und von Uncle Sam Rentenschecks kassiert?

Die Pensionierungspraktiken der Arbeitgeber erklären noch nicht einmal den während der vergangenen 50 Jahre zu verzeichnenden starken Rückgang der Erwerbsquote bei Männern im Alter von 65 Jahren und darüber. Japanische Männer arbeiten viel häufiger weiter als ihre amerikanischen Kollegen – 36 % der japanischen Männer im Alter von 65 und darüber sind erwerbstätig, aber nur 16 % in den USA. Doch größere japanische Unternehmen zwingen die Beschäftigten in der Regel schon im Alter von 55 oder 60 Jahren dazu, in den Ruhestand zu gehen – also zu einem deutlich früheren Zeitpunkt, als es bisher die vorherrschende Praxis in Amerika war.

Geschätzt und altgedient. Der Unterschied ist, daß japanische Arbeitnehmer nach ihrer erzwungenen Pensionierung gutbezahlte Stellen finden können. Auch für ältere amerikanische Arbeitnehmer wären weit mehr Arbeitsplätze verfügbar, wenn Washington die Unternehmen, die ältere Arbeitnehmer einstellen, nicht mit hohen Krankenversicherungs- und Pensionskosten belasten würde.

Die Bundesregierung beeinflußt durch Bürgerrechtsprogramme und sonstige Programme gegen Diskriminierung in großem Ausmaß den Arbeitsmarkt für ältere Arbeitnehmer. Doch es gibt keine Belege für ihre weitverbreitete systematische Benachteiligung. Die geringen Einkünfte und die hohe Arbeitslosigkeit bei Minderheiten wecken zwar einen handfesten Diskriminierungsverdacht; aber dieses Totschlagargument verfängt nicht bei den Senioren. Manche ältere Menschen werden vielleicht wegen ihrer hohen Kosten oder wegen ihrer geringen Produktivität nicht eingestellt, aber nicht nur wegen ihres Alters aus dem Erwerbsleben gedrängt. Männer im Alter zwischen 60 und 64, die ganzjährig arbeiten, verdienen fast so viel wie Männer zwischen 45 und 54 und bedeutend mehr als Männer zwischen 24 und 44. Die Arbeitslosigkeitsraten der arbeitswilligen Männer über 55 liegen weit unter denen junger Männer. Die schlichte Tatsache ist, daß ältere Arbeitnehmer eine Elite bilden, die im allgemeinen wegen ihrer Erfahrung, ihres Wissens, ihrer Zuverlässigkeit und Loyalität von den Arbeitgebern geschätzt wird.

Natürlich geraten manche älteren Arbeitnehmer unter Druck, wenn ihre Produktivität nachläßt; wenn sie es nicht schaffen, sich auf neue Vorgesetzte einzustellen; oder wenn die Nachfrage nach den Produkten ihrer Firma zurückgeht. Obwohl vorübergehend entlassene ältere Arbeitnehmer häufig wieder an ihre alten Arbeitsplätze zurückgeholt werden, nehmen sie nicht selten große Einkommenseinbußen hin, wenn sie gezwungen sind, sich nach einem neuen Arbeitsplatz umzusehen. Dennoch: Eine Studie von Professor William Carrington von der Johns Hopkins Universität zeigt, daß Diskriminierung nicht der Hauptgrund für den starken Rückgang der Einkünfte beim Arbeitsplatzwechsel älterer Arbeitnehmer ist. Wesentlicher ist, daß sie ihre Erfahrungen und ihr Können oft nicht so leicht auf neue Arbeitgeber und eine andere Arbeit einstellen können.

Die Schwierigkeiten, die für ältere Arbeitnehmer durch die Einmischung des Gesetzgebers und der Exekutive in den Arbeitsmarkt entstehen, werden noch durch die Justiz verschärft. Da klar formulierte Richtlinien fehlen, worin Diskriminierung besteht, müssen Richter und Jurys improvisieren. Leider haben sie nicht das erforderliche Verständnis für die Funktionsweisen des Arbeitsmarktes; und normalerweise gibt es keine ausreichenden Beweise, um zu entscheiden, ob Arbeitskräfte, die einen Prozeß anstrengen, ungerecht behandelt worden sind oder weniger verdienen, als ihre Produktivität rechtfertigt.

Ständige Benachteiligung. Die unlösbare Aufgabe, vor der die Gerichte stehen, wird durch die vielen unbestimmbaren Eigenschaften erschwert, die den Wert eines Beschäftigten ausmachen, besonders von Älteren in verantwortlichen Positionen. Diese Eigenschaften sind für Richter und Jurys nur schwer zu formulieren, besonders wenn deren Sympathie uneingeschränkt auf der Seite der Arbeitnehmer steht, die ihren angestammten Arbeitsplatz verloren haben oder große Einkommenseinbußen hinnehmen sollen. Selbst wenn ein Unternehmen im Recht ist, kann es einer skeptischen Jury nur schwer nachweisen, daß die Zurückstufung eines älteren Arbeitnehmers wegen seiner nachlassenden Produktivität vorgenommen wurde; oder daß ein arbeitsloser älterer Mann nicht eingestellt wurde, weil er sich nicht in die neue Organisation einpassen konnte oder weil seine Fähigkeiten sich für die betreffende Arbeit nicht eigneten.

Aus Angst vor dem Prozeßausgang legen Unternehmen Verfahren wegen Altersdiskriminierung inzwischen oft auf dem Vergleichswege bei, obwohl sie nichts Rechtswidriges getan haben. Und sie schützen sich vor solchen Rechtsstreitigkeiten mit älteren Arbeitnehmern dadurch, daß sie sie einfach nicht einstellen – obwohl sie damit riskieren, von jenen verklagt zu werden, die nicht eingestellt wurden. Kurz: Auf diese Weise läuft manchmal gerade diejenige Politik, die angeblich die Rechte der älteren Arbeitnehmer schützt, letztlich darauf hinaus, daß sie ihnen schadet.

Der Staat kann älteren Arbeitnehmern am besten helfen, indem er ihnen erlaubt, volle Sozialversicherungsleistungen zu beziehen, obwohl sie erwerbstätig sind, und indem er Gesetze abschafft, die ihre beruflichen Möglichkeiten einschränken. Der Arbeitsmarkt für ältere Arbeitnehmer wird weitaus besser funktionieren, wenn ihre Bezahlung und ihre Anstellung privaten Verhandlungen zwischen Arbeitnehmern, Gewerkschaften und Unternehmen überlassen blieben.

Die Sozialversicherung sollte nur mittellosen älteren Menschen zugute kommen

(16. Januar 1989)

Früher oder später werden die Haushaltsdefizite und Steuerlasten die USA und andere Länder dazu zwingen, etwas zu tun, was bis jetzt politisch undenkbar gewesen ist: die Sozialversicherungssysteme in ihrer gegenwärtigen Form durch Systeme zu ersetzen, die nur bedürftigen Älteren zugute kommen.

Es macht wenig Sinn, den zahlreichen Seniorenhaushalten mit beträchtlichen Einkünften und Vermögen Leistungen der Sozialversicherung zukommen zu lassen. Der Konflikt zwischen Rentenversicherungs- und Umverteilungszielen hat die Sozialversicherung gleichermaßen zu einem schlechten Versicherungssystem wie auch zu einem ineffizienten Weg werden lassen, mittellosen älteren Menschen zu helfen.

Manche wenden sich gegen den Ausschluß bessergestellter Senioren von den Sozialversicherungsleistungen, weil sie den Eindruck haben, daß die Sozialversicherung im Grunde ein Rentenversicherungssystem ist. Ruheständler, so meint man, erhalten mit Zinsen mehr oder weniger das zurück, was sie während ihrer Berufstätigkeit von ihren Einkünften an Sozialversicherungsabgaben einzahlten. Aber dieser Eindruck ist völlig falsch. Das gegenwärtige System verteilt in großem Ausmaß zugunsten verheirateter älterer Menschen um, die im gemeinsamen Haushalt leben, eher geringe Einkünfte hatten und nur für den Mindestzeitraum (zur Zeit 10 Jahre) versicherungspflichtig beschäftigt waren.

In einer Rentenversicherung steigen die Leistungen in etwa proportional zur Beitragssumme. Das ist bei Sozialversicherungsleistungen nicht so. Zum Beispiel erhalten nach der für 1988 geltenden Leistungstabelle Arbeitnehmer, die 45.000 Dollar im Jahr verdienen – den sozialabgabepflichtigen Höchstsatz – und mit 65 Jahren in den Ruhestand gehen, nur doppelt so hohe Grundleistungen wie Arbeitnehmer, die nur 7.000 Dollar pro Jahr verdienen und im gleichen Alter in den Ruhestand gehen. Doch die Sozialversicherungsabgaben der ersten Gruppe sind über sechsmal höher als die Abgaben der zweiten Gruppe.

Marktfähige Vermögenswerte. Viele Rentnerfamilien sind finanziell gut gestellt; weniger als 15 % gelten als arm. Da die Sozialversicherungsleistungen im Jahre 1985 weniger als 40 % aller Einkünfte der oberen 40 % der Rentnerhaushalte ausmachten, würden sie selbst ohne Einkünfte aus der Sozialversicherung weiterhin gut gestellt und weit über der Armutsgrenze sein.

Medicare hat die finanziellen Lasten, die mit Krankenhausaufenthalten und anderen medizinischen Aufwendungen für die Älteren verbunden sind, erheblich verringert. Und viele Seniorenhaushalte verfügen über beachtliche Vermögenswerte, auf die im Notfall zurückgegriffen werden kann. Das Verhältnis der Vermögenswerte zum Einkommen ist bei Rentnerhaushalten viel höher als bei berufstätigen Familien; weniger als 15 % der Rentnerhaushalte haben niedrige Einkünfte und keine nennenswerten Vermögenswerte. Obwohl Wohneigentum ihre wertvollste Ressource ist, besitzen viele ältere Menschen Aktien und andere Geldvermögenswerte.

Wenn ausschließlich ärmere Haushalte für Sozialversicherungsleistungen in Frage kämen, nähmen sowohl das Budgetdefizit als auch die Steuerlasten der Arbeitnehmer erheblich ab, und die ärmeren Haushalte könnten bessergestellt werden. Obwohl die exakte Definition von ‚Altersarmut' sorgfältig ausgearbeitet werden muß, hätten die Bundesausgaben im Jahre 1988 ohne weiteres um über 90 Milliarden Dollar gesenkt werden können, wenn die obere Hälfte der Seniorenhaushalte keinen Anspruch auf Leistungen hätte. Künftige Einsparungen würden noch größer ausfallen, weil die Leistungen und die Zahl der Rentnerfamilien zunehmen.

Bedürftigkeitsprüfung. Wenn Sozialversicherungsleistungen nur an bedürftige ältere Menschen gingen, könnten die Sozialversicherungsabgaben in das Einkommensteuersystem integriert werden. Wenn klar geworden ist, daß die Sozialversicherung ein Rentenversicherungssystem ist, machen gesonderte Abgaben zur Finanzierung von Leistungen ebensowenig Sinn wie Sondersteuern zur Finanzierung des Lebensmittelgutscheinprogramms.

Diejenigen, die sich gegen eine Bedürftigkeitsprüfung für Sozialversicherungsleistungen wenden, müssen erklären, warum die Älteren unter den Armen anders behandelt werden sollten als die übrigen Bedürftigen, die einen solchen Test bestehen müssen – vor allem zum jetzigen Zeitpunkt, wo die Älteren das Recht auf ein Zusatzeinkommen beantragen müssen. Sicherlich würden manche Seniorenfamilien versuchen, den Test zu bestehen, indem sie weniger sparen als sie gespart hätten, wenn alle Ruheständler Leistungen aus der Sozialversicherung erhalten würden. Aber diese Gegenstrategie kann in annehmbaren Grenzen gehalten werden – etwa indem man nur einen Teil der Lücke zwischen den Ressourcen einer Familie und der Armutsgrenze schließt. Und viele Alten-Haushalte wären zu gut gestellt, um Armutsbeihilfen beantragen zu können.

Natürlich sollte das neue System schrittweise eingeführt werden, da die Menschen, die in den nächsten 20 Jahren in den Ruhestand gehen werden, sich auf die Sozialversicherungsleistungen verlassen haben.

Die Übergangsperiode könnte politisch schwer zu bewältigen sein, da man jungen Arbeitnehmern finanziell helfen müßte, für Leistungen zu zahlen, die sie selbst letztlich nicht erhalten werden.

Wie dem auch sei: Wenigstens junge Familien hätten Zeit, ihre Ausgaben und Sparleistungen für die Ruhestandsvorsorge aufeinander abzustimmen. Sie könnten mehr in private Pensions- und Rentenversicherungsverträge investieren und dafür ihren Kindern weniger schenken und vererben. Manche wären allerdings wohl auch so dreist, im hohen Alter von den eigenen Kindern Unterstützung zu erwarten.

Offensichtlich ist gegenwärtig kein Vorschlag zur Streichung der Sozialversicherungseinkünfte vieler älterer Menschen politisch durchsetzbar. Trotzdem wird schließlich ein Weg gefunden werden müssen, den politischen Widerstand zu überwinden und das System neu auszurichten – auf Hilfe ausschließlich für ältere Menschen in Not.

Was dem Arbeitsmarkt für ältere Arbeitnehmer wirklich schadet

(6. Oktober 1986)

Die staatliche Regulierung der Arbeitsmärkte ist in den USA und in Europa in den letzten Jahren zur gleichen Zeit rapide angewachsen, in der Luftfahrtgesellschaften, Banken und andere Wirtschaftszweige dereguliert worden sind. Am einschneidendsten ist die zunehmende Regulierung des Arbeitsmarktes für ältere Arbeitnehmer. So verbietet etwa eine im Jahre 1978 verabschiedete Gesetzesnovelle gegen die Altersdiskriminierung auf dem Arbeitsmarkt den Unternehmen und anderen Organisationen in den USA mit wenigen Ausnahmen, Beschäftigte vor dem vollendeten 70. Lebensjahr gegen ihren Willen in den Ruhestand zu schicken. Eine kürzlich im Kongreß eingebrachte Gesetzesvorlage würde die Entscheidungsbefugnis von Organisationen beträchtlich einschränken, ein bestimmtes Pensionierungsalter festzusetzen.

Diese Gesetzgebung kann leicht den Eindruck erwecken, daß private Arbeitgeber nur ungern ältere Arbeitnehmer behalten. Aber die historische Erfahrung beweist das Gegenteil. Zu Beginn dieses Jahrhunderts waren in den USA etwa 60 % der älteren Männer in der Privatwirtschaft beschäftigt. Ein ähnlicher Prozentsatz gilt zur selben Zeit für die über 65-jährigen Männer in Großbritannien. Die Beschäftigung älterer Männer nahm seit dem Bürgerkrieg bis in die 1930er Jahre hinein ab – vielleicht wegen des gestiegenen Wohlstandes. Ältere Menschen mit umfangreicheren finanziellen Mitteln sind eher bereit, in den Ruhestand zu gehen, wenn ihre Gesundheit sich verschlechtert und ihre familiären Verpflichtungen abnehmen.

Die Erwerbsquote der Männer über 65 Jahren nahm nach 1930 rasch ab und liegt jetzt deutlich unter 20 %. Und die Erwerbsquote von Männern zwischen 55 und 64 Jahren fiel von 87 % im Jahre 1960 auf weniger als 70 % heute. Während in dieser Zeit viele jüngere Frauen ins Erwerbsleben eintraten, verhinderte die hier erörterte Gesetzgebung, daß die Erwerbsquote der älteren Frauen anstieg. Der Grund für diese raschen Veränderungen ist nicht die zunehmende Diskriminierung der Älteren in modernen Industriegesellschaften. Schuld ist vielmehr die Politik, die eine Beschäftigung älterer Menschen erschwert.

Schattenwirtschaft. Viele Menschen im Alter zwischen 65 und 72 Jahren wollen deshalb nicht erwerbstätig werden, weil ihre Sozialversicherungseinkünfte gekürzt werden, wenn sie hinzuverdienen. Die Gesetzgebung der frühen 1960er Jahre senkte das Rentenalter für Männer von 65 auf 62 Jahre ab, was die drastische Abnahme der Erwerbstätigkeit in diesen Altersklassen erklärt. Das rasche Wachstum der privaten Pensionspläne – teilweise noch verstärkt durch steuerliche Anreize zur Einkommensrückstellung – hat die Zahl der älteren Personen unter den Erwerbstätigen gleichfalls verringert. Dennoch werden die niedrigeren marginalen Steuersätze und entsprechende Änderungen in der Gesetzesnovelle zum Steuerrecht, die den Abbau der Steuervorteile im Ruhestand vorsehen, die Erwerbsquote älterer Menschen wieder ansteigen lassen.

Die Sozialversicherung und private Pensionspläne wirken sich auf die Angebotsseite des Marktes für ältere Menschen aus; andere Gesetze beeinflussen die Nachfrage nach solchen Arbeitskräften. Beispielsweise verpflichtet das kürzlich verabschiedete Gesetz die Unternehmen, für die Dauer bis zu 18 Monaten für die Krankenversicherung ehemaliger Angestellter aufzukommen. Diese Bestimmung erhöht das Risiko, ältere Arbeitnehmer zu beschäftigen, weil ihre Arbeitgeber nach dem Ausscheiden des Arbeitnehmers zu möglicherweise hohen medizinischen Ausgaben verpflichtet werden. Das führt dazu, daß Organisationen nur ungern ältere Arbeitnehmer einstellen, insbesondere dann, wenn sie sie nicht vor dem vollendeten 70. Lebensjahr in den Ruhestand schicken können. Zu allem Überfluß vermindern Bundesgesetze, die das Anrecht des Arbeitnehmers auf den Pensionsplan eines Unternehmens regeln, die Bereitschaft von Unternehmen mit festgelegten Auszahlungsplänen zur Einstellung von Arbeitskräften, die relativ bald in den Ruhestand gehen werden. Solche Regulierungen haben manche älteren Arbeitsnehmer dazu veranlaßt, in der Schattenwirtschaft Arbeit zu suchen. Infolgedessen überschätzen die offiziellen Zahlen notwendigerweise den Rückgang der Erwerbsquote älterer Menschen – möglicherweise sogar ganz erheblich.

Viele große Unternehmen ziehen es vor, das Pensionsalter von Leitenden Angestellten und anderen Beschäftigten klar zu regeln. Diese Regeln benachteiligen sicherlich manche Ältere, die weiterhin produktiv sind; aber sie entspringen nicht dem Wunsch, produktive ältere Arbeitnehmer zu diskriminieren. Eher drückt sich in solchen Regeln die nachlassende

Gesundheit und Produktivität eines beträchtlichen Teils der älteren Arbeitskräfte aus sowie die Unfähigkeit der meisten größeren Firmen, unter ihren älteren Arbeitnehmern eine Auswahl mit dem Ziel zu treffen, nur die Produktiven zu behalten.

Besondere Deals. Gewinnorientierte Unternehmen haben ein Interesse daran, diejenigen älteren Arbeitnehmer zu beschäftigen, deren Produktivität ihr Gehalt rechtfertigt. In Japan schicken große Unternehmen ihre Arbeitskräfte seit langem mit 55 Jahren in den Ruhestand; doch die Erwerbsquote der über 55-jährigen war höher als in den USA, da viele Arbeitskräfte, die das eine Unternehmen gehen läßt, von einem anderen eingestellt werden.

Kleinere Unternehmen haben normalerweise flexiblere Ruhestandsregelungen, da sie leichter die für das Unternehmen weiterhin wertvollen Beschäftigten von jenen separieren können, die in den Ruhestand gehen sollten. Bevor beispielsweise das Amendment von 1978 das verbot, folgten die meisten Universitäten der Regel, daß Professoren mit 65 Jahren in den Ruhestand gehen. Trotzdem wurden viele produktive Professoren, die dieses Alter erreichten, auf der Basis von Sonderregelungen weiterbeschäftigt.

Die Verzerrungen des Arbeitsmarktes für ältere Arbeitnehmer lassen sich nicht durch weitere staatliche Regulierungen beseitigen. In Wirklichkeit sind solche Regulierungen und andere öffentliche Programme die Hauptursache der Krankheit, die diesen Markt befallen hat. Statt sich immer weiter einzumischen, sollte man die finanziellen Nachteile für ältere Personen abbauen, die weiterhin erwerbstätig sind, und die gegenwärtigen finanziellen Sonderbelastungen für Unternehmen, die ältere Arbeitnehmer einstellen, verringern. Kurz: Was wir brauchen, ist nicht eine weitere Regulierung, sondern die Deregulierung des Arbeitsmarktes für ältere Arbeitnehmer.

6.

Diskriminierung

Dieser Teil beschäftigt sich hauptsächlich mit dem ökonomischen Fortschritt der Schwarzen und der Frauen in den Vereinigten Staaten und anderen Ländern, in denen sie unter umfassender Diskriminierung litten. Beide Gruppen haben in den vergangenen Jahrzehnten sichtbare wirtschaftliche Fortschritte gemacht: Ihre Schul- und Berufsausbildung haben sich verbessert, und sie werden weniger diskriminiert. Dazu trugen die Bürgerrechtsgesetze bei; aber wir vertreten die Ansicht, daß Quotenregelungen und andere rigide Gleichstellungsprogramme* mehr Schaden als Nutzen gestiftet haben.

Es gibt erhebliche Meinungsverschiedenheiten darüber, in welchem Ausmaß in den verschiedenen Bereichen der amerikanischen Wirtschaft Diskriminierung noch anzutreffen ist. Ein Essay in diesem Teil stellt ernsthaft die Qualität der Analyse einer weithin bekannten Studie der Federal Reserve Bank in Boston in Frage, die behauptete, eine beträchtliche Diskriminierung schwarzer Antragsteller für Kredite durch Banken nachgewiesen zu haben. Wenn Banken tatsächlich diskriminierten, indem sie nur finanziell abgesicherten schwarzen Bewerbern Kredite gewährten, dann sollten Kredite an Schwarze geringere Ausfallraten aufweisen und größere Gewinne abwerfen als Kredite an vergleichbare weiße Antragsteller. Aber obwohl die Bostoner Bank zahlreiche Statistiken zusammenstellte, hat sie nicht versucht, Informationen über Ausfallraten oder die Profitabilität einzuholen. Weil die Boston Fed die wichtigsten Statistiken nicht vorlegte und weil nachfolgende Arbeiten auf weitere Mängel ihrer Studie hinwiesen, entbehrt der Ruf, den sie mit ihrem Nachweis einer durchgängigen Diskriminierung durch Banken erworben hat, jeder Grundlage.

---

* Vgl. dazu die Anm. auf S. 56.

Die Diskriminierung der Schwarzen

Macht Schluß mit der Gleichstellung, wie wir sie kennen

(21. August 1995)

Die Gleichstellung ist ein heftig umstrittenes Thema im Präsidentschaftswahlkampf. Die maßgebenden Kandidaten der Republikaner lehnen sie kompromißlos ab, während Präsident Clinton kürzlich mit einer mitreißenden Verteidigung aufwartete. Aber vielleicht ist es noch nicht zu spät, einen Grabenkrieg zu verhindern – indem nämlich beide Parteien Gleichstellungsprogramme unterstützen, die Menschen aus allen sozialen Schichten in die Lage versetzen, effektiv um besser bezahlte Arbeitsplätze zu konkurrieren.

Aus Umfragen geht hervor, daß eine klare Mehrheit der Amerikaner keine Politik will, die auf die Einführung von Quoten und Ausnahmeregelungen hinausläuft; das gilt auch für viele Angehörige von Minoritätengruppen. Doch eine Mehrheit engagiert sich weiterhin für eine Bürgerrechtsgesetzgebung gegen die Diskriminierung von Minderheiten in Schule, Ausbildung und Beruf.

Selbst wirksame Gesetze gegen Diskriminierung können nicht viel gegen die wichtigste Ursache der Chancenungleichheit bei Erwachsenen ausrichten: gegen Unterschiede in den Kindheitserfahrungen. Manche Kinder, darunter viele, die nicht zu Minoritätengruppen gehören, wachsen in instabilen Familien und zweifelhaften Gegenden auf und erhalten eine qualitativ schlechte Schul- und Berufsausbildung. Geeignete Gleichstellungsprogramme würden ihr Humankapital vermehren, so daß sie die für den Wettbewerb erforderlichen Fähigkeiten erwerben könnten.

Kriminalität lohnt sich nicht. Zahlreiche Formen von Humankapital-Investitionen könnten diesen Kindern helfen, als Erwachsene zu bestehen. So sollten etwa Kinder aus bedürftigen Familien Unterrichtsgutscheine erhalten, die sie für eine anständige Schulausbildung verwenden können, statt die nächstgelegene schlechte öffentliche Schule besuchen zu müssen. Das Wohlfahrtssystem sollte so reformiert werden, daß es bedürftige Familien intakt läßt. Die drastischen Maßnahmen gegen die Kriminalität sollten fortgesetzt werden, da sie die in Slumgegenden aufwachsenden Kinder schließlich davon überzeugen, daß sich Kriminalität nicht lohnt. Langfristig ertragreiche Programme, die für gute Ernährung und medizinische Versorgung benachteiligter Kinder sorgen, sollten intensiviert statt abgebaut werden.

Um wirksam zu sein, müssen Programme für benachteiligte Kinder in sehr jungen Jahren beginnen, da sich ihre Handicaps mit zunehmendem Alter verschlimmern. Öffentlich finanzierte Umschulungen und andere Programme für arbeitslose Erwachsene zeigen oft wenig Wirkung, weil sie den kumulativen Einfluß von schlechten Gewohnheiten und minderwertiger Ausbildung nicht ausgleichen können. Selbst die besten Affirmative-action-Projekte bringen unvorbereitete Minderheiten nicht auf das Niveau von Studenten und Arbeitnehmern, die ihre Stellung allein nach ihren Leistungen erhalten.

Die Universitäten liefern eindeutige Belege für diese Wirkungen. Die in der New York Times vom 4. Juni publizierten Daten zeigen, daß Schwarze und Hispanoamerikaner, die an der Universität von Kalifornien in Berkeley – dem prestigeträchtigsten Teil der kalifornischen Universitätslandschaft – ihr Studium aufnahmen, wegen Affirmativeaction im Schnitt viel niedrigere Highschool-Durchschnittszensuren und Punktzahlen beim Hochschuleignungstest erreichten als Weiße und Asiaten. Schwarze und hispanoamerikanische Studenten, die auf Grund von Sonderregelungen zugelassen wurden, schnitten noch viel schlechter ab. Nach den Daten beendeten nur 59 % der Schwarzen und 64 % der Hispanoamerikaner ihre sechsjährige Ausbildung, jedoch 84 % der Weißen und 88 % der Asiaten.

Ressentiment. Die durch spezielle Zulassungsstandards verursachten unterdurchschnittlichen Leistungen von Schwarzen und Hispanoamerikanern in Berkeley und anderen Spitzenuniversitäten unterminieren ihr Selbstvertrauen. Sie tragen dazu bei, schlimmste Stereotype über Minderheiten aufrechtzuerhalten und nähren Ressentiments bei denjenigen Weißen und Asiaten, die wegen der Sonderregelungen für Minoritäten nicht zugelassen wurden.

Aber die unzulänglichen Leistungen von Minderheiten in Gleichstellungsprogrammen haben nichts mit der sogenannten Glockenkurve[8] oder irgendeiner anderen Erklärung zu tun, die von einem unterlegenen geistigen Fassungsvermögen von Minoritäten ausgeht. Männliche Weiße liegen ebenfalls unter dem Durchschnitt, wenn sie mit vergleichsweise geringeren Qualifikationen zu Studien- und Arbeitsplätzen zugelassen werden.

Während meiner Kindheit in den 1930er und 1940er Jahren galten schwarze, weibliche, jüdische oder aus sonstigen Minderheiten stammende Ärzte, Rechtsanwälte und Leitende Angestellte als überdurchschnittlich gut. Nur die besten Kandidaten wurden im Rahmen der ihnen zugestandenen Höchstquote akzeptiert. Gleichstellungsprogramme haben solche Beurteilungen nach Qualifikation in ihr Gegenteil verkehrt. Der durchschnittliche Berufstätige oder die durchschnittliche Geschäftsfrau, die zu einer Minorität gehören, gelten jetzt oft als qualitativ unterlegen im Vergleich zum Durchschnitt der männlichen Weißen in einer vergleichbaren Position. Diese Haltung hat beachtliche Ressentiments unter erfolgreichen Mitgliedern von Minoritätengruppen erzeugt, die nur unter Überwindung von Schwierigkeiten dorthin kamen, wo sie jetzt sind. Wahrscheinlich regte deshalb ein schwarzer Geschäftsmann (Ward Connerly) an, daß Kalifornien seine Gleichstellungsprogramme für die Zulassung von Minderheiten an öffentlichen Universitäten aussetzen sollte.

Die Zeit der Quoten und Sonderregelungen ist sicherlich vorbei. Aber die Amerikaner sollten sich dafür einsetzen, daß noch größere gemeinsame Anstrengungen unternommen werden, um die Chancen der Kinder aus Minderheiten und aus benachteiligten Verhältnissen zu verbessern.

Die Beweise gegen Banken beweisen keine Voreingenommenheit

(19. April 1993)

Nach einer kürzlich erschienenen Studie der Federal Reserve Bank in Boston diskriminieren Banken schwarze und hispanoamerikanische Antragsteller für Hypothekenkredite. Obwohl diese Studie den Zentralbankpräsidenten zu der Ankündigung veranlaßte, solchen Diskriminierungsfällen bei Minoritäten nachzugehen, ist die Untersuchung fehlerhaft und liefert keine überzeugenden Belege für eine Voreingenommenheit gegen Schwarze oder andere Gruppen auf dem Markt für Hypothekenkredite.

Die Diskriminierung auf dem Markt ist ein ernstes Problem, das Minderheiten schadet; aber die Anwendung einer ungültigen Methodologie ist bei ihrer Bekämpfung keine Hilfe. In meinem Buch *The Economics of Discrimination*[9] erörtere ich Grundsätze, nach denen man bestimmen kann, ob auf dem Arbeits-, Wohnungs- oder Verbrauchermarkt tatsächlich Minderheiten diskriminiert werden. Im wesentlichen besteht Diskriminierung auf dem Markt im vorurteilsgeleiteten freiwilligen Verzicht auf Gewinne, Löhne oder Einkommen. Ein Arbeitgeber diskriminiert, wenn er sich weigert, Bewerber aus einer bestimmten Gruppe einzustellen, obwohl sie profitabler arbeiten würden als diejenigen, die stattdessen eingestellt werden. Arbeitnehmer diskriminieren, wenn sie sich weigern, neben Mitgliedern einer bestimmten Gruppe zu arbeiten, selbst wenn sie dadurch mehr verdienen könnten. Die logische Folgerung ist, daß die Entscheidung eines Unternehmens, Mitglieder einer bestimmten Gruppe nicht einzustellen, nicht diskriminierend zu sein braucht, wenn die Einstellung billigerer oder produktiverer Arbeitskräfte in höheren Gewinnen zum Ausdruck kommt.

Schwer zu messen. Der Fehler in allen Untersuchungen der Diskriminierung von Antragstellern für Hypothekenkredite durch Banken besteht darin, daß die Kreditrentabilität nicht an unterschiedlichen Gruppen erhoben wurde. Stattdessen wird geprüft, ob die Prozentsätze von Ablehnungen bei Antragstellern aus Minderheitengruppen die entsprechenden Werte bei Weißen übersteigen, die nach Einkommen, Kreditwürdigkeit und verschiedenen anderen Eigenschaften vergleichbar sind. Solche Studien kommen dann zu dem Schluß, daß Schwarze und Hispanoamerikaner diskriminiert werden, weil ihnen häufiger der Kredit verweigert wird. Gemäß der Bostoner Studie wurden beispielsweise 17 % der Schwarzen, aber nur 11 % der Weißen mit ähnlichen Merkmalen abgewiesen. Doch in einigen Untersuchungen wurde festgestellt, daß bei Amerikanern asiatischer Abstammung Ablehnungen noch seltener vorkommen als bei Weißen – was sich kaum mit einer Diskriminierung der Minderheiten durch Banken vereinbaren läßt.

Die widersprechenden Befunde für Amerikaner asiatischer Abstammung und für andere Minderheiten sind wahrscheinlich auf die benutzten Methoden zurückzuführen. Obwohl solche ‚Vergleichbarkeits'-Studien bei der Suche nach einem Totschlagargument nützlich sein können und vielleicht nötig sind, wenn nichts Besseres möglich ist, sind sie niemals aussagekräftig. Viele charakteristische Merkmale, die in diesen Untersuchungen unberücksichtigt blieben – etwa Daten über andauernden Zahlungsverzug – könnten die unterschiedliche Häufigkeit der Kreditvergabe an Gruppen erklären.

Eine aussagekräftige Untersuchung zur Diskriminierung bei der Kreditvergabe würde Ausfallraten, verspätete Zahlungen, Zinssätze und andere Determinanten der Kreditrentabilität in die Rechnung einbeziehen. Wenn die Banken Schwarze und andere Gruppen diskriminierten, würden sie bei der Kreditvergabe an diese Gruppen strengere Maßstäbe anlegen als bei Weißen mit tatsächlich vergleichbarer Kreditwürdigkeit. Die Banken würden sich die besten Risiken unter den afro-amerikanischen Antragstellern heraussuchen. Wäre das der Fall, müßten Hypothekenkredite, die Antragstellern aus Minderheiten genehmigt werden, mehr Gewinne abwerfen als Kredite an Weiße – und nicht geringere Gewinne oder ebenso hohe Gewinne.

Verblüffend. Die Studie der Bostoner Bank ist die beste konventionelle Untersuchung zur Diskriminierung bei der Vergabe von Hypothekenkrediten. Aber da sie nur auf eine Auswertung von Kreditanträgen aus jüngerer Zeit angelegt war, enthielt sie kaum Informationen über Kreditausfallraten und andere Determinanten der Rentabilität. Offensichtlich prüfte die Studie die durchschnittlichen Kreditausfallraten in verschiedenen Erhebungsgebieten in und um Boston. Sie ergab, daß in Gegenden mit einem größeren Anteil an Schwarzen und Hispanoamerikanern keine höheren Kreditausfallraten gefunden wurden.

Die Theorie der Diskriminierung enthält allerdings die verblüffende Behauptung, daß die Ausfallraten der Kredite, die von diskriminierenden Banken an Schwarze und Hispanoamerikaner vergeben werden, kleiner und nicht größer sein sollten als die von Hypothekenkrediten an Weiße. Der Grund ist auch hier wieder, daß solche Banken nur die besten Risiken aus den Minderheiten akzeptieren. Statt also die Schlußfolgerung der Boston Fed zu stützen, verstärken die Daten über Kreditausfälle in dem Erhebungsgebiet sogar die Zweifel, ob die Bostoner Banken diskriminierend agiert haben.

Ich behaupte nicht, daß dies beweist, daß es bei der Vergabe von Bankkrediten überhaupt keine Diskriminierung von Schwarzen und Hispanoamerikanern gibt; und es ist völlig klar, daß in der übrigen Wirtschaft viele Beispiele für eine Diskriminierung dieser Gruppen vorkommen. Aber ich stelle fest, daß die Untersuchung wegen ihrer gravierenden methodologischen Mängel von zweifelhaftem Wert für die Gestaltung der Sozialpolitik ist.

Ein einfacher Ansatz. Mehr noch: Soweit ich weiß, neigten Banken im Besitz von Minderheiten sowie Banken, die sich auf die Vergabe von Krediten an Schwarze, Hispanoamerikaner und andere Minderheiten spezialisiert haben, bisher nicht zu besonderer Ertragskraft. Falls dies zutrifft, verstärkt das noch die Zweifel, ob es eine allgemein verbreitete Ablehnung von profitablen Kreditanträgen von Minderheitengruppen gibt; denn gerade die Banken, die sich auf die Kreditvergabe an diese Gruppen spezialisiert haben, sollten wachsende Gewinne machen.

Die Wirtschaftswissenschaft stellt viel zu selten einfache Richtlinien für die Planung und Auswertung statistischen Materials über Themen von großer sozialer Bedeutung bereit. Da die ökonomische Theorie der Diskriminierung einen solchen einfachen Ansatz bereitstellt, ist es um so mehr zu bedauern, daß Untersuchungen der Frage, ob Banken bei der

Vergabe von Hypothekenkrediten diskriminieren, diese Einsichten nicht genutzt haben.

Produktivität ist das beste Affirmative-action-Projekt

(27. April 1987)

Die kürzlich ergangene Entscheidung des Obersten Gerichtshofes, die das Recht von Arbeitgebern bestätigte, Frauen besser qualifizierten Männern vorzuziehen, gibt aufschlußreiche Hinweise darauf, wie das Gericht über zulässige Einstellungspraktiken denkt. Aber Frauengruppen und viele andere werden irritiert sein, wenn sie merken, daß diese Entscheidung die wirtschaftliche Stellung der weit überwiegenden Mehrheit der erwerbstätigen Frauen in den USA kaum beeinflussen wird. Warum? Veränderungen im Verdienst und in den Berufschancen der Frauen in diesem Land hängen weit mehr mit ihrer Produktivität zusammen als mit staatlichen Maßnahmen.

Die Erfahrungen der letzten 30 Jahre stützen diese Behauptung. In den letzten Jahrzehnten ist die Zahl der erwerbstätigen Frauen spektakulär angewachsen: Sie stieg von ungefähr einem Viertel der Erwerbstätigen im Jahre 1950 auf gegenwärtig beinahe die Hälfte. Doch bis in die späten 1970er Jahre hinein blieben Frauen in den Berufen, die schon immer als Frauenberufe angesehen wurden, wie etwa Sekretärin und Grundschullehrerin. Nur in Ausnahmefällen rückten sie in Führungspositionen, in Ingenieurberufe oder andere Männerdomänen auf. Außerdem lag bis Ende der 1970er Jahre der Verdienst von Frauen unverändert bei etwa 60 % des Verdienstes von Männern.

Bis gegen Ende der 1960er Jahre hatten verheiratete Frauen vor allem deshalb viel weniger verdient und weniger qualifizierte Berufe als Männer ergriffen, weil die meisten nach der Geburt ihres ersten Kindes zu arbeiten aufhörten und nicht wieder ins Erwerbsleben zurückkehrten. Sie strebten auch keine berufliche Ausbildung in Schulen oder am Arbeitsplatz an, die sie für eine Karriere hätte vorbereiten können. Dagegen blieben ledige Frauen in der Regel erwerbstätig und sammelten Berufserfahrung. Sie verdienten etwa 80 % des Gehalts lediger Männer desselben Alters und Ausbildungsstandes.

Abbau der Ungleichheiten. Der niedrigere Verdienst von Frauen ist natürlich zum Teil auch ein Ergebnis von Diskriminierung. Artikel VII des Bürgerrechtsgesetzes von 1964 untersagt die Benachteiligung bei Beschäftigung und Verdienst auf Grund des Geschlechts und der Rasse. Nachfolgende Maßnahmen des Kongresses, der Exekutive und der Rechtsprechung zielten ebenfalls auf den Abbau der Ungleichbehandlung am Arbeitsplatz.

Doch die meisten Untersuchungen haben ergeben, daß der Artikel VII und andere Maßnahmen der Regierung sich kaum auf die ökonomische Position der Frauen auswirkten. Dieses Ergebnis ist nicht überraschend, wenn man bedenkt, daß der Verdienst und die von Frauen ergriffenen Berufe in dem der Verabschiedung von Artikel VII folgenden Jahrzehnt sich kaum zu ihrem Vorteil veränderten. Warum sollten wir im Lichte dieser Tatsachen erwarten, daß die kürzlich gefällte Entscheidung des Hohen Gerichts über die Gleichstellung die Position erwerbstätiger Frauen erheblich verbessern wird?

Nach Untersuchungen von Professor Robert G. Gregory von der Australian National University und seinen Koautoren war eine aktive staatliche Politik der Frauenförderung in denjenigen Ländern am erfolgreichsten, in denen der Staat einen erheblichen Einfluß auf die Festlegung von Löhnen und Beschäftigung hat. So sind die Frauen in Schweden schnell vorangekommen, wo über die Hälfte der erwerbstätigen Frauen im öffentlichen Dienst beschäftigt ist, im Vergleich zu weniger als 20 % in den USA. Auch in Australien hatten die Frauen Erfolge zu verzeichnen, wo die Regierung für praktisch alle Berufe und Industriezweige die Löhne festsetzt. In Amerika bilden sich die Löhne dagegen in der Regel durch den Wettbewerb zwischen Arbeitgebern und Arbeitnehmern heraus. Affirmative-action und andere Frauenförderungsprogramme in den USA werden daher ohne eine weitaus stärkere Einmischung des Staates in den Arbeitsmarkt kaum Auswirkungen haben.

Lohn der Erfahrung. Die Entwicklung in den letzten Jahren bestätigt diese Schlußfolgerung. Die Reagan-Administration ist grundsätzlich gegen bestimmte Bürgerrechtsgesetze und hat konsequent die Gleichstellungsprojekte bekämpft. Sie ließ sogar im Rahmen eines Gutachtens die Beweisgründe darlegen, um die Position der Männer in einem gerade vor Gericht verhandelten Fall zu unterstützen. Doch das Erwerbseinkommen und das Berufsspektrum der Frauen verbesserten sich während der letzten sieben Jahre rascher als je zuvor. In diesem Jahr werden die Stundenlöhne vollzeitbeschäftigter Frauen erstmals über 75 % vom Verdienst der Männer gleichen Alters und gleicher Qualifikation liegen. Frauen rücken zunehmend auch in leitende Positionen ein, die früher den Männern vorbehalten waren. Über 15 % der Rechtsanwälte und Ärzte sind Frauen; im Jahre 1970 waren es noch weniger als 3 %.

Ich will damit nicht sagen, daß das rasche Vorankommen erwerbstätiger Frauen das Ergebnis des ‚heilsamen Unwissens' der Reagan-Administration ist. Vielmehr entscheiden sich die meisten Frauen heutzutage für eine langjährige Erwerbstätigkeit. Sie bereiten sich für Laufbahnen außerhalb des Haushalts vor und sammeln wertvolle Berufserfahrung. Statt um die Wirtschaft einen Bogen zu machen, stellen Frauen mehr als ein Drittel der Studierenden an Wirtschaftshochschulen. Für ihr Vorwärtskommen in den letzten paar Jahren ist hauptsächlich die höhere Produktivität der erwerbstätigen Frauen verantwortlich, die zum großen Teil auf ihre gestiegene Berufserfahrung und auf eine stärker karriereorientierte Schul- und Berufsausbildung zurückzuführen ist.

Ich glaube, daß die wirtschaftliche Stellung der erwerbstätigen Frauen in den USA in den nächsten Jahren noch stärker wird, da sich ihre Erfahrung und ihr berufliches Können weiter verbessern werden. Gerichtsentscheidungen zu Gleichstellungsprogrammen werden das Vorankommen der Frauen im öffentlichen Dienst und vielleicht in großen publizitätsbewußten Unternehmen fördern. Aber während Entscheidungen des Obersten Gerichtshofes spektakulär wirken, wird der Fortschritt für die meisten Frauen auch weiterhin von den eher unsichtbaren Kräften abhängen, die Frauen einen Anreiz geben, erwerbstätig zu bleiben.

Pretorias Rolle im wirtschaftlichen Kampf der Schwarzen

(2. November 1986)

Die Gründungsväter des Landes machten sich Gedanken über den möglichen Schaden, den ein starker Staat unbeliebten Minderheiten zufügen kann. Auch um einen solchen potentiellen Schaden abzuwenden, entwarfen sie ein Kontrollsystem, das gleichgewichtig Legislative, Exekutive und Judikative umfaßte. Die Gründerväter waren überdies davon überzeugt, daß die staatliche Politik das Ergebnis eines intensiven Wettbewerbs zwischen Sonderinteressengruppen ist, die um die politische Macht kämpfen. So schrieb James Madison in den Federalist Papers: „In zivilisierten Nationen bilden sich notwendigerweise [verschiedene Interessen] und teilen sie in unterschiedliche Klassen. Der Ausgleich dieser verschiedenen und miteinander konfligierenden Interessen ... bringt einen parteilichen und sektiererischen Geist in die notwendigen und gewöhnlichen Regierungsgeschäfte." Diese Gründerweisheit wurde während der letzten 200 Jahre zahllose Male bestätigt.

Werfen wir einen Blick auf die Wirtschaftsgeschichte der amerikanischen Schwarzen seit der Sklavenbefreiung. Da im vergangenen Jahrhundert die Wirtschaft nahezu ständig wuchs, erhöhten sich auch das Einkommen und die Qualifikationen der Schwarzen beträchtlich. Obwohl die wirtschaftliche Stellung der Schwarzen sich sogar relativ zu den Weißen in beachtlichem Maße verbesserte, zeigen Untersuchungen von James Smith von der RAND-Corporation, daß Schwarze noch rascher hätten vorankommen können, wenn es in den Südstaaten nicht die Rassengesetze und andere Formen staatlicher und kommunaler Diskriminierung gegeben hätte, die den Erwerb einer Schul- und Berufsausbildung erschwerten.

Verräterisches Verhältnis. Die Fachwelt ist sich nicht einig, ob die in den 1960er Jahren beginnende Affirmative-action-Gesetzgebung einen spürbaren Einfluß auf die wirtschaftliche Situation der Schwarzen ausgeübt hat. Trotzdem kann niemand bezweifeln, daß der rasche Fortschritt der Schwarzen in den vergangenen Jahrzehnten weit mehr mit der weitgehenden Abschaffung der staatlichen Diskriminierung von Schwarzen zu tun gehabt hat als mit Affirmativeaction. Als besonders wichtig erwiesen sich Verbesserungen in Quantität und Qualität der Schulausbildung der Schwarzen (*Business Week*, 21. April [in diesem Band, S. 154]). Diese Verbesserungen gaben den Schwarzen die Möglichkeit, mit Weißen zu annähernd gleichen Bedingungen um Arbeitsplätze zu konkurrieren.

Die trostlose wirtschaftliche Lage der Schwarzen in Südafrika erzählt eine ähnliche, aber dramatischere Geschichte. Als die südafrikanische Wirtschaft während dieses Jahrhunderts boomte, stiegen Löhne und Fähigkeiten der Schwarzen in Einklang mit denen der Weißen rasch an. Tatsächlich gehören die südafrikanischen Schwarzen zu den reichsten in Afrika. Das zeigen die starken Einwanderungsbewegungen aus anderen Teilen des Kontinents. Aber obwohl der Verdienst der Schwarzen relativ zu dem der Weißen langsam anstieg, verdienen sie immer noch nur 30 % des Lohns der Weißen; in den USA sind es über 70 %.

Viele Faktoren tragen zu den relativ niedrigen Löhnen der Schwarzen in Südafrika bei; fraglos spielt aber eine unverhohlene und weitverbreitete staatliche Diskriminierung eine wichtige Rolle. Den Schwarzen wird eine gute Schulausbildung verweigert. Und die Gesetze behalten die qualifiziertesten Arbeitsplätze den Weißen vor und beschränken den Zuzug der Schwarzen in viele größere und kleinere Städte. Der Wettbewerb zwischen weißen Arbeitgebern um billigere Arbeitskräfte hätte die wirtschaftliche Stellung der Schwarzen beachtlich verbessert, wenn die staatliche Politik sich zu einer Gleichbehandlung von Schwarz und Weiß durchgerungen hätte.

Zunehmende Kraft. Hinter der Diskriminierung von Schwarzen in den USA und in Südafrika steht das politische Gewicht von Sonderinteressen. In den USA fand eine diskriminierende Gesetzgebung ihre politischen Anhänger unter mittellosen Weißen, die den wirtschaftlichen Wettbewerb mit den Schwarzen abschwächen wollten, und unter den weißen Steuerzahlern, die von verringerten Aufwendungen für die Schulausbildung der Schwarzen profitierten. Die Abschaffung dieser Gesetze während der letzten 40 Jahre verdankt sich weitgehend der zunehmenden Wirtschaftskraft der Schwarzen. Diese Kraft sorgte für die Bereitstellung der Mittel für die Organisation erfolgreicher Boykottaktionen, für die Klärung juristischer Streitfragen und für die Förderung anderer vielversprechender politischer Veränderungen.

Der Einfluß von Sonderinteressen zeigt sich sogar noch klarer in der Rechtsgeschichte Südafrikas. Mit Beginn der frühen 1920er Jahre und in zunehmendem Maße in den folgenden Jahrzehnten reservierten zahlreiche Gesetze die anspruchsvollen Minenarbeitsplätze für die Weißen, stärkten die Macht der weißen Gewerkschaften und schwächten die schwarzen Gewerkschaften. Apartheid-Gesetze schränkten die Möglichkeit ein, weiße durch schwarze Arbeitskräfte zu ersetzen, indem man die Zahl der Schwarzen begrenzte, die in bestimmten städtischen Gegenden wohnen durften.

Viele Länder versuchen jetzt, Südafrika zu einer Lockerung der Apartheid zu bewegen. Ob dieser Druck erfolgreich sein wird, bleibt abzuwarten. Erfolgversprechendere Kräfte sind vielleicht die größere wirtschaftliche Macht der südafrikanischen Schwarzen und die divergenten wirtschaftlichen Interessen der Weißen. Die Schwarzen organisieren dort jetzt Boykotte weißer Geschäfte, rufen Streiks aus und üben auf andere, auch terroristische Weise Druck auf die Regierung aus, damit sie ihre Politik ändert. Gelegentlich fallen die Interessen der Schwarzen mit denen weißer Arbeitgeber und hoch qualifizierter Arbeitskräfte zusammen. Diese weißen Gruppen werden durch die Apartheid und andere Benachteiligungen schwarzer Arbeiter geschädigt, weil die Arbeitgeber gezwungen sind, für weniger qualifizierte Arbeitskräfte mehr zu bezahlen, von denen manche zusammen mit hochqualifizierten Weißen eingesetzt werden.

Ich rechne damit, daß die eklatantesten staatlichen Gesetze, die das wirtschaftliche Fortkommen der Schwarzen in Südafrika erschweren, über kurz oder lang der vereinten Opposition der Schwarzen, Teilen der weißen Bevölkerung und wohl auch der Weltmeinung weichen werden. Die Schwarzen Südafrikas brauchen keine Affirmative-action-Programme. Was sie brauchen, ist die Abschaffung der gegen sie gerichteten skrupellosen Gesetze.

Vielleicht rückt der amerikanische Traum für Schwarze näher

(21. April 1986)

Für mehr als ein Jahrhundert war Welle um Welle armer Einwanderer, die in die Vereinigten Staaten kamen, wirtschaftlich erfolgreich. Deutsche und Iren in der Mitte des 19. Jahrhunderts, Italiener und Juden im späten 19. und frühen 20. Jahrhundert – alle erreichten spätestens innerhalb von drei Generationen den wirtschaftlichen Gleichstand mit den anderen Amerikanern. Selbst die chinesischen und japanischen Immigranten schafften es, der Armut zu entkommen – trotz einer drückenden öffentlichen und privaten Diskriminierung. Die Schwarzen kamen ursprünglich nicht als Einwanderer, sondern als Sklaven in die USA. In dem 1944 publizierten Buch *An American Dilemma* stellte der schwedische Ökonom Gunnar Myrdal[10] diese traumatische Erfahrung der Schwarzen in den Mittelpunkt, um zu erklären, warum sie die wichtige Ausnahme vom amerikanischen Traum des erfolgreichen Aufstiegs geblieben sind. Es ist zwar richtig, daß sich die Löhne der Schwarzen von 1880 bis 1940 entsprechend der wirtschaftlichen Entwicklung beträchtlich erhöhten. Aber mein 1957 erschienenes Buch *The Economics of Discrimination* zeigt, daß während dieser langen Zeit ihr Verdienst relativ zu dem der Weißen stagnierte.

Rassengesetze. Vor 1940 hielt eine strenge Diskriminierung durch staatliche und lokale Behörden das für schwarze Kinder erreichbare Bildungsniveau katastrophal niedrig. Im Süden wurden die Schwarzen noch auf vielfältige andere Weise durch Rassengesetze aus der Zeit um die Jahrhundertwende unterdrückt. Umfangreiche staatliche Diskriminierung, verbunden mit weitverbreiteten Vorurteilen auf dem Markt, verlangsamte den ökonomischen Fortschritt der Schwarzen. Die Ökonomen konnten zeigen, daß der Wettbewerb auf Güter- und Arbeitsmärkten dazu führt, daß man Menschen wegen der Rasse, des Geschlechts, der Religion oder anderer Merkmale nur zu erhöhten Kosten diskriminieren kann. Wie dem auch sei – die Hartnäckigkeit einer solchen Diskriminierung der Schwarzen zeigt, daß Wettbewerb und freies Unternehmertum nicht von selbst die Auswirkungen von Vorurteilen auf dem Markt beseitigen, besonders wenn die Vorurteile tief verwurzelt und weitverbreitet sind und wenn staatliche und private Diskriminierung sich gegenseitig verstärken.

Doch das Erscheinungsdatum von Myrdals Studie ist bemerkenswert: Die frühen 1940er Jahre stellten sich nämlich als ein Wendepunkt in der Wirtschaftsgeschichte der amerikanischen Schwarzen heraus. In einer kürzlich erschienenen Studie der RAND-Corporation belegten James P. Smith und Finis R. Welch, daß der Verdienst männlicher Schwarzer von weniger als 45 % des Verdienstes männlicher Weißer im Jahre 1940 bis auf fast 60 % im Jahre 1960 und auf 70 % im Jahre 1980 anstieg. Andere Daten zeigen, daß schwarze Frauen jetzt kurz vor einer Einkommensparität mit weißen Frauen stehen.

Smith und Welch schreiben den raschen Fortschritt der männlichen Schwarzen nach 1940 mehreren Veränderungen ihrer Umwelt zu. Als besonders bedeutsam erwiesen sich der erhebliche Anstieg der Zahl der Jahre, die Schwarze in der Schule verbringen konnten, und die Qualität der Ausbildung, die sie erhielten. 1940 gingen männliche Schwarze durchschnittlich nur 4,7 Jahre zur Schule, verglichen mit 8,4 Jahren bei männlichen Weißen. Heute beträgt die Differenz zwischen den Schulbesuchszeiten der männlichen Schwarzen und Weißen weniger als 1,5 Jahre. Außerdem führte die fast ununterbrochene allgemeine Prosperität während dieser vier Jahrzehnte sehr viele Schwarze dazu, der Landwirtschaft der Südstaaten den Rücken zu kehren. Gleichzeitig förderte sie einen rapiden wirtschaftlichen Aufschwung des Südens selbst, besonders nach 1970. Im Jahre 1940 lebten mehr als 70 % aller Schwarzen im Süden, von denen etwa ein Drittel in der Landwirtschaft der Südstaaten beschäftigt war. Heute leben fast alle Schwarzen in Städten oder Stadtrandgemeinden, und mehr als die Hälfte lebt außerhalb des Südens.

Leider gibt es über die Schwarzen nicht nur gute Nachrichten. Die Arbeitslosigkeit unter männlichen Schwarzen ist ungefähr zweimal so hoch geblieben wie unter männlichen Weißen. 1985 überschritt die Arbeitslosigkeitsrate für unter 20-jährige Schwarze 40 %. Zunächst stiegen die Einkommen der schwarzen Familien im Einklang mit den Einkommen der männlichen und weiblichen Schwarzen steil an. Aber ab Mitte der 1960er Jahre wich das Wachstum der individuellen Einkommen beträchtlich von dem der Haushalte ab. 1984 standen unverheiratete Frauen der Hälfte aller schwarzen Familien mit Kindern vor; bei weißen Familien waren es weniger als 20 %. Die stark gesunkene Zahl schwarzer Familien mit verheirateten Paaren verringerte das von der schwarzen Durchschnittsfamilie im Vergleich zur weißen Durchschnittsfamilie bezogene Einkommen.

Ein pessimistisches Bild. Natürlich vermitteln diese Trends bei der Arbeitslosigkeit und dem Familieneinkommen ein pessimistischeres Bild des Fortschritts der Schwarzen als die Trends bei den individuellen Einkommen. Dennoch haben die Schwarzen in den letzten 40 Jahren substantielle wirtschaftliche Fortschritte erzielt. Außerdem ist die während der letzten 20 Jahre zu beobachtende Zunahme der Zahl zerbrochener schwarzer Familien nicht hauptsächlich ein Ergebnis der Diskriminierung durch Weiße.

Es gibt keinen Grund daran zu zweifeln, daß Schwarze ihren wirtschaftlichen Aufstieg fortsetzen können. Ein Gutscheinsystem zur Finanzierung der Ausbildung (*Business Week*, 24.3. [in diesem Band S. 111]) würde die Qualität der Schulbildung erhöhen, die für die Schwarzen und andere Minderheiten aus den Innenstädten zugänglich ist. Die Instabilität schwarzer Familien steht teilweise in Zusammenhang mit den Wohlfahrtszuwendungen und mit der hohen Arbeitslosigkeit unter den jungen männlichen Schwarzen. Das Wohlfahrtssystem kann umgebaut werden, um die Nachteile zu beseitigen, die zur Zeit den intakten Familien zugemutet werden. Die Nachfrage nach den Dienstleistungen männlicher und weiblicher Schwarzer wird weiterhin wachsen, und die Arbeitslosigkeit unter Schwarzen wird fallen, wenn das Wirtschaftswachstum wieder so hoch wird, wie es in der Zeit nach 1940 war.

Wenn alles gut geht, könnte der Anfang des nächsten Jahrhunderts das Ende dieses amerikanischen Dilemmas sehen – und die volle Beteiligung der Schwarzen am amerikanischen Traum.

Die Frauen

Hausarbeit: Das fehlende Stück im ökonomischen Kuchen

(16. Oktober 1995)

Die Haushaltsproduktion ist ein bedeutsamer Teil der Wirtschaftsleistung aller Länder. Doch bei der Berechnung von Gütern und Dienstleistungen, die das Bruttoinlandsprodukt ausmachen, wird die Hausarbeit nicht anerkannt. Das führt zu einer Unterbewertung des Beitrages der

Frauen, da sie für den Großteil der Produktion im Haushalt verantwortlich sind.

Familien und andere Haushalte sind praktisch kleine Firmen, die auch in den fortgeschrittensten Ländern zahlreiche wertvolle Güter und Dienstleistungen erzeugen. Sie ziehen Kinder groß, bereiten Mahlzeiten zu und vermitteln Geborgenheit. Sie versorgen kranke Mitglieder, leisten Altenpflege und sonstige Hilfe für die älteren Menschen, und sie erledigen viele andere nützliche Aufgaben.

Die Frauen opfern über 70 % ihrer gesamten Zeit für diese Aktivitäten – sogar in egalitären Ländern wie Schweden. In ärmeren Ländern wie Indien erledigen sie nahezu die gesamte Hausarbeit. Einige Feministinnen vertreten überzeugend die Ansicht, daß eine Berücksichtigung der Hausarbeit im Bruttoinlandsprodukt das ‚Bewußtsein' der Frauen heben würde, besonders in den weniger entwickelten Ländern, in denen Frauen schlecht behandelt werden. Dies würde dazu beitragen, ihre Verhandlungsposition bei der Heirat zu stärken, da viele Hausfrauen mehr ‚verdienen' würden als ihre Ehemänner, wenn der Beitrag der Frau zum Haushalt einen monetären Wert hätte. Doch andere Feministinnen wollen keine explizite Berechnung der Produktion von Hausfrauen, weil das mit ihrem Ziel kollidieren würde, die Frauen vom Herd an den Arbeitsplatz zu bekommen.

Ein langer Arbeitstag. Es ist Zeit anzuerkennen, daß die Hausarbeit einen Teil der Güter und Dienstleistungen des Bruttoinlandsprodukts ausmacht. Der lange Arbeitstag, der mit der Hausarbeit zugebracht wird, läßt darauf schließen, daß die Haushaltsproduktion einen beachtlichen Prozentsatz der Gesamtproduktion eines Landes ausmacht. Schließlich kommt diese Arbeit in den Berechnungen des Bruttoinlandsprodukts dann zum Ausdruck, wenn eine Familie jemanden einstellt, der auf die Kinder aufpaßt, das Haus saubermacht und kocht. Wenn ein Elternteil diese Arbeiten erledigt, ist das nicht der Fall.

Es gibt mehrere Wege, um die Haushaltsproduktion zu quantifizieren und zu messen. Obwohl das Bruttoinlandsprodukt nur die Produktion von Gütern und Dienstleistungen berücksichtigt, die gekauft oder verkauft werden, ist darin ein Wert für selbstgenutztes Wohneigentum eingeschlossen. Für diesen Wert werden die Kosten für die Miete einer Wohneinheit angesetzt, die dem Wohneigentum in Größe und Ausstattung vergleichbar ist. Der Wert der Hausarbeit kann also gemessen werden durch die Kosten, die entstünden, wenn man als Ersatz für die von den Eltern geleistete Arbeit Dienstleistungen (etwa Babysitting) auf dem Markt kaufen würde.

Diese Methoden wurden von Robert Eisner von der Northwestern

University in seiner sorgfältigen Studie *The Total Incomes System of Accounts* [Berechnungsgrundlagen des Gesamteinkommens] angewandt.[11] Eisner fand heraus, daß in den USA der unterstellte Wert der Haushaltsproduktion von Mitte der 1940er Jahre bis zu den frühen 1980er Jahren (den letzten Jahren seiner Schätzung) über 20 % des Bruttosozialprodukts betrug. Weitaus schlichtere Statistiken im Menschheitsentwicklungsbericht der UN lassen darauf schließen, daß die Haushaltsproduktion mehr als 40 % der Weltproduktion ausmacht.

Schwedische Subventionen. Die Vernachlässigung der Haushaltsproduktion bei der Berechnung des Bruttoinlandsprodukts verzerrt die Messung des Wirtschaftswachstums. Der gewaltige Anstieg der Erwerbsquote verheirateter Frauen während der letzten Jahrzehnte ging hauptsächlich auf Kosten der Zeit, die eine Frau für die unbezahlte Haushaltsproduktion aufwendete. Der rasche Anstieg des Bruttoinlandsprodukts während dieser Jahrzehnte berücksichtigt nicht, daß für die Hausarbeit erheblich weniger Zeit aufgewendet wurde.

Die Ersetzung der Haushaltsproduktion durch Marktproduktion ist zweifellos der Grund für die rasche Expansion des Kinderbetreuungsgeschäfts seit den späten 1970er Jahren. Berufstätige Frauen verringerten den Zeitaufwand für die Betreuung der eigenen Kinder, indem sie für diesen Zweck andere Frauen engagierten. Frauen hüteten die Kinder anderer Frauen.

Sherwin Rosen, mein Kollege an der Universität Chicago, untersuchte die Situation in Schweden, wo das Kinderbetreuungsgeschäft ungewöhnlich teuer ist – zum Teil deshalb, weil es durch den Staat subventioniert wird. Er äußert sich nicht klar dazu, ob Kinder Schaden davontragen, wenn ihre Mütter berufstätig sind. Er zeigt allerdings, daß diese Subventionen beträchtliche Ineffizienzen verursachen, indem sie viele Frauen dazu bewegen, erwerbstätig zu werden, die unter Normalbedingungen nicht arbeiten würden. Zum Beispiel senkten die Subventionen das Salär für Frauen von Kinderbetreuungsdiensten unter ihre wahren Kosten. Ich fand diese Schlußfolgerungen überzeugend. Aber in Schweden waren sie sehr umstritten, weil viele dortige Gruppen die Familie ‚verstaatlichen' wollen, indem sie dem Staat die Verantwortung für die Kinderbetreuung zuschieben. Sie wollen die Mütter dazu bringen, erwerbstätig zu werden, so daß sie andere Frauen engagieren müssen, die auf ihre Kinder aufpassen.

Die Berücksichtigung der Hausarbeit bei der Ermittlung des Bruttoinlandsprodukts würde die Selbstachtung von Frauen und Männern erhöhen, die zu Hause bleiben, um für die Kinder zu sorgen und um andere Hausarbeiten zu erledigen. Sie würde auch ein genaueres Bild vom Bruttoinlandsprodukt und vom Wirtschaftswachstum liefern und könnte zu einer differenzierteren Interpretation staatlicher Politik führen, die die Allokation der Zeit zwischen Hausarbeit und Erwerbstätigkeit beeinflußt.

Die treuesten Verbündeten berufstätiger Frauen: Angebot und Nachfrage

(2. Dezember 1991)

Berufstätige Frauen haben am Arbeitsplatz zahlreiche Probleme; daran wurden wir während der Befragung von Clarence Thomas so drastisch erinnert. Doch diese Probleme stehen in krassem Gegensatz zu den seit den späten 1970er Jahren sichtbaren Fortschritten, die Frauen im Vergleich zu den Männern in Beruf und Einkommen erzielt haben. Die USA sind dem Ziel viel näher gekommen, ungeachtet des Geschlechts oder der Familiensituation gleichen Lohn für gleiche Arbeit zu gewähren.

Der Anteil der Erwerbstätigen unter den verheirateten Frauen hat sich beständig erhöht: Inzwischen haben mehr als 60 % der verheirateten Frauen mit kleinen Kindern eine Stelle. In den 1970er und 1980er Jahren gewannen die Frauen in einem atemberaubenden Tempo Zutritt zu vielen Berufen. Sie stellen in den Fakultäten der Rechtswissenschaft, Medizin, Betriebswirtschaft, Architektur und Journalistik etwa 40 % der Studenten und bilden einen kleinen, aber schnell wachsenden Anteil derer, die Ingenieurwissenschaft im Hauptfach studieren. Der Prozentsatz der männlichen Collegeabsolventen, die an eine rechtswissenschaftliche Fakultät gingen, ist seit 1970 sogar gefallen, während der Frauenanteil in den Rechtsberufen von einer vernachlässigbaren Größe in den frühen 1970er Jahren auf inzwischen fast 25 % angewachsen ist.

Das Medianeinkommen vollzeitbeschäftigter Frauen lag von 1960 bis 1979 vergleichsweise konstant bei etwa 59 % des Verdienstes der Männer – was einen Geschlechterunterschied von 41 % bedeutet. Aber dann begann der Abstand ständig kleiner zu werden – bis auf unter 30 % im Jahre 1990, wie im Bericht des Census Bureau über das Geldeinkommen von Haushalten, Familien und Einzelpersonen festgestellt wurde. Ich gehe davon aus, daß er sich im Laufe dieses Jahrzehnts weiter verkleinert.

Dennoch überschätzt sogar die Zahl von 30 % die wirkliche Einkommenslücke, da vollzeitbeschäftigte Frauen ungefähr 10 % weniger Stunden ableisten als männliche Vollzeitarbeitskräfte und auch weniger Berufserfahrung haben. Die tatsächliche Einkommenslücke zwischen Männern und Frauen mit gleicher Arbeitszeit und gleicher Berufserfahrung beträgt deutlich weniger als 20 %.

Lahme Entschuldigung. Der wichtigste Grund für die Fortschritte der Frauen ist ihre wegen der veränderten Familienstruktur wachsende Präsenz im Erwerbsleben. Die Geburtenraten sind seit den späten 1950er Jahren um mehr 35 % gefallen; das entband die Frauen von Kinderbetreuungspflichten. Die rasche Ausweitung der Stellen im Dienstleistungssektor ermöglichte den Frauen, die Kinderbetreuung mit Teilzeitarbeit und flexiblen Dienstplänen zu kombinieren. Die ab Mitte der 1960er Jahre explodierende Anzahl der Scheidungen zwang Frauen mit minderjährigen Kindern, für den Lebensunterhalt aufzukommen. Sie warnte verheiratete Frauen auch vor, daß sie für den Fall, daß ihre Ehen scheitern, auf eine Erwerbstätigkeit vorbereitet sein sollten. Junge Frauen, die während der 1960er und 1970er Jahre einen Beruf und andere qualifizierte Beschäftigungen ergriffen haben, rücken stetig in verantwortlichere Positionen auf, selbst wenn eine ‚unsichtbare Grenze' die meisten daran gehindert hat, ganz an die Spitze zu kommen.

Vor nicht allzu langer Zeit verloren manche Frauen nach ihrer Heirat ihren Arbeitsplatz. Weiblichen Beschäftigten wurde wesentlich weniger gezahlt als Männern – nicht selten auf Grund offener Diskriminierung, die durch die lahme Entschuldigung rationalisiert wurde, daß sie nicht die Haupternährer seien. Die Atmosphäre, die durch die Bürgerrechtsgesetzgebung erzeugt wurde, und die Frauenbewegung trugen zur Bekämpfung dieser Politik bei. Dennoch war beides nicht die treibende Kraft hinter ihrem Fortschritt, denn die geschlechterspezifische Einkommenslücke begann erst 15 Jahre nach der Verabschiedung des umfassenden Bürgerrechtsgesetzes von 1964 abzunehmen. Die Frauen verbesserten ihre Position besonders rasch während der Präsidentschaften von Reagan und Bush – die sicherlich die Bürgerrechte nicht eifriger durchsetzten als frühere Administrationen. Außerdem konnten während der 1980er Jahre nicht alle Minderheitengruppen ihre Position verbessern: Männliche Schwarze fielen etwas weiter hinter die männlichen Weißen zurück.

Der wesentliche Fortschritt der Frauen während der 1980er Jahre trägt dazu bei, den Ruf nach weitreichenderen Frauenförderungsgesetzen zu dämpfen. Das einfältige System staatlicher Lohnfestsetzungen auf der Basis des ‚gleichen Wertes', also das unvermeidlich willkürliche Urteil von Statistikern und Bürokraten darüber, was in verschiedenen Berufen gezahlt werden sollte, findet viel weniger Anhänger als noch vor 10 Jahren. Der zügige Eintritt von Frauen in prestigeträchtige Berufe hat auch den Ruf nach Quoten verstummen lassen. Selbst ihre Befürworter geben zu, daß Quoten nicht wirklich das sind, was ihnen vorschwebte.

Mutters Helfer. Stattdessen konzentriert sich der Drang, den Frauen zu helfen, nun auf andere Formen der Intervention in den Arbeitsmarkt. Jüngste Favoriten sind ein unbezahlter gesetzlicher Erziehungsurlaub für Eltern bei Geburt oder Krankheit der Kinder sowie gesetzlich vorgeschriebene Kinderbetreuungseinrichtungen am Arbeitsplatz. Die Gesetzentwürfe im Kongreß sahen für jeden Elternteil einen Erziehungsurlaub vor, aber das Beispiel Schwedens – wo eine großzügige Erziehungsurlaubsregelung gilt – legt nahe, daß er fast ausschließlich von Frauen beansprucht werden würde.

Es ist sowohl ineffizient als auch ungerecht, die Wirtschaft zu zwingen, für einen Erziehungsurlaub zu sorgen. Er diskriminiert Einzelpersonen und kinderlose Ehepaare sowie Eltern mit erwachsenen Kindern. Es ist eine Sache, für Gehaltserhöhungen und Beförderungen einen geschlechterneutralen Produktivitätstest zu fordern, aber eine ganz andere, der Wirtschaft eine Präferenz für Personen mit kleinen Kindern zu verordnen. Und obgleich die gegenwärtigen Vorschläge noch moderat sind, ist jedem klar, daß sie nur der erste Schritt in Richtung auf das schwedische System sind, das für die Dauer eines Erziehungsurlaubs volle Bezahlung für die Arbeitnehmer vorsieht.

Das Gesetz von Angebot und Nachfrage und die Bürgerrechtsgesetzgebung sind es, die die wirtschaftliche Position der amerikanischen Frauen stetig verbessern. Um sie zu fördern, ist eine umfangreiche Intervention in den Arbeitsmarkt ungerechtfertigt und wird mehr schaden als nützen, wenn es um die Verwirklichung des Prinzips gleicher Beschäftigungschancen und des Grundsatzes von gleichem Lohn für gleiche Arbeit geht.

Wie der Markt ausgleichend für die Frauen wirkte

(13. Mai 1985)

Zwischen 1979 und 1984 stieg das Erwerbseinkommen der Frauen im Vergleich zu dem der Männer so rasch an wie wahrscheinlich noch nie in unserer Geschichte. In diesem Zeitraum wandte sich jedoch die Reagan-Administration über lange Zeit unerschrocken gegen das Equal Rights Amendment, gegen Einstellungsquoten, gegen das Programm ‚Gleicher Lohn für gleiche Arbeit‘ und gegen die meisten Gleichstellungsprogramme. Die Tatsache, daß selbst ein derartiger Widerstand es nicht schaffte, die wirtschaftlichen Zugewinne der Frauen zu behindern, deutet darauf hin, daß weitgehend die unsichtbaren Marktkräfte die wirtschaftliche Position der Frauen in unserer Gesellschaft maßgebend bestimmt haben – und nicht die politische Aktivität, die so viel öffentliche Aufmerksamkeit auf sich zog. Eine ökonomische Perspektive läßt deutlich werden, was geschehen ist.

In diesem Jahrhundert stellt der starke Anstieg der Erwerbstätigkeit verheirateter Frauen die auffallendste Veränderung im amerikanischen Arbeitsmarkt dar. Zu Beginn des Jahrhunderts war nur ein verschwindend geringer Anteil verheirateter Frauen außerhalb des Haushalts beschäftigt. Dieser Anteil nahm langsam und stetig bis in die 1950er Jahre hinein zu; danach begann der Zuwachs sich zu beschleunigen. Heute ist mehr als die Hälfte aller verheirateten Frauen erwerbstätig. Mit anderen Worten: Im Jahre 1890 waren ungefähr 15 % der Frauen erwerbstätig, 1950 etwas über 25 %, 1980 über 40 %, und am Ende des Jahrzehnts werden sie fast 50 % aller Erwerbstätigen stellen.

Frauen waren nicht nur in geringerem Maße erwerbstätig als Männer, sie haben auch weniger verdient. 1950 lag der Verdienst der Männer um etwa 50 % höher als der von Frauen. Das Erwerbseinkommen der Frauen stieg während der ersten drei Jahrzehnte dieses Jahrhunderts relativ zu dem der Männer offenbar an; dann aber veränderte es sich zwischen 1930 und 1980 kaum.

Verletztes Vorurteil. Es ist nicht schwer zu verstehen, warum der Verdienst der Frauen hinter dem der Männer zurückblieb. Als Schülerinnen, die nicht damit rechneten, längere Zeit im Berufsleben zuzubringen, mieden sie die Naturwissenschaften und andere einkommensrelevante Fächer und strömten stattdessen in Scharen in Sparten wie Hauswirtschaft, Englisch und Fremdsprachen. Frauen arbeiteten in der Regel nur bis zur Heirat und zogen sich daraufhin aus dem Erwerbsleben zurück, um Kinder zu bekommen und Vollzeit-Hausfrauen zu werden. Infolgedessen erwarben die meisten Frauen nicht die Berufserfahrung, ohne die sich höhere Einkommen nicht erzielen lassen. Berufstätige Frauen mit Haushaltspflichten konnte sich nicht erfolgreich um jene höher bezahlten Stellen bewerben, die Reisen, Nachtarbeit oder anstrengende und lange Arbeitstage verlangten. Natürlich wurden ihr Verdienst und ihre Erwerbsquote auch durch die Diskriminierung arbeitender Frauen und durch die Einstellung, daß Frauen an den Herd gehören, niedrig gehalten.

In diesem Jahrhundert wechselten die Frauen vor allem wegen der Entwicklungen in der amerikanischen Wirtschaft vom Herd an den Arbeitsplatz. Tatsächlich erhöhten sie ihre Erwerbsquote in allen Ländern, die ein kräftiges Wirtschaftswachstum aufwiesen. Ein Grund dafür ist, daß bei wachsendem Wohlstand dieser Länder auch das Einkommen anstieg, das Frauen durch Erwerbsarbeit erzielen konnten. Außerdem wurden mehr Stellen im Bürobereich, in den Lehrberufen, im Gesundheitswesen und in anderen Dienstleistungsberufen angeboten – Arbeitsplätze, die für Frauen mit Hausfrauenpflichten attraktiv sind, weil sie physisch weniger anstrengen und flexiblere Arbeitszeiten als in der Fabrik ermöglichen. Die für Kindererziehung und Hausarbeit aufgewendete Zeit nahm ebenfalls ab, weil Familien in Gesellschaften mit fortgeschritteneren Technologien weniger Kinder haben, die überdies mehr Zeit in der Schule verbringen.

Der Markt half. Grob gesagt zeigen die Daten aus den westlichen Ländern, daß es die wachsende Einbindung der Frauen in das Arbeitsleben war, die besonders während der letzten Jahrzehnte den Einkommensunterschied zwischen Männern und Frauen verringerte. Zum Beispiel stieg von 1960 bis 1980 in Schweden, Italien, Großbritannien und vielen anderen europäischen Ländern das Einkommen der Frauen im Vergleich zu dem der Männer erheblich an. In den USA blieben die Löhne für Frauen in den 1960er und 1970er Jahren zum Teil wegen des starken Wachstums der Zahl erwerbstätiger Frauen mit geringer Berufserfahrung zurück. Aber nach Untersuchungen von Professor Victor Fuchs von der Universität Stanford stiegen sie dafür während der 1980er Jahre in rasantem Tempo an. Während des letzten Jahrzehnts gingen immer mehr Frauen in die Medizin, die Rechtswissenschaft, die Betriebswirtschaft und andere hochbezahlte und hochqualifizierte Berufe.

Was besagen diese Tatsachen über den wirtschaftlichen Fortschritt der Frauen? Zunächst: Das langfristige Wachstum bei Beschäftigung und Verdienst der Frauen wird in der Hauptsache eher durch Marktkräfte als durch Bürgerrechtsgesetze, Gleichstellungsprogramme oder die Frauenbewegung erklärt. Solche Programme können das stetige Wachstum in der Beschäftigung von Frauen vor 1950 oder das beschleunigte Wachstum während der 1950er und 1960er Jahre kaum erklären, da weder Bürgerrechtsprogramme noch die Frauenbewegung damals eine nennenswerte Rolle spielten. Die auf gleichen Lohn für gleiche Arbeit zielende Gesetzgebung kann die Verringerung des Einkommensunterschiedes zwischen Männern und Frauen in den vergangenen 15 Jahren ebenfalls nicht befriedigend erklären. Denn dieser Unterschied verringerte sich auch in Ländern wie Italien und Japan, die keine solchen Gesetze einführten.

Da immer mehr Frauen in den USA eine berufliche Laufbahn außerhalb des Haushalts einschlagen, können wir erwarten, daß der Einkommensunterschied zwischen Männern und Frauen sich noch weiter verringern wird, vor allem wegen der oben erwähnten ökonomischen Kräfte. Sie haben dazu geführt, daß Frauen schon weit mehr Zeit für die Erwerbstätigkeit außer Haus verbringen als vor 30 Jahren. Und es ist diese Entscheidung, die ihre Rolle im modernen Wirtschaftsleben dramatisch verändert hat.

7.

Kriminalität und Sucht

Die Kriminalität ist in nahezu allen größeren Städten der Welt zum besorgniserregendsten Problem des Alltagslebens geworden. Die Essays in diesem Teil vertreten die These, daß die rapide Zunahme der Einbruchsdiebstähle und anderer Verbrechen kein unvermeidlicher Bestandteil des modernen Lebens ist, sondern durch eine geeignete Politik bekämpft werden kann. Sie schließt härtere Strafen für Verbrecher ein, denen man Kapitalverbrechen nachweisen kann, besonders solche mit Waffengebrauch, sowie einen höheren Ressourcenaufwand, um mehr Kriminelle festnehmen und verurteilen zu können. Neuere Untersuchungen stützen unsere hier vertretene These, daß die weitaus höheren Gefängnisstrafen in den Vereinigten Staaten seit den frühen 1980er Jahren für den spürbaren Rückgang der Kriminalität mitverantwortlich sind, wie er im Laufe der letzten anderthalb Jahrzehnte vor allem bei Eigentumsdelikten beobachtet werden konnte.

Dennoch hat der in diesen Essays skizzierte ökonomische Ansatz zur Erklärung von Kriminalität nicht nur Recht und Ordnung im Sinn, denn er besagt, daß die Kriminalität auch durch bessere Arbeitsmöglichkeiten für Ungelernte gesenkt wird. Sie finden Verbrechen weniger attraktiv, wenn sich die Arbeit in der legalen Wirtschaft besser rechnet. Daher ist unsere Diskussion in Teil 4, wie man die Schul- und Berufsausbildung verbessern kann, auch für den Kampf gegen die Kriminalität relevant.

Die Kolumnen, die sich mit der Legalisierung von Drogen befassen, haben ebenfalls einen Bezug zur Kriminalität. Die Essays unterstützen die weitgehende Legalisierung des Drogengebrauchs, auch wenn die Legalisierung kein Allheilmittel ist und ihre eigenen Probleme mit sich bringt. Weil die periodischen ‚Drogenkriege' mehrerer aufeinanderfolgender republikanischer und demokratischer Präsidenten mit einer völligen Niederlage endeten, sind radikal neue Gesetzesinitiativen bedenkenswert.

Die Legalisierung der Drogen wird die Straßenverkaufspreise um mehr als 90 Prozent senken, so daß Süchtige nicht mehr kriminell werden müssen, um ihre teuren Gewohnheiten zu finanzieren. Außerdem wird der stark reduzierte Preis auch die riesigen Profite der erfolgreichen Drogenhändler beseitigen. Das verringert weitgehend die Attraktivität, die der Drogenhandel gegenwärtig für junge Ghettobewohner hat, da er nicht mehr länger profitabler oder attraktiver wäre als die Arbeitsplätze für Ungelernte, die sie bekommen können.

Kriminalität

Härtere Gefängnisstrafen werden Gewaltkriminelle zähmen

(28. Februar 1994)

Die Waffenkontrolle ist ein heftig umstrittenes Thema. Bürger, die das Recht auf die eigene Waffe für legitime Zwecke als verfassungsrechtlich garantiert ansehen, stehen gegen andere, die die Zahl der im Umlauf befindlichen Waffen drastisch reduzieren wollen. Aber beides ist wünschenswert und möglich: die Schußwaffen in den Händen von Schlägern und Kriminellen zu begrenzen, ohne das Recht auf die eigene Waffe für andere Zwecke zu beschneiden.

Eine wirksame Politik zur Kontrolle von Schußwaffen muß sich zum Ziel setzen, vom Waffengebrauch bei Verbrechen und bei Einschüchterungsversuchen in der Schule und andernorts abzuschrecken. Die Staaten können das am besten dadurch erreichen, daß sie den Waffengebrauch für kriminelle Zwecke mit härteren Strafen für die Delinquenten belegen. Wenn Schußwaffen im Spiel sind, sollte zur üblichen Strafe für das Verbrechen noch eine (gegebenenfalls zusätzliche) Gefängnisstrafe hinzutreten.

Wenn zum Beispiel die Regelstrafe für einen Raubüberfall ein Jahr Gefängnis beträgt, könnte diese Strafe auf zwei Jahre verdoppelt werden, wenn er mit Schußwaffen verübt wurde. Die Strafe für einen Waffeneinsatz könnte von der Schwere des Verbrechens abhängig gemacht werden oder davon, ob die Waffe abgefeuert wurde, und sogar davon, ob dies nach den Umständen zu erwarten war.

Viele Befürworter einer Schußwaffenkontrolle verlassen sich nur höchst ungern auf die Inhaftierung und andere Strafen für den Waffengebrauch bei kriminellen Handlungen, weil solche Strafen als zu indirekt und zu unsicher gelten, um wirksam abschrecken zu können. Aber das von James Q. Wilson und Richard J. Herrnstein in ihrem Buch *Crime and Human Nature*[12] zusammengetragene umfangreiche empirische Material zeigt, daß eine höhere Verhaftungs- und Verurteilungsquote effektive Abschreckungsmittel gegen Raubdelikte und die meisten anderen schweren Verbrechen darstellen. Aus diesem Grund habe ich stark erhöhte Ausgaben für Polizei und Justiz befürwortet, um mehr Kriminelle festzusetzen und zügiger aburteilen zu können (*Business Week*, 29. November [in diesem Band, S. 168]).

Klares Signal. Um bei einem kriminellen Gebrauch von Schußwaffen die Bestrafungssicherheit zu erhöhen, könnte es für die Einzelstaaten angezeigt sein, besondere Gefängnisstrafen anzuordnen, so daß für Richter, Jurys und Staatsanwälte nur ein geringer Ermessensspielraum bleibt. Eine rasch zunehmende Zahl von Staaten verlangt schon zusätzliche Strafen, wenn Schußwaffen im Spiel waren. Zwar haben einige Bundesrichter die Verhängung von Strafen für Verbrechen wie etwa Drogenhandel oder Wirtschaftskriminalität kritisiert, die in die Zuständigkeit des Bundes fallen. Aber eine vom Einzelstaat verhängte Strafe bedeutet ein klares Signal, wie riskant es ist, eine Schußwaffe in krimineller Absicht zu gebrauchen.

Härtere Strafen für diejenigen, die Schußwaffen benutzen, um Verbrechen zu verüben, kriminalisieren nicht den Schußwaffenbesitz von Ladeninhabern und anderen, die durch kriminelle Attacken gefährdet sind. In der Konfrontation zwischen den Kriminellen und ihren Opfern gibt dieser Politikentwurf zur Waffenkontrolle den potentiellen Opfern die besseren Karten.

Eine hohe Steuer auf den Verkauf von Schußwaffen oder Munition, wie sie vor kurzem der demokratische Senator Daniel P. Moynihan aus New York vorschlug, stellt nicht den Gebrauch von Schußwaffen unter Strafe. Sie erhöht nur die Kosten, sie zu beschaffen und zu laden. Derartige Steuern reduzieren nicht nur die Nachfrage nach Schußwaffen seitens der Ladenbesitzer und anderer Personen, die sie legal kaufen, sondern sie führen auch dazu, daß es viel billiger wird, sie illegal zu beschaffen. Obwohl solche Steuern sich nicht direkt auf Kriminelle auswirken, die ihre Waffen ohnehin auf dem Schwarzmarkt besorgen, haben sie doch ungünstige indirekte Auswirkungen. Steuern lassen Schußwaffen und Munition für kriminelle Elemente eher leichter als schwerer verfügbar werden, weil Menschen, die die Steuern auf legale Verkäufe umgehen wollen, noch mehr Schußwaffen und Munition in die Untergrundwirtschaft abzweigen werden.

Weniger Widerstand? Selbst wenn Steuern die Zahl der Schußwaffen in den Händen von Kriminellen nicht erhöhen, lassen sie doch tendenziell die Kriminalitätsrate ansteigen. Insgesamt werden Kriminelle weniger bewaffneten Widerstand von Laden- und Hausbesitzern erwarten, wenn Steuern die Waffenkäufe derjenigen verringern, die sich selbst verteidigen wollen.

Manche Staaten verlangen, daß alle Waffen registriert werden; und der Kongreß verabschiedete kürzlich die Brady Bill, die eine Frist von einer Woche vorsieht, bevor Anträge auf einen Waffenerwerb genehmigt werden. Die Verwaltung kann diese Frist dazu nutzen, den Hintergrund eines Antragstellers auf Vorstrafen und andere Probleme zu durchleuchten. Solche Vorgehensweisen lohnen sich, weil sie gewaltträchtige Spontankäufe von Waffen einschränken.

Aber sie tragen kaum dazu bei, die Schußwaffen von Jugendlichen und Kriminellen fernzuhalten; sie erwerben ihre Waffen im Untergrund, wo Schußwaffen an jeden verkauft werden, der sie bezahlen kann. Auf diesem Wege haben in den USA ganze Waffenarsenale ihren Weg in die Innenstädte und sonstwohin gefunden. Die Schußwaffen werden ständig aus dem Ausland, aus Militärbeständen und von betrügerischen Waffenhändlern auf den illegalen Markt geschleust.

Mit anderen Worten: Wenn man sich nur auf Registrierungen und Genehmigungen verließe, entstünde das fatale Problem, daß es zwei fast vollständig getrennte Märkte für Waffen gäbe. Der reguläre Markt versorgt diejenigen, die Waffen für die Jagd und für den Schutz gegen Überfälle und Einbrüche wollen; und der schwarze Markt versorgt Kriminelle, die Waffen wollen, damit sie besser stehlen, erpressen, vergewaltigen, an Bandenkriegen teilnehmen und Drogen verkaufen können. Sicherheitsfristen und andere Kontrollen der Waffenverkäufe legitimierter Händler haben nur geringe Auswirkungen auf einen Untergrundmarkt, der solche Maßnahmen einfach ignoriert.

Eine richtige Politik zur Kontrolle von Schußwaffen kann breite Zustimmung erhalten und wäre nicht Gegenstand erbitterter Auseinandersetzungen, wie sie anderen Ansätzen zu diesem Thema zu schaffen machen. Sie befürwortet die Registrierung und die Sicherheitsfristen, aber sie verläßt sich hauptsächlich auf die Bestrafung derer, die Schußwaffen für Verbrechen und zur Einschüchterung gebrauchen.

Wie soll man die Kriminalität anpacken? Hart und frontal

(29. November 1993)

Die Furcht vor Verbrechen auf den Straßen, zu Hause oder in der Schule hat in den USA auf das Alltagsleben von Stadtbewohnern und zunehmend auch auf die Vorstadtbewohner erhebliche Auswirkungen. Doch die Politiker haben erst vor kurzem begonnen, die Kriminalität ganz oben auf die Tagesordnung zu setzen.

Der Gesetzentwurf zur Verbrechensbekämpfung, der jetzt zügig durch den US-Senat geht, bewilligt Ausgaben von 22 Milliarden Dollar, darunter 9 Milliarden, um den Städten die Einstellung von 100.000 zusätzlichen Polizisten zu ermöglichen, und 6 Milliarden für Hochsicherheitsgefängnisse des Bundes und andere Justizvollzugsprogramme. Andere Bestimmungen verbieten Angriffswaffen, verlangen obligatorische lebenslängliche Freiheitsstrafen für bestimmte Wiederholungstäter und dehnen die Todesstrafe auf weitere Delikte aus.

Das Buch *Crime and Human Nature* von James Wilson und Richard Herrnstein faßt viele Studien zusammen, die zeigen, daß geeignete Strafen – besonders die Erhöhung der Bestrafungssicherheit durch mehr Polizei, schnellere Gerichtsverfahren und höhere Verurteilungsraten – die Zahl derjenigen Kriminellen wirksam senken können, die rauben, stehlen oder vergewaltigen. Dennoch fragen sich viele Beobachter, ob Strafen die Kriminalität überhaupt so stark beeinflussen. Diese Kritiker verweisen auf den offenbar erheblichen Anstieg der Gewaltkriminalität während der 1980er Jahre – einem Jahrzehnt, in dem sich die Zahl der Insassen der Staats- und Bundesgefängnisse fast verdreifachte.

Nach Daten, die das FBI nach Polizeiberichten zusammenstellte, wuchs die Gewalt- und Eigentumskriminalität in den 1960er und 1970er Jahren rapide; damals nahm die Bestrafungssicherheit stark ab, zum Teil wegen der Ausweitung der Rechte der Untersuchungshäftlinge. Zwar nahm der Oberste Gerichtshof in den 1980er Jahren eine härtere Haltung zu den Rechten von Kriminellen ein. Doch die Kriminalität schien offensichtlich weiter zuzunehmen.

Ideale Geschworene. Aber es gibt genauere Daten als Polizeiberichte, um Kriminalität zu messen. Im Rahmen der Nationalen Kriminalitätserhebungen des Census Bureau wurden Haushalte befragt, ob sie Opfer eines Verbrechens geworden seien. Diese Daten lassen viel höhere Kriminalitätsraten erkennen als die FBI-Statistik; aber sie zeigen auch, daß die Gewaltverbrechen pro Kopf seit 1979 um 10 % zurückgingen, obwohl sie während der letzten paar Jahre wieder etwas angestiegen sind. Eigentumsdelikte nahmen in der Zeit nach 1979 um mehr als 25 % ab. So haben vielleicht sowohl die während der 1980er Jahre verhärtete Haltung des Obersten Gerichtshofes zu den Rechten von Straftätern als auch die damit einhergehende Zunahme der Gefängnisinsassen die Kriminalität gesenkt.

Viele Politiker in den USA haben Forderungen nach einem härteren Vorgehen gegen die Kriminalität aus Furcht vermieden, rassistisch zu klingen; denn Afroamerikaner und Hispanoamerikaner begehen einen überdurchschnittlichen Anteil der Kapitalverbrechen. Aber gerade diese Gruppen leiden am stärksten unter der Kriminalität; und Umfragen zeigen übereinstimmend, daß gerade sie mehr Polizeischutz und eine härtere Behandlung von Kriminellen wünschen. Ein Bundesstaatsanwalt erzählte mir einmal, daß er in Strafverfahren am liebsten ältere, erwerbstätige und urbane Schwarze als Jurymitglieder sieht: Nachdem sie so viel Kriminalität am eigenen Leibe erlebt hätten, neigten sie am wenigsten dazu, gegenüber Angeklagten Milde walten zu lassen.

Die in diesen Umfragen sichtbar gewordenen Einstellungen schlugen sich in den kürzlich abgehaltenen Wahlen in den Kommunen und Einzelstaaten nieder – mit Kandidaten, die eine härtere Gangart gegenüber der Kriminalität einschlagen. Sowohl Schwarze als auch Weiße, die in Atlanta, Detroit, Los Angeles, New Jersey, Virginia und andernorts für das Amt des Bürgermeisters bzw. des Gouverneurs kandidierten, versprachen, deutlich mehr Polizisten auf den Straßen patrouillieren zu lassen. Die Wähler im Staat Washington billigten einen Vorschlag, lebenslange Freiheitsstrafen für diejenigen Kriminellen zwingend vorzuschreiben, die zum dritten Mal für ein schweres Verbrechen verurteilt wurden. Es ist nicht überraschend, daß Politiker jetzt eine entschlossenere Haltung gegenüber der Kriminalität einnehmen. Rätselhaft bleibt nur, warum sie dafür so lange brauchten.

Unterwelt-Netzwerke. Die Polizei, die Gerichte und die Gefängnisse beanspruchen nur 6 % der staatlichen und kommunalen Ausgaben und weniger als 1 % des Bundeshaushalts. Sonderinteressengruppen, die Subventionen für die Landwirtschaft fordern, Leistungsgesetze und andere Programme nehmen dagegen einen so großen Anteil des Staatshaushalts in Anspruch, daß kaum etwas für so wesentliche gemeinnützige Dienstleistungen wie die Verbrechensbekämpfung übrig bleibt.

Mehr Polizei und härtere Strafen werden manchmal als ineffektiv angesehen, weil Kriminelle sich angeblich nicht der Wahrscheinlichkeit bewußt sind, gefaßt und bestraft zu werden. Aber dieses Argument verwechselt das, was gesetzestreue Bürger über solche Dinge wissen, mit dem, was die Unterwelt weiß. Wenn die Polizei hart durchgegriffen hat, verbreiten sich Informationen in ihren Netzwerken wie ein Lauffeuer. Sie wissen aus erster Hand, daß junge Angeklagte in der Regel nicht bestraft werden, außer bei schweren Verbrechen. Und die Flüsterpropaganda läßt sie wissen, daß Richter X bei Verbrechen harte Urteile fällt, während Richter Z es nicht tut.

Manche Intellektuelle und Politiker suchen immer noch Gründe, warum Polizei und Justiz nicht so sehr in den Vordergrund rücken sollten; sie glauben, daß die Rehabilitation von Kriminellen und die Beseitigung der eigentlichen Ursachen der Kriminalität höchste Priorität genießen sollte: Rassismus, Arbeitslosigkeit, instabile Familien und schlecht ausgestattete Schulen. Aber die empirischen Belege sind erdrückend, daß es sehr schwer ist, Gewohnheitsverbrecher zu rehabilitieren.

Obwohl tiefliegende Ursachen wichtig sind, kann die Sozialpolitik auf kurze Sicht nur wenig tun, um die Zahl der zerbrochenen Familien, der Rassisten, der schlechten Schulen und der Menschen mit geringen beruflichen Fertigkeiten zu verringern. Die Argumente für mehr Polizei und zusätzliche Strafen beruhen auf der sofortigen Wirkung, die diese Maßnahmen erzielen können. Sie brauchen keine Generation, um wirksam zu werden: Sie können die Kriminalität sofort senken.

Findet angemessene Strafen für Wirtschaftsverbrechen

(13. März 1989)

Wie sollten angemessene Strafen für Wirtschaftsverbrechen aussehen? Das strafmindernde Übereinkommen der Drexel Burnham Lambert Inc. mit dem Gericht, das dem Vernehmen nach eine Geldstrafe von mehr als 600 Millionen Dollar wegen angeblichen Post- und Versicherungsbetruges verhängte, ist das jüngste drastische Beispiel für das Politikdilemma, dem sich die strafzumessenden Instanzen gegenübersehen, insbesondere wenn es um die Festsetzung von Geldstrafen geht. Geldstrafen sind in solchen Fällen das Mittel der Wahl, weil sie gleichzeitig den Schaden ausgleichen und die Täter bestrafen.

Strafen für Wirtschaftsverbrechen – eigentlich sogar für alle Verbrechen – sollten Geldstrafen einschließen, die nach dem Schaden bemessen werden, der anderen Individuen, Organisationen und der Gesellschaft im ganzen zugefügt wurde. Die Höhe der Strafe sollte den verursachten Schaden nicht nur ausgleichen, sondern eher ein Vielfaches davon betragen. Denn viele Gesetzesbrecher kommen ungestraft davon. Wenn die für schuldig befundenen Firmen nur für den Schaden bezahlen, den sie verursacht haben, wäre die abschreckende Wirkung der Geldstrafen zu gering, weil Firmen, denen man nicht auf die Schliche kommt, nichts zahlen.

Auf frischer Tat ertappt. Die Abschreckungswirkung ist nur dann optimal, wenn verurteilte Betriebe auch für Firmen bezahlen, die nicht überführt worden sind. Wenn man etwa weiß, daß bei einer bestimmten Art von Versicherungsbetrug nur ein Drittel aller Fälle bestraft wird, sollten diejenigen Firmen, die wegen dieser Betrugsform verurteilt wurden, die dreifache Schadensersatzsumme bezahlen.

Es mag ungerecht erscheinen, verurteilte Firmen für die Delikte anderer bezahlen zu lassen. Aber Firmen, die Wirtschaftsvergehen verüben, gehen natürlich davon aus, daß mit einer gewissen Wahrscheinlichkeit davon nichts bekannt wird. Deshalb zahlen Firmen, gegen die nach dieser Formel eine Geldstrafe verhängt wird, keineswegs zuviel: Im obigen Beispiel des Versicherungsbetruges haben schuldhaft handelnde Firmen eine Eindrittelchance, überführt zu werden und den verursachten Schaden dreimal bezahlen zu müssen, und eine Zweidrittelchance, der Strafe zu entgehen und nichts zu zahlen.

Offensichtlich ist es aber schwierig, die Schäden durch Unternehmensdelikte abzuschätzen, und das gilt noch mehr für die Schätzung der Verurteilungswahrscheinlichkeit. Dennoch treten solche Schwierigkeiten in jedem System auf, das versucht, angemessene Strafen für ein Verbrechen zu finden. Im Laufe der Zeit werden sich die Schätzungen des Schadens und der Verurteilungswahrscheinlichkeit in dem Maße verbessern, wie Gerichte und andere Behörden mit diesem Ansatz Erfahrungen sammeln.

Es mag seltsam erscheinen, daß die empfohlenen Geldstrafen nicht von dem Gewinn abhängen, den man aus Verbrechen zieht. Das ist Absicht. Es geht um eine geeignete Abschreckung, nicht um Vergeltung. Das Ziel ist, Verbrechen zu verhindern, deren Kosten für alle anderen über die potentiellen Gewinne des Täters hinausgehen. Das wird mit Geldstrafen erreicht, die nur nach dem Schaden bemessen werden, der anderen entsteht.

Nehmen wir das Beispiel eines Stahlwerks, das Wasser und Umwelt in der näheren Umgebung verschmutzt. Wenn jede produzierte Tonne Stahl den Anrainern einen illegalen Umweltschaden von hundert Dollar zufügt, und wenn die Wahrscheinlichkeit, wegen dieser Verschmutzung verurteilt zu werden, eins zu vier beträgt, dann sollte die geeignete Geldstrafe für jede produzierte Tonne 400 Dollar betragen.

Bei Geldstrafen ist immer die Möglichkeit gegeben, daß der Gewinn die Geldstrafe übersteigt. Aber das ist nicht zwangsläufig ein Nachteil. Wenn im genannten Beispiel die Fabrik bei der Stahlproduktion mit jeder Tonne 500 Dollar Gewinn macht, würden ihr nach Abzug der Geldstrafe noch 100 Dollar netto pro Tonne bleiben. Aber dieser Nettogewinn wird mit Stahl erzielt, den die Menschen wollen, und nicht mit dem Schaden, der der Umwelt zugefügt wurde.

Ich schlug diesen Ansatz erstmals in einem Artikel vor, der vor mehr als 20 Jahren veröffentlicht wurde. Er wurde in einem Diskussionspapier zur Wirtschaftskriminalität gutgeheißen, das im letzten Juli von einigen Mitgliedern der amerikanischen Strafrechtskommission [U.S. Sentencing Commission] vorbereitet wurde. Der Oberste Gerichtshof der USA bestätigte vor kurzem die Rechtmäßigkeit dieser Kommission, die 1984 vom Kongreß eingerichtet wurde, um Richtlinien für die Bestrafung von Bundesverbrechen auszuarbeiten.

Die Diskussionsmaterialien der Kommission enthalten vorläufige Schätzungen des sozialen Schadens verschiedener Verbrechen und der geeigneten Geldstrafen. Obwohl diese Strafen um ein Mehrfaches höher liegen als diejenigen, die in letzter Zeit von Bundesgerichten verhängt wurden, versucht die Kommission, eine übermäßige Bestrafung zu vermeiden, indem sie einen Abschlag bei allen Geldstrafen in Zivilprozessen vorschlägt, die von den Opfern angestrengt werden. Dennoch hat die Kommission möglicherweise den Schaden zu hoch angesetzt, der bei Wirtschaftsverbrechen von den Tätern angerichtet wird; das monierten auch einige Kritiker.

Keine Gefängnisstrafe. Wenn man über angemessene Geldstrafen verfügt, dann gibt es keinen Grund, Leitende Firmenangestellte, die Versicherungsbetrug, Verstöße gegen das Antitrustgesetz, Steuerhinterziehung und ähnlich gelagerte Verbrechen begingen, ins Gefängnis zu schicken. Firmenchefs, die hohe Geldstrafen für Vergehen bezahlen, die von den Leitenden Angestellten begangen wurden, haben einen Anreiz, sie zu entlassen oder sie zu zwingen, ihre Tat wiedergutzumachen. Haftstrafen sind Geldstrafen unterlegen, weil Gefängnisse teuer unterhalten werden müssen. Gefängnisstrafen treffen die Steuerzahler praktisch genauso wie die Kriminellen. Natürlich sollten Leitende Angestellte inhaftiert werden, wenn ihre Firmen in Mordfälle und andere Kapitalverbrechen verwickelt sind, die nicht mit Geldstrafen ausgeglichen werden können.

Viele Unternehmen wenden sich gegen einen proportionalen Ansatz bei der Bestrafung von Wirtschaftsverbrechen; sie fürchten, daß er zu strengen Strafen führen würde. Doch angemessene Geldstrafen sind nur bei solchen Wirtschaftsverbrechen hoch, die große Schäden anrichten, aber niedrig bei den zahlreichen Vergehen, die kaum schädliche Auswirkungen auf andere haben. Langfristig denkende Vorstandsmitglieder sollten ebenso wie die Öffentlichkeit diejenigen Mitglieder der Strafrechtskommission unterstützen, die versuchen, die Bestrafung von Wirtschaftsverbrechen auf eine vernünftige Grundlage zu stellen.

Strafzumessung für Täter mit weißem Kragen

(28. Oktober 1985)

Obwohl die Wirtschaftskriminalität nicht wie Vergewaltigungen und Raubüberfälle Furcht und Schrecken verbreitet, sollten wir sie nicht dadurch fördern, daß wir unangemessene Strafen vorsehen. Ich befürworte gestaffelte Geldstrafen, die den Schaden ausgleichen, den die Wirtschaftskriminalität der Gesellschaft zufügt. Bei Wirtschaftsverbrechen und damit verbundenen kriminellen Handlungen läßt sich das am besten dadurch erreichen, daß man dem Beispiel der Zivilprozesse folgt und gegen schuldige Firmen eine Geldstrafe verhängt, deren Höhe vom angerichteten Schaden abhängt.

Wenn Leitende Angestellte erwägen, ob sie ein Delikt begehen sollen, beziehen sie in ihre Überlegungen nicht nur die Strafen ein, die sie zu gewärtigen haben, wenn sie gefaßt werden, sondern auch die Wahrscheinlichkeit, daß dies überhaupt geschieht. Das legt nahe, daß eine geeignete Geldstrafe der Höhe des verursachten Schadens entsprechen sollte – was die Kosten der Strafverfolgung einschließt –, dividiert durch die Wahrscheinlichkeit, daß ein für schuldig befundenes Unternehmen verurteilt wird. Wenn ein Delikt beispielsweise einen Schaden von 1 Million Dollar verursacht und man mit einer 50 %-igen Chance ungestraft davonkommt, dann beträgt die Geldstrafe 2 Millionen Dollar. Geldstrafen dieser Größenordnung würden Firmen dazu veranlassen, länger und gründlicher nachzudenken, bevor sie wirtschaftskriminelle Delikte begehen.

Im allgemeinen geht in Strafen die Wahrscheinlichkeit ein, nicht ertappt zu werden. So kommt zum Beispiel die dreifache Schadensersatzsumme bei Antitrustfällen dem Eingeständnis gleich, daß die meisten Vergehen gegen die Antitrustgesetze unentdeckt bleiben. Außerdem erlaubt das Bundes-Strafgesetzbuch von 1984, daß gegen Firmen eine doppelt so hohe Geldstrafe verhängt wird, wie ihr Geldgewinn aus kriminellen Handlungen beträgt – ebenfalls ein Eingeständnis, daß viele Gesetzesbrecher einer Entdeckung entgehen.

Milliarden-Dollar-Strafen. Angemessene Strafen sollten sich auf Hunderte von Millionen oder gar Milliarden Dollar belaufen. Gerichte und Schiedsstellen sind endlich dazu übergegangen, derart hohe Geldstrafen zu verhängen. Im letzten Sommer bestätigte ein Berufungsgericht des Bundes eine Geldstrafe für die Exxon Corporation von mehr als 2 Milliarden Dollar dafür, daß sie von 1975 bis 1981 die Preisauszeichnungsregeln bei Mineralöl verletzte. Einige Jahre zuvor wurde die Weyerhaeuser Corporation in einem privaten Antitrust-Prozeß für mehr als eine Milliarde Dollar haftbar gemacht. Der Fall endete schließlich mit einem Vergleich über eine Summe von über 50 Millionen Dollar.

Wirtschaftsverbrechen, die die Unternehmensaktiva um weniger als die zu erwartenden Geldstrafen erhöhen würden, wären nicht profitabel. Daraus folgt, daß das Top-Management solchen Vergehen vorzubeugen sucht, weil ein Gewinnrückgang sein Einkommen und Vermögen schmälern würde (*Business Week*, 6. Juli [in diesem Band, S. 211]). Die Aktionäre können das Management der für schuldig befundenen Unternehmen auch wegen Pflichtverletzung verklagen. Entsprechende Prozesse streben die Beschlagnahme des persönlichen Vermögens Leitender Angestellter an und könnten zum Rücktritt der Firmenleitung führen. Wenn das Top-Management angemessen hohe Geldstrafen sowie Klagen von Anteilseignern gewärtigen müßte, bliebe es wahrscheinlich eher angemessen über Entscheidungen informiert, die zu wirtschaftskriminellen Handlungen führen könnten; um deren Wahrscheinlichkeit zu verringern, würde es die Entscheidungsabläufe entsprechend strukturieren.

Auch wenn angemessene Geldstrafen die meisten wirtschaftskriminellen Delikte verhinderten, gilt das nicht für Vergehen, die den Wohlstand der Volkswirtschaft insgesamt erhöhen, also den Unternehmensgewinn um mehr als den der Gesellschaft zugefügten Schaden steigen lassen. Bestimmte Übertretungen von Umweltschutzgesetzen sind dafür ein Beispiel. Aber sogar in diesen Fällen zwingen Geldstrafen die Firmen dazu, die Höhe des Schadens, der anderen zugefügt wird, in ihre Rechnung einzubeziehen. Außerdem müßten verurteilte Unternehmen die Gesellschaft entschädigen. Wenn die für schuldig befundenen Firmen für die Schädigung der Gesellschaft zahlen, warum sollten wir dann Wirtschaftsdelikte verhindern wollen, die den Wohlstand des Landes mehren?

Schulden abbezahlen. Es könnte ungerecht erscheinen, gegen schuldig gesprochene Firmen nur Geldstrafen zu verhängen – statt, wie bei verurteilten Arbeitnehmern, Gefängnis- oder Bewährungsstrafen. Meine Empfehlung, hier Geldstrafen vorzuziehen, basiert auf der Annahme, daß es das grundlegende Ziel eines vernünftigen Rechtssystems ist, unschuldige Opfer für den Schaden zu entschädigen, der ihnen durch die willentlichen Handlungen anderer zugefügt wird. Es war tatsächlich ungerecht, daß früher Einzelpersonen und Firmen auf Grund zahlreicher Regelungen mit geringfügigen Geldstrafen als Ersatz für lange Gefängnisstrafen davonkommen konnten. Aber Geldstrafen, die schuldig gesprochene Unternehmen zwingen, die Gesellschaft in vollem Umfang zu entschädigen, sind keine ungerechten Strafen.

Für manche Wirtschaftsverbrechen wären angemessene Geldstrafen außerordentlich hoch und hätten einen starken Einfluß auf die Geschäftslage sogar größerer Unternehmen. Manche Firmen würden sich gezwungen sehen, Konkurs zu beantragen. Die Gerichte sollten diesen Unternehmen dadurch entgegenkommen, daß sie ihnen ermöglichen, ihre Schulden bei der Gesellschaft auf dem gleichen Wege abzubezahlen, den Gerichte zur Befriedigung der Gläubiger bei Konkursverfahren anordnen. Dennoch sollten schuldig gesprochene Manager und Beschäftigte von Firmen, die ihre Verbindlichkeiten nicht bezahlen können, auch auf andere Weise bestraft werden, etwa mit Bewährungsstrafen, mit Beschränkungen der Stellung, die sie künftig innehaben können, und vielleicht sogar mit Gefängnisstrafen für jene, die sich schwerwiegender Delikte schuldig gemacht haben.

In diesem Punkt wiche die Bestrafung wirtschaftskrimineller Vergehen von der Bestrafung im Rahmen von Zivilprozessen ab. Solche zusätzlichen Strafen sind aber unerläßlich, um Manager von Firmen, die keine hohen Geldstrafen zahlen können, zu zwingen, eingehender den Schaden für die Gesellschaft zu bedenken, der aus kriminellen Handlungen erwächst.

Wenn kein Bankrott droht, bewirken angemessene Geldstrafen zwei Dinge: Sie schrecken Firmen von Delikten ab, die anderen mehr schaden als ihnen selbst nützen, und sie entschädigen die Gesellschaft für den Schaden durch kriminelle Handlungen. Darum sollten Firmen, die sich wirtschaftskrimineller Vergehen schuldig gemacht machen, dort getroffen werden, wo es schmerzt: in ihrer Kasse.

Der ökonomische Ansatz zur Verbrechensbekämpfung

(10. Juni 1985)

Viele Intellektuelle haben in den letzten Jahrzehnten die These vertreten, daß ohne radikale Veränderungen in der sozialen und wirtschaftlichen Organisation wenig gegen das Verbrechen ausgerichtet werden könne. Die Kriminalität sei unempfindlich gegenüber Verurteilung und Bestrafung, da sie angeblich aus Entfremdung und Ungleichheiten aller Art resultiere, auch aus den nicht hinnehmbaren Zuständen in den Gefängnissen. In seinem Buch ‚The Crime of Punishment' stellt der Psychiater Karl A. Menninger[13] unverblümt fest: „Ich gehe davon aus, daß sämtliche Verbrechen, die von sämtlichen eingekerkerten Kriminellen verübt wurden, nicht so hohe gesellschaftliche Schäden zur Folge hatten wie die Verbrechen gegen sie."

Solche Ansichten förderten ein Gefühl der Hilflosigkeit beim Kampf gegen den Anstieg der Kriminalität – ein Gefühl, das die Politik insgesamt befallen zu haben scheint. Die Rechte der Beschuldigten wurden stark ausgeweitet, Richter und Jurys bestraften sogar offensichtlich schuldige Personen nur ungern, und Polizisten wurden zunehmend als Unterdrücker statt als Beschützer angesehen.

Was auch immer die Ursache sein mag – Tatsache ist, daß während der letzten Jahrzehnte die Kriminalität rapide zunahm und daß die Strafen für Kriminelle beträchtlich zurückgingen. Zwischen 1930 und 1980 verdreifachte sich in den USA die Zahl der Gewaltverbrechen pro Kopf. Eigentumsdelikte nahmen fast ebenso stark zu. Die Trends bei anderen Kapitalverbrechen verliefen ähnlich. Darüber hinaus sank zwischen 1950 und 1980 die Aufklärungswahrscheinlichkeit bei Raubüberfällen und anderen Verbrechen auf etwa 50 %. Die Verurteilungswahrscheinlichkeit bei gefaßten Tätern nahm ebenfalls signifikant ab.

Ein attraktiver ‚Beruf'. Eine ältere Sicht krimineller Motivation geht auf Jeremy Bentham zurück, den großen englischen Philosophen des frühen 19. Jahrhunderts. Sein Ansatz wurde in den 1960er und 1970er Jahren von mir selbst und anderen Ökonomen revidiert und ausgearbeitet. Nach dem ökonomischen Ansatz reagieren Kriminelle, wie jedermann sonst, auf Anreize. Studenten gehen in größerer Zahl in die Wirtschaft oder in das Ingenieurwesen, wenn in diesen Bereichen die Verdienstmöglichkeiten und andere Vorteile zunehmen. Ganz ähnlich wurden in den vergangenen Jahrzehnten bei abnehmender Sicherheit und Strenge der Bestrafung mehr Personen dazu veranlaßt, Verbrechen oder mehr Verbrechen zu begehen, weil die Kriminalität ein attraktiverer ‚Beruf' wurde.

In den USA und anderen Ländern wurde in zahlreichen statistischen Studien der Zusammenhang zwischen Verbrechen und Strafe, Arbeitslosigkeit und anderen Variablen untersucht. Man wollte feststellen, ob Kriminelle auf Anreize reagieren oder nicht. Diese Untersuchungen ergaben, daß sowohl die Verbrechen im Affekt als auch die Eigentumsdelikte zurückgehen, wenn Strafen mit größerer Wahrscheinlichkeit zu erwarten sind und strenger ausfallen. Daraus folgt, daß ein Großteil des Anstiegs der Kriminalität seit 1950 auf den Rückgang der Bestrafung zurückzuführen ist.

Von Mitte der 1950er Jahre bis 1980 stieg der Anteil der 15- bis 24-jährigen an der Gesamtbevölkerung an. Das trug ebenfalls zum Anstieg der Kriminalität bei, da junge Leute stärker dazu neigen, mit dem Gesetz in Konflikt zu geraten. Hier sind die Auswirkungen der Anreize ebenfalls offensichtlich: Junge Leute werden seltener bestraft, wenn sie festgenommen werden. Praktisch gewähren die Gerichte jedem Jugendlichen wenigstens ein ‚straffreies' Vergehen. Außerdem wenden sich junge Menschen ohne abgeschlossene Ausbildung häufig der Kriminalität zu, wenn sie keine ehrliche Arbeit oder nur schlechtbezahlte Jobs finden können.

Abgeschreckt. Aber die Lage scheint sich langsam zu bessern. Es waren wohl Enttäuschung und Angst, geschürt durch den Anstieg der Kriminalität in den 1960er und 1970er Jahren, sowie die Neubelebung der ökonomischen Analyse der Kriminalität, die in den letzten Jahren einen Wandel in der Politik bewirkt haben. Die Verhaftungs- und Verurteilungswahrscheinlichkeit der Kriminellen haben wieder zu steigen begonnen. Die Zahl der Staats- und Bundesgefängnisse ist seit 1980 um erstaunliche 40 % angewachsen.

Sowohl die Gewaltverbrechen als auch die Eigentumskriminalität nehmen nicht mehr zu und haben zu fallen begonnen. Das entspricht der Erwartung, daß Kriminelle durch Bestrafung abgeschreckt werden; allerdings begann in den letzten Jahren auch der Bevölkerungsanteil der unter 25-jährigen zu sinken.

Verbrechen können auch auf andere Weise unterbunden werden. Viele Veränderungen wären wirksam, aber alle erfordern ebenso die Mitarbeit der Richter und des Gesetzgebers wie eine günstige öffentliche Meinung. Es folgen daher einige Vorschläge zur Veränderung der Anreize für Kriminelle. Seit 1960 hat die Zahl der Polizeibeamten relativ zur Zahl der Verbrechen um mehr als 50 % abgenommen. Die Bestrafungssicherheit könnte durch eine moderate Anhebung der einzelstaatlichen und kommunalen Ausgaben für stärkere Polizeikräfte erhöht werden.

Außerdem sollten wir dem jüngsten Trend zu härteren Strafen für Kapitalverbrechen folgen und die Justiz dazu bewegen, einige nicht wünschenswerte Änderungen der Strafprozeßordnung noch weiter zu überarbeiten, die während der 1960er und 1970er Jahre eingeführt wurden.

Auf einer anderen Ebene könnten wir die jungen Leute von den Mindestlohngesetzen ausnehmen. Diese Gesetze machen ungelernte Jugendliche für bezahlte Arbeit zu teuer und erhöhen so ihre Arbeitslosigkeitsquoten. Die Arbeitslosigkeit wiederum trägt dazu bei, daß Jugendliche sich auf Verbrechen einlassen – insbesondere auf Eigentumsdelikte.

Der ökonomische Ansatz gibt uns zu verstehen, daß wir das gegenwärtige Niveau der Kriminalität nicht tatenlos hinnehmen müssen. Der durch die Verwirklichung dieser Vorschläge erzielte Rückgang der Kriminalität wäre schon wegen der Abschwächung der öffentlichen Ängste die ökonomischen und sozialen Kosten wert.

Sucht

Die Befürworter des Glücksspiels sind im Recht – aber aus den falschen Gründen

(6. September 1993)

Stärker noch als Washington sehen sich viele Regierungen der Einzelstaaten und Kommunen aus Haushaltsgründen gezwungen, die Steuern zu erhöhen. Mississippi und Indiana ebenso wie Boston, Chicago, New Orleans sowie der District Columbia und andere Kommunen haben im Bemühen um zusätzliche Steuereinnahmen schon Lizenzen an Spielcasinos und andere Glücksspieleinrichtungen wie etwa Lotterien vergeben, oder sie ziehen einen solchen Schritt zumindest ernsthaft in Erwägung. Ich unterstütze diesen Trend in Richtung auf die Legalisierung des Glücksspiels; allerdings haben meine Gründe mit dem Steueraufkommen wenig zu tun.

Bürgermeister und Gouverneure geraten ins Schwärmen, wenn sie daran denken, was Glücksspielsteuern für ihre Haushalte bewirken können. Nevada zum Beispiel nimmt mit seinen Casinos, dem größten staatlichen Arbeitgeber, jährlich mehr als 200 Millionen Dollar ein; in New Jersey sind es mehr als 314 Millionen Dollar. Verschiedene Indianerreservate – besonders in Connecticut und South Dakota – sind mit Spielautomaten, Poker- und Blackjacktischen und anderen Spieleinrichtungen reich geworden. Im Jahre 1987 entschied der Oberste Gerichtshof der USA, daß Indianderreservate vergleichbare Spieleinrichtungen betreiben können, wie sie im jeweiligen Bundesstaat zugelassen sind.

In dem Maße, wie sich die Spielcasinos über das Land ausbreiten, wird allerdings auch die Zahl der Kommunen steigen, die um das begrenzte Steueraufkommen aus dem Glücksspiel konkurrieren. Sie werden den finanziellen Erfolg von Nevada, Atlantic City oder der Indianerreservate jedoch nicht wiederholen können.

Staats- und Kommunalregierungen müssen von der Vorstellung Abschied nehmen, daß das Glücksspiel so etwas wie ein garantierter Hauptgewinn ist. Sie können sich mit dem Glücksspiel nicht sanieren: Es würde nur in geringem Maße das Steueraufkommen erhöhen. Es gibt dennoch etwas, das für die Legalisierung des Glücksspiels spricht: Zahlreiche Menschen, die spielen wollen, könnten dies tun, ohne illegale Etablissements aufzusuchen und damit die von der Unterwelt kontrollierten Einrichtungen zu fördern.

Eine läßliche Sünde. Nach meiner Auffassung läßt sich die Frage so zuspitzen: Die Argumente gegen die Legalisierung des Glücksspiels sind fadenscheinig; warum also läßt man es nicht zu? Das von religiösen Gruppen und Bürgerinitiativen vorgebrachte Argument, daß Glücksspiel eine Sünde sei und daher nicht gefördert werden sollte, ist von zweifelhaftem Wert. Das Glücksspiel ist sicherlich weniger sündhaft als Rauchen und Trinken, da das Rauchen der Gesundheit schadet und Trunkenheit zu Verkehrs- und Arbeitsunfällen sowie zu häuslicher Gewalt führt. Und wenn man annimmt, daß sogenannte Sündensteuern dem Grad der Sünde entsprechen sollten, dann müßte der Sündensteueranteil der Spielabgaben unter den entsprechenden Sätzen für Rauchen und Trinken liegen. Das ist auch der Fall: Die Regierungen der Einzelstaaten und des Bundes zusammengenommen besteuern Zigaretten und Bier mit insgesamt etwa 20 %, während Nevada etwa 5 % der Nettoeinnahmen der in diesem Staat betriebenen Casinos abschöpft.

Schon mehr als 30 Einzelstaaten fördern das Glücksspiel, indem sie verlockende Werbeanzeigen für Staatslotterien schalten. Die Armen nehmen an diesen Lotterien ebenso teil wie an illegalen Glücksspielen wie Würfel- und Kartenspielen. Die Reichen können beim Handel mit Aktien, Optionen, Grundstücken und anderen hochspekulativen Geldanlagen so riskant spekulieren, wie sie wollen. Es ist in erster Linie die Mittelklasse, die durch die gegenwärtig geltenden Beschränkungen der Casinos und anderer Formen des Glücksspiels getroffen wird. Aber in dieser Gruppe verspielen nur wenige Familien nennenswerte Teile ihres Einkommens und Vermögens beim Versuch, es auf einen Schlag zu vervielfachen.

Manche Gegner zeichnen ein Horrorgemälde von dem Spielsüchtigen, der auf der Jagd nach dem großen Coup seines Lebens die Ersparnisse seines Lebens vergeudet. Eine Analyse der Wettgewohnheiten von Lotterieteilnehmern und Casinobesuchern zeigt allerdings, daß die Spielsucht nicht sehr verbreitet ist – jedenfalls deutlich weniger als die Tabak- und Alkoholsucht. Nur wenige Menschen kaufen so viele Lotteriescheine, daß es nicht mehr für das Essen und andere Lebensnotwendigkeiten reicht. Die meisten Casinobesucher sind Leute mittleren Alters, die sich im Freundeskreis amüsieren wollen. Warum sollte man ihnen das Vergnügen – oder gar den Nervenkitzel – vorenthalten, das sie durch maßvolle Einsätze bei Lotterien und anderen Glücksspielen empfinden?

Legalisiert. Viele, die sich gegen die Legalisierung des Glücksspiels aussprechen, sind gar nicht daran interessiert, ob die Kunden eine Sünde begehen oder eine Sucht riskieren würden. Ihre Sorge gilt dem organisierten Verbrechen, das schließlich Las Vegas hervorbrachte. Aber das ist lange her. Heutzutage kontrollieren angesehene Unternehmen wie Hilton, Hyatt, Bally´s und Grand Casinos die meisten Spieleinrichtungen und Hotelbetten in Las Vegas und Atlantic City und betreiben die gerade legalisierten Casinos entlang des Mississippi.

Das organisierte Verbrechen gedeiht auf dem Boden illegaler Aktivitäten wie dem Drogenhandel und dem Glücksspiel. Kriminelle sind ehrlichen Geschäftsleuten gegenüber im Vorteil, indem sie Beamte bestechen, die dem Gesetz Geltung verschaffen sollen – und indem sie ihre Außenstände mit Gewalt eintreiben. Wenn seriöse Unternehmen die Spielcasinos und andere Einrichtungen auf Hotelschiffen oder an sonstigen Orten betreiben könnten, die für das Glücksspiel reserviert wären, dann würde der Einfluß von Kriminellen auf das Glücksspiel verringert, nicht erhöht. Sobald es legalisiert würde, hätten viele seriöse Unternehmen ein vitales Interesse daran, in dieser Branche tätig zu werden.

Die Furcht vor dem organisierten Verbrechen hat die Regierungen der Einzelstaaten und der Kommunen dazu veranlaßt, Staatslotterien, die Off-Track-Wettbüros in New York City und ähnliche Einrichtungen selbst zu betreiben. Aber der Staat war in diesen Bereichen nicht erfolgreicher als bei der Bereitstellung anderer Dienstleistungen: New Yorks Off-Track-Wettbüros gehören weltweit zu den wenigen verlustbringenden Glücksspielunternehmen. Staatslotterien waren innovationsfeindlich und ziehen ihre überwiegend weniger gebildete Klientel über den Tisch, indem sie nur 50 % der Wetteinsätze als Gewinne ausschütten. Im Gegensatz dazu sind privat betriebene Casinos in Las Vegas und andernorts durch den Wettbewerb dazu gezwungen, etwa 95 % der eingesetzten Gelder wieder auszuzahlen.

Höhere ‚Sündensteuern': Ein Tiefschlag für die Armen

(5. Juni 1989)

Das hohe Haushaltsdefizit des Bundes und die finanziellen Schwierigkeiten, denen sich die Regierungen der Einzelstaaten gegenübersehen, haben einige Ökonomen dazu veranlaßt, eine höhere Besteuerung von ‚Sünden' zu verlangen – Rauchen, Trinken und Glücksspiel. Aber nach meiner Auffassung sind die Steuern auf Lotterien und Zigaretten ohnehin schon zu hoch; lediglich der Steuersatz auf Bier ist eindeutig zu niedrig.

Bei den Armen sind die Staatslotterien eine inzwischen noch beliebtere Form des Glücksspiels als Bingo. In 33 Staaten werden Lotterien veranstaltet, viele andere planen ihre Einführung. Aber nur ungefähr die Hälfte der in einer Lotterie eingesetzten Beträge werden als Gewinne wieder ausgeschüttet. Je nach Staat beträgt der Steuersatz auf die Spieleinsätze zwischen 30 % und 45 %. Der Rest geht weg für Verwaltungskosten und die Provisionen für die Annahmestellen. Aber warum sollten die Staaten das Vergnügen so hoch besteuern, das arme Spielteilnehmer beim Traum von einem besseren Leben mit weniger Plackerei empfinden?

Man kann die hohe Besteuerung von Lotterien nicht mit Gleichheitsgründen rechtfertigen. Eine diesbezügliche Untersuchung von den Professoren Charles Clotfelter und Philip Cook vom Nationalen Institut für Ökonomische Forschung zeigt, daß die Armen einen viel größeren Teil ihres Einkommens verwetten. Doch die Autoren zeigen auch, daß der typische Spieler mit niedrigem Einkommen nicht viel einsetzt. Nur wenige arme Weiße setzen mehr als 10 Dollar pro Woche ein; das tun allerdings sehr viel mehr arme Schwarze. Leute, die nur bescheidene Summen verwetten, schaden niemandem; und diejenigen, die hohe Summen verspielen, schaden nur sich selbst und ihren Familien.

Sozialer Preis? Die Inhalation von Zigarettenrauch verursacht keine Autounfälle, kein Fernbleiben von der Arbeit oder so manches andere Verhalten, das die Gesellschaft viel kostet. Allerdings tobt eine heftige Debatte um die schädlichen Effekte des Passivrauchens. Und die Steuern, die etwa 30 % des Zigarettenpreises ausmachen, sind regressiv, da weniger gebildete und ärmere Menschen viel häufiger als andere rauchen. Vielleicht sollte das Rauchen von Jugendlichen eingeschränkt werden, wenn sie nicht fähig sind, die schädlichen Konsequenzen ihres Verhaltens für die eigene Gesundheit vorauszusehen. Aber warum besteuert man die erwachsenen Raucher so hoch, die hauptsächlich sich selbst schädigen?

Übermäßiger Alkoholkonsum ist für einen großen Teil der Verkehrstoten und der Krankmeldungen verantwortlich. Der jüngste katastrophale Tankerunfall der Exxon Valdez war dem Vernehmen nach teilweise auf die Trunkenheit des Tankerkapitäns zurückzuführen. Verbrauchssteuern machen beachtliche 45 % des Spirituosenpreises aus, aber nur etwa 10 % des Preises für Wein und Bier. Die Biersteuer ist wohl zu niedrig, denn Bier ist dasjenige alkoholische Getränk, das von angetrunkenen jungen Leuten bevorzugt wird, die zahlreiche Verkehrstote verursachen.

Wie dem auch sei: Hohe Steuern auf Alkohol bestrafen diejenigen überproportional, die maßvoll Alkohol konsumieren und sich darauf beschränken, in Situationen über den Durst zu trinken, in denen sie keine Gefahr für andere darstellen. Aus diesem Grund sollte man nach meiner Auffassung als vorrangiges Mittel zur Abschreckung von übermäßigem Alkoholkonsum nicht so sehr Steuern einsetzen, sondern eher strenge Strafen für angetrunkene Personen, die schwere Verkehrsunfälle oder andere Unglücke verursachen.

Auch wenn die Regierungen des Bundes und vieler Einzelstaaten nach zusätzlichen Steuereinnahmen Ausschau halten, um ihre Haushaltsdefizite zu verringern, haben sie es vermieden, die Steuern für Gruppen zu erhöhen, die massiven politischen Widerstand leisten. Auch Unternehmen nutzen oft ihren politischen Einfluß, um die Steuern auf ihre Produkte niedrig zu halten.

Kein Druck. Wenn man an die Rolle der politischen Einflußnahme denkt, ist es leicht zu verstehen, warum Lotterien hoch besteuert werden. Private Unternehmen betreiben keine Lotterien; daher hat kein Unternehmen einen besonderen Anlaß, seinen Einfluß gegen den hohen Anteil von den Spieleinsätzen geltend zu machen, den sich der Staat genehmigt. Spieler sind nicht gut organisiert und geben nicht genug aus, um an der Politik der Lotteriebesteuerung Interesse zu zeigen.

Die Mittelklasse und die Reichen spielen normalerweise nicht Lotterie, sondern mit Aktien, Anleihen, Futures, Optionen und anderen Finanzwerten. Die niedrigen Steuersätze auf Finanztransaktionen resultieren zum Teil daraus, daß der Aktien- und Anleihenmarkt anderen Zwecken dient als dem Spielwunsch der Händler – zum Beispiel dem der Kapitalvermehrung. Aber es ist sicherlich auch ein entscheidender Grund, daß Interessengruppen wie die Lobby der New Yorker Aktienbörse mit Nachdruck darauf hinwirken, daß die Steuern niedrig bleiben.

Die Steuersätze auf Zigaretten, Bier und Wein sind nicht deswegen niedriger als die auf Lotterien, weil die öffentliche Akzeptanz des Rauchens und des übermäßigen Alkoholkonsums größer wäre als die des Spielens. Vielmehr gibt es wegen der massiven Schädigung der Raucher eine gut organisierte Opposition gegen das Rauchen. Und jedermann weiß: Betrunkene stellen eine ernsthafte Bedrohung für den Unschuldigen dar.

Diese gegen das Rauchen und den übermäßigen Alkoholkonsum gerichteten Kräfte hätten längst zu höheren Bundessteuern und damit zu einem höheren Steueraufkommen und zu einer Reduzierung dieser Aktivitäten geführt, gäbe es nicht die politische Macht der Bier-, Wein- und Spirituosenproduzenten, der Tabakkonzerne und Tabakanbauer. Sie machen Werbung, lenken die Wähler von politischen Schlüsselthemen ab, und ihre politischen Aktionskomitees fördern Kampagnen auf allen Ebenen. Tabakproduzenten schaffen es sogar, umfangreiche Subventionen zu bekommen, während der Kongreß höhere Steuern auf Zigaretten diskutiert; und die Bundessteuer auf Alkohol ist 30 Jahre lang nicht nennenswert heraufgesetzt worden – trotz stark gestiegener Verbraucherpreise.

Staatliche Haushaltsdefizite können ohne weiteres höhere Umsatz- und Verbrauchssteuern rechtfertigen; aber Steuern auf Lotterien und auf den Tabakkonsum – Ausgaben, die bevorzugt von den Armen getätigt werden – sind im Vergleich zu den Steuern auf andere Konsumaktivitäten zu hoch.

Immer mehr Menschen sagen „Ja" zur Legalisierung der Drogen

(27. Juni 1988)

Kokain und andere Drogen bleiben allgemein verbreitet – trotz der mit Drogendealern überfüllten Gefängnisse und trotz militärischer Einsätze in ausländischen Anbaugebieten. Weder der großangelegte Krieg der Reagan-Administration gegen die Drogen noch die Kampagnen in den Schulen und den Medien noch Straßenverkaufspreise, die um ein Mehrfaches über den Herstellungskosten für Drogen liegen, haben es vermocht, Amerika seine kostspielige Angewohnheit abzugewöhnen.

Immer mehr Menschen erkennen, daß der Krieg gegen die Drogen gescheitert ist, und zwar so gründlich, daß auch ziemlich konventionelle Leute in Betracht zu ziehen beginnen, was noch vor kurzer Zeit undenkbar war – die Legalisierung. Im Laufe der 10 Monate, seit ich mich für einen solchen radikalen Wandel in der Politik ausgesprochen hatte (*Business Week*, 17. August [in diesem Band, S. 187]), kamen zustimmende Reaktionen von den Bürgermeistern mehrerer großer Städte und im Rahmen von Aufsätzen in *Foreign Policy, The Economist* und dem Britischen Medizinjournal *Lancet*. Die *New York Times* brachte auf der Titelseite einen Artikel über das plötzlich erwachte Interesse an der Legalisierung der Drogen.

Strafe und Verbrechen. Eine Schwierigkeit der gegenwärtigen Drogenbekämpfungspolitik besteht darin, daß jeder weitere Schritt bei der Ausweitung des Kampfes andere Probleme verschlimmert. Die Polizei ist über ein Viertel ihrer Zeit damit beschäftigt, Drogenhändler aufzuspüren, statt Raubüberfälle und andere gegen Personen gerichtete Verbrechen zu bekämpfen. Trotz der weitverbreiteten Skepsis, ob unsere

Streitkräfte die strategischen Interessen der USA angemessen verteidigen können, verabschiedete der Kongreß kürzlich Gesetzesvorlagen, die den Aufgabenbereich des Militärs um Angriffe auf Drogenschmuggler und ausländische Anbaugebiete erweitern würden.

Der Ruf nach harten Strafen für Drogenhändler ist bei Politikern beliebt, die zunehmend die Legislative der Einzelstaaten unter Druck setzen, Maßnahmen zu ergreifen. Eine in Beratung befindliche Gesetzesvorlage in New York würde den Besitz selbst einer kleinen Menge Crack mit einer harten Gefängnisstrafe ahnden. Aber strenge Strafen bringen Dealer dazu, ihre gewaltsamen Attacken auf Drogenfahnder oder jeden beliebigen anderen zu verstärken, den sie als eine Bedrohung ihrer Freiheit ansehen. Eine alte Erkenntnis der Kriminalgerichtsbarkeit besagt, daß Kriminelle schwerere Verbrechen begehen, wenn geringfügigere Vergehen streng bestraft werden.

Manche Menschen sind gegen die Freigabe für Erwachsene, weil sie befürchten, daß dann auch die Kinder freien Zugang zu Drogen bekämen. Aber gerade das gegenwärtige System ermuntert die Dealer dazu, Kinder zum Drogenverkauf zu benutzen, weil Kinder nachsichtiger als erwachsene Dealer behandelt werden. Wenn Drogen an Erwachsene verkauft werden könnten, wäre es wohl leichter, den Drogenverkauf an Kinder zu reduzieren, weil die Polizei und die Justiz sich dann auf die Ermittlung und Bestrafung von Leuten konzentrieren könnten, die an Kinder verkaufen.

Politiker sind so erpicht darauf, ihre ablehnende Haltung gegen Drogen zu demonstrieren, daß sie sich sogar gegen Maßnahmen sperren, die Drogenabhängige mit sterilisierten Nadeln versorgen würden, um die Verbreitung von AIDS zu verlangsamen – einem der weltweit bedrohlichsten Gesundheitsprobleme. Mehr als ein Viertel aller AIDS-Fälle in den USA – und über die Hälfte aller AIDS-Toten in New York – ist nicht auf sexuelle Aktivität, sondern auf verschmutzte Nadeln zurückzuführen, die für die Injektion von Heroin und anderen Drogen benutzt werden. Wenn Drogen legal und frei verkäuflich wären, hätten Süchtige freien Zugang zu sauberen Nadeln.

Zweifellos nähme der Gebrauch zu, wenn man Drogen legalisierte und die Straßenverkaufspreise sänken. Nach dem Ende der Prohibition im Jahre 1933 nahm der Alkoholkonsum vor allem deshalb kräftig zu, weil Spirituosen und andere alkoholische Getränke viel billiger wurden. Wie auch immer – die heutigen hohen Drogenpreise zwingen viele schwer Drogenabhängige dazu, ihre teuren Gewohnheiten mit Diebstahl, Raub oder eigenem Drogenhandel zu finanzieren. Die Verbindung zwischen Kriminalität und Drogengebrauch würde viel schwächer werden als sie jetzt ist, wenn Drogen legal und billig wären.

Die schädlichen Auswirkungen eines vermehrten Drogenkonsums werden durch die Tatsache gemildert, daß die meisten Drogen viel weniger suchterzeugend sind als allgemein angenommen. Nach Auskunft des Nationalen Instituts für Drogenmißbrauch haben beispielsweise 95 % der 30 Millionen Amerikaner, die Kokain geschnupft hatten, damit aufgehört, bevor sie süchtig wurden, oder sie schafften es, schließlich von ihrer Sucht loszukommen. Und die Legalisierung würde nicht notwendigerweise zu mehr Abhängigkeit führen, die ja nicht selten durch Gruppendruck, Kummer und Streß verursacht ist. Viele Menschen, die an diesen Übeln leiden, greifen jetzt einfach zur Flasche oder verhalten sich auf andere Weise selbstzerstörerisch.

Soziale Steuern. In unserer Gesellschaft haben wir ein noch gewichtigeres Problem, mit dem man in einer weit unbefangeneren Weise umgeht. Der Alkoholmißbrauch ist sozial weit verheerender als Kokain, Marihuana und Heroin zusammengenommen. Viel mehr Unbeteiligte werden durch betrunkene Fahrer und durch Trunkenheit am Arbeitsplatz und zu Hause geschädigt als von Leuten, die unter Drogeneinfluß Auto fahren oder arbeiten. Aber wir versuchen, den durch übermäßigen Alkoholkonsum verursachten sozialen Schaden durch hohe Steuern auf alkoholische Getränke zu verringern sowie durch die Bestrafung von angetrunkenen Personen, die Unfälle verursachen, und von Einzelhändlern, die Spirituosen an Minderjährige verkaufen.

Ich denke, daß bei den Drogen eine ähnliche Politik verfolgt werden sollte. Wie beim Alkohol hätten Steuern auf den legalen Kauf und Verkauf von Drogen einen dämpfenden Effekt auf die Drogenverkäufe, ohne Süchtige in eine finanziell ausweglose Lage zu bringen. Dies käme einer sogenannten Sozialsteuer gleich; sie ist den Steuern vergleichbar, die erfolgreich gegen das Rauchen und Trinken eingesetzt werden. Menschen, die schwere Unfälle verursachen, während sie unter Drogeneinfluß fahren oder arbeiten, oder die Drogen an Kinder verkaufen, sollten hart bestraft werden. Eine Politik der Legalisierung von Drogen wäre dann sowohl vernünftig als auch human – und würde die sozialen Kosten des Drogenproblems drastisch senken.

Sollte der Drogenkonsum legalisiert werden?

(17. August 1987)

In Übereinstimmung mit vielen anderen Ländern verbieten die USA Verkauf und Gebrauch vieler Drogen, etwa von Marihuana, Kokain und Heroin. Aber auch wiederholte ‚Kriege' gegen Drogenhändler haben es nicht vermocht, den illegalen Handel mit solchen Drogen zu unterbinden. Die durch das Scheitern des Kampfes gegen den Drogenhandel entstehenden Probleme sind groß genug, um andere Optionen ernsthaft in Betracht zu ziehen. In diesem Sinne plädiere ich für die schon während der Depression praktizierte radikale Lösung, die der Prohibition von alkoholischen Getränken ein Ende setzte: Wir sollten alle Beschränkungen des Verkaufs von Marihuana, Kokain und anderen Drogen an Erwachsene beseitigen, wo das gesetzliche Verbot mehr Probleme erzeugt als gelöst hat. Für Kinder sollten Drogen natürlich nicht erhältlich sein.

Die Verfassungsänderung zur Beendigung der Prohibition war ein Eingeständnis, daß das amerikanische Experiment, den Alkoholkonsum zu verbieten, kläglich gescheitert war. Sie brachte aber keine Unterstützung übermäßigen Alkoholkonsums oder gar des Alkoholismus zum Ausdruck. Ganz ähnlich bedeutet mein Vorschlag der Legalisierung einiger Drogen nicht, daß ich Sucht und Drogenkonsum befürworte. Er ist eher ein Weg zur Bekämpfung der vielen ernsten Probleme, die durch das Verbot dieser Drogen erzeugt wurden.

Den Druck verringern. Das organisierte Verbrechen beherrscht den Drogenhandel in der gleichen Weise, wie es die Produktion und Verteilung von Bier und Spirituosen während der Prohibition kontrollierte. Wenn man ausgesuchten Firmen erlauben würde, die Kontrolle über die Produktion und Verteilung von Drogen zu übernehmen, würde das die Gewalt im Drogengeschäft beenden – so wie das bei den Spirituosen geschah. Der Wettbewerb zwischen diesen Firmen würde die Monopolmacht abbauen, die Dealer jetzt über viele Süchtige ausüben, die keine alternativen Anbieter haben. Es gäbe viel weniger verschmutzte und nicht standardisierte Drogen, die zu Vergiftungen und Überdosierungen führen, wenn Firmen, die legalisierte Drogen verkaufen, deshalb teure Prozesse und den Verlust ihrer Reputation befürchten müßten. Die jetzige Heimlichtuerei beim Gebrauch illegaler Drogen trägt auch dazu bei, den AIDS-Virus zu verbreiten. Süchtige ziehen sich diese Krankheit von kontaminierten Nadeln zu und stecken fortgesetzt andere an.

Drogen sind hauptsächlich deshalb teuer, weil ihr Preis einen erheblichen Aufschlag für die Risiken der Verhaftung und Verurteilung und für die Kosten der Bestechung von Amtsinhabern einschließt. Der starke Rückgang der Drogenpreise infolge einer Legalisierung würde den finanziellen Druck auf die Süchtigen bedeutend verringern. Sie müßten sich nicht der Prostitution zuwenden oder stehlen, unterschlagen und andere Verbrechen begehen, um eine Angewohnheit zu finanzieren, die alle ihre Ressourcen beansprucht.

Unter dem gegenwärtigen System verlieren Drogenabhängige vielleicht ihren Arbeitsplatz und haben Schwierigkeiten, eine andere Arbeit zu finden, selbst wenn sie weiterhin zufriedenstellende Leistungen erbringen. Ein dramatisches Beispiel ist das Spielverbot oder die zeitweise Suspendierung von drogenabhängigen Spielern aus den Oberligen im Basketball, Baseball und Football. Bei wiederholten Verstößen werden Spieler mit einem Spielverbot belegt, unabhängig von ihrer Spielstärke. Gesperrte Spieler müssen die finanziellen und sonstigen Lasten eines weiteren Drogengebrauchs tragen – bei gleichzeitigen hohen Einkommensverlusten. Wären Drogen legal, würden Abhängige aus professionellen Mannschaften und anderen Jobs ausschließlich aus dem gleichen Grund entlassen wie Alkoholiker: Sie können nicht länger ihre Arbeit machen.

Man nimmt weithin an – allerdings ganz zu Unrecht –, daß Süchtige und andere regelmäßige Drogenbenutzer nicht auf Preisänderungen reagieren. Obwohl die unmittelbaren Belege nur bruchstückhaft sind, läßt das, was über andere stark suchterzeugende Substanzen bekannt ist, eindeutig darauf schließen, daß die Nachfrage nach Drogen zunimmt, wenn ihr Preis sinkt. So reagiert etwa das Ausmaß des Rauchens und des übermäßigen Alkoholkonsums empfindlich auf die Kosten von Zigaretten und Spirituosen. Eine Untersuchung von Professor Philip J. Cook und Professor George Tauchen von der Duke-Universität zeigt, daß die Einführung selbst geringfügiger Verbrauchssteuern auf Spirituosen die Todesfälle durch Leberzirrhose erheblich senkt – eine Krankheit, die mit übermäßigem Alkoholkonsum verbunden ist.

Diese Preisempfindlichkeit führt zum Hauptargument gegen die Legalisierung der Drogen: daß ihre deutliche Verbilligung eine Ausweitung des Gebrauchs zur Folge hätte. Dies bedeute zusätzliche Verkehrsunfälle, Verbrechen und sonstige Schädigungen Unbeteiligter, die von denen verursacht werden, die unter Drogeneinfluß stehen. Aber gerade die Preisempfindlichkeit, die einen verstärkten Konsum stimuliert, legt auch eine partielle Lösung solcher Probleme nahe. Indem man maßvolle Verbrauchssteuern auf den legalen Verkauf von Drogen einführt, ließe sich die Nachfrage nach ihnen auf ein überschaubares Niveau absenken, ohne die finanzielle Belastung den Schwerstabhängigen aufzubürden – was gegenwärtig zu so vielen sozialen Verwerfungen führt. Eine Besteuerung brächte auch dringend benötigte Haushaltsmittel für den Bund und die Einzelstaaten ein.

Harte Bestrafung. Wer wegen Drogenmißbrauchs im Straßenverkehr in Gewahrsam genommen wurde, kommt im allgemeinen mit einer geringfügigen Strafe davon. Empirische Belege aus verschiedenen Ländern deuten darauf hin, daß harte Strafen für betrunkene Fahrer die Trunkenheit am Steuer wesentlich verringern. Daher bin ich davon überzeugt, daß Strafen, einschließlich Haftstrafen, viele Menschen davon abhalten könnten, Drogen zu nehmen, bevor sie sich ans Steuer setzen oder sich mit anderen potentiell zerstörerischen Tätigkeiten befassen.

Die Legalisierung von Drogen wird nicht jedes Problem lösen. Aber sie ist die beste erreichbare Lösung. Wir sollten dem Beispiel folgen, das mit der Beendigung der Prohibition gegeben wurde, und Marihuana, Kokain und bestimmte andere Drogen legalisieren, bei deren Kontrolle wir gescheitert sind. Verbrauchssteuern und Strafen könnten den Drogenkonsum auf ein erträgliches Maß eingrenzen und von ihrem Gebrauch abhalten, bevor man sich auf Handlungen einläßt, die anderen schaden könnten.

8.
Antitrust und Kartelle

Die Antitrustgesetze sind in den Vereinigten Staaten in zu großem Maße auf Geschäftspraktiken wie Fusionen und die Preisdiskriminierung zwischen Kunden zugeschnitten. Diesen Praktiken wird unterstellt, entweder auf ein Monopol abzuzielen oder eine faktisch schon erreichte Monopolmacht widerzuspiegeln. Aber weder Richter noch die gesetzgebenden Instanzen haben ausreichende Informationen, um zu bestimmen, ob verschiedene übliche Geschäftspraktiken den Wettbewerb fördern oder behindern. Eine weitaus wirksamere Methode zur Kontrolle der Monopolmacht wäre es, den Markteintritt von Wettbewerbern zu fördern – was Konkurrenz durch Importe einschließt.

Es ist paradox, daß die geltenden Kartellgesetze zahlreiche Preisabsprachen von der strafrechtlichen Verfolgung ausnehmen, obwohl solche Absprachen das verläßlichste Anzeichen für Monopolabsichten sind. So ist etwa die Regulierung des Collegesports durch die National Collegiate Athletic Association (NCAA) im wesentlichen eine Absprache, um die Gehälter der Collegesportler zu senken, besonders die der Football- und Basketballspieler. Die NCAA rechtfertigt ihr Vorgehen mit Gleichheitsgründen; aber wir zeigen, daß es ein seltsame Art von ‚Gleichheit' ist, die Bezüge von Sportlern zu senken, die in der Regel aus kleinen Verhältnissen stammen, wenn die Universitäten gleichzeitig mit erfolgreichen Mannschaften in großem Stil von Sporteinnahmen und öffentlicher Aufmerksamkeit profitieren.

Baseball: Wie man gleiche Spielregeln schafft

(10. Oktober 1994)

Seit Beginn des Spielerstreiks in der Baseball-Oberliga und dem vorzeitigen Saisonende waren die Sportreporter, Fernsehkommentatoren und die Fans damit beschäftigt, Schuld zuzuweisen und Partei zu ergreifen – ohne die zugrunde liegenden ökonomischen Fragen und spezifischen Probleme des Baseballs und anderer Mannschaftssportarten auch nur zu berühren.

Für die während des Streiks zutage getretene Hartnäckigkeit und solidarische Handlungsweise auf seiten der Vereinsträger hat man die spezielle Ausnahmebestimmung der Antitrustgesetze verantwortlich gemacht, die der Baseball-Oberliga im Jahre 1922 durch den Obersten Gerichtshof zugestanden wurde. Aber nicht nur Baseball ist gegen Rechtsstreitigkeiten im Antitrustbereich immun: Das Clayton-Antitrustgesetz von 1914 nahm sämtliche Gewerkschaften aus, auch die Sportgewerkschaften. Und in anderen Sportarten, sogar in jenen, die der Antitrustgesetzgebung unterworfen sind, gab es ähnliche Konflikte; man denke an den Spielerstreik in der Nationalen Football-Liga von 1987.

Aus ökonomischer Sicht hat das wichtigste charakteristische Merkmal des Baseballs nichts mit Antitrust zu tun. Es besteht darin, daß Baseballfans ebenso wie die Anhänger anderer Mannschaftssportarten oft weniger an der absoluten Qualität einer Leistung der Spieler und Mannschaften interessiert sind als an ihren Leistungen relativ zu den Teams, mit denen sie konkurrieren. Diese Betrachtungsweise läßt sich auf die meisten anderen Güter und Dienstleistungen nicht anwenden. Wird die favorisierte Mannschaft viele Spiele für sich entscheiden? Wird sie ins Endspiel kommen und vielleicht sogar die Ausscheidungskämpfe zwischen den Spitzenreitern der bedeutendsten Ligen der USA, die World Series, gewinnen? Wird ihr Favorit der Spitzen-Schlagmann der Liga, oder wird ein Starwerfer mehr als 20 Spiele gewinnen?

Ein hartes Rennen. Da die Einnahmen aus dem Eintrittskartenverkauf und aus der Vergabe der Fernsehübertragungsrechte von der relativen Spielstärke abhängen, fallen die Einnahmen größer aus, wenn die Spiele knapp ausgehen, die Meisterschaft hart umkämpft ist und wohl auch wenn die Mannschaften, welche die World Series oder die Meisterschaften in anderen Sportarten gewinnen, in der Regel von Jahr zu Jahr wechseln. Die Eigentümerseite ist gegen eine unregulierte Spielervermittlung und gegen einen ungehinderten Wettbewerb zwischen den Nachwuchsspielern; sie steht auf dem Standpunkt, daß das Meisterschaftsrennen dann nicht mehr knapp ausgehen würde, weil Mannschaften mit großen Märkten oder mit gut gefüllten Vereinskassen die besten freien Vermittler und Nachwuchsspieler aufkaufen würden. Doch Untersuchungen belegen, daß der knappe Ausgang der Meisterschaftsspiele und die Unterschiede bei den Tabellenplätzen sich nicht wesentlich verändert haben, seit man im Baseball im Jahre 1976 zu freier Vermittlung überging.

Das Gewicht der relativen Spielstärke bedeutet auch, daß die Ausgaben für die Mannschaften in eine Art ‚Wettrüsten' münden können. Jede Mannschaft hat für sich genommen einen Anreiz, etwas mehr zu tun, um andere leistungsmäßig zu übertreffen; aber keine Mannschaft hat einen Wettbewerbsvorteil, wenn alle mehr aufwenden. In der gleichen Weise, wie Nationen ihr Waffenarsenal vergrößern können, ohne das Kräftegleichgewicht zu verändern, kann die Reihenfolge der Mannschaften in einem Sportwettkampf unverändert bleiben, wenn alle mehr für die Spieler, das Betreuungspersonal, die Erkundung gegnerischer Mannschaften, die Manager und andere Dinge ausgeben.

Vereinsträger und Spieler müssen ein Regelsystem finden, das die Ausgaben begrenzt und den Wettbewerb fördert, ohne das Machtgleichgewicht zwischen Arbeitnehmern und Arbeitgebern zu stark zu stören. Für die Eigentümer wäre eine Deckelung der Mannschaftshonorare eine Lösung, aber die Spieler sehen ganz richtig, daß eine solche Deckelung unzumutbar wäre.

Streiks und Aussperrungen können sogar trotz bester Absichten vorkommen, da Spieler und Mannschaften um die Aufteilung der Einnahmen aus dem Sport kämpfen. Obwohl das Mediangehalt der Spieler bei etwa 500.000 Dollar liegt, könnten sogar gutbezahlte Spieler streiken und sonstige Methoden einsetzen wollen, um mehr zu verdienen, insbesondere wenn ihre Karrieren sich dem Ende zuneigen. Und obwohl die Vereinseigentümer häufig erfolgreiche Geschäftsleute sind, die es faszinierend finden, sich im Sport zu engagieren, wollen sie dennoch die Kosten niedrig halten und eine angemessene Rendite aus ihrer Investition ziehen.

Optimaler Wettbewerb. Statt im Baseball die Honorare zu deckeln, sollte man eine Abgabe einführen auf die Gesamtaufwendungen der Oberliga-Mannschaften für Spieler, für die Nachwuchsförderung und für alles andere, was die Leistung eines Teams erhöhen könnte. Zum Beispiel könnte man eine Abgabe von 33 % auf sämtliche Ausgaben erheben, die ein Verein für diese Zwecke ausgibt, soweit sie 40 Millionen Dollar übersteigen – was in etwa dem Durchschnittsbetrag entspricht, der von den Mannschaften der Oberliga auf diese Weise ausgegeben wird. Gegen Ende der Verhandlungen zwischen Eigentümern und Spielern schlug die Gewerkschaft überraschend derartige Abgaben von Vereinsträgern vor.

Eine solche Abgabe hielte von übermäßigen Ausgaben für diese Variante des Rüstungswettlaufs ab. Weil außerdem die Finanzmittel, die man mit Hilfe der Abgabe von den Ligen einsammelte, an alle Mannschaften verteilt würden, trüge sie dazu bei, die Vereinsträger mit kleinen Märkten für die größeren Ressourcen der New York Yankees, der Los Angeles Dodgers und anderen Teams mit großen Märkten zu entschädigen.

Aber eine Abgabe auf die Ausgaben genügt nicht, denn sie gibt schwachen Mannschaften keinen zusätzlichen finanziellen Anreiz, ihre

Leistungen zu steigern und das Meisterschaftsrennen spannender zu gestalten. Dies kann durch eine zweite Abgabe auf Mannschaften erreicht werden, die unterdurchschnittlich abschneiden.

Je mehr Spiele eine Mannschaft in den vergangenen ein oder zwei Jahren verloren hat, desto größer wäre der Betrag, den sie in den Fonds der Liga einzahlen müßte. Eine solche Abgabe würde schwache Teams dazu bringen, sich erheblich mehr anzustrengen, während das geltende Nachwuchsspieler-Konzept und bestimmte andere Regelungen der Baseball-Oberliga die Mannschaften mit schlechter Leistung eher begünstigen als bestrafen. Wenn schwache Mannschaften begünstigt werden, haben sie geringere Anreize, auf Grund eigener Bemühungen wettbewerbsfähiger zu werden – etwa durch die Verbesserung der Personalentscheidungen und des Managements.

Das absehbare Ergebnis: ein spannender und effizienter Wettbewerb ohne Gehaltsdeckelung und ohne das Gleichgewicht der Kräfte zugunsten der Vereinsträger zu verschieben.

Das Problem ist nicht, was Vorstandsmitglieder bekommen, sondern sie zum Gehen zu bewegen

(2. März 1992)

Die Rezession und Präsident Bushs Japanreise in Begleitung einer Gruppe hochbezahlter Vorstandsmitglieder richtete die Aufmerksamkeit auf beiden Seiten des Pazifiks auf die sehr hohen Bezüge der Führungskräfte. Obwohl sicherlich der ein oder andere Spitzenmanager überbezahlt sein dürfte, ist nach meiner Auffassung die Debatte um die Bezahlung ein Ablenkungsmanöver. Das Hauptproblem korporativer Führung – und damit der Wettbewerbsfähigkeit – ist die Schwierigkeit, Spitzenmanager aus ihrer Position zu entfernen, die ihre Unternehmen schlecht führen. Der beste Weg wäre, ihnen befristete Verträge zu geben.

Vorstandsmitglieder, die schlechte Leistungen zeigen, lassen sich nur schwer auswechseln, weil sie im Regelfall unbegrenzt amtieren – nur dem Aufsichtsrat oder dem Sensenmann unterworfen. Die Vorstandsmitglieder kontrollieren jedoch die meisten Berufungen in den Aufsichtsrat und sind daher gegen Entlassung geschützt. Bei 99 % der Aufsichtsratswahlen wird der Kandidatenliste des Vorstands nicht widersprochen, und sogar in den wenigen verbleibenden Fällen kann sich das Management in drei von vier Fällen gegen die Opposition durchsetzen. Das Ergebnis ist, daß außer bei einer Übernahme durch ein anderes Unternehmen das Top-Management selten entlassen wird, selbst wenn es dem Unternehmen schlecht geht.

Viele andere bescheiden sich mit zeitlich befristeten Berufungen – Mitglieder der Legislative, Gouverneure, Dekane an Colleges, Trainer von Sportmannschaften an Colleges und im professionellen Bereich. Das könnte ohne weiteres auch für College-Professoren gelten. Und es wäre besser, auch die Amtszeit von Vorstandsmitgliedern durch einen befristeten Vertrag zu ersetzen – vielleicht für drei oder fünf Jahre, mit einer Verlängerungsmöglichkeit. Vor der Verlängerung würde der Aufsichtsrat (vorzugsweise mit Hilfe unabhängiger Unternehmensberater) die Leistung beurteilen und seine Schlußfolgerungen zusammen mit einigen ihrer Analysen den Aktionären zugänglich machen.

Ein Kurzzeitvertrag wäre kein unfehlbares Mittel gegen ein schlechtes Mangement, da die Vorstandsmitglieder weiterhin eine erhebliche Kontrolle über den Aufsichtsrat ausüben würden. Dennoch brächte er eine systematische und regelmäßige Leistungsüberprüfung mit sich, die dazu beitragen würde, den Anteilseignern und Angestellten Belege für ein inkompetentes Management zugänglich zu machen.

Selbstheilung. Ich plädiere nicht dafür, daß befristete Amtszeiten durch die Börsenaufsichtskommission oder durch ein Gesetz des Kongresses angeordnet werden sollten: Es gibt schon zu viele Bundesvorschriften für die korporative Führung. Vielmehr sähe ich es lieber, wenn die Aufsichtsräte die Initiative übernehmen würden, für festgelegte Amtszeiten der Vorstandsmitglieder zu sorgen, möglicherweise in Reaktion auf den Druck der Aktionäre und der Öffentlichkeit. Die Leistung dieser Unternehmen könnte dann analysiert werden, um festzustellen, ob befristete Ernennungen wirklich angezeigt sind.

Kritiker beanstanden, daß die Vorstandsbezüge in der Regel kaum sinken, wenn die Gewinne und die Kurse eines Unternehmens einbrechen. Aber auch wenn eine deutliche Gehaltskürzung für Spitzenmanager eines verlustbringenden Unternehmens vielleicht die Anteilseigner befriedigen und die Moral der Angestellten heben mag, die Gehaltskürzungen und Arbeitsplatzverluste erleiden, hätte sie kaum direkte Auswirkungen auf die Gewinne, da die Bezahlung der Vorstandsmitglieder in der Regel nur einen sehr kleinen Teil der Gesamtkosten ausmacht. Und die Koppelung der Bezüge an die Leistung würde nicht automatisch dazu führen, daß Vorstandsmitglieder bessere Entscheidungen treffen. Dennoch ist es denkbar, daß durch eine Verzahnung von Bezahlung und Leistung sich mehr unternehmerisch denkende Vorstandsmitglieder von den Aktiengesellschaften angezogen fühlen würden.

Der Vorschlag von Gouverneur Bill Clinton aus Arkansas und einigen Mitgliedern des Kongresses, ein Unternehmen abzustrafen, das seinen Spitzenmanagern mehr als ein bestimmtes Vielfaches des Durchschnittslohns seiner Angestellten zahlt, bedeutete einen ungerechtfertigten Eingriff in den Markt. Das Thema, um das es geht – das Verhältnis zwischen Spitzengehältern und Durchschnittslohn –, trifft einen populistischen Ton, ist aber nicht besonders wichtig. Das gleiche gilt für die kürzlich ergangene Empfehlung der Börsenaufsichtskommission, daß Unternehmen den Anteilseignern ein Mitbestimmungsrecht über die Bezüge der Vorstandsmitglieder einräumen, auch wenn ihr Votum nicht bindend wäre.

Der Ökonom Steven N. Kaplan von der Universität Chicago kommt in einer Studie über Spitzenmanager in großen japanischen und amerikanischen Unternehmen zu dem Ergebnis, daß die Vorstände der japanischen Unternehmen offenbar viel weniger verdienen und ihre Vergütung nicht leistungsabhängiger ist als die Bezahlung amerikanischer Spitzenleute. Aber japanische Vorstandsmitglieder amtieren in der Regel nur etwa sechs Jahre; bei den Amerikanern sind es fast 10 Jahre. Das liegt daran, daß japanische Vorstandsmitglieder älter sind, wenn sie die Spitze erreichen, und bei schlechter Aktienkursentwicklung und niedrigen Gewinnen eher entlassen werden.

Goldener Handschlag. Es kommt in den USA weit häufiger vor als andernorts, daß das Spitzenmanagement durch freundliche oder feindliche Übernahmen ersetzt wird. Aber offensichtlich ist eine Übernahmeschlacht eine unwirtschaftliche Methode, ein schlechtes Management zu ersetzen. Es gibt einen viel kritisierten, aber wirtschaftlicheren Weg, Vorstandsmitglieder abzulösen: Man wandelt eine feindliche Übernahme durch einen goldenen Handschlag in eine preisgünstigere freundliche Übernahme um: durch eine großzügige Abfindung für Spitzenmanager, die zum Rücktritt genötigt werden.

Es ist vielleicht nicht gerecht, einen unfähigen Vorstand mit mehreren Millionen Dollar Abfindungssumme zu belohnen. Doch unter den gegenwärtigen Bedingungen ist das häufig die billigste, schnellste und effektivste Methode, sich seiner zu entledigen und ohne einen harten Kampf ein tiefverwurzeltes Management zu ersetzen. Befristete Ernennungen würden es natürlich leichter machen, ohne Übernahmeschlachten und goldenen Handschlag inkompetente Vorstandsmitglieder schneller zu entmachten.

Nur eine schlechte Führung kürzt ihre eigenen Bezüge nicht, wenn Arbeitnehmer und Aktionäre Opfern bringen sollen. Aber die schlechte Leistung eines Vorstandes hat weniger mit seiner Bezahlung zu tun als mit dem altbekannten Problem, wie ein Wandel an der Spitze gelingt, wenn die Führung versagt.

Wenn Colleges Preise festsetzen, ist das ein Fall für die Antitrustbehörde

(26. September 1989)

Kürzlich forderte das Justizministerium etwa 20 private Elitecolleges und Universitäten auf, Auskunft über ihre Unterrichtsgebühren und ihre Finanzhilfen zu geben. Es scheint sich dabei um einen Teil einer breit angelegten Untersuchung über mögliche Absprachen zwischen den besten Hochschulen zu handeln, Gebühren und Stipendien zu manipulieren. Wenn die weniger als 50 Hochschulen, die um die Spitzenstudenten konkurrieren (einschließlich der Universität von Chicago, an der ich lehre) mit Erfolg ihre Unterrichtsgebühren erhöht und ihre Stipendien begrenzt haben, dann stellte dies eine wettbewerbswidrige Praxis dar, die Preisabsprachen zwischen Unternehmen ähnelt.

In den letzten 10 Jahren haben die Gerichte verschiedene geheime Vereinbarungen zwischen Krankenhäusern, Ärzten und Rechtsanwälten für ungültig erklärt. Die Regierung steuert dabei den richtigen Kurs, denn es gibt keinen Grund, warum gemeinnützige Organisationen wie Universitäten und Krankenhäuser oder Berufszweige wie Ärzte und Rechtsanwälte weiterhin von den Antitrustgesetzen ausgenommen bleiben sollten. Diese Gruppen sind genauso wie gewinnorientierte Unternehmen versucht, mit Hilfe von wettbewerbsbegrenzenden Vereinbarungen ihre Einnahmen zu erhöhen und die Kosten zu senken.

Unternehmen behaupten oft, daß Preisabsprachen nötig seien, um einem ‚ruinösen' Wettbewerb vorzubeugen, ohne zu verdeutlichen, was man darunter versteht oder warum er schlecht sein soll. Gemeinnützige Organisationen und Berufsgruppen verteidigen ihr Handeln mit mehreren Variationen dieses Themas. Sie behaupten, daß sie Preiskriege vermeiden müßten; daß Studenten und Klienten ihre Wahl lediglich auf der Basis der Qualität einer Dienstleistung treffen sollten; und daß begrenzte Stipendien für die besten Studenten und höhere Gebühren für wohlhabende Klienten dazu beitrügen, Geldmittel für die Bedürftigen verfügbar zu machen.

Diese Rechtfertigungen sind so platt und irreführend wie die von Unternehmen bevorzugten Ausflüchte. ‚Preiskrieg' ist nur ein anderer Ausdruck für Wettbewerb – um Spitzenstudenten, Patienten oder Autokäufer. Vor allem bei Colleges trägt der Preiswettbewerb dazu bei, sicherzustellen, daß Studenten nicht geprellt werden und nicht mehr für eine Collegeausbildung bezahlen müssen, als es gerechtfertigt ist.

Preisvergleich. Es gibt auch keinen guten Grund dafür, warum Studenten ihre Hochschulen allein auf Grund der Qualität wählen sollten, ohne auf Stipendien und Unterrichtsgebühren zu achten. Wenn die Universität Harvard eine doppelt so hohe Ausbildungsqualität bietet wie eine andere Universität, aber viermal so viel dafür berechnet, täte ein Student gut daran, die billigere Hochschule zu besuchen. Schließlich entscheiden sich viele Studenten vernünftigerweise für staatliche statt für private Universitäten, weil subventionierte staatliche Hochschulen viel billiger sind.

Es ist genauso sinnvoll, bei der Wahl zwischen Colleges, Krankenhäusern, Ärzten und Rechtsanwälten die Kosten zu berücksichtigen, wie das Gehalt bei der Entscheidung für einen Arbeitsplatz oder den Preis bei der Auswahl eines Hauses. Ich habe niemals bedauert, daß ich sowohl den Finanzen als auch der akademischen Qualität meine Aufmerksamkeit schenkte, als ich vor vielen Jahren eine Assistentenstelle an einer Elitehochschule im Nordosten auch deshalb ablehnte, weil die Universität Chicago mehr Geld bot.

Es ist wohl nicht gerecht, sehr begehrte Studenten zu zwingen, die finanziellen Lasten der Hilfe für andere Bewerber zu tragen. Entsprechende Geldmittel sollten aus einem allgemeinen Unterrichtsgebührenfonds kommen, zu dem alle Studenten, die Regierung in Form von staatlichen Krediten und Kreditgarantien, und Stiftungen beitragen. Stipendien sollten nicht das Ergebnis einer konspirativen Absprache sein, den Wettbewerb um die fähigsten Studenten zu verhindern.

Lehrkräfte und Dekane, welche die Praxis der Wettbewerbsbegrenzung um Studenten verteidigen, würden sich vernehmlich über ein Abkommen zwischen den Hochschulen beklagen, ihre professionellen Dienstleistungen nicht in Wettbewerb treten zu lassen, so daß sie allein auf der Basis der akademischen Qualität entscheiden könnten, wo sie tätig sind. Es wäre kein Ende der Konferenzen und Eingaben abzusehen, um gegen solche ‚ungerechten' Praktiken zu protestieren. Vielleicht beginnen solche Proteste bald tatsächlich, denn die Justiz prüft offensichtlich auch, ob die Spitzenhochschulen geheime Absprachen getroffen haben, um den Wettbewerb um die Lehrkräfte zu entschärfen.

Hochtrabender Unsinn. Alle Bemühungen seitens der prestigeträchtigen Colleges und Universitäten, die Unterrichtsgebühren, Stipendien und Gehälter der Lehrkräfte zu manipulieren, erscheinen harmlos, verglichen mit den unverfrorenen Beschränkungen der National Collegiate Athletics Association (NCAA) bei der Unterstützung studentischer Sportler und mit den hohen Geldstrafen, die Hochschulen auferlegt werden, die gegen diese Regelungen verstoßen. Sie werden mit derselben Selbstbedienungsmentalität und demselben hochtrabenden Unsinn verteidigt, der die Bemühungen leitet, den Wettbewerb um gute Studenten zu beschränken: Die Sportler sollten an ihre Ausbildung unter Absehung von der gewährten Unterstützung denken; viel Geld ist schlecht für junge Leute; und Stipendien für Football- und Basketballspieler müssen niedrig gehalten werden, um Sportarten mit geringem Mittelaufkommen wie Lacrosse und Radrennen zu subventionieren.

Wenn die laufende Untersuchung der Justiz ein Anzeichen dafür ist, daß die Bundesregierung die Colleges nicht mehr von den Antitrustgesetzen ausnimmt – wie kann sie dann vermeiden, die NCAA wegen ihrer systematischen und erfolgreichen Versuche zu belangen, den Wettbewerb zwischen etwa 800 Mitgliedshochschulen um studentische Sportler zu beschränken? Vor wenigen Jahren schuf der Oberste Gerichtshof der USA einen Präzedenzfall, indem er die Regulierungen der NCAA für die vom Fernsehen übertragenen Footballspiele und Basketballspiele zwischen Colleges für ungültig erklärte.

Die Antitrustpolitik befaßt sich vernünftigerweise nicht mehr mit der Firmengröße, sondern mit Preisfestsetzungen und vergleichbaren wettbewerbsmindernden Absprachen. Niemand hat überzeugende Gründe dafür vorgebracht, warum wettbewerbsschädigende Praktiken bei Universitäten und anderen nicht gewinnorientierten Organisationen von den Antitrustgesetzen ausgenommen werden sollten; und es gibt gute Gründe dafür, warum sie ihnen unterworfen sein sollten.

Es ist an der Zeit, einige veraltete Arbeitsgesetze auszumustern

(7. März 1988)

Das Clayton-Gesetz von 1914 nahm gewerkschaftliche Lohnverhandlungen von den Antitrustgesetzen aus. Eine geheime Absprache konkurrierender Unternehmen zur Erzielung von Monopolpreisen ist dagegen eine Verletzung des Sherman-Antitrustgesetzes. Warum sollten die Bemühungen der Gewerkschaften, in verschiedenen Unternehmen die Löhne über das Wettbewerbsniveau zu heben, anders behandelt werden?

Menschen, die für große anonyme Unternehmen arbeiten, ziehen es oft vor, über Löhne und Arbeitsbedingungen lieber mit Hilfe der Gewerkschaften als individuell zu verhandeln. Vor allem Arbeitskräfte, die viele Jahre bei ein und derselben Firma verbracht haben, finden vielleicht eine Gewerkschaft für den Schutz gegen die Firmenleitung hilfreich – vor allem gegen eine neue Firmenleitung, die versucht, Vorteile aus den Schwierigkeiten zu ziehen, denen sich ältere Arbeitnehmer gegenübersehen, wenn sie andernorts eine vergleichbare Beschäftigung suchen.

Dennoch sind diese legitimen und wichtigen Verhandlungsziele der Arbeitnehmer mit Hilfe einer Arbeitnehmervertretung in der jeweiligen Firma erreichbar. Sie erfordern es nicht, daß Arbeitnehmer in verschiedenen Firmen vereint handeln. Japanische Arbeiter beispielsweise haben ihre Löhne und Arbeitsbedingungen beträchtlich verbessert, indem sie über Firmengewerkschaften verhandelten.

Zweifelhafter Wert. Um Befürchtungen zu zerstreuen, daß Firmengewerkschaften sich dem Management beugen, können der Kongreß und die Legislative der Einzelstaaten das Recht auf freie Gewerkschaftswahl und andere Schutzmaßnahmen für die Mitglieder der Firmengewerkschaft stärken. Wenn etwa Firmengewerkschaften in vollem Umfang den Antitrustgesetzen unterworfen würden, wären spezielle, gegen den Gewerkschaftszwang gerichtete Gesetze nicht angezeigt, auch wenn sie eine nützliche Barriere zwischen den Arbeitnehmern und der Macht der Gewerkschaften darstellten, die ganze Industrie- und Berufszweige organisieren.

Es ist schwer, über Gewerkschaften leidenschaftslos zu diskutieren, weil sie mehr Anerkennung erhalten und gleichzeitig mehr getadelt werden, als sie verdienen. Manche Gewerkschaften sind für die Arbeitnehmer ein Bollwerk gegen ein repressives Management gewesen; aber es sind hauptsächlich Produktivitätsfortschritte und nicht die Gewerkschaften, die für die Verbesserung des Verdienstes und der Arbeitsbedingungen des durchschnittlichen Arbeiters verantwortlich sind. Gewerkschaften spielten in der amerikanischen Wirtschaft vor 1930 kaum eine Rolle. Doch die Durchschnittslöhne stiegen zwischen 1870 und 1930 erheblich an – trotz der massenweisen Einwanderung ungelernter Arbeiter, die mit größerer Wahrscheinlichkeit als die einheimischen Arbeitskräfte ausgebeutet wurden.

Gewerkschaften, die die Löhne ihrer Mitglieder über das Wettbewerbsniveau anheben, senken die ökonomische Effizienz, indem sie die Beschäftigung im gewerkschaftlich organisierten Sektor abbauen. Und die höheren Löhne der Gewerkschaftsmitglieder gehen in der Regel auf

Kosten der ärmeren, nicht gewerkschaftlich organisierten Arbeitnehmer. Lohnerhöhungen für eine große Zahl von Gewerkschaftsmitgliedern können nicht hauptsächlich aus den Gewinnen stammen, da die Unternehmensgewinne nur 10 % des Nationaleinkommens ausmachen. Dennoch: Trotz dieser schädlichen Effekte sollten die Gewerkschaften nicht für die Inflation und ein schleppendes Wirtschaftswachstum verantwortlich gemacht werden. In den 1950er und 1960er Jahren gab es eine geringe Inflation und ein rasches Wirtschaftswachstum, auch wenn die Gewerkschaften auf dem Höhepunkt ihrer Macht angelangt waren. Gewerkschaften sind weder eine bedeutende Ursache von monetärer Expansion, die hohe Inflationsraten erzeugt, noch von langsamen Produktivitätsfortschritten, die zu schleppendem Wachstum führen.

Weniger Schlagkraft. Der Niedergang der Gewerkschaftsmacht in den vergangenen 30 Jahren ist so bemerkenswert, wie er unerwartet kam. 1955 gehörte in den USA einer von drei Erwerbstätigen einer Gewerkschaft an, im Vergleich zu 17 % im Jahre 1987. Diese Halbierung der Mitgliederzahl der Gewerkschaften ist teilweise auf strukturelle Veränderungen in der Wirtschaft und auf den schärferen internationalen Wettbewerb zurückzuführen. Das Wachstum des Dienstleistungssektors und der Niedergang der verarbeitenden Industrie und des Bergbaus ließ in diesem Zeitraum den Prozentsatz der Mitgliedschaft schrumpfen; denn Arbeitskräfte im Dienstleistungsbereich sind nicht leicht gewerkschaftlich zu organisieren. Der internationale Handel expandierte während der letzten 30 Jahre beträchtlich. Die Importe in die USA wuchsen von 5 % des Bruttosozialprodukts im Jahre 1955 auf 12 % in den letzten Jahren an. Stahl, Automobilbau und andere Sparten der verarbeitenden Industrie wurden von Importen aus Asien und anderen Teilen der Welt verdrängt – zum Teil deshalb, weil starke Gewerkschaften die Produktionskosten beträchtlich erhöhten.

Aber die wichtigste Ursache der seit 1955 sinkenden Mitgliederzahlen bei den Gewerkschaften sind Gesetze, die Arbeitnehmer gegen ungerechtfertigte Entlassung schützen, sowie die Zunahme des Arbeitslosengeldes, die Zahlungen der Sozialversicherung, Medicare und andere bundesstaatliche Transferzahlungen. Arbeitnehmer müssen sich nicht länger auf die Gewerkschaften verlassen, wenn es um den Schutz gegen den Arbeitsplatzverlust und die Ausgaben für Krankheit und Alter geht.

In Kanada und Westeuropa blieben die Gewerkschaften einflußreicher als in den USA; aber die Gewerkschaftsmacht hat auch in manchen dieser Länder begonnen, rasch zu schwinden. Während der letzten acht Jahre ging zum Beispiel die Zahl der gewerkschaftlich organisierten Arbeitnehmer in Großbritannien von 50 % auf weniger als 40 % der Erwerbstätigen zurück; und Margaret Thatcher brachte entschlossen einen langen Streik der militanten Bergarbeitergewerkschaft zu Fall.

Gewerkschaftsführer waren einst mächtige politische Makler, umworben von den Mitgliedern beider Parteien. Jetzt aber haben sie weniger Schlagkraft, wenn sie von der Wirtschaft und anderen Gruppen herausgefordert werden. Als vor zehn Jahren fast alle Football-Stammspieler im Ausstand waren, konnte die Nationale Football-Liga nicht ohne Furcht vor Gewalt durch Streikposten und vor Sympathiestreiks mit Ersatzspielern fortgeführt werden. Es ist politisch eine günstige Zeit, Gesetze zu fordern, die die Gesellschaft gegen wettbewerbsschädigende Gewerkschaftspraktiken schützen und gleichzeitig das Recht des Arbeitnehmers stärken, sich einer Gewerkschaft anzuschließen. Eine solche Umsteuerung der Arbeitsgesetzgebung würde dem normalen Arbeitnehmer und der Gesellschaft im ganzen zugute kommen.

Das einzig richtige Opfer der Antitrustgesetzgebung: Geheime Absprachen

(12. Oktober 1987)

Im Laufe der 1980er Jahre ist die Zahl der staatlich und privat angestrengten Antitrustprozesse drastisch zurückgegangen. Dagegen erlebten Rechtsstreitigkeiten um ärztliche Kunstfehler, Produkthaftung und andere wirtschaftsrechtliche Auseinandersetzungen eine sprunghafte Aufwärtsentwicklung. Spezialisten für Antitrustgesetze verlegten sich auf andere Bereiche des Wirtschaftrechts, als das einst prosperierende Antitrustfach schwierigen Zeiten zusteuerte.

Der unmittelbare Anlaß dieses Rückgangs ist der wachsende Einfluß der ökonomischen Analyse des Wettbewerbs und der Geschäftspraktiken auf das Denken von Richtern und Regierungsbeamten. Diese Analyse zeigt, daß der Wettbewerb in der Regel die Effizienz und das Wohl des Konsumenten fördert und daß wettbewerbshemmendes Verhalten hauptsächlich aus unkluger staatlicher Politik entsteht sowie aus einer natürlichen Neigung rivalisierender Produzenten, geheime Absprachen über Preise und Produktionsmengen zu treffen.

Geheime Vereinbarungen über Handelsbeschränkungen tendieren dazu, auch ohne eine aktive Antitrustpolitik eines Tages zusammenzubrechen. Firmen, die an diesen Vereinbarungen beteiligt sind, betrügen bei ihren Produktionsquoten, und hohe Preise machen ihren Industriezweig für neue Firmen attraktiv. Die Erfahrungen mit der OPEC verdeutlichen den spontanen Zusammenbruch einer offenen Preisabsprache ohne den Einfluß von Antitrustgesetzen. Dennoch kann eine Antitrustpolitik durch hohe Geldstrafen und andere Strafmaßnahmen sicherlich von geheimen Absprachen in der Wirtschaft abhalten.

Monopolpreise. Politischer Druck lenkt die Durchsetzung der Antitrustgesetzgebung häufig in Richtung auf eine Verurteilung von Geschäftspraktiken um, die effizienzfördernd sind, aber unterlegenen Firmen schaden. Der Oberste Gerichtshof der USA äußerte sich im 1962 entschiedenen berühmten Brown-Shoe-Fall folgendermaßen: „Es ist der Wettbewerb, nicht die Wettbewerber, den das [Sherman-Antitrust-] Gesetz schützt. Aber wir kommen nicht umhin, den Wunsch des Kongresses anzuerkennen, ... lebensfähige, kleine mittelständische Unternehmen zu [schützen]. Der Kongreß war sich bewußt, daß im Einzelfall höhere Kosten und Preise aus der Aufrechterhaltung fragmentierter Industriezweige und Märkte resultieren."

Die fortwährenden Klagen über eine monopolisierende Preisgestaltung machen deutlich, daß man Wettbewerbsverhalten mit unfairen Praktiken verwechselt. Eine monopolisierende Preisgestaltung findet statt, wenn kapitalkräftige Firmen den Preis zunächst unter die Kosten drücken, um schwache Wettbewerber aus dem Markt zu drängen, und daraufhin die Preise auf ein Monopolniveau erhöhen, um ihre früheren Verluste wieder auszugleichen. Ich kenne keinen einzigen dokumentierten Fall einer solchen monopolisierenden Preisgestaltung, obwohl der Antitrustprozeß der Regierung gegen die Standard-Oil Corporation im Jahre 1911 die lange Reihe entsprechender Beschwerden einleitete. In Wirklichkeit handelt es sich gar nicht um ein monopolistisches Verhalten, sondern um etwas prinzipiell anderes: Effiziente Unternehmen übernehmen Marktanteile von den weniger effizienten, indem sie den Kunden bessere Konditionen bieten. Eine monopolisierende Preisgestaltung ist deshalb selten anzutreffen, weil die hohen Preise, die Verluste aus der Dumpingphase ausgleichen sollen, neue Wettbewerber anziehen – ausländische genauso wie inländische –, welche die Preise auf ein Wettbewerbsniveau drücken.

Rivalen schließen sich vielleicht zusammen, um den Wettbewerb zu mildern, besonders wenn das Gesetz sie an geheimen Absprachen hindert. Aber in der Regel liegt ein weitaus wichtigerer Fusionsanreiz in den Verbesserungen der organisatorischen Effizienz auf Grund von Skaleneffekten, einer vollständigeren Produktlinie oder weniger greifbaren Synergieeffekten. Daher besagt die ökonomische Analyse, daß die Antitrustgesetze Zusammenschlüsse sensibel behandeln sollten. Der Anreiz, sich aus Gründen der Wettbewerbsbeschränkung zusammenzuschließen, wird schwach sein, wenn die Antitrustgesetze heimliche und offene Preisabsprachen wirksam bekämpfen. Eine flexiblere Vorgehensweise bei Fusionen wurde vor wenigen Jahren von Professor William F. Baxter von der rechtswissenschaftlichen Fakultät der Universität Stanford eingeführt, damals stellvertretender Generalstaatsanwalt für Antitrustfälle. Sie erleichterte die Bedingungen, unter denen Unternehmen desselben Industriezweiges ohne Einspruch des Justizministeriums fusionieren konnten.

Eine starke Herausforderung. Eine kluge Antitrustpolitik toleriert Geschäftspraktiken wie etwa exklusive Lizenzen, selbst wenn die Unternehmen nicht nachweisen können, daß ihre Praxis effizienzfördernd ist. Ineffizientes Verhalten wird ganz ohne Regierungsintervention durch den Wettbewerb ausgesiebt. Antitrustmaßnahmen sollten nur Verhaltensweisen unterbinden, die offensichtlich geheime Absprachen fördern – wie wenn rivalisierende Produzenten vereinbaren, den Markt in exklusive Gebiete aufzuteilen.

Die stärkste Herausforderung für Kartellabsprachen im Inland kommt oft von seiten ausländischer Produzenten. Auf dem US-Markt verschärfte sich der Wettbewerb bei Autos und Stahl, als japanische und andere ausländische Unternehmen bedeutende Marktteilnehmer wurden. Da inländische Produzenten versuchen, ihren politischen Einfluß geltend zu machen, um den ausländischen Wettbewerbsdruck durch Zölle und Importquoten zu mildern, ist beim Kampf gegen geheime Absprachen und wettbewerbsbehinderndes Verhalten eine offene Handelspolitik genau so wertvoll wie Antitrustgesetze.

Leider verfügen manche Gruppen über einen hinreichenden politischen Einfluß, um für ihre konspirativen Aktivitäten spezielle Sonderrechte zu erhalten. Daher wird den Colleges erlaubt, mit der NCAA gemeinsame Sache zu machen, um die Bezahlung für Collegesportler niedrig zu halten (*Business Week*, 14. September [in diesem Band, S. 204]). Gewerkschaften, die die Löhne ihrer Mitglieder über das Wettbewerbsniveau erhöhen, werden vor Strafverfolgung durch das Clayton-Antitrustgesetz geschützt.

Richter Robert H. Bork wirkte bei der Ausarbeitung des ökonomischen Ansatzes zur Antitrustpolitik mit, insbesondere in seinem Buch *The Antitrust Paradox.*[14] Wenn seine Nominierung für den Obersten Gerichtshof erwartungsgemäß die Zustimmung des Kongresses findet, wird er ein Verständnis für ökonomische Themen mitbringen, welches das Wissen jedes Richters des Obersten Gerichtshofes der letzten Jahrzehnte übertrifft.

Ein kräftiger Schuß ökonomische Analyse hilft die Ziele der Antitrustpolitik klären. Sie kann dasselbe für die Produkthaftung und andere Geschäftstätigkeiten leisten, in denen Rechtsstreitigkeiten explosionsartig zugenommen haben.

Die NCAA: Ein Kartell im Schafspelz

(14. September 1987)

Man muß kein Ökonom sein, um das Verhalten von Kartellen zu verstehen. Ein Kartell erhöht die Gewinne seiner Mitglieder durch Zuteilung von Produktionshöchstquoten, welche die Produktion drosseln und die Preise erhöhen. Einige Kartelle verschanzen sich hinter einer hochtrabenden Sprache und der Beteuerung guter Absichten. Rivalisierende Produzenten behaupten, daß sie nur zusammenarbeiten, um das Chaos zu verhindern oder um die Gesundheit und Sicherheit der Konsumenten und Arbeitnehmer zu schützen. Ein Beispiel ist die Gruppe der unabhängigen Mediziner und anderer Angehöriger der Medizinberufe, die kürzlich zusammenkamen, um die Ausbreitung von Gesundheitsvorsorge-Organisationen zu bekämpfen. Kein Zweifel: Viele Gesundheitsfachleute sind ehrlich besorgt über die Auswirkungen dieser Organisationen auf das Patientenwohl; aber als diese Fachleute sich organisierten, machten sie sich sicherlich auch einige Gedanken über den harten Wettbewerb, dem sie durch die Gesundheitsvorsorge-Organisationen ausgesetzt sind.

Regierungen gelingt es oft nicht, gegen Kartelle vorzugehen, in denen Bildungsinstitutionen und andere nicht gewinnorientierte Körperschaften vertreten sind, weil diese Institutionen besonders gut die Dinge, um die es geht, mit einer selbstgerechten Rhetorik vernebeln können. Ein ausgezeichnetes Beispiel ist die National Collegiate Athletic Association (NCAA), eine Vereinigung von fast 800 Colleges und Universitäten mit mehr als 100 Beratungsgremien und Beiräten. Manche Collegetrainer, Lehrkräfte und Verwaltungsbeamte sind besorgt über die Auswirkungen zeitintensiver Elitesportprogramme auf die akademische Qualität und die Ausbildung der Sportler. Trotzdem erhöhen die Reglements der NCAA durch die Behinderung des Wettbewerbs um Spieler, um TV-Verträge und Turniere die Gewinne, welche die Mitgliedshochschulen mit ihren Sportprogrammen erzielen – oder sie verringern die erlittenen Verluste.

Im Jahre 1984 schenkte der Oberste Gerichtshof der USA bis zu einem gewissen Grade den NCAA-Beteuerungen guter Absichten keinen

Glauben, als er ihre Beschränkungen von Football-Fernsehübertragungen zu einer illegalen Absprache erklärte, die das Sherman-Antitrustgesetz verletzt. Das Gericht stellte fest, daß „gute Motive allein eine ansonsten wettbewerbswidrige Praxis nicht rechtmäßig machen".

Ungesetzliche Konspiration. Die Auswirkungen, die die Entscheidung des Gerichts auf den Markt für Spielübertragungen hatte, bestätigen sein Urteil über die Monopolmacht der NCAA. Seit dieser Entscheidung hat die Zahl der Übertragungen von College-Football auf den Hauptkanälen und bei den Kabelanbietern drastisch zugenommen, während die an die Hochschulen entrichtete Durchschnittsgebühr pro Spiel deutlich zurückging. Mehr noch: So beliebte Hochschulen wie die Universität von Oklahoma und die Universität von Notre Dame haben ihren Anteil an den übertragenen Spielen auf Kosten der weniger bekannten Hochschulen erhöht.

In einem Sondervotum vertrat der Verfassungsrichter Byron R. White die Auffassung, daß die Mehrheit des Gerichts bei seiner Entscheidung gegen die NCAA inkonsistent argumentierte, als es ihr gestattete, weiterhin die Vergütung für die studentischen Sportler festzulegen. Auch ich halte die Mehrheitsmeinung für inkonsistent, aber White hätte die Freigabe der Vergütungen fordern sollen und nicht die Aufrechterhaltung der Macht der NCAA über die Fernsehgesellschaften.

Wenn man die guten Absichten außer acht läßt, behindern die Einkommensbeschränkungen der NCAA für die Sportler ohne Frage den Wettbewerb um solche Personen. Es gibt kaum Zweifel daran, daß Stipendien und andere Zuschüsse steigen würden, wenn das Gericht entschieden hätte, daß auch diese Restriktionen eine ungesetzliche Absprache bedeuten. Der Anstieg fiele bei Spitzensportlern, die in der Regel aus armen Familien kommen, besonders hoch aus.

Kaum zu glauben. In dem Maße, wie Hochschulen auf eine offenere und ehrlichere Weise miteinander konkurrieren, würden verdeckte Zahlungen an Sportler und andere Manöver zur Täuschung der NCAA überflüssig. Das könnte die sogenannten Skandale beenden, welche die NCAA plagen – wie den jüngsten, in den die Auburn University verwikkelt war.

Die Verteidiger des Status quo behaupten, daß bei unbeschränkter Konkurrenz der Colleges um Sportler deren Ausbildung leiden würde, daß sie durch ein hohes Einkommen verdorben würden und daß die Finanzierung vieler Sportprogramme gefährdet wäre. Es ist kaum zu glauben, daß selbst die überzeugtesten Verteidiger der NCAA solche Einwände ernst nehmen. Unter dem gegenwärtigen System machen viele der besten Sportler niemals ihren Abschluß, während jene, die nur selten die Regeln übertreten, durch ein Kursprogramm mit geringem Ausbildungswert gehen oder in ein solches hineingelotst werden. Lawrence Taylor, der große Gedrängehalbspieler der New York Giants, gestand in seinem kürzlich erschienenen Buch ein, an der akademisch respektablen Universität von North-Carolina die Regeln verletzt zu haben. Aber hohe Einkommen schaden Studentensportlern nicht mehr als jungen professionellen Leichtathleten oder anderen jungen Leuten. Würde irgend jemand einen Honorardeckel für die Gehälter der jungen Händler an der Wall Street befürworten, damit sie durch ihr vieles Geld nicht in Schwierigkeiten kommen? Und warum sollten die besten Leichtathleten gezwungen werden, durch ihren Einkommensverzicht Sportprogramme zu unterstützen – statt daß Absolventen und Studenten das mit Beiträgen und höheren Eintrittspreisen tun?

Ökonomen sind sich über viele Dinge uneinig. Aber sie stimmen nachdrücklich darin überein, daß Kartelle Preise erhöhen, die Produktion verringern und für die Gesellschaft nachteilig sind. Der Auswirkungen expliziter Kartelle wie der OPEC auf Preise und Produktion sind unmittelbar ersichtlich. Die schädlichen Effekte von Kartellen, die sich hinter einer Nebelwand guter Absichten verstecken, sind schwerer zu entdecken, besonders wenn nicht gewinnorientierte Institutionen beteiligt sind. Die NCAA ist für ein solches Kartell ein vortreffliches Beispiel. Es wird Zeit, daß sämtliche NCAA-Beschränkungen des Wettbewerbs um Sportler und der Sporteinkünfte als das bezeichnet werden, was sie sind: eine ungesetzliche Absprache unter Verstoß gegen die Antitrustgesetze.

Billiges Öl ist immer noch ein gutes Geschäft

(10. Mai 1986)

Genauso wie die Natur das Vakuum verabscheut, verabscheuen Sonderinteressengruppen und notorische Pessimisten gute ökonomische Neuigkeiten. In diesen Tagen ist in vielen Teilen des Westens die anfängliche Freude über den Fall der Ölpreise der Unsicherheit gewichen. Die abermalige Darlegung einiger einfacher ökonomischer Wahrheiten über die Konsequenzen der jüngsten Veränderungen der Weltölpreise mag dazu beitragen, einige Verwirrungen zu beseitigen.

Im Jahre 1985 importierten die USA täglich etwa 474.000 Tonnen Rohöl sowie 316.000 Tonnen Ölprodukte. Der Rückgang des Weltölpreises um gut 14 Dollar pro Barrel während der letzten Monate wird das jährliche Bruttosozialprodukt der USA um 26 Milliarden Dollar erhöhen, vorausgesetzt, daß die Importe konstant bleiben und die Kosten für Ölprodukte ebenfalls um 14 Dollar pro Barrel sinken. Dieser Anstieg um 26 Milliarden Dollar macht weniger als 1 % des Bruttosozialprodukts aus. Im Gegensatz dazu senkte die von der OPEC im Jahre 1973 veranlaßte Ölpreisanhebung um 9 Dollar pro Barrel das Bruttosozialprodukt der USA um gut 2 % – auf der Basis der Ölimportmenge von 1973 und einer Erhöhung der Kosten für importierte Ölprodukte um 9 Dollar pro Barrel.

Der unmittelbare Gewinn durch niedrigere Ölpreise ist mit einem Prozent des US-Einkommens viel kleiner als der Verlust von 1973, weil die Ölpreisexplosion von 1973 bis 1981 die relative Bedeutung von Ölimporten in die US-Wirtschaft verringerte. Sie stimulierte die heimische Ölproduktion und drosselte den Ölkonsum. Auf die gleiche Weise wird ein niedrigerer Weltölpreis die Produktion in den USA drosseln und einen großzügigeren Ölverbrauch der Haushalte und Unternehmen fördern. Diese Reaktionen bei Produktion und Verbrauch wird die Nachfrage nach Ölimporten steigern. Dieser antizipierte Anstieg der Ölimporte spiegelt den Gewinn wider, den die USA aus dem Austausch kostspieligeren inländischen Erdöls durch preiswerteres Importöl und aus der Substituierung von Gas, Kohle und anderen Ressourcen durch das billigere ausländische Öl ziehen werden.

Geschädigte Gruppen. Der kräftige Rückgang der Ölpreise wird offenkundig den meisten Ländern nützen, die ihr gesamtes Öl importieren. Doch sogar in einem Land wie Japan, das gänzlich von importiertem Öl abhängig ist, wird der Rückgang um 14 Dollar pro Barrel bei seinen gegenwärtigen Importmengen von Rohöl und Ölprodukten das Bruttosozialprodukt nur um etwa 2 % erhöhen. Obgleich der niedrigere Ölpreis für die Ölimportländer wichtig ist – auch für die armen unter ihnen –, wird er keinen entscheidenden Einfluß auf die Höhe der Inflationsrate oder des Realeinkommens in diesen Ländern haben.

Natürlich hat der Verfall der Ölpreise auch einige Gruppen in den Industrieländern geschädigt. Doch sogar innerhalb des gleichen Industriezweiges sind die Effekte unterschiedlich. Die heimischen Ölproduzenten in den USA haben beispielsweise schlimme Verluste hinnehmen müssen; aber die ölverarbeitende Industrie profitiert vom niedrigeren Preis für ihren wichtigsten Rohstoff. Banken mit umfangreichen Krediten an inländische Produzenten oder mit Krediten an Mexiko und andere ölproduzierende Länder werden Einbußen hinnehmen, während Banken mit Krediten für energieintensive Sektoren oder an Brasilien und andere ölimportierende Länder florieren werden. Die realen und beklagenswerten Schwierigkeiten, in die manche Gruppen gerieten, sollten uns nicht den allgemeinen Nutzen niedrigerer Energiepreise für die Industrieländer vergessen lassen. Außerdem profitierten in den frühen 1970er Jahren, als die Ölpreise explodierten, die heimischen Produzenten in diesem Land beträchtlich; und der reale Ölpreis ist immer noch höher als zu Beginn des Jahres 1973.

Zurücklehnen und genießen. Für eine gewisse Zeit war die OPEC erfolgreicher als die meisten anderen Kartelle. Aber selbst erfolgreiche Kartelle zerfallen schließlich, weil Mitglieder die Kartellbestimmungen verletzen, weil die Produktion von Nichtmitgliedern steigt und weil höhere Preise den Verbrauch reduzieren. Die OPEC erlag letztlich diesen Kraften. Kartelle leben nach ihrem Zusammenbruch gelegentlich wieder auf, aber sie gewinnen selten ihre volle wirtschaftliche Macht zurück. Aus diesen Gründen glaube ich genauso wenig, daß der Ölpreisverfall im wesentlichen eine kurzfristige Taktik Saudi-Arabiens ist, wie der jüngste Zusammenbruch des Zinnkartells eine vorübergehende, von Malaysia und anderen größeren Zinnproduzenten angezettelte Maßnahme war. Saudi-Arabien entschied möglicherweise einfach, daß es sich mit Verkäufen von, sagen wir, 4,5 Millionen Barrel pro Tag zu je 15 Dollar besser steht als mit 2 Millionen Barrel oder weniger zu je 28 Dollar.

Die USA sollten Schritte unternehmen, um die Vorteile, die sie aus den niedrigen Ölpreisen ziehen, zu bewahren und sogar noch zu vergrößern. Natürlich weckt eine zunehmende Abhängigkeit von ausländischen Produzenten legitime Besorgnisse über die nationale Sicherheit. Doch die Vereinigten Staaten können den Besorgnissen über unsere Verwundbarkeit auf Grund künftiger Embargos, Nahostkonflikte und anderer Bedrohungen gerecht werden, indem sie die Strategische Ölreserve aufstocken, und vielleicht auch indem sie die fortgesetzte Exploration heimischer Ölreserven fördern. Die Besteuerung sogenannter Mitnahmegewinne der Ölfirmen sollte fallengelassen werden. Das Wichtigste ist: Wir sollten alle noch verbliebenen, unglaublich komplizierten Preis- und Verteilungskontrollen bei Erdgas aufheben.

Präsident Reagan lehnt mit Recht einen Zoll auf Ölimporte ab. Ein Zoll ist einfach eine ausgefallene Art der Subventionierung heimischer Ölproduzenten, genauso wie die ‚Stabilisierung des Weltölpreises' ein Euphemismus für die Unterstützung dieser Produzenten durch erhöhte Weltmarktpreise ist. Die Ölimportquoten, die heimischen Preiskontrollen, die Rationierungen und die Besteuerung der Mitnahmegewinne in den 1960er und 1970er Jahren verlangsamten und verzerrten die Anpassung der USA an höhere Ölpreise und halfen der OPEC, ihre Macht über den Ölmarkt aufrechtzuerhalten. Statt diese Fehler zu wiederholen und neue hinzuzufügen: Warum lehnen wir uns nicht einfach zurück und genießen die Vorteile, die wir aus niedrigen Ölpreisen ziehen?

Collegesportler sollten bekommen, was sie wert sind

(30. September 1985)

Im Frühling schwärmt ein junger Mann vielleicht für die Liebe, doch im Herbst hat er fast mit Sicherheit Football im Kopf. Doch unausweichlich werden seine Tagträume von einem lebendigen Wettbewerb in der bevorstehenden College-Footballsaison unsanft unterbrochen – durch öffentliche Anschuldigungen, daß einige Hochschulen die Regeln der National Collegiate Athletic Association (NCAA) mißachtet haben, die das Gehalt reglementieren, das man den Spielern zukommen läßt.

Im Jahre 1984 entschied der Oberste Gerichtshof der USA, daß die NCAA Antitrustgesetze verletzt habe, als sie die Übertragung von Footballspielen der Mitgliedsinstitutionen Beschränkungen unterwarf. Sicherlich – dabei handelte es sich um ein monopolistisches Verhalten, aber das College-Football sieht sich wenigstens einem intensiven Wettbewerb um das Publikum gegenüber – im Fernsehen und im Stadion. Die wirkliche Monopolmacht der NCAA betrifft ihre Sportler.

Darum sind ihre Gehaltsregelungen für die Collegesportler eine gravierendere Reglementierung der Branche, als es ihre Beschränkungen der Footballspiele im Fernsehen waren. Die NCAA begrenzt nicht nur Anzahl und Umfang der Sportlerstipendien, sondern auch solche Dinge wie die Bezahlung der Sportler für die Beschäftigung im Sommer, wenn die Colleges an Highschoolspieler herantreten können und wenn Gaststudenten anderer Colleges spielberechtigt sind. Diese Regeln sind hauptsächlich dafür geschaffen worden, um den Wettbewerb zwischen Colleges um Football- und Basketballspieler zu entschärfen – die beiden Collegesportarten, die das meiste Geld einbringen.

Ein Firmenverband, der die Zahlungen an die Angestellten deckelt und diejenigen abstraft, die sich an diese Regeln nicht halten, wird üblicherweise als ein Arbeitsmarktkartell angesehen. Warum sollten die Beschränkungen des Wettbewerbs um Sportler zwischen den annähernd 800 Mitgliedern der NCAA etwas anderes sein? Und das gilt besonders, weil diese Beschränkungen vorrangig Sportler mit geringem Einkommen treffen – die meisten von ihnen sind Schwarze oder aus anderen

Minderheiten –, die die Leistungselite im College-Football und College-Basketball stellen.

Niedrigere Gehälter. Eine Antwort ist, daß manche Institutionen Football und andere Sportarten fallenlassen müßten, wenn sie gezwungen wären, für die Sportler Marktpreise zu zahlen. Natürlich würde das gleiche Argument niedrigere Gehälter und erhöhte Lehrverpflichtungen für Professoren rechtfertigen, um das Überleben zahlreicher akademischer Lehrprogramme sicherzustellen.

Aber Programme sollten eigentlich nicht durch künstlich niedrige Gehälter für Sportler, Professoren oder irgendjemanden sonst am Leben gehalten werden. Warum sollte die Realisierbarkeit von Sportprogrammen von etwas abhängen, das eher auf Subventionen durch Sportler selbst hinausläuft, statt von finanziellen Mitteln wie höheren Spenden der Absolventen, höheren Unterrichtsgebühren für Studenten, höheren Zuschüssen des Steuerzahlers oder höheren Eintrittspreisen für die Zuschauer?

Ein zweites Argument, das zur Verteidigung der NCAA benutzt wird, besagt, daß die Sportler ein College eher nach der Qualität seines Ausbildungsangebots auswählen sollten als nach dem, was es für ihre Spieltätigkeit zahlt. Vermutlich sollten wohl auch die Stipendien, die den Studenten für akademische Leistungen gewährt werden, ebenso wie die Gehälter für den Lehrkörper und selbst für den Collegepräsidenten niedrig gehalten und einheitlich gestaltet werden, so daß diese Leute die Colleges eher auf der Grundlage der akademischen Qualität als nach finanziellen Gesichtspunkten auswählen. Es ist anmaßend zu behaupten, daß Collegesportler weniger als andere Studenten in der Lage seien, die spezifische Mischung aus monetärer Vergütung und Ausbildungsqualität zu wählen, die ihren Begabungen und Neigungen am besten entspricht. Collegesportler sollten auch nicht an einem höheren Standard gemessen werden als andere Mitglieder der akademischen Gemeinschaft.

Sportliche Höchstleistungen. Das zweite Argument unterstellt außerdem, daß man große Anstrengungen unternimmt, um die Sportler auszubilden. Obwohl manche Colleges ausgezeichnete Leistungen auf diesem Gebiet aufweisen, scheinen sich viele, die mit sportlichen Höchstleistungen aufwarten können, um die Ausbildung ihrer Sportler gar nicht besonders zu kümmern. Tatsächlich macht nach Richard E. Lapchick vom Zentrum für Sportsoziologie an der Northeastern University nur ein Drittel der Sportler in den einnahmeträchtigen Sportarten einen Abschluß.

In seinem abweichenden Votum zur Entscheidung von 1984 über die Fernsehübertragungen von College-Football behauptete Verfassungsrichter Byron R. White – selbst ein ehemaliger Collegesportler –, daß der Wettbewerb um Collegesportler begrenzt werden sollte, um die Amateurnatur des Collegesports zu bewahren. Aber warum sollten alle Collegesportler Amateure sein? Gegenwärtig haben die Eliteuniversitäten der Ivy League im Osten der USA höhere akademische Standards für ihre Sportler als die meisten Erstligahochschulen mit großen Sportprogrammen. Die Universität von Chicago ist Mitglied eines Exekutivausschusses, der grundsätzlich akademische Stipendien für Sportler überhaupt untersagt. Ein offener Wettbewerb um Collegesportler würde sich auf diese Hochschulen und viele andere, die zur Zeit Amateursportler einsetzen, nur marginal auswirken.

Ein offener Wettbewerb würde den Umfang von Collegesportprogrammen erweitern und den Hochschulen erlauben, offen und ehrlich professionelle Athleten einzusetzen – die durchaus auch Studenten sein können. Viele Hochschulen setzen im Grunde schon Professionelle ein: Sie lassen den Eltern Zahlungen zukommen, sie statten die Sportler mit gutbezahlten Stellen aus, die wenig Arbeit erfordern, und sie bewegen die Lehrkräfte zu Gefälligkeitszensuren. Mit solchen Praktiken verletzen sie offen entweder den Buchstaben oder den Geist der NCAA-Bestimmungen.

Die Bemühungen der NCAA um die Rechtfertigung ihrer Wettbewerbsbeschränkungen um Sportler sollten schon deshalb mit Mißtrauen betrachtet werden, weil sie die finanziellen Vorteile vergrößern, die die Colleges aus dem Football, dem Basketball und aus anderen Sportarten ziehen. Ich hätte vom Kongreß und den Gerichten eine ablehnendere Haltung gegenüber einer Politik erwartet, die das Gehalt junger Schwarzer und anderer Athleten senkt, die nur begrenzte Verdienstchancen haben.

Warum den Managern der Anteilseigner am Herzen liegt

(6. Juli 1985)

Die gegenwärtige Übernahmewelle rückt die Frage in den Mittelpunkt, ob Topmanager großer Aktiengesellschaften ihr eigenes Interesse oder eher das der Aktionäre im Blick haben. In der Studie *The Modern Corporation & Private Property* von 1932 stellten Adolf A. Berle Jr. und Gardiner C. Means[15] die These auf, daß ein breiter Streubesitz dem Top-

Management einen beträchtlichen Spielraum bei der Verfolgung von Zielen gibt, die gegen die Interessen der Anteilseigner gerichtet sind.

Die These von Berle-Means wurde durch frühe empirische Untersuchungen gestützt, nach denen es bei Aktiengesellschaften nur eine schwache Beziehung zwischen den Gewinnen und dem Einkommen und Vermögen der Topmanager gibt. Aber jüngste theoretische und empirische Ergebnisse legen zwingend nahe, daß Berle und Means den Interessenkonflikt zwischen Management und Kapitaleignern erheblich übertrieben haben und daß zeitgenössische Autoren ihn weiterhin übertreiben.

Eine gute Einführung in dieses neue Forschungsfeld liefert die Ausgabe des *Journal of Accounting and Economics* vom April 1985. Die in diesem Heft erörterten Untersuchungen basieren auf einer solideren Grundlage als die früheren Studien, weil sie wichtige theoretische Neuerungen zur Preisgestaltung der Anteile von Kapitalgesellschaften sowie auch Verträge berücksichtigen, welche die Reibungsflächen zwischen Management und Aktionären verringern.

Eine wirksame Methode, die Anreize für die Firmenleitung eng an die Interessen der Anteilseigner zu koppeln, besteht darin, die Bonuszahlungen für das Management und andere variable Bezüge an das durch den Marktwert der Firmenanteile gemessene Betriebsergebnis zu binden und die Topmanager dazu zu veranlassen, in großem Stil in diese Anteile zu investieren. Die Untersuchungen zeigen, daß die Gesamtbezüge von Spitzenmanagern großenteils aus Bonuszahlungen stammen, die an das Betriebsergebnis gekoppelt sind, sowie aus Investitionen in Aktien ihrer Gesellschaft. Tatsächlich führt gerade der Aktienmarkt, der nach Merle und Beans das Management unabhängiger macht, zu gleichgerichteten Interessen von Management und Kapitaleignern.

Große Auswirkungen. Eine Studie von Professor Kevin J. Murphy von der Universität Rochester untersucht die Beziehung zwischen den Vorstandsbezügen und der Geschäftsentwicklung. Sie prüft die Gesamtbezüge von über 400 Leitenden Angestellten in mehr als 70 großen Firmen der verarbeitenden Industrie in den Jahren 1964 bis 1981. Danach hatte eine besonders gute Geschäftsentwicklung große Auswirkungen auf die Bonuszahlungen. Ein 10 %-iger Anstieg der Kapitalrendite der Firma erhöhte die Bonuszahlungen für die Spitzenmanager um 12 %, während ein um 10 % höherer Umsatz sie um nahezu 10 % steigen ließ. Die Höhe der Bonuszahlungen ist sogar abhängig von den Kapitalrenditen anderer Firmen im gleichen Industriezweig. Außerdem ergaben andere Studien, daß bei ungünstiger Aktienkursentwicklung die Spitzenmanager unter 65 Jahren eher in den Ruhestand gehen.

Wenn Spitzenmanager Vergütungsmethoden in Anspruch nehmen, die ihnen selbst auf Kosten der Aktionäre nützen, dann sollte der Marktwert der Aktien eines Unternehmens fallen, wenn neue Methoden eingeführt werden. Die Studien im *Journal of Accounting* zeigen allerdings im Gegenteil, daß der Marktwert der Anteile bei Ankündigung neuer Vergütungsmethoden in der Regel steigt.

Fusionen, Übernahmen und Stellvertreterkriege tragen dazu bei, Manager in Schlüsselpositionen zu disziplinieren, die es versäumen, die Anteilseigner zufriedenzustellen. Verschiedene Studien aus den vergangenen Jahren haben ergeben, daß die Aktien von Firmen, die zur Übernahme anstehen, vor Abschluß der Übernahme in der Regel wesentlich an Wert gewinnen. Tatsächlich steigen die Aktien einer aufgekauften Gesellschaft so stark, daß teure Übernahmeschlachten wahrscheinlich nur dann eingeleitet werden, wenn die Geschäftsentwicklung von Unternehmen erheblich unter ihrem Potential lag.

Vergoldeter Handschlag. Natürlich kommt es manchmal vor, daß sich das Management Fusionen und Übernahmen widersetzt, die im Interesse der Aktionäre zu sein scheinen. Doch in den meisten Fällen haben die Manager einen Anreiz, Geschäften ihre Zustimmung zu geben, die den Wert des Aktienkapitals ihrer Firma erhöhen, da sie in der Regel beträchtlich in diese Papiere investiert haben. Der vergoldete Handschlag macht den Widerstand gegen Fusionen und Übernahmen noch weniger attraktiv, und er entschädigt das scheidende Management auch für langjährige Dienstleistungen, die bei anderen Firmen weniger gefragt sein werden. Obwohl der vergoldete Handschlag kritisiert worden ist, zeigt eine Studie im *Journal for Accounting*, daß nach der Ankündigung eines Abfindungsvertrages mit den Topmanagern eines Unternehmens der betreffende Aktienkurs typischerweise steigt.

Es gibt eine naheliegende Methode, um das Merle-Means-Argument zum Einfluß des Streubesitzes auf die Unabhängigkeit des Managements zu beurteilen: Man prüft, ob das Top-Management in Gesellschaften mit breiter gestreutem Aktienbesitz höhere Bezüge erhält. Die wenigen verfügbaren Untersuchungen zu diesem Thema, auch die von Professor George J. Stigler von der Universität Chicago über die Vorstandsbezüge in den 1930er Jahren, lassen den Schluß zu, daß dies nicht der Fall ist. Außerdem ist die Annahme realistisch, daß die Unabhängigkeit des Managements von den Kapitaleignern in den letzten 20 Jahren gesunken sein dürfte, weil das Wachstum der Pensionsfonds und anderer Institutionen, die große Aktienpakete kontrollieren, die Konzentration des Aktienbesitzes erhöht hat.

Kurz: Obwohl die Behauptung noch nicht bewiesen ist, daß die Interessen des Managements und die der Aktionäre eng verbunden sind, vermag die zunehmende Evidenz jedoch davon zu überzeugen, daß sie weniger in Konflikt miteinander stehen als von den Theoretikern angenommen.

9.

Sonderinteressen und Politik

Dieser Teil erörtert verschiedene Sonderinteressengruppen, die sich für Gesetze und Regulierungen einsetzen, die ihren Mitgliedern zugute kommen. Zum Beispiel erhalten die Senioren in den meisten entwickelten Ländern wegen ihres beachtlichen politischen Einflusses großzügige staatliche Gesundheits- und Rentensubventionen. In ähnlicher Weise haben verschiedene Industriezweige eine ‚Industriepolitik' unterstützt, weil sie dazu beiträgt, die Konkurrenz durch Importe abzuschwächen und häufig weitere staatliche Subventionen nach sich zieht. Ein weiteres Beispiel sind die Fürsprecher der Obdachlosen in den Vereinigten Staaten, die zeitweilig öffentliche Aufmerksamkeit und politische Unterstützung erlangten, indem sie die Zahl und die Probleme der Obdachlosen stark übertrieben darstellten.

Diese und andere Beispiele zeigen, wie naiv diejenigen Wirtschaftswissenschaftler sind, die glauben, daß Politiker und Bürokraten hauptsächlich daran interessiert sind zu entdecken, wie die Effizienz und das Gemeinwohl gefördert werden können. Dennoch kann eine objektive Analyse der Auswirkungen öffentlicher Programme und Regulierungen langfristig einen beträchtlichen Einfluß auf die Politik ausüben, auch wenn er kurzfristig in der Regel kaum wahrnehmbar ist.

Garys vor vielen Jahren geschriebene Arbeit über die Wehrpflicht zeigt die Bedeutung der Unterscheidung zwischen kurz- und langfristigen Auswirkungen. Im Sommer 1957 schrieb er für die RAND-Corporation ein Arbeitspapier mit dem Titel ‚Argumente gegen die Wehrpflicht', das sich für eine Freiwilligenarmee stark machte. Die Luftwaffe war damals der Hauptsponsor von RAND, und sie erlaubte RAND nicht, die Studie zu publizieren, weil sie der Meinung war, daß die Wehrpflicht es der Luftwaffe erleichtere, hochqualifizierte ‚Freiwillige' zu rekrutieren. Nach diesen Erfahrungen war Gary davon überzeugt, daß eine Freiwilligenarmee politisch nicht durchsetzbar war, und legte das Manuskript einfach in die Ablage.

Aber nach Beginn des Vietnamkriegs wandelten sich die politischen Ansichten über die Rekrutierungsmethoden radikal, weil viele junge Männer sich ihrer Einberufung gewaltsam widersetzten. Ihr Widerstand zwang Präsident Nixon zur Einsetzung einer Kommission, die empfahl, daß die Vereinigten Staaten auf eine reine Freiwilligenarmee umstellen sollten. 1979 wurde die Wehrpflicht abgeschafft und durch Streitkräfte auf ausschließlich freiwilliger Basis ersetzt – ein Wandel, der in den fünfziger Jahren politisch unvorstellbar war. Die Freiwilligenarmee hat so gut funktioniert, daß zahlreiche andere Staaten dem Beispiel der Vereinigten Staaten gefolgt sind und ebenfalls die Wehrpflicht abschafften.

Sonderinteressen

Wie die Obdachlosen-‚Krise' hochgespielt wurde

(12. September 1994)

Im Jahre 1982 schätzten Mary Ellen Hombs und Mitch Snyder, Anwälte der Obdachlosen, in ihrem Buch *Homelessness in America: A Forced March to Nowhere*,[16] daß in den USA zu diesem Zeitpunkt zwischen zwei und drei Millionen Menschen keine Wohnung hatten. Eine Ziffer dieser Größenordnung ließ den Eindruck entstehen, daß das Scheitern der amerikanischen Sozialpolitik an der Zahl der obdachlosen Menschen ablesbar war.

Schon auf den ersten Blick war eine solche Behauptung – die ja impliziert, daß in den 1980er Jahren mehr als einer von 100 Amerikanern keinen Platz zum Wohnen hatte – einfach nicht glaubwürdig. Tatsächlich konzedierte Snyder einige Jahre nach der Veröffentlichung dieser Schätzung, daß sie jeder faktischen Grundlage entbehrt. Er gab zu, daß er die Zahl einfach aus dem Hut gezaubert hatte, um Menschen zufriedenzustellen, die ihn zu genaueren Angaben drängten.

Dennoch wurde die gefälschte Schätzung von vielen akzeptiert. Die Einwohner der großen Städte waren in den frühen 1980er Jahren für Übertreibungen bei der Zahl der Obdachlosen empfänglich, weil nach ihrer eigenen anekdotischen Evidenz viel mehr Menschen als früher auf dem Bürgersteig und in öffentlichen Gebäuden schliefen und tagsüber ihre Habseligkeiten in Einkaufswagen vom Supermarkt durch die Gegend schoben. Aber die meisten Amerikaner leben nicht in großen Städten, und obdachlose Menschen sind in den über die USA verstreuten kleineren Stadtgemeinden und Kleinstädten viel seltener anzutreffen.

Die mangelnde Plausibilität der groben Schätzung von Hombs und Snyder rief aber Bemühungen hervor, präzisere Zahlen zu bekommen. Als einer der ersten ermittelte Peter H. Rossi, damals am Nationalen Meinungsforschungsinstitut in Chicago, die Zahl der Obdachlosen in Chicago Mitte der 1980er Jahre, indem er um Mitternacht Interviewer losschickte. Sie ermittelten etwa 3.000 Personen – weniger als ein Achtel der Zahl, die von manchen lokalen Obdachlosen-Unterstützungsgruppen reklamiert wurde. Diese Gruppen griffen nun ihrerseits Rossi an und warfen ihm vor, kein Herz für Obdachlose zu haben und seine Schätzungen nach unten verfälscht zu haben. Aber seine Methoden waren wissenschaftlich viel solider als diejenigen, die seine Kritiker benutzten.

Eine urbane Sichtweise. Rossis Schätzungen und die anderer Autoren werden sorgfältig besprochen in einem kürzlich erschienenen exzellenten Buch des Soziologen Christopher Jencks, *The Homeless.*[17] Er zeigt, wie schwierig es ist, die Zahl der Menschen ohne Dach über dem Kopf zu definieren, geschweige denn zu schätzen. Dennoch kommt er zu dem Schluß, daß während einer bestimmten Märzwoche des Jahres 1990 – dem Datum der jüngsten Schätzungen – etwa 300.000 Amerikaner in dem Sinne obdachlos waren, daß sie entweder in Obdachlosenunterkünften schliefen oder an öffentlichen Orten, die nicht als Wohnstätte vorgesehen sind, zum Beispiel in Busbahnhöfen, auf Gehsteigen oder in leerstehenden Häusern.

Jencks' Ergebnis macht deutlich, daß die Obdachlosigkeit im Laufe der Zeit stark angestiegen ist – was sicherlich zur Wahrnehmung der Bewohner von New York, Chicago und anderen großen Städten beitrug, daß sie so verbreitet ist. Die Zahl der wohnungslosen Menschen scheint sich seit den späten 1970er Jahren bis Mitte der 1980er Jahre verdoppelt zu haben. Wahrscheinlich stieg sie in den 1960er und 1970er Jahren genau so stark an, aber sie scheint während der zweiten Hälfte der 1980er Jahre nicht mehr nennenswert zugenommen zu haben.

Im Gegensatz zu einem anderen Mythos, der vom Fernsehen und den Obdachlosenanwälten propagiert wird, machen Familien mit Kindern weniger als ein Fünftel der obdachlosen Bevölkerung aus – der Rest besteht hauptsächlich aus alleinstehenden Männern –, und nahezu alle Familien verbringen die Nacht in Obdachlosenunterkünften. Selbst Menschen, die unter freiem Himmel oder an öffentlichen Orten schlafen, können, wenn sie das wollen, in der Regel in solche Unterkünfte gehen – so unangenehm sie auch sein mögen.

Jencks liefert eine gute Analyse der Gründe, warum die Obdachlosigkeit im Laufe der Zeit zugenommen hat, und macht vernünftige Vorschläge, wie man ihre Häufigkeit verringern und den Anteil derjenigen erhöhen könnte, die in Obdachlosenunterkünften übernachten. Wie dem auch sei: Hier geht es nicht um die Ursachen und die Beseitigung der Obdachlosigkeit, sondern um die Fähigkeit von Unterstützergruppen, eine leichtgläubige Öffentlichkeit und die Medien davon zu überzeugen, daß die Obdachlosigkeit in Amerika ein riesiges Problem geworden ist.

Gesunder Menschenverstand. Tatsächlich zeigt die nach verläßlichen Schätzungen eher geringe Größe der obdachlosen Bevölkerung, daß trotz der beunruhigenden Zunahme der Obdachlosigkeit hier ein weit weniger besorgniserregender sozialer Trend vorliegt als in einigen anderen Bereichen, denen bis vor wenigen Jahren kaum Aufmerksamkeit geschenkt wurde. Dazu gehören die rapide Zunahme von Raubüberfällen und anderen Gewaltverbrechen in den 1960er und 1970er Jahren, besonders in den Städten, ferner der scharfe Rückgang der Löhne für Highschoolabbrecher in den letzten beiden Jahrzehnten, und schließlich der Qualitätskollaps der Schulausbildung im Zentrum der großen Städte.

Die Öffentlichkeit wird ständig mit übertriebenen Behauptungen bombardiert – nicht nur über die Zahl der Obdachlosen, sondern über viele andere Themen: Über die Zahl der Menschen, die AIDS bekommen werden; über die finanziellen Einsparungen durch einen radikalen Wandel des Gesundheitswesens; über die Gesundheitsschäden durch verschiedene Nahrungsmittelzusätze; und über die Größe der Weltbevölkerung im Jahre 2050. Es ist nicht leicht, den Wahrheitsgehalt dreister Behauptungen über komplizierte Themen zu beurteilen; aber meist helfen zwei Kontrollen des gesunden Menschenverstandes, einen gewissen Überblick zu gewinnen. Ein naheliegender Weg ist zu prüfen, ob Personen, die eine entsprechende These aufstellen, einen Vorteil aus der Übertreibung ziehen. Ein zweiter, etwas schwierigerer Weg besteht in einem Blick auf die Datenbasis solcher Behauptungen, da oft selbst schon ein oberflächliches Nachhaken die Seichtigkeit ihrer Fundierung enthüllt.

Wenn die früher aufgestellten Behauptungen über die Häufigkeit von Obdachlosigkeit in dieser Weise geprüft worden wären, hätten Snyder und andere die amerikanische Öffentlichkeit nicht in so grotesker Weise irreführen können.

Schneidet den Grauköpfen ein kleineres Stück Kuchen ab

(28. März 1994)

Alt zu werden ist besser als die Alternative, sagt das Sprichwort. Aber obwohl das Älterwerden immer noch eine Menge Unannehmlichkeiten mit sich bringt, sind die damit verbundenen Lasten im Laufe der letzten Jahrzehnte durch technologische Fortschritte in der medizinischen Versorgung, durch Gesetze gegen die Altersdiskriminierung und durch die vermehrten Zahlungen der Sozialversicherung sowie der Erwerbsunfähigkeits- und Krankenversicherung erleichtert worden. Natürlich sollte die Gesellschaft den hilfebedürftigen alten Menschen beistehen; aber die USA und andere wohlhabende Länder sind denjenigen Senioren, denen es finanziell recht gut geht, zu weit entgegengekommen. Dies bürdet den jungen Leuten schwere Lasten auf, die bald zu einem offenen Konflikt zwischen den Generationen führen könnten.

Sozialversicherungsleistungen und die staatlichen Ausgaben für die Gesundheit der älteren Menschen machen 7 % des Bruttosozialprodukts aus und beanspruchen 30 % der Bundeshaushalts; in den 1970er Jahren waren es nur 20 %. Ähnliche Prozentsätze findet man in Deutschland, Schweden und anderen wohlhabenden Ländern. Das Ausgabenwachstum auf Grund dieser Ansprüche ist eine bedeutende Ursache für die Haushaltskrisen in den USA und vielen europäischen Ländern.

Die Ausgaben für das Wohl älterer Menschen sind teilweise auch für den rapiden Anstieg der Gesundheitsausgaben während des letzten Jahrzehnts verantwortlich. Es bleibt offen, ob die kommende Gesundheitsreform diesen Einfluß abschwächen wird. Auch wenn die über 60-jährigen nur etwa 12 % der US-Bevölkerung ausmachen, beanspruchen sie gut 40 % der Gesundheitsausgaben. Da bei älteren Menschen mit größerer Wahrscheinlichkeit lebensbedrohende Krankheiten zu erwarten sind, liegt es in der Natur der Dinge, daß sie selbst in einem idealen Gesundheitssystem den Löwenanteil der Gesundheitsausgaben in Anspruch nehmen würden. Aber manche Gesundheitsexperten vertreten die Ansicht, daß zu wenig für die Gesundheitsvorsorge ausgegeben wird und zu viel für eine lebensverlängernde Intensivmedizin.

Immer mehr. Es fällt einem Land leichter, seine Senioren großzügig zu behandeln, wenn sie nur einen kleinen Teil der Bevölkerung bilden; aber dies ist in industrialisierten Ländern nicht der Fall: Hier ließen eine abnehmende Geburtenrate und eine steigende Lebenserwartung den Bevölkerungsanteil der über 60-jährigen steigen. In den USA lag dieser Anteil im Jahre 1960 unter 10 %; man schätzt, daß er bis zum Jahre 2020 auf 20 % zunehmen wird. In Japan soll er bis dahin fast 30 % erreichen, während in Deutschland die älteren Menschen im Jahre 2030 wohl mehr als ein Drittel der Bevölkerung stellen werden.

Dieser Trend bedeutet, daß eine steigende Abgabenlast zur Finanzierung der Ausgaben für die Senioren auf einen immer kleineren Teil der Bevölkerung entfallen wird. Nach Schätzungen im kürzlich verabschiedeten US-Bundeshaushalt zahlen die im Jahre 1920 Geborenen weniger als 30 % ihres Lebenseinkommens für Sozialabgaben (aus denen die

Sozialhilfe und andere von der Bundesregierung veranlaßte Ausgaben herausgerechnet sind), während heutige Jugendliche fast 37 % bezahlen werden. Diese demographischen Trends werden sich nach aller Wahrscheinlichkeit fortsetzen: Nach denselben Berechnungen werden diejenigen, die von jetzt an gerechnet in 20 Jahren ins Erwerbsleben eintreten, wohl über 66 % zahlen. Nach anderen Schätzungen müssen in Deutschland die Sozialabgaben bald auf 30 % der Löhne steigen, nur um die Renten auf dem versprochenen Stand halten zu können.

Wohlstandstransfers von den Jungen zu den Alten werden nicht die einzige Quelle von Reibereien zwischen den Generationen sein. Das Altersdiskriminierungsgesetz von 1967 entfesselte in den USA eine Flut von Rechtsstreitigkeiten: Ältere Arbeitnehmer klagten wegen ungerechtfertigter Kündigungen des Beschäftigungsverhältnisses und wegen Diskriminierung bei der Bezahlung und Beförderung. Die durch ältere Arbeitnehmer angestrengten Prozesse gehören bei den Bundesgerichten inzwischen zu den Rechtsstreitigkeiten mit der höchsten Zuwachs- und Erfolgsrate. Geschworene entwickeln beträchtliche Sympathien für ältere Arbeitnehmer, auch wenn sie statistisch gesehen die niedrigsten Arbeitslosigkeitsraten aufweisen, am besten bezahlt werden und die begehrtesten Arbeitsplätze haben.

Lobbymacht. 1986 verabschiedete der Kongreß eine Novelle zum Altersdiskriminierungsgesetz, die eine Zwangspensionierung ausschloß; allerdings wurden verschiedene Ausnahmen für bestimmte Berufe und Branchen zugestanden, die physische Kraft und andere typisch jugendliche Eigenschaften erfordern. Der erklärte Zweck der Gesetzesänderung ist es, der Wirtschaft zu ermöglichen, von den Fähigkeiten der älteren Arbeitnehmer weiterhin zu profitieren und die Belastung des Sozialversicherungssystems zu senken, indem man mehr ältere Menschen im Erwerbsleben hält. Aber die Ironie liegt darin, daß es andere Gesetze waren, nämlich besonders großzügige Sozialversicherungs- und Erwerbsunfähigkeitsregelungen, die den starken Rückgang der Erwerbsquote der über 60-jährigen bewirkten – trotz ihrer durchgängig verbesserten Gesundheitssituation.

In den meisten Ländern üben Seniorenlobbys einen derartigen politischen Druck aus, daß trotz wachsenden Unmuts der Steuerzahler die Regierungen davor zurückgeschreckt sind, die Zuwendungen an die Älteren zu kürzen – auch wenn Großbritannien kürzlich ein paar Vergünstigungen abschaffte und Deutschland plant, sein großzügiges Transfersystem etwas zu beschneiden. Die Clinton-Administration hat sich bisher offensichtlich gescheut, auch nur bescheidene Kürzungen der Sozialversicherungsleistungen vorzuschlagen – trotz der Tatsache, daß sie verzweifelt nach Wegen sucht, die Wohlfahrtsreform und ausgedehnte berufliche Weiterbildungsprogramme zu finanzieren.

Ich glaube, daß die jungen Leute schließlich gegen die Steuer- und Abgabenlasten rebellieren werden. Sie werden Beschränkungen der Transfers an die Alten fordern, möglicherweise sogar auch einschneidende Veränderungen der Gesetze zur Altersdiskriminierung und zur Ruhestandsregelung. Um einen erbittert geführten Kampf zwischen den Generationen zu vermeiden, sollten Politiker jetzt damit beginnen, diese Anspruchsrechte und andere Privilegien älterer Menschen zu beschneiden.

Ein Wechsel im Weißen Haus? Ach so ...

(11. Januar 1993)

Wird Bill Clintons Sieg über George Bush an der Politik der Bundesregierung etwas ändern? Nicht viel, wie die Vergangenheit zeigt.

In Demokratien gibt es nach einem Machtwechsel zwischen den politischen Parteien kaum Bewegung in der Regierungspolitik. Die Maßnahmen von Harold Macmillan, Edward Heath und den meisten anderen Toryführern nach dem Zweiten Weltkrieg sind nur schwer von denen Clement Attlees, Harold Wilsons und anderer britischer Labour-Vorsitzender zu unterscheiden. Die einzige – zugegebenermaßen beeindruckende – Ausnahme, Margaret Thatcher, mußte einen Putsch in ihrer eigenen Partei inszenieren.

Dasselbe gilt für die Demokratischen und Republikanischen Administrationen der letzten 50 Jahre in den USA. Richard Nixon gab vor, den freien Markt zu unterstützen, aber er war der erste Präsident, der zu Friedenszeiten Lohn- und Preiskontrollen erließ; und unter seiner Präsidentschaft vollzog sich eine der raschesten Ausweitungen von Wirtschaftsregulierungen durch die Bundesregierung. Ronald Reagan wird mit Recht zugeschrieben, die Deregulierung voranzutreiben und aufzurüsten; aber beide Trends begannen unter Jimmy Carter.

Es gibt kaum eine passendere Illustration der These von der relativen Konstanz der Regierungspolitik als die Präsidentschaft von Bush. Während seiner Amtszeit nahmen Arbeitsmarkt-, Gütermarkt- und Umweltregulierungen bemerkenswert schnell zu – ebenso wie die Staatsausgaben. Ich glaube nicht, daß diese Trends wesentlich anders verlaufen wären, wenn im Jahre 1988 Michael Dukakis gewonnen hätte. Obwohl Bush gegen 33 vom Kongreß verabschiedete Gesetzesvorlagen sein Veto einlegte, zählten die den Kongreß kontrollierenden Demokraten auf viele seiner Vetos, um diese taktischen Vorlagen dann mit großer Geste fallenlassen zu können.

Ein gemäßigter Zug. Trotzdem sollte diese Tweedledum-und-Tweedledee-Stabilität[18] der Politik nicht beklagt werden. Denn das politische System wäre chaotisch, wenn die Staatsausgaben und die Besteuerung sich jedesmal drastisch änderten, wenn eine neue Gruppierung die Regierungsgeschäfte übernimmt; und die Konsequenzen für die Entscheidungsfindung auf wirtschaftlichem und sozialem Gebiet wären katastrophal. Firmen wären nicht in der Lage, ihre Investitions- und Personalentscheidungen zu planen, wenn Zölle, Umweltschutzauflagen und andere Regulierungen sich mit jeder neuen Administration grundlegend änderten.

Ein stabiles politisches System mit seinen langsamen Verschiebungen in den Verhaltensmustern der Wähler resultiert direkt aus der Stabilität der Machtverteilung zwischen zahlreichen konkurrierenden Sonderinteressengruppen. Der Druck auf Bush, großzügige Ausgabenposten für soziale Sicherheit und Gesundheit beizubehalten, Sozialhilfe- und Lebensmittelgutschein-Programme weiterzuführen, die landwirtschaftlichen Erzeugerpreise zu stützen und die Konkurrenz durch japanische Autos zu beschneiden, war mindestens genauso stark, wie er unter einem Demokratischen Präsidenten gewesen wäre.

Gewöhnlich. Clinton hat klugerweise erkannt, daß die amerikanischen Wähler die beträchtliche Kompetenzausweitung der Bundesregierung nicht wollen, wie sie vom interventionistischen Flügel der Demokratischen Partei befürwortet wird. Er hat bis jetzt im Wirtschaftsbereich Gemäßigte ernannt – mit der krassen Ausnahme des neuen Vorsitzenden des Sachverständigenrates für Wirtschaftsfragen. Obwohl spendierfreudige Personen an die Spitze der Organisationen berufen wurden, die für Transferzahlungen und Sozialdienstleistungen zuständig sind, vermute ich, daß der [sozial-]liberale Flügel[19] seiner Partei mit vielem, was Clinton tut, nicht ganz glücklich sein wird. In der gleichen Weise schätzte Bush richtig ein, daß es für ein großangelegtes Zurückfahren der Sozialprogramme, wie es von den libertären Republikanern befürwortet wird, keine breite politische Unterstützung gab.

Beide Präsidenten positionierten sich fest in der politischen Mitte, wobei sie sich allenfalls in Details voneinander unterscheiden. Daher wäre es überraschend, wenn der Wahlausgang zu großen Veränderungen führte, besonders bei den innenpolitischen Programmen, die den Wahlkampf dominierten.

Historiker erörtern diese Themen in einem größeren Rahmen, wenn sie die Rolle ‚großer Männer' untersuchen. Natürlich bewirken außergewöhnliche Persönlichkeiten – wie etwa Franklin Roosevelt, Reagan, Thatcher und Michail Gorbatschow – eine ganze Menge. Sie fokussieren und fördern größere Verschiebungen in der öffentlichen Meinung und in der Konstellation der politischen Kräfte, auch wenn sie teilweise einfach nur die unausweichlichen Veränderungen beschleunigen. Dennoch sind es meistens nicht die Personen im Amt, die bestimmen, was geschieht, sondern die zugrundeliegenden wirtschaftlichen und sozialen Kräfte – also die politischen ‚Fundamentaldaten', wie es in der Sprache des Aktienmarktes heißt. Bei allem Respekt vor ihren beachtlichen Talenten gehören weder George Bush noch Bill Clinton zu den wirklich überragenden Persönlichkeiten.

Das bedeutet nicht, daß die Menschen töricht sind, die sich mit einer bestimmten politischen Partei identifizieren. Es macht schon etwas aus, welche Partei an der Macht ist. Clinton wird mehr als Bush zu Bundesausgaben für Straßen und andere Infrastruktur neigen; zu ökologischen Behauptungen über den Treibhauseffekt; zur Entwicklungsförderung industrieller Produkte; zu protektionistischen Handelsbeschränkungen; zur Erleichterung der Abtreibung; und zu Verfassungsrichtern, die freie Märkte nicht besonders schätzen. Aber die Unterschiede lassen sich nur schwer aus den statistischen Trends der Bundespolitik herauslesen.

Eine solche skeptische Beurteilung des Einflusses eines Bush, Clinton oder Perot wird bei denen auf Unverständnis stoßen, die ihrem Lieblingskandidaten Zeit, Kraft und Emotionen gewidmet haben. Aber die Stabilität der westlichen Demokratien ist bei weitem einem System vorzuziehen, in dem die Begeisterung der Wahlkampfmitarbeiter und -spender zu radikalen Veränderungen der Regierungspolitik führt.

NAFTA: Das Verschmutzungsthema ist nur ein Vernebelungsmanöver

(9. August 1993)

Gegner des Nordamerikanischen Freihandelsabkommens (NAFTA) in den USA behaupten, daß laschere Umwelt- und Arbeitsmarktregulierungen in Mexiko den dortigen Produzenten einen unfairen Wettbewerbsvorsprung geben. Obwohl Forderungen nach gleichen Bedingungen für entwickelte Länder und Entwicklungsländer politisch verführerisch sind, rechtfertigen schwächere Regulierungen in den letzteren keine Handelsbeschränkungen.

Konsumenten aller Länder profitieren vom Freihandel. Die Verbraucher in aufstrebenden Volkswirtschaften gewinnen, wenn sie leichteren Zugang zu den in den reichen Ländern produzierten qualitativ hochwertigen Gütern erhalten. Und den Konsumenten in den entwickelten Ländern ist es im allgemeinen gleichgültig, ob die aus den ärmeren Ländern importierten Güter deshalb billiger sind, weil es dort weniger Arbeitsmarkt- und Umweltregulierungen gibt – solange die Güter gebrauchssicher sind.

Man hört gelegentlich die Meinung, daß der Freihandel eine ‚künstliche' Arbeitsteilung entstehen lasse, weil er einen Export fördere, der auf schwächeren Umwelt- und sonstigen Regulierungen beruht. Aber ärmere Nationen geben selbstverständlich weniger als reiche Länder für saubere Luft, Mindestlohngesetze und andere Regulierungen aus, wie sie ja auch weniger für die Schul- und Berufsausbildung aufwenden. Trotzdem beklagt sich niemand, daß die weltweite Arbeitsteilung durch die Unterschiede bei den Humankapitalinvestitionen stark beeinflußt wird.

Grüne Tinte. Untersuchungen haben eine stark positive Korrelation zwischen dem Pro-Kopf-Einkommen eines Landes und seinen Aufwendungen für den Umweltschutz ergeben. Entsprechende Ausgaben sind in Mexiko unter der Regierung von Präsident Carlos Salinas de Gortari schon steil angestiegen – auf mehr als 1 % seines Bruttosozialprodukts. Da das NAFTA-Abkommen Mexiko nützen wird, werden die Bemühungen des Landes um den Umweltschutz zunehmen.

Die USA machen sich legitimerweise Sorgen über die grenzüberschreitende Umweltverschmutzung durch Mexiko. Auch darum enthält das NAFTA-Abkommen so viele Umweltbestimmungen, daß es vielleicht der grünste Vertrag ist, der jemals ausgehandelt wurde. Ein krasses Beispiel für die grenzüberschreitenden Auswirkungen ist die ausgedehnte Verschmutzung auf Grund des Maquiladora-Programms, das in den 1980er Jahren gestartet wurde und Fabriken auf der mexikanischen Seite der Grenze erlaubt, ungehindert in die USA zu exportieren. Ein Vorteil des NAFTA-Abkommens ist, daß es die grenzüberschreitende Verschmutzung verringern wird, weil einige Maquiladora-Fabriken ins Inland verlegt werden, da sie nicht länger entlang der Grenze liegen müssen, um Zugang zum US-Markt zu erhalten.

Das Weiße Haus und viele Kongreßabgeordnete wollen eine NAFTA-Kommission, die untersuchen soll, ob bestimmte Importe aus Mexiko aus den dortigen geringeren Umwelt- und Arbeitsmarktregulierungen resultieren. Aber man kann auf politischem Wege nicht objektiv festlegen, welche Güter sich nur deshalb in einem Markt erfolgreich etablieren konnten, weil Umwelt- und andere Regulierungen in den exportierenden Nationen weniger umfassend sind. Die in den USA und Europa begonnenen Untersuchungen von Dumpingfällen bei Gütern ausländischer Hersteller geben zu Besorgnis Anlaß, denn sie sind durch politische Überlegungen, nicht durch eine sorgfältige Analyse der Daten bestimmt worden.

Bei der Beurteilung von NAFTA und anderen Handelsabkommen sollte man berücksichtigen, daß in den meisten entwickelten Ländern die Arbeitsmarktgesetze und sogar manche Umweltregulierungen überhand genommen haben. Der Freihandel begrenzt dieses Übermaß etwas, weil entwickelte Länder nun intensiv mit Importen aus den Entwicklungsländern konkurrieren müssen. Die Gewerkschaften und einige mächtige Lobbygruppen in den USA sind daher gegen das NAFTA-Abkommen – nicht zuletzt deshalb, weil es ihren Einfluß auf die Politik zurückschrauben wird.

In Entwicklungsländern, die von Diktatoren und Cliquen regiert werden, kommt es nicht zur Einführung gesetzlicher Regelungen, die im Interesse des überwiegenden Teils der Bürger sind. Es mag eine sinnvolle Politik sein, den Handel mit diesen Ländern zu beschränken, so wie sich viele Nationen weigerten, mit Südafrika unter dem Apartheid-Regime Handel zu treiben. Aber in Mexiko, Chile, Argentinien und großen Teilen Osteuropas gewinnt jetzt eine demokratische Politik die Oberhand, und zahlreiche andere Regionen der sich entwickelnden Welt suchen nach einem Zugang zu größeren Märkten. Daher werden dort auch eher Regelungen eingeführt, die von der Bevölkerung gefordert werden.

Arbeitnehmer und Konsumenten in demokratischen Ländern sollten die Freiheit haben, sich ohne ungebührlich starken Druck seitens wirtschaftlich mächtiger Länder über das Ausmaß und die Art der erforderlichen Regulierungen selbst ein Urteil zu bilden. Dies ist ein besonders heikles Thema bei den Verhandlungen zwischen den USA und den lateinamerikanischen Ländern, da die USA in der Vergangenheit nicht selten in deren Innenpolitik hineinregiert haben.

Viel Aufhebens. Zweifellos wird das NAFTA-Abkommen bestimmten Bereichen der US-Wirtschaft schaden, denn manche Fabriken werden in den Süden verlegt werden, wenn Mexiko größeren Zugang zum US-Markt erhält. Die ständigen Klagen der Wirtschaft und der Gewerkschaften über einen unfairen Wettbewerb finden politisch stärkere Resonanz, wenn die Importe aus Volkswirtschaften mit weniger hemmenden Regulierungen kommen.

Das Handelsministerium fand bei einer Untersuchung allerdings nur 11 von mehr als 400 Industriezweigen in den USA, die beim Inkrafttreten des NAFTA-Abkommens wegen unterschiedlicher Umweltstandards, niedrigerer Zölle und anderer Regulierungen Schaden nehmen würden. Obwohl man über manche Schlußfolgerung geteilter Meinung sein kann, zeigen diese und andere Studien, daß der Vertrag einen geringfügigen, aber insgesamt positiven Einfluß auf die US-Wirtschaft haben wird. Das NAFTA-Abkommen wird den USA zugute kommen und keinen unfairen Wettbewerb mit Mexiko fördern. Die USA sollten den Vertrag zügig und ohne weitere Änderungen unterzeichnen.

Was Gleichstellungsprogramme mit Landwirtschaftssubventionen zu tun haben

(27. April 1992)

Viele konservative Intellektuelle sind leidenschaftliche Gegner von Quotenregelungen und anderen Gleichstellungsprogrammen, während [Sozial-]Liberale sie genauso leidenschaftlich befürworten.[20] Doch starke Gefühle scheinen bei diesem Thema unangebracht zu sein, wenn Affirmative action als das erkannt wird, was sie ist: eine Bundesvorschrift, die vielleicht weniger Schaden anrichtet als so manche anderen Programme, die aber dadurch, daß sie Minderheiten mit politischer Durchsetzungsfähigkeit entgegenkommt, einzelne Menschen benachteiligt.

Ich bin kein Anhänger von Quotenregelungen und anderen Bestandteilen von Affirmative-action-Programmen, aber mich machen die Empörung und der Zorn der Gegner ratlos, besonders mancher Intellektueller. Obwohl niemand auch nur über annähernde Schätzungen der sozialen Kosten und des Nutzens solcher Programme verfügt, bin ich der festen Überzeugung, daß bestimmte andere Subventionen und Regulierungen mehr Schaden anrichten. Zu den Beispielen gehören die steuerliche und anderweitige Förderung des Wohnungsbaus; die Besteuerung der Sozialversicherungsleistungen, die einen Rückgang der Erwerbsquote bei älteren Menschen bewirkt hat; und Importhöchstquoten für Autos, Textilien, Computer-Chips und – bis vor kurzem – Stahl, die zu höheren Konsumgüterpreisen führten.

Der Widerstand gegen Gleichstellungsprogramme ist vielleicht deshalb so erbittert, weil ihre Auswirkungen unmittelbar spürbar sind: Solche Programme werden eingesetzt, um Schulabgänger mit schwachen Leistungen an juristischen Fakultäten, medizinischen Hochschulen und

Spitzenuniversitäten zuzulassen; oder sie verhelfen Angehörigen von Minderheiten zu Spitzenjobs, während qualifiziertere Bewerber übergangen werden. Der Schaden, den die meisten anderen Programme anrichten, ist dagegen indirekt oder der allgemeinen Aufmerksamkeit entzogen.

Moralische Appelle. Einige Gegner vertreten die Auffassung, daß Affirmative-action-Reglementierungen schlimmer sind als andere staatliche Programme, weil die maßgebenden Kriterien angeborene Eigenschaften sind: Rasse, Geschlecht, nationale Herkunft und ähnliches. Aber auch andere Programme, die mit angeborenen Eigenschaften nichts zu tun haben, kommen in der Realität nur einer kleinen Gruppe zugute. Zum Beispiel wird kaum jemand, der nicht auf dem Lande aufgewachsen ist, ein kommerzieller Farmer. Daher sind Landwirtschaftssubventionen in gewissem Sinne für Menschen unerreichbar, die in der Stadt aufwuchsen.

Die Befürworter einer ausgleichenden Diskriminierung bestreiten, daß sie einfach das Ergebnis politischen Durchsetzungsvermögens ist. Sie vertreten die Auffassung, daß die Gerechtigkeit einen Ausgleich für die Schrecken früherer Diskriminierung verlange. Die Gegner argumentieren genauso überzeugend, daß Quoten den Grundsatz unserer Kultur verletzen, Gleiches gleich zu behandeln, und bestreiten, daß die gegenwärtige Generation für diskriminierende Handlungen in der Vergangenheit verantwortlich gemacht werden kann.

Beide Seiten in dieser Debatte haben in manchen Punkten nicht unrecht. Die Argumente für eine Vorzugsbehandlung werden jedoch üblicherweise in der Sprache moralischer und ethischer Rechtfertigung formuliert, nicht zuletzt um die Unterstützung anderer Wähler zu bekommen. Wann haben Sie zum letzten Mal jemanden ein staatliches Programm einfach damit verteidigen hören, daß er die Vergünstigung *haben* wolle? Obwohl die Republikanische Opposition gegen Quotenregelungen dazu beigetragen hat, daß die Partei landesweit in die Wählergruppe der weißen männlichen Arbeiter eindrang, die traditionell für die Demokraten gestimmt haben, wären Gleichstellungsprogramme politisch natürlich nicht durchsetzbar, wenn sie lediglich von den Schwarzen, den Frauen und anderen Begünstigten unterstützt würden.

Ein Schatten des Zweifels. Das gilt auch für die meisten anderen Regierungsprogramme: Sie hätten nicht eingeführt werden können ohne die Unterstützung von Personen, die durch sie im großen und ganzen kaum betroffen sind. Das Management und die Belegschaft der Chrysler Corporation hatten vor 10 Jahren ganz sicher nicht genügend eigenen politischen Einfluß, um die umfangreichen Bundesbürgschaften zu erhalten. Auf sich allein gestellt, hätte die kleine Gruppe von Zucker-Produzenten in den USA kaum eine Chance gehabt, die restriktiven Höchstquoten für Zuckerimporte eingeräumt zu bekommen, die praktisch in den vergangenen 70 Jahren galten. Die Notwendigkeit, das Eigeninteresse moralisch und ethisch zu überhöhen, macht es verständlich, warum kein Manager um staatliche Subventionen bittet, indem er erklärt, daß er andernfalls seinen Job verlieren könnte oder eine beträchtliche Kürzung seiner Bezüge hinzunehmen hätte. Stattdessen beklagt er sich über einen unfairen Wettbewerb aus dem Ausland oder erschreckt die Wähler mit Märchen über drohende Verteidigungslücken oder über den Verlust von Arbeitsplätzen und Aktienkapital, falls die Hilfe nicht in Kürze anlaufe.

Die Gegner betonen, daß die Gleichstellung die Erfolge der qualifiziertesten Angehörigen einer Minderheitengruppe beeinträchtige. Diese fähigen Leute leiden psychisch unter der Skepsis, ob sie ihren Erfolg verdient haben. Stephen L. Carter, ein schwarzer Professor an der Juristischen Fakultät in Yale, beschreibt in seinem Buch *Reflections of an Affirmative Action Baby*[21] in bissiger Weise seine Erfahrungen mit dieser Einstellung.

Natürlich ist es prekär, wenn man die Qualifikationen erfolgreicher Mitglieder von Minoritäten in Zweifel zieht. Aber jedes Regierungsprogramm schadet jemandem – oft sogar manchen Mitgliedern der begünstigten Gruppe. So haben Untersuchungen nachgewiesen, daß beispielsweise Programme zur Beschränkung von Anbauflächen für landwirtschaftliche Erzeugnisse manchmal reiche Farmer auf Kosten von armen Farmern bevorzugen, die nicht ihren gerechten Anteil an diesen Flächen erhalten.

Wenn man erkennt, daß Gleichstellungsprogramme staatliche Regulierungen mit einem komplizierten Kosten-Nutzen-Geflecht sind, räumt man nicht den Disput über die Frage aus, ob sie wünschenswert sind oder nicht. Aber diese Einsicht kann dazu beitragen, die Debatte auf die eigentliche Frage zu fokussieren: Schaden oder nützen sie genauso viel wie andere staatliche Programme, die sehr wenig von sich reden machen?

Warum für Straßen und Polizei kein Geld da ist

(25. Juli 1988)

Sogar überzeugte Konservative stimmen der Auffassung zu, daß Infrastrukturausgaben des Staates für eine gesunde und prosperierende Wirtschaft von zentraler Bedeutung sind. Der Staat schützt uns vor äußeren Feinden, bekämpft die Kriminalität, gewährleistet die Sicherheit von Leben und Eigentum und sorgt für Straßen, Brücken, Abwässerkanäle und Schulen.

Noch vor 50 Jahren machten in den USA die Ausgaben für Schulen, Straßen, die Kanalisation und die Abfallbeseitigung sowie für die Brandbekämpfung und das Militär auf allen Regierungsebenen mehr als die Hälfte der öffentlichen Mittel aus. Aber trotz der im Kalten Krieg angewachsenen Verteidigungsausgaben ist der Prozentsatz des Bundeshaushalts, der für die Infrastruktur aufgewendet wurde, seit dem Zweiten Weltkrieg stark zurückgegangen und beläuft sich nunmehr auf lediglich etwa 30 % der öffentlichen Ausgaben. Der Rest geht in die Sozialversicherung, in das Gesundheitswesen, in die Sozialhilfe, in Landwirtschaftssubventionen und den Wohnungsbau und in zahllose weitere Programme zugunsten von Sonderinteressen und sozialen Zwecken.

Natürlich sollte eine wohlhabende und gerechte Gesellschaft Sozialprogramme haben. Aber kann irgendjemand bezweifeln, daß die USA für einen unzulänglichen Schutz gegen Kriminalität sorgen, daß die öffentlichen Schulen viele junge Leute kaum ausbilden, und daß Straßen und Brücken in den größeren Städten und auf vielen Fernstraßen in einem beklagenswerten Zustand sind?

Hindernisparcours. Ich begann vor kurzem, über diese Themen nachzudenken, nachdem meine Frau und ich von Chicago aus zu einem Sommerhaus bei Cape Cod gefahren waren. Wir bauten eine Alarmanlage ins Auto ein – auch deshalb, weil wir wissen, daß ein vollgepacktes Auto, das man bei Restaurants und Motels abstellt, ein einladendes Ziel für Diebe ist. Ich hatte mich vergewissert, daß wir eine ausreichende Kraftfahrzeugversicherung hatten, wohlwissend, daß es mehrere Jahre dauert, um einen Verkehrsschadensfall durch das überlastete Gerichtswesen zu bringen. Schlaglöcher und holprige Straßen machten die kurze Reise außerhalb Chicagos zu einem spannenden Abenteuer. Die gebührenpflichtige Autobahn in Indiana war in gutem Zustand, aber die Fernstraße 80 in Pennsylvania war, wie üblich, ein hoffnungsloser Hindernisparcours, und die gebührenpflichtige Autobahn in Connecticut war über weite Strecken nur wenig besser.

Rundheraus gesagt sind zahlreiche unserer vitalen Staatsaufgaben stark vernachlässigt. Neben dem unbefriedigenden Zustand der Verkehrswege haben die Verzögerungen bei den Gerichten ein so großes Ausmaß angenommen, daß man unter Umgehung des Gerichtswesens zunehmend auf die private Schlichtung zurückgreift. Um die Schwächung der Polizei und der Kriminalgerichtsbarkeit auszugleichen, hat der Einsatz von Wachmannschaften, Alarmanlagen und anderen Schutzvorrichtungen rapide zugenommen. Die Tatsache, daß sich viele Normalbürger nicht fest darauf verlassen können, daß sie von der Polizei vor Raubüberfällen und Vergewaltigungen geschützt werden, liefert eines der wenigen durchschlagenden Argumente gegen strikte Waffenkontrollgesetze.

Die US-Militärausgaben liegen nach den Kürzungen der 1970er Jahre noch längst nicht wieder auf ihrem alten Stand. Die Experten sind uneins, ob das Militär in der Lage ist, einem nuklearen Überraschungsangriff zu begegnen oder einen ausgedehnten konventionellen Krieg durchzufechten. Wozu das alles – diese Formel eint die instinktiven Gefühle des Amateurs und die Pessimisten.

Die Menschen entscheiden sich aus vielerlei Gründen dafür, in den Vorstädten und in kleinen Stadtgemeinden zu wohnen; aber hohe Kriminalitätsraten und entsetzlich schlechte öffentliche Schulen in den größeren amerikanischen Städten sind sicherlich wichtige Gesichtspunkte. In New York zu wohnen, wäre für Familien mit schulpflichtigen Kindern weitaus attraktiver – wenn nur die Kriminalität so niedrig, die öffentlichen Schulen so gut und die Straßen und Gehsteige in so gutem Zustand wären wie in den 1940er Jahren.

Negativer Effekt. In den USA geben Bund, Einzelstaaten und Kommunen ungefähr einen von drei Dollar des Nationaleinkommens aus. Eine unzulängliche Infrastruktur inmitten solch üppiger Staatsausgaben mag paradox erscheinen, ist aber nichtsdestoweniger leicht zu erklären. Die Infrastruktur leidet gerade deshalb, weil die Regierungen mit so vielen anderen Dingen beschäftigt sind, wobei die Leistung der für die Infrastruktur zuständigen Regierungsvertreter aus dem Blick gerät. Gleichzeitig hat die rasche Zunahme von Programmen für Soziales und für Sonderinteressen starke Bestrebungen zur Reform des Steuersystems und zur Senkung der Grenzsteuersätze hervorgerufen. Die hohen Haushaltsdefizite der letzten Jahre haben es noch dringlicher werden lassen, die Ausgaben zu beschneiden, wo es nur irgend politisch durchsetzbar war.

Leider führten die Haushaltsdefizite und der Widerstand gegen höhere Steuern nicht nur dazu, daß zahlreiche periphere Regierungsprogramme, sondern auch die Ausgaben für Straßen, Schulen, Richter, Polizei und Militär gekürzt wurden. Sämtliche Bestandteile der Infrastruktur, die nicht durch Pressure-Groups unterstützt werden, haben unter den Ausgabenkürzungen stärker zu leiden.

Da der private Sektor Schulen, Krankenhäuser, das Schlichtungswesen, Gefängnisse, Straßen und viele andere Bereiche der Infrastruktur besser als der öffentliche Sektor verwalten kann, war die Privatisierungsbewegung ein nützliches Nebenprodukt des Drucks auf die Staatsausgaben. Aber die öffentliche Hand sorgt immer noch für den Großteil der Finanzierung. Die Einzelstaaten bezuschussen die wachsende Zahl von Gefängnissen in privater Hand, und Patienten erhalten Zuschüsse von Medicaid und Medicare für Aufenthalte in Privatkrankenhäusern. Auch die Qualität von privaten Infrastruktureinrichtungen leidet also unter einer unzulänglichen öffentlichen Finanzierung.

Es ist unrealistisch, eine ernsthafte Schwächung der politischen Macht der Sonderinteressengruppen zu erwarten, die sich für Preissubventionen in der Landwirtschaft, für die Sozialversicherung und viele andere umfangreiche öffentliche Programme einsetzen. Daher sind die Aussichten für einschneidende Verbesserungen der Straßen, des Schutzes gegen Kriminalität und anderer wesentlicher Regierungsfunktionen trübe. Bevor andere staatliche Programme nicht stärker zurückgefahren werden, wird die Infrastruktur weiterhin vernachlässigt bleiben.

Industriepolitik

Memo an Clinton: Nicht die Japan AG machte Japan stark

(1. November 1993)

Während der 1980er Jahre sangen im Westen viele Bücher und Artikel Loblieder auf die Japan AG. Man pries, was man für eine neue Form des Kapitalismus hielt, bei der die Regierung und die Unternehmen sich verbünden, um eine machtvolle Wirtschaftsmaschine zu schaffen. Die Japaner begannen ihren eigenen Pressemeldungen zu glauben und gelangten zu der Überzeugung, daß sie in absehbarer Zeit die USA als stärkste Wirtschaftsmacht der Welt ablösen würden.

Die Verfechter einer Industriepolitik zollten der führenden Rolle Anerkennung, die das Ministerium für Internationalen Handel und Technologie (MITI) und das Finanzministerium bei der industriellen und finanziellen Entwicklung gespielt hätten. Das MITI, so wurde angenommen, machte vielversprechende Technologien ausfindig und förderte ihre Umsetzung im privaten Sektor. Doch es war niemals klar, wie japanische Bürokraten es schafften, bei technologischen Durchbrüchen um so viel erfolgreicher zu sein als ihre westlichen Pendants.

Nach westlichen Erfahrungen neigen Regierungsbeamte, die Steuergelder ausgeben, eher zu Fehlentscheidungen bei Investitionen als private Investoren, die entweder ihr eigenes Geld oder die von Banken oder Aktionären aufgenommenen Mittel investieren. Die Regierungen von Großbritannien und Frankreich verschwendeten beispielsweise eine Menge Geld beim Versuch, ein kommerziell gewinnbringendes Überschallflugzeug zu entwickeln. Und die US-Regierung mußte die Synthetic Fuels Corporation schließen – eine Firma, die sie selbst gründete, um Ersatztreibstoffe für Öl und Kohle zu entwickeln.

Verlorene Horizonte. Die Japaner sind offenbar nicht länger davon überzeugt, daß ihre Bürokraten, wie gut ausgebildet und professionell auch immer, die Wirtschaft erfolgreich führen. Das Programm MITI begann Mitte der 1970er Jahre mit Firmengründungen – ein Fehler, wie inzwischen eingeräumt wird. Es wird auch zugegeben, daß dasselbe Ministerium wahrscheinlich die Anpassung Japans an die revolutionären Entwicklungen in der Telekommunikation und der Biotechnologie bremste. Selbst der Chef des MITI äußerte kürzlich, daß der Staat seine Versuche aufgeben müsse, die Wirtschaft zu planen.

Dank unübersehbarer Anzeichen für eine weitverbreitete Korruption und für die schlimmste Rezession seit langer Zeit kippten die japanischen Wähler kürzlich die politische Partei aus dem Amt, die über 30 Jahre die Macht innehatte. Ein Hauptziel der neuen Regierung ist es, den Einzelhandel und einige andere Bereiche zu deregulieren, von denen sie glaubt, daß staatliche Intervention ihre Leistung verschlechtert hat.

Leider glaubt die Clinton-Administration, daß eine Industriepolitik in Form einer Förderung neuer Technologien durch die Bundesregierung ein vielversprechender Weg sei, um die Wachstumsrate der US-Wirtschaft zu erhöhen. Mit großem Werbeaufwand wurde kürzlich das Vorhaben angekündigt, gemeinsam mit der Autoindustrie Fahrzeuge zu entwickeln, die weniger als 3 Liter auf 100 km verbrauchen. Im Lichte der langen Liste der Fehlentscheidungen in der amerikanischen Industriepolitik sehe ich nicht, wie die USA erwarten können, dort erfolgreich zu sein, wo Europa und selbst Japan gescheitert sind.

Das Modell ‚Japan AG' sieht auch Kontrollen der Finanzmärkte durch das Finanzministerium vor. Aber Tokio kam Ende der 1980er Jahre zu dem Schluß, daß viele Regulierungen für die japanischen Geldhändler im Konkurrenzkampf mit New York und London eher hinderlich als hilfreich waren. Daraufhin deregulierte die Regierung und öffnete diese Märkte für ausländische Banken und Investmenthäuser.

Zerplatzte Seifenblase. Dennoch ist der Einfluß des Finanzministeriums auf die Finanzmärkte weit übertrieben worden. Amerikanische Geldmanager, die ein Vermögen verloren, als sie während des außergewöhnlich lang anhaltenden Anstiegs der Aktienkurse an der Börse in Tokio auf Baisse spekulierten, waren davon überzeugt, daß die Regierung – insbesondere das Finanzministerium – diesen Markt genauso wie den Grundstücksmarkt manipulierte. Aber die Annahme, daß solche dezentralisierten Märkte durch die japanische oder sonst irgendeine Regierung manipuliert werden könnten, widerspricht dem gesunden Menschenverstand. Ich brachte diese Skepsis an dieser Stelle im Mai 1990 zum Ausdruck [in diesem Band, S. 370]. Der Zusammenbruch der Grundstückspreise und Aktienkurse und die vergeblichen Bemühungen mehrerer Regierungen, sie wieder nach oben zu bringen, ließen es um solche Manipulationsbehauptungen stiller werden. Aktienkurse und Grundstückspreise waren wie eine überdimensionale Seifenblase über jeden vernünftigen Schätzwert hinaus in die Höhe getrieben worden. Die gegenwärtige Rezession begann, als die Seifenblase vor einigen Jahren zerplatzte.

Bei einem kürzlichen Besuch in Tokio war ich schockiert, wie drastisch die Stimmung von Optimismus in Pessimismus und Besorgnis umgeschlagen ist – mit Forderungen nach politischen und wirtschaftlichen Reformen. Japan muß in der Tat sorgfältig verschiedene Märkte deregulieren und andere Veränderungen vornehmen. Aber letztendlich hat Japans Wirtschaft, trotz eines Rückgangs seiner Wachstumsrate in den letzten Jahren, über Jahrzehnte hinweg eine einmalige Leistung vollbracht. Die jüngste Rezession hat sich wegen des Yen-Anstiegs gegenüber den anderen Währungen besonders für den japanischen Exportsektor als schmerzhaft erwiesen, aber diese Disparität ist wohl nicht dauerhaft.

Der jetzige Pessimismus ist übertrieben, da die Japan AG ohnehin immer eher Mythos als Realität war. Japan errang seinen wirtschaftlichen Erfolg auf dem altmodischen Wege der Verbindung von qualifizierten und fleißigen Arbeitskräften mit innovativen Unternehmen, die in einem weitgehend privatwirtschaftlichen System konkurrieren – und nicht durch die Erkundung einer neuen Form des Kapitalismus. Dieses Rezept wird Japan auch künftig wieder voranbringen.

Obwohl Japan ökonomisch und politisch niemals so stark war, wie manche Experten uns glauben machen wollten, benötigt es keine Radikalkur, um eines der wirtschaftlich führenden Länder zu bleiben.

Was nicht kaputt ist, Bill, muß man nicht kitten

(1. Februar 1993)

Manche Beobachter halten die amerikanischen Unternehmen in ihrem internationalen Konkurrenzkampf mit Deutschland und Japan für hoffnungslos ineffizient. Diese Sichtweise bezieht sich fälschlicherweise auch auf die Nöte von Unternehmen wie IBM und Sears, Roebuck & Co. – Unternehmen, die vor noch nicht allzu langer Zeit eine marktbeherrschende Stellung einnahmen.

Die Wahrheit ist, daß IBM und Sears nicht an ausländische Unternehmen, sondern an bedeutende inländische Wettbewerber wie Apple, Microsoft, L.L. Bean und Spiegel Boden verloren haben. Sie fielen zurück, weil sie wichtige Trends in ihren Märkten zu spät erkannten. Sears wurde ein Gigant, indem es beim Katalogverkauf an ländliche Familien Pionierarbeit leistete; das Unternehmen schaffte es nicht, sich ausreichend an die gehobenen Konsumwünsche wohlhabenderer städtischer Haushalte anzupassen. In den 1960er und 1970er Jahren kontrollierte IBM den Weltmarkt für Großcomputer, sah aber nicht die wachsende Bedeutung von Personal- und Arbeitsplatzcomputern voraus.

In jedem Land laufen erfolgreiche Unternehmen schließlich Gefahr, ihre kreativen Energien zu verlieren. In fast genau derselben Weise wie nach einem alten Sprichwort über Familien – „Von Hemdsärmeln zu Hemdsärmeln in drei Generationen" – beginnt früher oder später der Stern eines Unternehmens zu sinken. Das Schicksal der Great Atlantic & Pacific Tea Corporation ist besonders lehrreich. A&P war in den 1920er und 1930er Jahren eine so beherrschende Kraft im Lebensmittelhandel, daß das Justizministerium einen unklugen und kostspieligen Antitrust-Prozeß gegen die Firma anstrengte. Dennoch ist A&P heute ein weniger bedeutender Mitbewerber in seiner Branche, weil es dem Unternehmen nicht gelang, sich schnell oder erfolgreich der wachsenden Durchdringung des Marktes durch kleine Geschäfte anzupassen, die in Einkaufszentren integriert sind.

Aufholjagd. Wenn man den Kritikern zuhört, könnte man denken, daß deutsche und japanische Unternehmen weit voraus sind. Und es ist sicherlich richtig, daß viele Unternehmen in Deutschland und Japan ausgezeichnet geführt werden – andernfalls wären sie nicht so erfolgreich gewesen. Die Japaner waren anderen Ländern bei der Produktion von Autos, Unterhaltungselektronik und bestimmten anderen Gütern überlegen, während die Deutschen bei hochwertigen Investitionsgütern davongezogen sind, insbesondere im Maschinenbau.

Doch seit den späten 1970er Jahren ist die deutsche Wirtschaft viel langsamer als die amerikanische gewachsen; und der Abstand zwischen den Wachstumsraten der Industrieproduktion in den USA und Japan verringerte sich in den letzten Jahren erheblich. Dienstleistungsunternehmen in den USA sind viel produktiver als anderswo, und dieser Sektor macht in den fortgeschrittenen Ländern jetzt mehr als die Hälfte aller Arbeitsplätze aus.

Man könnte in der Tat versucht sein, die gegenwärtigen Schwierigkeiten der deutschen und japanischen Wirtschaft als Vorzeichen zu mißdeuten, daß ihre Wirtschaft nicht länger effektiv auf den Weltmärkten konkurrieren kann. Aber man muß nicht die Zukunftsaussichten von Unternehmen außerhalb der USA herunterreden, um zu erkennen, daß die US-Wirtschaft ihren Vorsprung nicht verliert. Amerikanische Unternehmen bleiben bei vielen Produkten und Dienstleistungen weltweit führend, etwa auf den Märkten für Raumfahrt, Chemie, Software, Telekommunikation, Arzneimitteln und Versicherungen. Im Rahmen der internationalen Arbeitsteilung tendiert jede industrialisierte Nation dazu, sich auf diejenigen Güter und Dienstleistungen zu spezialisieren, bei denen seine Unternehmen am effizientesten sind. Obwohl kein Land mehr bei sämtlichen Industriegütern und Dienstleistungen eine marktbeherrschende Stellung einnehmen kann, ist der Niedergang der US-Wirtschaft stark übertrieben worden.

Vor zehn Jahren wurde der Mittlere Westen als wichtiger Industriestandort abgeschrieben. Aber die Region erholte sich und hat während der letzten 10 Jahre den Boom der amerikanischen Industriegüterexporte angeführt. Und während die USA angeblich ihre Führung in der Hochtechnologie an Japan verloren, nahm der Außenhandelsüberschuß bei Gütern, die das Handelsministerium ‚technologisch führende Schlüsselprodukte' nennt, um mehr als das Doppelte zu – von 16 Milliarden Dollar im Jahre 1986 auf 36 Milliarden Dollar im Jahre 1991.

Mr. Minit? Andere Anschuldigungen gegen die US-Wirtschaft besagen, daß die Führungsebene zu stark auf kurzfristige Profite achtet und nicht genug vorausschauend plant; daß sie Top-Managern zu viel bezahlt; daß sie es nicht schafft, Beschäftigte niedriger Hierarchiestufen ausreichend an der Entscheidungsfindung zu beteiligen; und daß sie begonnen hat, Investitionen in Forschung und Entwicklung zu vernachlässigen. Aber trotz dieser Behauptungen müssen die US-Firmen irgendetwas richtig machen, da sie beim Wettbewerb um ausländische Märkte recht gut abschneiden.

Wie ich es sehe, stellt weder der internationale Wettbewerb noch ein schlechtes Management die größte Gefahr für die US-Unternehmen dar. Die Gesamtbilanz der US-Wirtschaft spricht für sich selbst. Offenkundig sind einige US-Unternehmen schlecht geführt worden und müssen umstrukturiert werden. Doch viele Firmen behaupten sich gegen die Besten von außerhalb, obwohl der Wettbewerb um die Weltmärkte sich während der letzten zwei Jahrzehnte intensiviert hat.

Die wirkliche Bedrohung kommt aus einer ganz anderen Richtung. Es wird oft die Meinung vertreten, daß die US-Firmen von der Bundesregierung nicht genug Unterstützung erhalten. Aber sicherlich brauchen wir nicht noch mehr unangebrachte Bemühungen der Regierung, die Wirtschaft zu regulieren und zu stützen. Leider glauben einige Mitglieder der neuen Clinton-Administration, daß die Regierung der US-Wirtschaft helfen kann, besser auf den internationalen Märkten zu bestehen, indem sie vielversprechende technologische Entwicklungen unterstützt, die berufliche Weiterbildung der Mitarbeiter verstärkter staatlicher Aufsicht unterstellt, schärfere Umweltauflagen erläßt und anderes mehr. Im Gegensatz dazu glaube ich, daß die US-Unternehmen ihre Sache auf den Weltmärkten weiterhin solange gut machen werden, wie sie von seiten der Regierung nicht zu viel Einmischung zu gewärtigen haben.

Der Mythos der Industriepolitik

(25. Mai 1992)

In den USA kommt eine lautstarke Bewegung für einen neuen Typ der Industriepolitik auf, die staatliche Subventionen für eine frühzeitige Entwicklung von Technologien vorsieht, die Amerika helfen können, auf dem globalen Markt zu bestehen. Aber ich zweifle daran, ob es dem öffentlichen Sektor gelingen wird, die angewandte Forschung auf Projekte mit wirtschaftlichem Wert auszurichten. Unternehmer und Investoren sollten im Wettbewerb um die Entwicklung profitabler Technologien ihr eigenes Geld riskieren und nicht das des Steuerzahlers.

Die Faszination der Technologiepolitik hat neue Nahrung erhalten durch einen kürzlich erschienenen Bericht, *The Government Role in Civilian Technology*. Darin empfiehlt ein durch die prestigeträchtige Nationale Akademie der Wissenschaften ernanntes Gremium unter anderem, daß die Bundesregierung eine ‚Zivile Technologie-Verwaltung' einrichtet, um Anwendungsprojekte in einem frühen Stadium zu bezuschussen. Ich bin Mitglied der Akademie, aber ich stimme mit dieser Empfehlung nicht überein, obwohl die Debatte des Gremiums besonnener ist als die meisten Äußerungen zu diesem Thema.

Nach meiner Auffassung ist eine staatliche Technologieförderung zum Scheitern verurteilt, weil sie Unternehmen und Industriezweige fördert, die in der politischen Arena mit neuen Projekten um die Unterstützung des Steuerzahlers werben. Politiker werden zu Advokaten ihrer Lieblingsvorhaben, und Bürokraten werden vor anderen Unternehmungen zurückscheuen, die lange Entwicklungszeiten erfordern.

Asiatische Vorbilder. Die Erfahrungen des Westens mit staatlichen Versuchen der Technologieförderung sprechen kaum für eine derartige Industriepolitik. Im Jahre 1980, also mehrere Jahre nach den Ölpreisschock, gründeten die USA die Synfuels Corporation, um einen synthetischen Treibstoff als Ersatz für Öl und andere fossile Brennstoffe zu entwickeln. Aber der Kongreß hatte weder den starken Rückgang der Ölpreise noch die Politik zur Förderung alternativer Treibstoffe vorausgesehen. Die Gesellschaft ging im Jahre 1986 still und leise bankrott.

Großbritannien, Frankreich und Deutschland steckten Milliarden in die Airbus-Industrie, um die technologische Basis für die Produktion höherwertiger Flugzeuge zu schaffen. Nach jahrelangen Verlusten schaffte es Airbus schließlich, eine passable Zahl von Flugzeugen zu verkaufen, aber es ist zweifelhaft, ob das für die technologische Basis dieser Länder viel gebracht hat. Dieses Gemeinschaftsunternehmen schloß sich an das schlecht durchdachte Concorde-Überschall-Projekt an, das durch Franzosen und Briten gefördert wurde.

Von den Verteidigern der neuen Industriepolitik wird uns geraten, über diese und andere Mißerfolge hinwegzusehen und uns stattdessen an den asiatischen Ländern ein Beispiel zu nehmen. Singapur gilt als lobenswerter Musterfall für die zentrale Ausrichtung seiner Wirtschaft in Richtung auf die jeweils fortgeschrittenste Technologie. Niemand kann bezweifeln, daß Singapurs Leistung seit den späten 1950er Jahren in vieler Hinsicht bemerkenswert war – mit jährlichen Zuwachsraten des Pro-Kopf-Einkommens von durchschnittlich mehr als 6 %.

Singapur begann in den späten 1950er Jahren eine industrielle Basis mit einfachen Textilien aufzubauen und erklomm dann in schneller Folge höhere Entwicklungsebenen – zunächst die elementare Elektronik mit der Produktion von Radio- und Fernsehgeräten, und danach die fortgeschrittene Elektronik, die in Computerchips Verwendung findet. In den letzten Jahren errang Singapur Weltgeltung auf den internationalen Finanzmärkten und nimmt jetzt die biotechnische Industrie ins Visier.

Sirenengesang. Dieser rasche Wandel in der Produktpalette wurde durch eine erklärte Regierungspolitik inszeniert, die mit Hilfe großzügiger Subventionen für ausländische Unternehmen in den angezielten Branchen fortgeschrittene Technologien förderte. Die Regierung gewährte umfangreiche Steuerbefreiungen und geringe Steuersätze, kontrollierte die Gewerkschaften und die Auseinandersetzungen zwischen Arbeitgebern und Arbeitnehmern, und sorgte für viele andere Anreize.

Doch hinter Singapurs blendenden Zahlen und seiner feinen Industrie steht ein Fazit, das nicht so eindrucksvoll ist. In einer kürzlich erschienenen Studie zeigt der Ökonom Alwyn Young vom Massachusetts Institute of Technology, daß Singapur seit 1960 beim Gesamtausstoß von Industriegütern fast keinen Produktivitätszuwachs erzielte. Das rasche Wachstum des Pro-Kopf-Einkommens ist fast zur Gänze auf eine Ausweitung des Kapitalstocks zurückzuführen. Sie war das Ergebnis großzügiger Subventionszahlungen an ausländische Gesellschaften, die dort investierten. Diese Gesellschaften waren erfolgreich, beeinflußten aber die Produktivität der Wirtschaft kaum.

Hongkong, Asiens anderer bedeutender Handelsplatz, wies ein genauso schnelles Wachstum des Pro-Kopf-Einkommens auf – und das ganz ohne Industriepolitik. Young zeigt, daß Hongkong selbst ohne eine solche Politik spektakuläre Zuwächse bei der Produktivität und bei heimischen Industrieunternehmen verzeichnete.

Kein Befürworter einer neuen Industriepolitik vergißt, Japan zu erwähnen. Aber in Japan stellt die Privatindustrie mehr als 70 % der Mittel für Forschung und Entwicklung bereit, mehr als in Großbritannien, Frankreich oder in den USA. Nach meiner Meinung ist die Rolle des Ministeriums für Internationalen Handel und Industrie (MITI) und anderer staatlicher Körperschaften bei der Steuerung und Förderung technologischer Entwicklungen in Japan bei weitem überschätzt worden. Die japanische Regierung hat den dortigen Produktivitätsfortschritt nicht in höherem Maße veranlaßt, als sie die Preise an der Wertpapierbörse in Tokio manipuliert hat.

Die neue Industriepolitik ist nur die jüngste Marotte unter den zahlreichen Vorschlägen, dem Staat eine gewichtigere Rolle bei der Förderung der wirtschaftlichen Entwicklung einzuräumen. Wir sollten nicht in diese Sirenengesänge einstimmen: Die öffentliche Unterstützung von Forschung und Entwicklung sollte sich auf die Grundlagenforschung ohne kommerziellen Wert konzentrieren, während der private Sektor gewinnbringende Technologien finanzieren und entwickeln sollte.

Die beste Industriepolitik ist überhaupt keine Industriepolitik

(5. August 1985)

Die seit 1973 schwierigen wirtschaftlichen Verhältnisse in großen Teilen der Welt lassen die Methoden erkennbar werden, mit denen Sonderinteressengruppen ihren politischen Einfluß geltend machen, um Subventionen, Begünstigungsklauseln und andere staatliche Hilfen zu erhalten, die es ihnen ermöglichen, sich gegen die Anpassung an widrige ökonomische Bedingungen zu sperren. Solche Gruppen – Bauern, Industrielle, Manager und Arbeitnehmer – können in kapitalistischen, sozialistischen und kommunistischen Systemen das Regierungshandeln zu ihren eigenen Gunsten beeinflussen. Aber am erfolgreichsten sind sie in Ländern, die eine weitreichende öffentliche Kontrolle der wirtschaftlichen Aktivitäten ausüben.

Das weckt ernstzunehmende Zweifel, ob eine alles durchdringende Regierungsbeteiligung an ökonomischen Entscheidungen weise ist, vor allem eine staatliche Planung in Form einer ausdrücklichen Industriepolitik. Es wurde oft empfohlen, daß die USA und andere kapitalistische Länder eine solche Politik übernehmen. Die Reagan-Administration hat in dieser Richtung wenig unternommen, aber wenn die US-Wirtschaft in eine ernsthafte Rezession mit einem geschwächten industriellen Sektor abrutscht, werden die Befürworter einer Industriepolitik erneut Gehör finden. Doch die Erfahrungen in den USA und in anderen Ländern legen nahe, daß Arbeitnehmer, Management und andere Interessengruppen sich jede Industriepolitik zunutze machen werden, um statt der Interessen des ganzen Landes eher die eigenen Interessen zu fördern.

Langsames Sterben. Die amerikanische Stahlindustrie liefert ein gutes Beispiel dafür, wie Sonderinteressen in einem vorwiegend von privaten Unternehmern geprägten System das Verhalten der Regierung beeinflussen. Die meisten integrierten Stahlwalzwerke in diesem Land sind nicht länger in der Lage, gegen ausländischen Stahl zu konkurrieren. Während der 1970er Jahre schrumpfte die Zahl dieser Werke, allerdings langsamer als es nötig gewesen wäre, da sich das Management zusammen mit den gut bezahlten Arbeitnehmern für eine ganze Serie von Bundesprogrammen einsetzte – insbesondere für Einfuhrhöchstquoten und Zölle auf importierten Stahl, für Kreditgarantien für Stahlfirmen und für staatlich gelenkte Programme zur Reinvestition der Gewinne. Diese Programme bewirkten die Erhöhung der inländischen Stahlpreise und einen langsameren Abbau von Beschäftigung und Produktion.

Die staatseigene Kohleindustrie in Großbritannien ist ein schlagendes Beispiel für die Ineffizienzen, die entstehen können, wenn sich die Regierung direkt an der Leitung eines Industriezweigs beteiligt. Der Druck der Bergarbeiter zwang die Regierung, viele unwirtschaftliche Gruben weiterzubetreiben; sie beschränkte Kohleimporte und zahlte massive Subventionen, etwa für den vorrangigen Einsatz britischer Kohle bei den staatseigenen Stromerzeugern. In den frühen 1970er Jahren trugen streikende Bergarbeiter dazu bei, eine konservative Regierung zu Fall zu bringen; und kürzlich zog sich ein Streik über mehr als ein Jahr hin, bevor die Gewerkschaft in die Schließung der meisten völlig unwirtschaftlichen Gruben einwilligte.

Die Situation in Israel ist ein Beispiel dafür, wie eine Regierung im demokratischen Sozialismus auf den Druck von Interessengruppen reagiert. Israels Wirtschaft wuchs seit seiner Gründung im Jahre 1949 bis in die frühen 1970er Jahre hinein rapide. Dann kam das Wachstum allmählich fast ganz zum Erliegen, während die Inflation einen der weltweit höchsten Werte erreichte. Es ist offenkundig, daß die Regierung verschiedene Subventionen, Regulierungen, Transferzahlungen und vielleicht sogar die Militärausgaben drastisch beschneiden sollte. Trotzdem hat die politische Schlagkraft von Gruppen, die von solchen Programmen profitieren, die beiden großen politischen Parteien in Israel bisher davon abgehalten, diese unumgänglichen Schritte einzuleiten.

Interessengruppen üben auch in kommunistischen Volkswirtschaften ihren Einfluß aus. Die sowjetische Wirtschaft expandierte zügig während der 1950er und 1960er Jahre, geriet aber während der folgenden beiden Jahrzehnte in Turbulenzen. Die kollektivierte Landwirtschaft war nicht in der Lage, die heimische Nachfrage nach Nahrungsmitteln zu decken, und die Industriegüter waren minderwertig. Alle Sowjetführer nach Stalin haben erkannt, daß den Bauern, den Arbeitern und den Managern angemessene Anreize fehlen; aber keiner von ihnen war in der Lage, viel für die Verbesserung der Situation zu tun. Obwohl über die internen Vorgänge in den kommunistischen Ländern wenig bekannt ist, haben sich wohletablierte Bürokraten, Parteimitglieder und Militärführer offenbar erfolgreich einer Reform widersetzt.

Diese Beispiele zeigen unmißverständlich, daß staatseigene und private Industriezweige, die sich auf staatliche Unterstützung verlassen können, in guten Zeiten oft passable Leistungen zeigen, sich aber an widrige Bedingungen langsamer anpassen als private Industriezweige, denen vom Staat nicht geholfen wird.

Radikalkur. Man nehme den Fall der Videospiel-Branche, die in den frühen 1980er Jahren praktisch zusammenbrach, als Personalcomputer als ein überlegenes Substitut aufkamen. Vermutlich konnte die Industrie nicht genug politische Unterstützung mobilisieren, um sich dem Wettbewerb nicht anpassen zu müssen. Die Hersteller der Spiele gingen entweder in Konkurs oder stellten auf verwandte Produkte um. Zum Beispiel stellte eine kleine Firma, die General Computer Corporation, die Produktion der Spiele ein und begann, Festplatten für Computer herzustellen.

Die empirischen Daten zeigen, daß Industriezweige, die sich in starkem Maße auf den Staat stützen können, sich widrigen Bedingungen nur langsam anpassen. Daher hat die Ausweitung der Rolle des Bundes in der US-Wirtschaft im Laufe der letzten 50 Jahre unausweichlich ihre Anpassungsfähigkeit verringert. Die Planung der künftigen Wirtschaftsentwicklung mit industriepolitischen Mitteln würde die Fähigkeit der Wirtschaft, aus eigener Kraft zurechtzukommen, weiter schwinden lassen. Die Industriepolitik wäre weniger ein Wächter des Allgemeininteresses als ein Instrument von Sonderinteressen; sie würde die geeigneten Anpassungsschritte an die sich verändernden Bedingungen eher verzögern als beschleunigen.

Militär

Laßt die Wehrpflicht dort, wo sie hingehört: auf dem Müllhaufen der Geschichte

(25. März 1991)

Der aufsehenerregende Erfolg der amerikanischen Streitkräfte während des Golfkonfliktes sollte für eine Weile die vielen Stimmen zum Schweigen bringen, die nach der Antwort der USA auf die irakische Aggression eine Wiedereinführung der Wehrpflicht forderten.

Der Golfkonflikt wurde von hochentwickelten Waffensystemen mit modernsten Computern und Feuerleitsystemen dominiert. Um die Waffen erfolgreich einzusetzen, müssen in fast allen militärischen Bereichen, auch in der Infanterie, die Männer und Frauen gut ausgebildet und erfahren sein.

Neue Rekruten mit nur ein paar Monaten Ausbildung können nicht mit komplizierten und teuren Waffensystemen umgehen. Darum wurden sogar auf dem Höhepunkt der Wehrpflicht hochqualifizierte Aufgaben vorwiegend von Freiwilligen erfüllt, die sich für längere Zeit zum Militärdienst verpflichteten. Und Berufe, die eine lange Ausbildung erfordern, haben sich in dem Maße verbreitet, wie die Abhängigkeit von hochentwickelten Waffensystemen zugenommen hat.

Erstklassige Moral. In den frühen 1980er Jahren bewilligte der Kongreß als Teil der von Reagan initiierten militärischen Aufrüstung große Ausgabenerhöhungen für die Anwerbung von Personal. Indem es bessere Bezahlung und attraktive Arbeitsbedingungen bot, gelang es dem Militär während der darauffolgenden 10 Jahre, bemerkenswert gut qualifizierte Männer und Frauen mit einer erstklassigen Moral anzuwerben. Fast alle sind Highschoolabsolventen (bei den bei zivilen Arbeitskräften sind es weniger als 80 %), und das Militär wählte bei Eignungstests die Absolventen mit den höheren Punktwerten aus. Während der Wehrpflichtära war das Militär gezwungen, viele Highschoolabbrecher zu nehmen, da es den meisten College- und vielen Highschoolabsolventen gelang, die Wehrpflicht zu umgehen. Der Drogengebrauch ist beim Militär viel niedriger als im Zivilleben – ganz im Gegensatz zur Vietnamzeit.

Das Militär ist dafür getadelt worden, daß es sich zu sehr auf Minoritäten stütze und daß es die Aufgabe, das Land zu verteidigen, nicht gerecht zwischen den sozialen Klassen und rassischen Gruppen aufteile. Es ist richtig, daß Schwarze über 20 % der Streitkräfte stellen, aber nur 12 % der zivilen Arbeitskräfte. Doch die Armee rekrutiert sich nicht vorwiegend aus den unteren Schichten. Das wird durch das Übergewicht der Highschoolabsolventen und durch die Tatsache bewiesen, daß fast die Hälfte aller Rekruten aus Familien mit überdurchschnittlichem Einkommen stammen.

Nach meiner Meinung verdient das Militär eher Lob als Tadel dafür, daß es weiblichen und männlichen Schwarzen bessere Arbeitsmöglichkeiten bietet, als sie im privaten Sektor finden können. Über ein Drittel der Unteroffiziere der Armee sind Schwarze – auch der Vorsitzende der Vereinigten Stabschefs. Im Gegensatz dazu kann die Anzahl der Schwarzen, die an der Spitze von Unternehmen stehen, an den Fingern einer Hand abgezählt werden.

Manche Kritiker der gegenwärtigen Rekrutierungspolitik wollen den Militärdienst dafür einsetzen, um den Analphabetismus überwinden zu helfen, um Patriotismus einzuimpfen und verwirrte junge Leute zu sich selbst finden zu lassen. Aber der Militärdienst ist ungeeignet, diese lobenswerten Ziele auch zu verwirklichen.

Sie sind unvereinbar mit dem Hauptzweck einer Streitmacht: mit einem minimalen Verlust an Menschen und Material erfolgreich einer Aggression zu widerstehen. Es gibt zahlreiche Belege aus allen Kriegen dafür, daß mißmutige und inkompetente Rekruten, ganz abgesehen von Analphabeten, sich nicht sehr gut schlagen.

Soziale Probleme. Das Bildungssystem ist wie das Militär unter den Erwartungsdruck geraten, zur Lösung hartnäckiger sozialer Probleme beizutragen. Noch einmal: Löbliche Ziele wie die Herbeiführung eines rassischen und sozialen Gleichgewichts oder die Schaffung eines Elternersatzes haben wenig mit den Zielen der Ausbildung zu tun: die Schüler lesen, schreiben und analysieren zu lehren. Glücklicherweise war die Militärführung während der vergangenen 10 Jahre bei der Abwehr gutgemeinten, aber nicht zielführenden politischen Drucks erfolgreicher als das Bildungswesen.

Kritiker eines freiwilligen Militärdienstes wie der frühere Staatssekretär für die Marine, James H. Webb Jr., sehen einen populistischen Vorteil der Wehrpflicht: Sie mache es schwerer, unpopuläre Kriege zu führen, denen sich potentielle Wehrpflichtige und ihre Familien widersetzen würden. Die Vietnamerfahrungen lassen diese Sicht nicht unplausibel erscheinen. Aber die andere Seite des Arguments ist, daß die Wehrpflicht mit ihrer Bereitstellung von billigem und willigem Personal bei der Verfolgung populärer Anliegen den Krieg und sogar eine rücksichtslose Opferung von Menschenleben fördern kann. Kraß ausgedrückt besagt das Argument, daß die Kommandeure von Freiwilligen sich mehr um das Leben ihrer Soldaten sorgen werden, und wenn auch nur deshalb, weil Freiwillige hochqualifiziert sind und mit attraktiven Gehältern und Arbeitsbedingungen rekrutiert wurden. Aus welchem Grund auch immer – bei Desert Storm schien die Militärführung in größerem Maße darauf erpicht gewesen zu sein, die Verluste der Koalition zu minimieren, als im Vietnamkrieg, wo die Truppen meist aus Wehrpflichtigen bestanden; allerdings hat zu dieser Haltung auch die Empfindlichkeit gegen heimische Kritik beigetragen.

Die Fähigkeiten einer Freiwilligenarmee sind insbesondere in den frühen Stadien eines Blitzkrieges vonnöten, wenn die ersten paar Tage – wenn nicht Stunden – entscheidend sein können. Auf der anderen Seite wurden während eines voll mobilisierten und langwierigen Krieges wie dem Zweiten Weltkrieg Millionen von Soldaten gebraucht. Der hohe Sold, der erforderlich wäre, um so viele Rekruten freiwillig anzuziehen, würde die Steuern drastisch hochtreiben und dem Haushalt eine schwere Belastung auferlegen. Während eines solchen Mobilisierungsstandes erleichtert eine Wehrpflicht den Druck auf das Budget und die Steuern, indem sie einen Großteil der Kosten auf die jungen Leute verlagert.

Der Golfkrieg hat offensichtlich manche Militärreformer in der Sowjetunion davon überzeugt, daß eine Freiwilligenarmee vielleicht eine höhere Moral hat und effizienter kämpft als eine Armee aus Wehrpflichtigen. Es wäre ein Paradox, wenn diese Lektion von den Russen besser gelernt würde als von denjenigen Amerikanern, die unbedingt die Wehrpflicht wiederhaben wollen.

Die Verteidigungsausgaben beeinträchtigen nicht die US-Wirtschaft

(25. Februar 1991)

Schwächt die Rolle der USA als Weltpolizist ihre Konkurrenzfähigkeit an der ökonomischen Front? Die dürftigen und widerwillig gewährten Beiträge, die Deutschland und Japan, Amerikas wirtschaftliche Hauptkonkurrenten, zur Deckung der Kosten des Krieges gegen den Irak leisteten, werfen genau diese Frage auf; vor einigen Jahren wurde sie eindringlich in einem Bestseller behandelt: in Paul Kennedys *Aufstieg und Fall der großen Mächte.*[22]

Ich kann nicht beurteilen, ob die USA genügend Geld für die Verteidigung und die Entwicklung neuer Waffensysteme ausgegeben haben. Und vielleicht sollte reichen Ländern wie Deutschland und Japan eine größere Verantwortung für die Verteidigung gegen eine Aggression übertragen werden. Aber die Zahlen stützen nicht die Behauptung, daß Amerikas Wirtschaftswachstum durch seine Verteidigungsaufwendungen ernsthaft beeinträchtigt wurde.

Viele Kommentatoren, etwa Robert B. Reich von der Harvard University, legen großes Gewicht auf die negativen Auswirkungen der umfangreichen Bundeszuschüsse für die Entwicklung neuer Waffen auf den privaten Sektor. Bis Mitte der 1970er Jahre gab Amerika einen größeren Anteil seines Bruttosozialprodukts für Forschung und Entwicklung aus als Deutschland oder Japan. Diese beiden Länder haben allerdings ihre Forschungsaufwendungen während der letzten 15 Jahre erhöht. Und über ein Drittel der amerikanischen Forschungs- und Entwicklungsanstrengungen galt dem militärischen Bereich, während unsere Wettbewerber nur wenig für das Militär aufwendeten.

Kanonen gegen Butter? Die beachtlichen Ressourcen, die von den USA für die Entwicklung neuer Waffensysteme aufgewendet wurden, mögen vielleicht als ein großes Hindernis für die Bemühungen erscheinen, die zivile Produktivität zu verbessern. Doch sicherlich wäre nur ein kleiner Teil jeder Mittelkürzung bei der militärischen Forschung in Weiterentwicklungen im privaten Sektor geflossen. Entsprechende Ausgaben nehmen nur einen kleinen Teil des Einkommens in Anspruch; die staatlichen Aufwendungen für die Waffentechnologie betragen ungefähr 4 % des Bundeshaushalts und weniger als 1 % des Bruttosozialprodukts. Die Verteidigungsausgaben sind schwerlich hoch genug, um von größeren öffentlichen Anstrengungen zur privaten Produktivitätsförderung abzuhalten.

Die USA geben etwa 6 % ihres Bruttosozialprodukts für die Verteidigung aus, Japan dagegen nur 1 %. Wenn die USA ihre Militärausgaben auf dieses Niveau zurückführten, wäre es töricht anzunehmen – wie es viele tun –, daß alle Einsparungen in Investitionen gehen würden. Stattdessen müssen wir von der realistischeren Annahme ausgehen, daß eine solche Friedensdividende etwa im gleichen 4:1-Verhältnis zwischen Konsum und Investitionen aufgeteilt werden würde wie es beim Bruttosozialprodukt der Fall ist. Wenn also die amerikanischen Verteidigungsausgaben auf das japanische Niveau sänken, gingen nur 20 Cents von jedem beim Militär eingesparten Dollar in Investitionen. Sogar nach diesen zusätzlichen Kapitalaufwendungen würde Japan immer noch einen viel größeren Anteil seines Bruttosozialprodukts investieren als die USA.

Obwohl es üblich ist, die Aufwendungen für Forschung und Entwicklung in Relation zum Bruttosozialprodukt zu vergleichen, sind die tatsächlich ausgegebenen absoluten Beträge vielleicht aussagekräftiger. In den USA sind die Ausgaben für Forschung und Entwicklung fast genau so hoch wie die von Deutschland und Japan zusammengenommen, sicherheitshalber mit Frankreich und Großbritannien als Dreingabe. Die amerikanischen Industriekonzerne sind in der Regel größer – die amerikanische Wirtschaft ist etwa viermal so groß wie die deutsche und zweimal so groß wie die japanische. Und große Volkswirtschaften müssen nicht mehr für die Forschung aufwenden als kleinere, um die gleichen Produktivitätsfortschritte zu erzielen. Eine Innovation kann die Kosten unabhängig davon um 10 % senken, ob ein Industriezweig groß oder klein ist.

Nebenprodukte. Fortschritte in der Militärtechnologie haben manchmal externe Effekte auf den privaten Sektor. Computer, Düsentriebwerke, Radar und die sequenzanalytischen Verfahren in der Statistik sind nur einige der bedeutenden Fortentwicklungen, die aus der militärischen Forschung stammen. Und zahlreiche Produkte, wie etwa Velcro und Teflon, wurden für das Militär entwickelt. Es gibt gar keinen Zweifel, daß viele US-Firmen im internationalen Wettbewerb einen handfesten Vorsprung auf Grund von Produkten bekamen, die sich aus staatlich finanzierter Rüstungsforschung entwickelten.

Es ist richtig, daß Amerikas Rolle als Weltpolizist besondere Belastungen für seine Industrie mit sich bringt; dazu gehören Exportbeschränkungen im Handel mit verfeindeten Ländern, die Gefahr terroristischer Anschläge und der Verlust von Märkten. Auf der anderen Seite hilft eine solche Rolle beim Aushandeln einer wohlmeinenden Behandlung von US-Gütern und amerikanischen Bürgern durch andere Länder. Und sie trägt dazu bei, die USA in Zeiten weltweiter Spannungen zu einem Zufluchtsort zu machen; das erhöht die ausländische Nachfrage nach Dollars, amerikanischen Immobilien sowie Aktien und Anleihen amerikanischer Unternehmen.

Arbeiten von Robert J. Barro aus Harvard, der das Wachstum der Pro-Kopf-Einkommen von mehr als 60 Ländern seit 1960 verglich, unterstützen die Schlußfolgerung, daß die Militärausgaben nicht erklären können, warum manche Länder langsamer als andere gewachsen sind. Er fand heraus, daß Länder, die einen großen Teil ihres Volkseinkommens für die Verteidigung aufwenden, ungefähr genauso schnell wie andere Länder wachsen, selbst wenn man den gleichen Entwicklungsstand und ein ähnliches Bildungsniveau zugrundelegt.

Es gibt andere Gründe, warum Deutschland und Japan schneller gewachsen sind. Japan war besonders erfolgreich bei der Übernahme von Ideen und Verfahren, die andernorts entwickelt wurden – nicht selten in den USA. Beide Länder haben erstklassige Ausbildungssysteme, sorgen für eine gründliche berufliche Lehre und Weiterbildung und haben eine strenge Arbeitsethik. Beide gelten als ernstzunehmende Produzenten von Waren und Dienstleistungen höchster Qualität. Deutschland und Japan haben ihre Sache recht gut gemacht – aber nicht deshalb, weil sie wenig für die Verteidigung ausgeben.

Warum eine Wehrpflicht die Armee nur schädigen würde

(6. Februar 1988)

Die verbesserten Aussichten auf ein nukleares Rüstungsabkommen mit der Sowjetunion erhöht die Bedeutung der US-Armee und anderer konventioneller Streitkräfte. Das durchgängige Freiwilligensystem funktioniert ganz ausgezeichnet. Aber es gibt Bestrebungen, zur Wehrpflicht zurückzukehren, die am Ende des Vietnamkrieges abgeschafft wurde. Sie werden durch die Haushaltsnöte angeheizt, die zur Kürzung der Staatsausgaben zwingen, und durch die Überzeugung, daß die Armee und die Marine Schwierigkeiten haben, taugliche Rekruten zu finden.

Der Druck in Richtung auf einen ausgeglichenen Haushalt fördert versteckte Steuern und Verfügungen des Kongresses über die Ausgaben des privaten Sektors. Der künftige militärische Sold bleibt wahrscheinlich hinter den zivilen Löhnen zurück, da der Kongreß weiterhin um eine Reduzierung des Defizits bemüht ist. Der daraus resultierende Rückgang der Freiwilligen würde dann zu noch mehr Aufrufen zur Wiedereinführung der Wehrpflicht führen. Einige Politiker betreiben sie bereits.

Wie andere indirekte Steuern auch reduziert die Wehrpflicht leider nicht die wahren Kosten der Rekruten. Sie verschiebt sie nur auf die Wehrpflichtigen. Wenn die Streitkräfte beispielweise einem Wehrpflichtigen, der im Zivilleben jährlich 10.000 Dollar verdienen könnte, lediglich 4.000 Dollar pro Jahr zahlen, muß der Wehrpflichtige auf 6.000 Dollar Einkommen verzichten. Im Ergebnis zahlt dieser Wehrpflichtige eine indirekte Steuer von 6.000 Dollar für jedes Jahr Wehrdienst. Junge Leute sind kaum in einer finanziellen Lage, sich solche happigen Steuern leisten zu können. Und es kommt noch schlimmer: Die Steuern, die ein Wehrpflichtiger zahlt, überschreiten oft erheblich die offen ausgewiesenen Steuern eines Freiwilligen, weil ein Freiwilligensystem die Rekruten anzieht, die am ehesten dienen wollen. Auf der anderen Seite verzichten Wehrpflichtige nur widerstrebend auf ausgezeichnete zivile Möglichkeiten.

Ziele treffen. Eine reine Freiwilligenarmee ist nicht sinnvoll in Zeiten eines großen und langwierigen Krieges. Die hohen Steuerlasten, die aus dem Finanzbedarf für eine starke Freiwilligenarmee in einem solchen Krieg resultieren, würden die Anreize für lange Arbeitszeiten und hohe Ersparnisse beträchtlich verringern. Es ist daher in einem größeren Krieg sinnvoll, die Wehrpflicht einzuführen und die jungen Leute mehr zu belasten. Aber maßvoll dimensionierte Streitkräfte, die für einen begrenzten Konflikt ausgelegt sind, werden besser mit Freiwilligen als mit Wehrpflichtigen ausgestattet.

Während der ersten sechs Jahre litt das Freiwilligensystem unter einer schlechten Ausbildung der Rekruten, einem steil ansteigenden Drogenkonsum und einer niedrigen Moral. Aber eine verbesserte Bezahlung und Ausbildung sowie die während der Reagan-Administration eingeleiteten Verbesserungen der Schulbildung wandelten das Bild radikal. Die Rekrutierungsziele werden jetzt von der Armee und der Marine spielend erreicht, ebenso gut wie von der noch attraktiveren Luftwaffe und der Marineinfanterie.

Bei guter Wirtschaftslage gehen die Einschreibungen normalerweise zurück. Doch die Rekrutierungsziele wurden sogar in den letzten Jahren erfüllt, als die Wirtschaft boomte und die Arbeitslosigkeit unter den jungen Leuten deutlich zurückging. Die vorteilhaften Effekte des Anstiegs der Bezahlung und anderer günstiger Bedingungen auf die Zahl und die Qualität der Freiwilligen bestätigt die Ergebnisse verschiedener Untersuchungen: Das Angebot an Freiwilligen reagiert ziemlich empfindlich auf Veränderungen der Bezahlung und der Arbeitsbedingungen.

Komplexe Waffensysteme. Mehr als 90 % der jungen Männer und Frauen, die sich während der letzten Jahre zum Militärdienst meldeten, waren Absolventen der Highschool. Das ist ein höherer Prozentsatz als bei den jungen Zivilisten; er liegt auch höher als der Prozentsatz bei den Bewerbern, die sich vor der Anhebung der Bezahlung und anderer militärischer Vergütungen meldeten; und er liegt auch höher als der entsprechende Prozentsatz bei den Wehrpflichtigen in den frühen 1970er Jahren. Obwohl Waffensysteme extrem – vielleicht sogar übertrieben – komplex geworden sind, scheinen junge Rekruten sie inzwischen überraschend gut handhaben zu können.

Die nicht so greifbaren Qualitätsmerkmale stimmen ebenfalls optimistisch. Der Drogenkonsum der Rekruten ist während der letzten Jahre erheblich gesunken und liegt jetzt wohl unter dem von Zivilisten. Die unerlaubte Abwesenheit von der Truppe und der Anteil der Fahnenflüchtigen sind so niedrig wie seit vielen Jahren nicht mehr – ein Zeichen für die erheblich verbesserte Moral der Rekruten. Es gibt auch keinen Anlaß zu glauben, daß der Patriotismus von Freiwilligen geringer sei als der von Wehrpflichtigen.

Schwarze werden bereitwilliger Soldat und verlängern ihren Dienst eher als Weiße, weil die Besoldung relativ gut ist; und die Aufstiegsmöglichkeiten für Schwarze scheinen ebenso gut oder noch besser als zu sein als im zivilen Arbeitsleben. Doch weniger als 20 % der neuen Rekruten sind schwarz; unter allen jungen Leuten beträgt ihr Anteil 15 %. Etwa 6 % der Offiziere sind Schwarze. Rassische Auseinandersetzungen unter den Rekruten sind zurückgegangen und kommen wahrscheinlich seltener vor als an anderen Orten in Amerika, wo Schwarze und Weiße zusammenarbeiten.

Ich kann nicht verstehen, warum man die für die Schwarzen geltenden höheren Zahlen beim Eintritt in die Armee und bei der Weiterverpflichtung häufig als Argument gegen das Freiwilligensystem interpretiert. Wenn die Möglichkeiten für Schwarze beim Militär besser sind, sollte dann die allgemeine Aufmerksamkeit nicht eher auf ihre zivilen Chancen gerichtet sein als auf ihre Einschreibungsraten in einem Freiwilligensystem?

Als ich vor 30 Jahren Berater bei der RAND-Corporation war, schrieb ich einen Bericht mit dem Titel „Argumente gegen die Wehrpflicht". Die Air Force förderte meine Forschungen; aber sie hieß die

Wehrpflicht gut und weigerte sich, den Bericht unter ihrer Schirmherrschaft zu veröffentlichen. Die folgenden Erfahrungen mit der Wehrpflicht und mit einer Freiwilligenarmee haben das militärische Denken erheblich verändert. Die Waffengattungen erkennen jetzt übereinstimmend an, daß anständige Gehälter und Arbeitsbedingungen Freiwillige mit hohen Qualitäten anziehen, die in vieler Hinsicht den Wehrpflichtigen überlegen sind. Würde ein solcher Bericht jetzt geschrieben, könnte er die uneingeschränkte Unterstützung der Air Force und auch der Armee, der Marine und der Marineinfanterie gewinnen.

10. Staat und Steuern

Der Staat sollte für grundlegende Züge des modernen Lebens die Hauptverantwortung tragen; er sollte seine Bürger gegen Kriminalität und äußere Aggression schützen und denjenigen Familien unter die Arme greifen, die ohne eigenes Verschulden in Schwierigkeiten geraten sind. Leider kommen die Regierungen heutzutage diesen Verpflichtungen nicht sehr zufriedenstellend nach, weil der Umfang der Regierungstätigkeit ungeheuer angewachsen ist; sie umfaßt etwa die Stützung von Erzeugerpreisen für die Landwirtschaft, die Subventionierung des Konsums im Alter und Regulierungen des Arbeitsmarktes. Diese zusätzlichen Verpflichtungen lassen den Regierungen zu wenig finanzielle Mittel und Zeit, um ihren hauptsächlichen Aufgaben gerecht werden zu können.

Die Ausdehnung des Staatseinflusses unterminiert die politische Glaubwürdigkeit, indem sie Politiker und Bürokraten in Versuchung führt, ihre Macht zu mißbrauchen. Die politischen Korruptionsskandale, die in so vielen Ländern ans Licht gekommen sind, veranschaulichen diesen Prozeß. Regierungsvertretern werden gelegentlich Bestechungsgelder und andere finanzielle Anreize geboten, da ihre Entscheidungen die Vermögenslage von Unternehmen und Individuen so stark beeinflussen. Und da die meisten Beamten keine Heiligen sind, erliegen manche von ihnen diesen Angeboten und machen damit praktisch politische Vergünstigungen käuflich.

Man hat Amtszeitbegrenzungen als ein Mittel befürwortet, um die Korruption zurückzudrängen und auch um die politischen Repräsentanten dazu zu bewegen, sich enger an den Bedürfnissen des Normalbürgers zu orientieren. Wir glauben allerdings, daß Amtszeitbegrenzungen eher den gegenteiligen Effekt haben, weil Politiker, die nur für eine begrenzte Zeit amtieren, vielleicht sogar noch mehr versucht sind, sich den Sonderinteressen auszuliefern. Außerdem fehlt Abgeordneten, die nur für eine kurze Zeit amtieren, der Anreiz zu Investitionen in das Wissen, das für informierte Entscheidungen über die nationale Verteidigung, die Besteuerung, den Umweltschutz und andere komplizierte Probleme staatlicher Regelung unerläßlich ist.

Das Wachstum des Staates vergrößerte beträchtlich die Macht der Verfassungsrichter, weil sie eine unüberschaubare Anzahl vager Gesetze interpretieren müssen. Als der Oberste Gerichtshof und andere Bundesgerichte sich hauptsächlich mit grundlegenden Verfassungsfragen befaßten, war eine durch die unbegrenzte Amtszeit für Richter unabhängige Richterschaft sinnvoll. Sie ist in der jetzigen Situation, in der Richter durch ihre eigene Auslegung der Gesetze wirksam Recht schaffen, weniger wünschenswert. Darum befürworten wir begrenzte, aber relativ lange und verlängerbare Amtszeiten für Bundesrichter, die sie gegenüber den Wählern und dem Gesetzgeber aufgeschlossener machen würden, ohne sie subaltern werden zu lassen.

Staat und Regierung

Wer die Korruption bekämpfen will, kappe den Staat

(11. Dezember 1995)

Neue Beweise für die Korrumpierung führender Politiker und Geschäftsleute kommen in nahezu jedem Winkel des Globus ans Tageslicht. Die Liste von Begünstigungs-, Schmiergeld- und Bestechungsskandalen scheint kein Ende zu nehmen: Korea, Japan, Mexiko und Nigeria sind zwar zur Zeit in aller Munde, aber es gibt kaum ein Land, das an seinem Ruf keinen Schaden genommen hätte. Es gibt kein Wundermittel gegen diese Krankheit. Trotzdem würde ein weitaus schlankerer, demokratischer und nach wirtschaftlichen Gesichtspunkten geführter Staat schon viel helfen.

Die Leute sind oft der Meinung, daß Bestechung nur in ihren Ländern vorkommt – daß gerade ihre Politiker, Bürokraten und Geschäftsleute besonders käuflich sind. Aber die Ursache der Korruption von Amtsträgern ist überall dieselbe: ein aufgeblähter Staat mit der Befugnis, an verschiedene Gruppen Wohltaten zu verteilen.

Jede Regulierung, jedes Gesetz und jedes öffentliche Programm, sei es ein Staatsvertrag oder eine Exportsubvention, kann zugunsten bestimmter Interessen manipuliert werden. Die Unternehmen versuchen diese Entscheidungen dadurch zu beeinflussen, daß sie ihren legitimen Einfluß geltend machen und ihre Argumente für staatliche Hilfe darlegen. Aber manche werden auch durch die riesigen Summen, um die es geht, zur Bestechung und zum Einsatz anderer ungesetzlicher Mittel verleitet, um die Resultate zu beeinflussen.

Der Wettbewerb um staatliche Vergünstigungen wird in der Sprache der politischen Ökonomie *rent-seeking* genannt. Er hat eine lange Geschichte und ist immer dann unausweichlich, wenn Regierungsentscheidungen sich auf die Geschicke von Unternehmen auswirken. Aber das *rent-seeking* hat dramatisch zugenommen, weil öffentliche Ausgaben und Regulierungen inzwischen einen so großen Umfang angenommen haben. Politiker und Bürokraten sind vielleicht nicht gewinnsüchtiger als andere Gruppen, aber sie sehen sich einer ungewöhnlich starken Versuchung ausgesetzt, ihre Entscheidungsbefugnisse für Geld und sonstige Vorteile zu verkaufen. Manche Betriebe sind bereit, für eine solche Versuchung zu sorgen; möglicherweise rechtfertigen sie ihr Verhalten mit der Ausrede, daß andere es auch tun.

Scharfe Aufpasser. Die Korruption beeinträchtigt das Funktionieren einer Wirtschaft, weil sie Regierungsbeamte zu Handlungen verleitet, die nicht im allgemeinen Interesse liegen. Sie kann sogar die wirtschaftliche Entwicklung hemmen, indem sie ehrliche Unternehmer benachteiligt und die Kosten für Geschäftsabschlüsse erheblich und unvoraussehbar erhöht.

In Diktaturen scheint es meist wenig Korruption zu geben. Aber das ist ein unzutreffender Eindruck, der auf die Unterdrückung abweichender Meinungen und der Presse zurückzuführen ist. Es ist kein Zufall, daß Beweise für umfangreiche Durchstechereien in Argentinien, Brasilien, Südkorea und Mexiko erst ans Tageslicht kamen, nachdem sich wirksame Oppositionsparteien und eine freie Presse entwickelt hatten. Demokratien haben im allgemeinen viel weniger unter der Korruption zu leiden als geschlossene Gesellschaften: Oppositionsparteien haben den Anreiz und die Fähigkeit, das Fehlverhalten der Regierungspartei aufzudecken.

Doch die gewaltigen Vorteile durch *rent-seeking* garantieren, daß auch in Demokratien in beunruhigendem Ausmaß korruptes Verhalten vorkommt. Einige demokratische Länder, etwa Italien und Japan, haben zahlreiche Fälle erlebt, bei denen öffentliche Amtsinhaber Geld für die Begünstigung von Geschäftsfreunden annahmen. Obwohl die Einleitung umfangreicher Kürzungen im Aufgabenbereich des Staates die einzige wirklich verläßliche Methode zur Verringerung der Korruption ist, wird das von den Führern der Republikaner in den USA, die einen weitaus schlankeren Staat befürworten, selten offen ausgesprochen. Indem man die Aufmerksamkeit auf die Auswirkungen der Korruption richtet, könnte man den Bestrebungen nach einem schlankeren Staat Auftrieb geben – sogar bei denen, die in einer vollkommeneren Welt einen größeren öffentlichen Sektor bevorzugen würden. Die Korruptionsskandale etwa in Japan tragen dazu bei, den Druck in Richtung auf eine Deregulierung zu verstärken.

Versteigerungsmasse. Dennoch sind manche Reformen auch ohne einen drastischen Abbau des Staatsapparates möglich. Eine subventionierte Kreditvergabe an große oder kleine Firmen ist in einem wettbewerbsorientierten Bankensystem unnötig; solche Subventionen stellen nur eine offene Einladung zur Korrumpierung der Beamten dar. Eine wichtige Ursache der Skandale in Südkorea war offenbar das Angebot billiger Kredite durch ein staatlich kontrolliertes Bankensystem.

Jede Übertragung wertvoller Vermögenswerte vom öffentlichen in den privaten Sektor sollte im Rahmen einer öffentlichen Versteigerung abgewickelt werden müssen. Insbesondere sollten die Sendelizenzen für Radio und Fernsehen sowie die Nutzungsrechte an öffentlichen Ländereien zum Zwecke der Ölexploration oder der Holzproduktion nach Höchstgebot vergeben werden, das nur Umwelt- und sonstigen Sicherheitsauflagen unterworfen wäre. Produktionshöchstquoten – ob sie nun den Fischfang (*Business Week*, 18. September [in diesem Band, S. 18]) oder die Umweltverschmutzung, die Importe oder landwirtschaftliche Erzeugnisse betreffen – sollten ebenfalls auf offenen Märkten verkauft und nicht an politisch durchsetzungsfähige Gruppen vergeben werden.

Leider ist es in allen Ländern weiterhin üblich, wertvolles öffentliches Eigentum eher zu vergeben als zu verkaufen. Nach meiner Meinung liegt das daran, daß Politiker und Bürokraten sich sehr wohl bewußt sind, daß dies ihren Einfluß auf die Wirtschaft mehrt; und die Wähler haben noch nicht gefordert, daß die Wirtschaft gezwungen werden soll, für Höchstquoten und andere Sonderrechte zu bieten.

Der weltweite Trend in Richtung auf demokratisch legitimierte Regierungen trägt dazu bei, die politische Korruption schneller aufzudekken. Aber solange der Staat weiterhin so viel Einfluß auf die Geschicke der Wirtschaft ausübt, wird sie weiterhin in beunruhigendem Maße auftreten.

Aus für den allzuständigen Staat

(24. Juli 1995)

Nach dem überwältigenden Sieg der Republikaner im vergangenen November meinten die Experten, daß gar nicht viel erreicht worden sei; daß den Worten der Politiker keine Taten folgen würden; und daß es mehr oder weniger *politics as usual* geben würde. Doch die nüchternen Experten irrten.

Senat und Repräsentantenhaus stimmten dem Plan zu, im Laufe der nächsten Jahre die Steuern zu senken, und sie beabsichtigen, die Ausgaben für Medicare, Medicaid und viele andere Sozialprogramme zügig zu begrenzen. Überraschend viele Senatoren und Abgeordnete befürworten entweder eine weitaus niedrigere Einkommensteuer oder, radikaler noch, die komplette Ersetzung der Einkommensteuer durch eine Verbrauchssteuer. Der Kongreß fordert eine genaue Kostenrechnung für kostenintensive Bundesgesetze und ist offensichtlich entschlossen, die Deregulierung des Telekommunikations- und des Bankensektors weiterzuführen und den erhöhten Schadensersatz bei Zivilprozessen zu dekkeln.

Obwohl die Republikaner dabei die Initiative übernehmen, spüren auch viele Demokraten, daß sich der Wählerwille gewandelt hat. Manche Demokraten unterstützen im Kongreß die republikanischen Vorstöße, und Präsident Clintons Vorschläge, während der nächsten 10 Jahre Bundesausgaben und Steuern zu kürzen, unterscheiden sich nicht wesentlich von denen des Kongresses.

Ich war skeptisch, ob selbst dieser machtvolle Wählerauftrag zum Wandel den hartnäckigen Widerstand der Interessengruppen überwinden würde, die am Status quo interessiert sind. Schließlich resultierte das komplizierte Steuergesetzbuch mit seinen zahlreichen Schlupflöchern und Regierungsprogrammen, die Tausende von Interessengruppen subventionierten – von den Senioren bis zur Handelsmarine –, aus einem jahrzehntelangen harten Machtkampf. Wie könnte eine Wahl etwas rückgängig machen, das sich im Laufe der Zeit aus einem komplizierten politischen Prozeß ergeben hat?

Leichte Siege. Manche haben das Geschehen in den USA dem wachsenden Einfluß der religiösen Rechten und ihrem konservativen sozialen und ökonomischen Programm zugeschrieben. Andere sind der Meinung, daß die Amerikaner wegen der wiederholten Skandale nichts mehr auf die Politiker und den von ihnen geschaffenen allzuständigen Staat gaben. Wieder andere behaupten, daß die Mittelklasse und die weißen Frauen endlich gegen das soziale Herumexperimentieren rebellieren, das mit Franklin D. Roosevelts ‚New Deal' begann und in Lyndon B. Johnsons ‚Great society' gipfelte.

Wie auch immer – Erklärungen, die auf der religiösen Rechten oder auf spezifisch amerikanischen Entwicklungen basieren, können nicht die erfolgreichen Angriffe auf den allzuständigen Staat in zahlreichen anderen Ländern erklären. In der kanadischen Provinz Ontario, einer traditionellen Hochburg [sozial-] liberalen Denkens, errang die Fortschrittlich-Konservative Partei soeben einen überwältigenden Wahlsieg, auch wenn die Parteimitglieder von der herrschenden [sozial-] liberalen Neuen Demokratischen Partei als Möchtegern-Republikaner verspottet wurden. Der französische Konservative Jacques R. Chirac gewann ohne Probleme die Wahl zum Präsidenten – ein Amt, das die Sozialisten 14 Jahre lang innegehabt hatten. Ein früherer Sozialist, Fernando Henrique Cardoso, errang im Rennen um die brasilianische Präsidentschaft mit Hilfe einer weitgehend marktorientierten Wahlplattform gegen einen linken Gegenspieler einen großen Sieg. Ebenso wurde der Peronist Carlos Saul Menem als Präsident von Argentinien nach sechs Jahren problemlos wiedergewählt, in denen er die Wirtschaft entstaatlichte und die Inflation und die Geldmenge unter strikter Kontrolle hielt.

Kostspielige Lektion. Die beeindruckendsten Belege für den Widerstand gegen den allzuständigen Staat liefert vielleicht die bemerkenswerte Politik, die von Nelson R. Mandela in Südafrika betrieben wird. Trotz einer 27-jährigen Inhaftierung durch eine Burenregierung, die Schwarze schamlos diskriminierte, ist Mandelas Programm bis jetzt überraschend wirtschaftsfreundlich. Er schätzte offensichtlich richtig ein, daß die dortige Diskriminierung nicht auf den Kapitalismus zurückzuführen war, sondern auf staatliche Gesetze, die darauf zugeschnitten waren, weiße Arbeiter vor der Konkurrenz mit südafrikanischen Schwarzen zu schützen.

Vielleicht haben die Wähler auf der ganzen Welt nach 50 Jahren sozialen und wirtschaftlichen Herumbastelns gelernt, daß übermäßige Staatsausgaben und Reglementierungen die Wirtschaft schwer schädigen und die Werte und die Moral untergraben – was durch den völligen Zusammenbruch der zentralen Planung und des Kommunismus überdeutlich wurde. Es mag vielleicht etwas überraschend erscheinen, daß es eines halben Jahrhunderts bedurfte, um diese kostspielige Lektion zu lernen. Aber die Schädigung durch den allzuständigen Staat wurde für die breite Öffentlichkeit nur allmählich erkennbar – auch deshalb, weil die Wähler erst den Rhetoriknebel von Intellektuellen, Politikern und Medien durchdringen mußten, von denen die Gegner des allzuständigen Staates entweder als mitleidlos oder als Marionetten von Wirtschaftsinteressen hingestellt wurden.

Ich bin noch nicht bereit, vorbehaltlos zuzugeben, daß wir Skeptiker die Wahrscheinlichkeit eines einschneidenden Abbaus der Rolle des Staates in modernen Volkswirtschaften falsch einschätzten. Aber der Trend des letzten halben Jahrhunderts, sich immer mehr auf einen allzuständigen Staat zu verlassen, um wirtschaftliche und soziale Probleme zu lösen, könnte nicht nur in den USA zu Ende gegangen sein, sondern auch in vielen anderen Ländern. Wenn dieser gegenläufige Trend anhält, würde ich hocherfreut zu Kreuze kriechen.

Wie schlechte Untersuchungen sich in schlechte Politik verwandeln

(25. Juni 1995)

Ökonomen können keine Forschungsprojekte entwerfen, die auf wichtige politische Fragen unzweideutig Antwort geben. Sie müssen sich auf das begrenzte Wissen verlassen, das aus den Auswirkungen staatlicher Politik und aus anderen Ereignissen gewonnen werden kann. Doch Politiker stürzen sich nur all zu eilfertig auf vorläufige Ergebnisse solcher Untersuchungen, um Regulierungen und andere Interventionen zu rechtfertigen, die manchmal der Wirtschaft abträglich sind.

Ein gutes Beispiel ist die von der Federal Reserve Bank in Boston durchgeführte Analyse der Diskriminierung von Antragstellern für Hypothekenkredite. Die federführende Autorin war Alicia Munnell, eine angesehene Ökonomin, die damals an der Boston Fed für die Forschung zuständig war und kürzlich von Präsident Clinton für eine freie Stelle im Verwaltungsrat der Fed nominiert wurde. Nachdem sie überprüft hatten, was aus über 4.500 Kreditanträgen wurde, die im Jahre 1990 im Bereich Boston eingereicht wurden, behaupteten die Autoren, Beweise für eine umfassende Diskriminierung schwarzer und hispanoamerikanischer Antragsteller gefunden zu haben.

Die öffentliche Aufmerksamkeit, die diese Untersuchung auf sich zog, veranlaßte die Bankenaufsicht, die Banken eingehend auf Beweise für diskriminierende Kreditvergabepraktiken zu durchleuchten, und sie führte zu Bankprüfungen durch das Justizministerium und den Generalstaatsanwalt von Massachusetts. Diese Überprüfungen mündeten im Verein mit politischem Druck in juristische Schritte gegen einige Banken. Einer führte im letzten August zu einer Abmahnung einer Bank in Maryland, weil sie angeblich die Kreditvergabe in städtischen Gegenden ‚gemieden' habe. Ein anderes Verfahren endete mit einem Vergleich; hier wurde die Northern Trust Corporation Bank mit Sitz in Chicago beschuldigt, sie bevorzuge weiße Antragsteller, die sich um die Bewilligung eines Hypothekenkredits bemühten.

Solche politischen Reaktionen wären gerechtfertigt, wenn die Boston Fed überzeugende Belege für eine Diskriminierung seitens der Banken gefunden hätte. Aber die Untersuchung enthält viele Unterlassungen und Datenfehler – obwohl sie als schlüssig gelobt wurde. Ein Ökonom der Federal Deposit Insurance Corporation überprüfte eingehend eine Auswahl aus den aktuellen Kreditunterlagen, die von der Fed benutzt wurden, und kam zu dem Schluß, daß die Daten so ungenau seien (was teilweise auf Übertragungsfehler zurückzuführen war), daß es unmöglich sei festzustellen, ob die Banken Schwarze oder Hispanoamerikaner diskriminiert haben oder nicht. Eine andere Überprüfung ergab, daß die Ergebnisse der Boston Fed von zwei Banken abhängen, die Anträge aus Minderheitengruppen relativ häufig ablehnten, nur weil sie sich auf ein Kreditangebot für geringqualifizierte Antragsteller aus Minderheitengruppen spezialisiert hatten.

Einige der von der Boston Fed gefundenen Belege widersprechen sogar ihrer Behauptung, daß Minderheiten diskriminiert würden. Zum Beispiel waren die durchschnittlichen Kreditausfallraten, die in dieser Untersuchung gefunden wurden, bei Krediten in Erhebungsgebieten mit einem großen Prozentsatz von Schwarzen und Hispanoamerikanern ungefähr ebenso hoch wie in vorwiegend weißen Gebieten. Doch wenn die Banken Antragsteller aus Minderheiten diskriminiert hätten, müßten die Kreditausfallraten bei Minderheiten niedriger ausfallen als bei Krediten für Weiße, da Banken teilweise dadurch diskriminieren, daß sie bei Minderheiten nur Antragsteller mit besonders guter Bonität und sehr guten Arbeitszeugnissen akzeptieren. Sie würden geringqualifizierte Antragsteller aus Minderheiten abschlägig bescheiden, während sie entsprechende weiße Antragsteller akzeptierten. Die Implikationen der Theorie der Diskriminierung für Kreditausfallraten und das sonstige Verhalten werden genauer dargelegt in meiner 1993 publizierten Nobelpreis-Vorlesung mit dem Titel „The Economic Way of Looking at Behavior".[23]

Lohn des Irrtums. Ich behaupte nicht, daß alle sonstigen Untersuchungen der Kreditvergabepraktiken von Banken ebenfalls zu dem Schluß gekommen sind, daß Banken nicht diskriminieren; auch möchte ich nicht suggerieren, diese Studien ‚bewiesen', daß Banken im allgemeinen nicht diskriminieren. Aber sie zeigen die Schwierigkeiten bei der Abgabe von Empfehlungen zu umstrittenen politischen Fragen auf der Grundlage einer Verallgemeinerung stark mangelhafter Belege.

Das zeigen auch die neuesten Debatten über die Beschäftigungseffekte von Mindestlöhnen. Das grundlegendste Gesetz der Ökonomik besagt, daß steigende Kosten für Arbeit, Kapital und andere Produktionsfaktoren die Nachfrage nach diesen Faktoren senken – ein Gesetz, das durch die Erfahrungen von Tausenden von Firmen überall in der Welt bestätigt wurde. Doch Arbeitsminister Robert B. Reich führt umstrittene Untersuchungen an, nach denen steigende Mindestlöhne die Beschäftigung geringqualifizierter Arbeitskräfte in manchen Fällen angeblich nicht gesenkt und möglicherweise sogar erhöht haben. Ich habe einige Probleme, die mit diesen Thesen verbunden sind, in der *Business Week* vom 6. März 1995 erörtert [in diesem Band, S. 43].

Die heftigen Reaktionen auf die Anschuldigungen, daß Banken diskriminieren und daß höhere Mindestlöhne nicht die Beschäftigung senken, sollte für Ökonomen eine Lehre sein, keine größeren politischen Initiativen auf der Grundlage eines äußerst schmalen und unfertigen Datenmaterials zu befürworten. Politiker sind nur zu gern bereit, Forschungsergebnisse zu propagieren, die auf den fadenscheinigsten Belegen gründen, nur um Unterstützung für eine Politik zu erheischen, die den von ihnen begünstigten Wählern und Interessengruppen zugute kommt.

Vergeßt den Kongreß – die wirkliche Reform vollzieht sich in den Bundesstaaten

(3. April 1995)

Die Bemühungen der Republikaner im Repräsentantenhaus, den ‚Vertrag mit Amerika' umzusetzen, lassen revolutionäre Vorstöße von Bundesstaaten und Städten in den Hintergrund treten, die vielleicht größere Auswirkungen haben als das, was letzten Endes im Kongreß geschieht.

Etwa 30 Staaten planen Steuersenkungen. New Jersey, Michigan und eine andere Staaten haben entsprechende Schritte schon eingeleitet. Kalifornien, New York und Massachusetts waren während der letzten 30 Jahre bei der Ausweitung der Staatsausgaben und bei Reglementierungen führend. Alle haben aber jetzt Republikanische Gouverneure – Pete Wilson in Kalifornien, George W. Pataki in New York und William F. Weld in Massachusetts –, die unbeugsame Befürworter von Steuersenkungen und Bürokratieabbau sind.

Ich war Mitglied in der Sonderkommission zur Steuerreform und Steuersenkung, die vom kalifornischen Gouverneur Wilson im Jahre 1994 eingesetzt wurde. Er billigte unseren Vorschlag einer 15 %-igen Pauschalabsenkung der vom Einzelstaat erhobenen persönlichen Einkommensteuern und der Steuersätze für Banken und Unternehmen; sie soll innerhalb von drei Jahren stufenweise eingeführt werden. In New York wurde Pataki nach einer jahrelang steigenden Steuerbelastung vor kurzem auf Grund eines Wahlprogramms gewählt, das die Senkung der Einkommenssteuern des Einzelstaates um 25 % während der ersten vier Jahre seiner Amtszeit vorsah. Weld hat Vorschläge zu Steuersenkungen erneuert; man geht davon aus, daß sie in irgendeiner Form vom Gesetzgeber des Staates genehmigt werden. Auch Demokratische Gouverneure haben die Botschaft des Wählers verstanden; einige befürworten Steuersenkungen und Ausgabenkürzungen.

Zur Arbeit gezwungen. Das gesamte Steueraufkommen der Einzelstaaten und der Städte ist fast so groß wie das des Bundes; seit den 1970er Jahren ist es etwa um den gleichen Prozentsatz gestiegen. Das Ausgabenwachstum bei den Einzelstaaten ist allerdings teilweise durch Bundesprogramme wie Medicaid veranlaßt. Darum drängen Gouverneure aus beiden politischen Lagern den Kongreß, ihnen nicht weitere Verpflichtungen aufzuerlegen.

Einzelne Regierungen bleiben nicht bei Steuerreformen stehen. Massachusetts, Virginia, Kalifornien, Wisconsin, New Jersey und andere Staaten versuchen sich an einem radikalen Umbau des Wohlfahrtsstaates. In Virgina hat der Gesetzgeber kürzlich ein Gesetz verabschiedet, das sich an eine in Massachusetts ergangene Bestimmung anlehnt; sie zwingt die Sozialhilfeempfänger zur Arbeit, streicht Zahlungen an Eltern, die mehr als zwei Jahre auf Kosten der Sozialhilfe gelebt haben, und verweigert Hilfen für neugeborene Kinder, deren Mütter bereits Sozialhilfe beziehen.

Einige Staaten sind dem Kongreß auch beim Abbau von Regulierungen voraus und gestalten das Zivilrecht drastisch um. Gouverneur Wilson will den erhöhten Schadensersatz in Zivilprozessen auf die dreifachen direkten Verluste der Kläger begrenzen und die Prozeßparteien dazu ermuntern, nicht die Gerichte zu bemühen, sondern sich im Rahmen einer privaten Schlichtung zu einigen. Er hofft, damit auch aussichtlose Prozesse gegen Angeklagte zu unterbinden, die über dicke Brieftaschen verfügen und eher bereit sein könnten, einem Vergleich zuzustimmen, als durch den kostspieligen Instanzenweg zu gehen.

Kalifornien plant den Abbau seiner drückenden Auflagen, die dem Umweltschutz dienen sollten. Es will eine Verfassungsänderung vorschlagen, nach der von der Legislative eine Zweidrittelmehrheit bei der Verabschiedung aller Gesetze gefordert wird, die neue Genehmigungskosten auferlegen. Der Staat will auch eine Wirtschaftlichkeitsberechnung aller vorgeschlagenen staatlichen Umweltvorschriften verlangen.

Beine machen. Der republikanische Bürgermeister von New York, Rudolph W. Giuliani, streicht angesichts eines gewaltigen Haushaltsdefizits die städtischen Ausgaben zusammen. Giuliani will mehrere städtische Krankenhäuser privatisieren und Medicaid-Ausgaben und andere Sozialdienste kürzen.

Diese Steuersenkungen und Ausgabenkürzungen bei Staaten und Städten sind teilweise auf die gleiche Unzufriedenheit der Wähler mit den Politikern und dem Staat zurückzuführen, die dem Kongreß Beine macht. Aber die Kommunen haben dafür auch noch einen ganz spezifischen Grund: den wachsenden regionalen Wettbewerb um die Ansiedlung von Betrieben und um qualifizierte Arbeitskräfte. Computer, Elektronik, Biotechnologie, Versicherungen, Maschinenbau, wissenschaftliche Forschung und andere Industrie- und Dienstleistungsbranchen sind ortsungebunden und müssen sich nicht in der Nähe der Rohstoffvorkommen, Häfen oder sonstigen Transportmöglichkeiten ansiedeln. Sie entscheiden auch auf der Grundlage des Steuerklimas und der Regulierungsdichte, wo sie sich niederlassen.

Die Vorschläge der kalifornischen Sonderkommission zur Steuersenkung waren teilweise durch den Wettbewerb mit Utah, Oregon und anderen westlichen Bundesstaaten um ein günstigeres Investitionsklima motiviert. Man rechnet mit einer beschleunigten Abwanderung der Wirtschaft in diese Staaten, wenn Kalifornien nicht die Besteuerung der Haushalte und Betriebe absenkt und die Regulierungsdichte verringert. Auch andere Staaten überprüfen erneut, wie sich ihre Steuern und Regulierungen im Vergleich zu den angrenzenden und weiter entfernten Staaten ausnehmen, die um dieselben Betriebe konkurrieren.

Der Wettbewerb um Menschen und Betriebe im Rahmen der dezentralisierten Ausgabenpolitik eines föderalistischen Staatensystems trägt dazu bei, daß kommunale Programme mehr als Bundesprogramme auf die Wünsche und Bedürfnisse der Bürger eingehen müssen.

Um die Korruption auszurotten, bootet die Bürokratie aus

(31. Januar 1994)

In mehreren Ländern, die ich im letzten Jahr besuchte, standen Korruptionsskandale im Mittelpunkt, in die prominente Politiker und Geschäftsleute verwickelt waren. Überall wurde mir erzählt, daß gerade die dortigen Wirtschaftsführer besonders korrupt wären und gerade das dortige politische System besonders korruptionsanfällig sei. Aber ganz unabhängig vom politischen und wirtschaftlichen System ist Korruption immer dann allgemein verbreitet, wenn ein allzuständiger Staat alle Facetten des Wirtschaftslebens durchdringt.

In modernen Volkswirtschaften werden die Unternehmensgewinne oft mehr durch staatliche Subventionen, Abgaben und Regulierungen als durch traditionelles Management oder unternehmerische Fähigkeiten bestimmt. Riesige Profite hängen davon ab, ob Firmen Regierungsaufträge erhalten; ob ihnen höhere Zölle und Importhöchstquoten zugestanden werden; ob sie Subventionen bekommen; ob sie den Wettbewerb ausschalten oder die Lockerung kostspieliger Vorschriften erreichen konnten.

Die Unternehmen reagieren auf die dominierende Rolle des Staates, indem sie die politischen Entscheidungen zu beeinflussen suchen. Oft ist es effizient, nur ein Lobbyist zu sein; und die menschliche Natur sorgt schon dafür, daß Firmen gelegentlich Bestechungsgelder an Amtsinhaber und Politiker als Gegenleistungen für staatliche Begünstigungen und staatlich veranlaßte Gewinne zahlen.

Mit dem Begriff *rent-seeking* beschreiben Ökonomen alle Bemühungen von Sonderinteressengruppen, sich durch die Einflußnahme auf politische Entscheidungen besserzustellen. Der Ausdruck läßt sich auf alle Gruppen anwenden, die von staatlichen Zuwendungen und anderen Vergünstigungen abhängig sind. Paradoxerweise kann *rent-seeking* einem sozialen Zweck dienen. Es kann einer Politik vorbeugen, die beträchtlichen sozialen Schaden anrichten würde, oder es kann eine Politik fördern, die eine Volkswirtschaft effizienter macht. Wenn man etwa sämtliche detaillierten Bauvorschriften in den Satzungen und Gesetzbüchern der amerikanischen Gemeindeverwaltungen buchstabengetreu befolgte, käme der Wohnungsbau wegen der Genehmigungskosten nahezu zum Erliegen. Und kommunistische Volkswirtschaften hätten eine noch schlechtere Leistungsbilanz als ohnehin – und ihre Leistung war schon schlecht genug –, hätten nicht Durchstechereien der Sache nachgeholfen und die meisten maßlosen staatlichen Kontrollen über die Wirtschaft ausgehebelt.

Holprige Straßen. Aber im Normalfall richten Bestechung und andere illegale Formen des *rent-seeking* erheblichen Schaden an. Sie lenken ausnahmslos Zeit und Ressourcen einflußreicher Lobbyisten und Mittelsmänner, die durch Schmiergeldzahlungen unlautere geschäftliche Transaktionen ermöglichen, von der Produktion nützlicher Güter und Dienstleistungen ab. Sie leisten auch häufig einer Politik Vorschub, die volkswirtschaftliche Abläufe verzerrt.

Organisierte Kriminelle erzielen Monopolpreise für Güter und Dienstleistungen, die sie durch Bestechung und Einschüchterung unter ihre Kontrolle gebracht haben. Straßen werden unfachmännisch gebaut oder zugunsten von Bauherrn und Landbesitzern, die die Amtsträger entsprechend beeinflussen, auf weniger sinnvolle Streckenführungen umgelenkt. Kredite von Staatsbanken und staatlichen Agenturen gehen eher an Unternehmen mit politischem Einfluß als dorthin, wo sie am gewinnträchtigsten investiert werden können. Beweise für solche und viele andere Akte politischer Korruption sind bei den Skandalen in Brasilien, Italien, Japan, Südkorea und anderen Ländern ans Tageslicht gekommen.

Im vergangenen Jahr wurden in verschiedenen Ländern Politiker und Parteien wegen unlauteren Finanzgebarens gestürzt. In Italien war die Reaktion so heftig, daß die größte Partei der politischen Mitte, die Christdemokraten, vielleicht dauerhaft angeschlagen ist. Bei den jüngsten Wahlen in Rom und in anderen italienischen Städten bekamen die Exkommunisten und Faschisten die meisten Stimmenanteile – eine mitleiderregende Wahl zwischen zwei politischen Extremen.

In Japan ist die Partei, die seit den 1950er Jahren ununterbrochen an der Macht war, in mehrere konkurrierende Gruppen zerfallen. In Brasilien enthob das Parlament den ersten demokratisch gewählten Präsidenten seit 30 Jahren, Fernando Collor de Mello, seines Amtes, weil es die weitverbreitete Korruption in seiner Regierung mißbilligte.

Die Verbindung durchtrennen. Die Abwahl zweifelhafter Politiker und die Bestrafung von Angehörigen der Wirtschaft, die auf illegale Weise die Politik beeinflussen, hält von Korruption ab. Reformbewegungen, die zur Macht kommen, erfüllen für eine gewisse Zeit ihr Versprechen, die Entscheidungsverfahren durchsichtiger zu gestalten und die Korruption zu beseitigen. Während solcher Umbrüche müssen sich Geschäftsleute und andere, die Vergünstigungen wollen, auf Wahlkampfbeiträge und andere legale Methoden verlegen, um die Ergebnisse zu beeinflussen.

Aber wo immer der Staat einen bedeutenden Einfluß auf die wirtschaftlichen Bedingungen ausübt, taucht die Korruption wieder auf. Der Schwung der Reformbewegungen verliert sich, während Politiker, Amtsinhaber und Unternehmen erneut in Versuchung geführt werden, das Risiko von Entlarvung und Schande einzugehen, indem sie Bestechungsgelder geben oder annehmen und sich auf allerlei andere korrupte Handlungen einlassen.

Es gibt nur einen dauerhaften Weg, einen unerwünschten Einfluß der Wirtschaft auf den politischen Prozeß zu verringern: Man schwäche die Verbindung von Wirtschaft und Politik. Es ist von zentraler Bedeutung, zu vereinfachen, zu standardisieren und insbesondere viele der Reglementierungen abzuschaffen, welche die Wirtschaftstätigkeit beeinflussen. Das erklärt natürlich, warum die kürzlich neu gewählten Regierungen in Japan und Südkorea eine Deregulierung zugesichert haben, und warum sich in Italien um die Forderungen nach Privatisierung und verstärktem Wettbewerb eine neue politische Mitte bildet.

Beweise für weitverbreitete Korruption können sich als ein Segen erweisen, wenn sie der Katalysator für den Abbau staatlicher Reglementierungen großer Bereiche der Wirtschaft sind. Aber wenn sie nur die Wahl von Politikern fördern, die versprechen, ehrlicher und gewissenhafter zu sein als ihre Vorgänger, dann wird die politische und wirtschaftliche Korruption nach aller Erfahrung bald wieder ihr häßliches Haupt erheben.

Das Ausgabenmonster hat noch eine zu lange Leine

(22. März 1993)

Trotz ihrer Bedenken gegen höhere Steuern unterstützen die Amerikaner im allgemeinen Präsident Clintons Vorschläge für Steuererhöhungen, weil er sie davon überzeugt hat, daß sie das Haushaltsdefizit spürbar reduzieren werden. Aber wenn die vergangenen 12 Jahre irgendetwas lehren, dann werden die Bundesausgaben wahrscheinlich ebenso wie das Steueraufkommen zunehmen.

Die Bundesausgaben betrugen am Ende der Präsidentschaft Jimmy Carters im Jahre 1980 591 Milliarden Dollar. Die Steuern erbrachten 517 Milliarden, so daß sich ein Defizit von 74 Milliarden ergab. Am Ende von Ronald Reagans zweiter Amtszeit im Jahre 1988 war das Steueraufkommen trotz – oder wegen – des Steuerreformgesetzes von 1986 auf 909 Milliarden Dollar gestiegen. Das hätte einen großen Haushaltsüberschuß ergeben müssen, wenn die Bundesausgaben nicht noch stärker geklettert wären: Es ergab sich eine Deckungslücke von mehr als 150 Milliarden Dollar.

Der Trend während der letzten vier Jahre ist sogar noch aufschlußreicher, seit die Aufrüstung, die unter Carter begonnen und durch Reagan beschleunigt wurde, immer weniger ins Gewicht fiel. Aber ungeachtet der Haushaltsvereinbarung zwischen dem Kongreß und Präsident Bush im Jahre 1990, in deren Rahmen er sich überreden ließ, sein Versprechen zu brechen, die Steuern nicht zu erhöhen, stieg das Haushaltsdefizit steil auf 300 Milliarden Dollar an – weil die Ausgaben schneller als die Steuern zunahmen.

Und das taten sie trotz der Tatsache, daß die Regierung umfangreiche Ausgaben auf die Wirtschaft abwälzte. Sie ordnete Aufwendungen der Wirtschaft für Umweltschutzmaßnahmen, Hilfen für behinderte Arbeitnehmer, Unterstützung für ältere Menschen, Gesundheitsvorsorge und Ausgaben für andere Sozialprogramme an.

Gewaltiger Druck. Präsident Clinton beteuert, er wolle die Steuern erhöhen und die Ausgaben senken, aber seine Gesetzesinitiativen betonen eher Steuererhöhungen als Ausgabenkürzungen. Der Nettorückgang bei den Ausgaben beläuft sich nur auf etwas über 100 Milliarden Dollar, selbst nach Berücksichtigung der Ausgabenkürzungen von 55 Milliarden, von denen Clinton sagt, daß er sie akzeptieren wolle, falls der Kongreß höheren Ausgaben für Arbeitsplätze, Straßen und andere ‚Investitionen' zustimmt. Nach Schätzungen der Administration wird die Erhöhung der Energie- und Einkommenssteuer in den nächsten fünf Jahren zusätzlich etwa 250 Milliarden Dollar Steueraufkommen erbringen. Auch während der nächsten zwei Jahre plant die Administration keine Kürzungen, denn der Präsident will weitere 30 Milliarden Dollar, um die Wirtschaft anzukurbeln – trotz des kräftigen Wachstums des Bruttoinlandsprodukts von 4,8 % während des letzten Quartals 1992 und eines zweiprozentigen Wachstums während des gesamten letzten Jahres.

Die starke Gewichtung höherer Steuern bei den Vorschlägen des Präsidenten und die Defizite, die wir in den letzten 12 Jahren erlebt haben, sind kein Zufall, und sie sind auch nicht lediglich Ausdruck von Parteikonflikten. Clinton und der Kongreß stehen unter einem gewaltigen Druck, für Tausende von Programmen Geld auszugeben, die von Gruppen mit politischem Einfluß unterstützt werden. Neben den größten Haushaltsposten, Gesundheit und Renten, würde die gesamte Liste viele *Business Week*-Seiten ausfüllen: Sie umfaßte Schulbildungs- und Ausbildungsprogramme zur Unterstützung der Kinder; eine bunte Palette von Schweinefleisch, Hauptstraßen, öffentlichen Nahverkehrssystemen und Flughäfen; die Umwelt; Hilfen für die Behinderten, die Minderheiten und die Armen; die Verbesserung des Lebens in den Innenstädten; den Kampf gegen Drogen und Kriminalität; die Unterstützung der Big Science und der universitären Forschung; und Hilfen für die Industrie zur Entwicklung kommerziell lebensfähiger Technologien.

Geringe Gewinnchancen. Der Präsident suchte den Widerstand gegen neue Steuern zu schwächen und die vorgeschlagenen Steuererhöhungen populärer zu machen, indem er die Erhöhung der Einkommensteuertarife auf die sogenannten Reichen konzentrierte, die angeblich nicht ihren gerechten Anteil an der Steuerlast tragen. Wie dem auch sei – das Weiße Haus übertreibt die Auswirkungen dieser Steuertariferhöhungen bei weitem: Es vernachlässigt die Reaktionen auf den steilen Anstieg der Steuersätze von 31 % auf einen effektiven Steuersatz von deutlich über 40 %, wenn man die höheren Abgaben für Medicare und die Obergrenzen für steuerlich abzugsfähige Beträge mit berücksichtigt.

Familien mit hohen Einkommen werden einen größeren Teil ihres Einkommens in Steueroasen transferieren, und manche Arbeitnehmer, die Ehegatten mit hohen Einkommen haben, werden aus dem Erwerbsleben ausscheiden.

Wie hoch auch immer das durch die Einkommens- und Energiesteuererhöhung erzeugte zusätzliche Steueraufkommen ausfällt – es wird im Kongreß und unter den Beratern des Präsidenten eine Auseinandersetzung entfachen, ob eher dem Wunsch nach der Befriedigung der zahlreichen einflußreichen Interessengruppen, die energisch höhere staatliche Zuwendungen fordern, oder eher den politischen Vorteilen des Defizitabbaus der Vorzug gegeben werden sollte. Im Laufe der letzten 12 Jahre ist dieser Kampf durchgängig von den Befürwortern höherer Ausgaben gewonnen worden.

Ich behaupte nicht, daß es ein ehernes Gesetz demokratischer Politik gibt, nach dem sich die öffentlichen Ausgaben über jedes zusätzliche Steueraufkommen hinaus ausdehnen. Ich bin nur der Meinung, daß einflußreiche Kräfte eindeutig in diese Richtung drängen. Es ist ein schlagender Beweis für die Stärke dieses Ausgabenimpulses, daß die Clinton-Mannschaft auf ihrer Suche nach Programmen, die nicht funktionieren oder nicht länger erforderlich sind, nur ganze elf fand – in einem Haushalt von fast 1,5 Billionen Dollar. Der Haushaltsplan übertreibt durchgängig die durchführbare Reduzierung bei den Verteidigungsausgaben, tarnt einige Steuererhöhungen als Ausgabenkürzungen und versucht die politische Last der Kürzungen der Opposition zuzuschieben, indem er die Republikaner auffordert, ihrerseits Programme zu nennen, die zusammengestrichen werden sollen.

Beim Kongreß scheint die Botschaft, die bei den letzten Wahlen von der Öffentlichkeit abgesandt wurde, angekommen zu sein; er scheint jetzt entschlossen zu sein, die Ausgaben stärker als von Präsident Clinton vorgeschlagen zu kürzen. Ich hoffe es fest. Aber ich würde darauf keine Wetten annehmen – man denke nur an den unglaublichen Appetit auf Staatsausgaben in den USA und allen anderen demokratischen Ländern.

Die Kongreßreform: Warum Amtszeitbegrenzungen nicht funktionieren werden

(6. August 1990)

Die Kritiker auf der Rechten und auf der Linken stimmen darin überein, daß der Kongreß nicht richtig funktioniert. Ihre feindselige Haltung kommt deutlich bei denjenigen zum Ausdruck, die wegen der relativ bescheidenen Erhöhung der Abgeordnetenbezüge um insgesamt 12 Millionen Dollar, die sich die Kongreßmitglieder im letzten Jahr genehmigt haben, in Harnisch geraten sind; und sie zeigt sich im starken Rückgang der Wahlbeteiligung bei den Kongreßwahlen zwischen den Präsidentschaftswahlen.

Man macht für diese Schwierigkeiten oft den Amtsbonus der Amtsinhaber gegenüber den Herausforderern verantwortlich. Nach Meinungsumfragen befürworten die meisten Amerikaner eine Verfassungsänderung, um die Dienstzeiten im Kongreß auf wenige Amtszeiten zu begrenzen – auf eine oder zwei für Senatoren und auf drei oder vier für Abgeordnete des Repräsentantenhauses. Obwohl ich ebenfalls der Auffassung bin, daß der Kongreß reformiert werden sollte, ist die Begrenzung der Amtszeiten der Abgeordneten sicherlich nicht der geeignete Weg – er könnte sogar kontraproduktiv sein.

Während der vergangenen 50 Jahre ist die Wahrscheinlichkeit, daß ein Amtsinhaber die Wiederwahl gewinnt, dramatisch angestiegen – auf über 90 % bei Abgeordneten des Repräsentantenhauses und auf mehr als 70 % bei Senatoren. Diese Zahlen überzeichnen den tatsächlichen Amtsbonus, da Amtsinhaber, die mit ihrer Niederlage rechnen, dazu neigen, gar nicht erst wieder anzutreten. Im Jahre 1986 strebten 6 von 33 Senatoren, deren Amtszeiten ausliefen, und mehr als 50 Abgeordnete des Repräsentantenhauses nicht wieder ein Amt an.

Sich zurechtfinden. Aber auch so haben Amtsinhaber beträchtliche Vorteile gegenüber den Herausfordern. Sie haben einen bekannten Namen, verfügen über Gelegenheiten, ins Fernsehen oder ins Radio zu kommen, haben Rangvorteile und die Einflußmöglichkeiten, Wählern und anderen Interessengruppen einen Gefallen zu tun; und sie haben einen viel leichteren Zugang zu den Wahlkampfgeldern als die Herausforderer.

Aber längere Dienstzeiten im Kongreß sind auch Teil eines allgemeinen Trends in den USA und anderen modernen Volkswirtschaften, daß Arbeitskräfte an denselben Arbeitsplätzen bleiben. Qualifizierte Arbeitskräfte mit mehr als ein paar Jahren Berufserfahrung wechseln selten den Arbeitsplatz. Sie benötigen derart viel berufliche Ausbildung und Wissen, um gute Leistungen zu bringen, daß ein häufiger Wechsel des Arbeitsplatzes ihre Produktivität erheblich beeinträchtigen würde.

Auch die Mitglieder des Kongresses benötigen viele Jahre, um sich zurechtzufinden. Zum Beispiel braucht es seine Zeit, bis man die Feinheiten militärischer Angelegenheiten so beherrscht, daß man die scheinbar plausiblen Argumente der Generalität abwägen kann, die ihr erwachsenes Leben in Uniform verbracht hat. Die Abgeordneten benötigen einen gewissen Hintergrund, um Selbstbedienungsargumente zu durchschauen – ob von Umweltaktivisten oder Sprechern der Chemieindustrie. Dies sind durchaus Gründe, warum Wähler wahrscheinlich die Amtsinhaber selbst dann ins Amt zurückschicken würden, wenn sie sonst keine anderen Vorteile gegenüber den Herausforderern hätten.

Die Kritiker geben zu, daß mit höherem Dienstalter im Kongreß meist auch die Fähigkeiten steigen. Sie behaupten aber, daß dieser tatsächliche Amtsbonus durch den gefährlichen Einfluß von Bürgerinitiativen und anderen Sonderinteressengruppen aufgewogen wird, die dazu beitragen, die Wahlkampagnen zu finanzieren. Aber die Begrenzung der Amtszeiten im Kongreß könnte die politische Macht solcher Interessengruppen eher erhöhen als verringern, weil Kandidaten, die nicht in irgendeiner Form auf einen Amtsbonus vertrauen können, noch abhängiger vom Tausch vielversprechender Vergünstigungen gegen Stimmen und Wahlkampfspenden werden könnten.

Wer im übrigen auf keine längere Karriere im Kongreß hoffen kann, wird versucht sein, Gruppen zu begünstigen, die nach Beendigung seiner Laufbahn auf dem Kapitolshügel für eine Anstellung oder für Beraterhonorare sorgen können. Juristen und andere Beamte, die aus der Regierung ausscheiden, werden oft von den Gruppen weiterbeschäftigt, mit denen sie im Amt zu tun hatten. Eine ähnliche Tendenz ist bei Senatoren und Abgeordneten des Repräsentantenhauses zu erwarten, die gezwungen sind, nach kurzer Zeit auszuscheiden.

Politische Vergünstigungen. Befürworter begrenzter Amtszeiten behaupten manchmal, daß Abgeordnete, die sich um eine Wiederwahl keine Sorgen machen müssen, eher entschiedenere Verfechter des Allgemeininteresses statt Advokaten von Parteipositionen würden. Aber ist es nicht viel wahrscheinlicher, daß Mitglieder, die sich auf keine lange Amtszeit einstellen können, weniger Interesse an ihrer Arbeit haben und ihre Zeit darauf verwenden werden, die künftige Karriere zu planen? Nur eine unrealistische Sicht der menschlichen Natur und der Art, wie Menschen auf Anreize reagieren, könnte zur Annahme verleiten, daß die

Abschaffung des Rechts auf einen dauerhaften Arbeitsplatz die Leistung verbessern wird.

Der Kongreß hat nicht deswegen ernsthafte Probleme, weil die Amtsinhaber einen besonders großen Amtsbonus hätten, sondern hauptsächlich weil Tausende von Gruppen von der Bundesregierung politische Vergünstigungen erwarten. Auch die Legislative in anderen Demokratien unterliegt dem politischen Druck verschiedener Sonderinteressengruppen, obwohl die Kandidaten andernorts in der Regel weitaus stärker der Parteidisziplin unterworfen sind und sich nicht so fest auf steigende Wahlkampfspenden von Interessengruppen verlassen müssen.

Das posierende und törichte Verhalten im Kongreß mag vielleicht das von Abgeordneten in anderen Ländern übertreffen. Aber die entscheidende Frage ist, ob auch Zölle und Importhöchstquoten, die Landwirtschaftspolitik und die sonstige Gesetzgebung in den USA schlechter sind. Ich glaube nicht. Wenigstens die USA haben hohe Grenzsteuersätze bei der Einkommensteuer, umfangreiche Verstaatlichungsprogramme und viele andere Beispiele einer schlechten Gesetzgebung vermieden, wie sie in europäischen Demokratien zu finden sind.

Eine wirksame Reform muß die politische Macht von Stimmenblocks und Sonderinteressengruppen beschneiden, so daß der Kongreß sich auf die Themen konzentrieren kann, die von den Einzelstaaten oder dem privaten Sektor nicht angemessen behandelt werden können. Ich kenne keinen problemlosen Weg, das zu verwirklichen. Dennoch scheint klar zu sein, daß eine Kürzung des Amtsbonus die Arbeit des Kongresses nicht spürbar verbessern wird. Sie könnte aber die Dinge ohne weiteres verschlimmern.

Bundesbesoldung: Nur eine Reform von oben nach unten wird funktionieren

(13. Februar 1989)

Wir brauchen eine grundlegende Reform der Bundesbesoldungsstruktur. Die Bundesbesoldung sollte sich danach richten, was für die Rekrutierung qualifizierten Personals nötig ist, und nicht nach der Größe des Haushaltsdefizits. Aber selbst wenn die Empfehlungen der Quadrennial Commission, die Gehälter der Spitzenbeamten anzuheben, im großen und ganzen befolgt werden sollten, würden die Ausgaben langfristig sinken, wenn man die Bundesbesoldungsstruktur in Übereinstimmung mit den im privaten Bereich gezahlten Gehältern brächte.

Der Grund ist, daß die meisten Bundesbediensteten mehr, nicht weniger verdienen, als sie im privaten Sektor bekommen könnten. Wie in einer jüngst erschienenen Arbeit von Professor Alan Krueger von der Universität Princeton und anderen gezeigt wurde, verdienen die Beschäftigten des Bundes etwa 5 % bis 10 % mehr als Arbeitnehmer mit vergleichbarer Ausbildung und anderem meßbaren Humankapital im privaten Sektor. Die niedrigen Kündigungszahlen und die langen Bewerberschlangen für Arbeitsplätze des Bundes sind ein Hinweis darauf, daß die Arbeitnehmer des Bundes ein Aufgeld verdienen. Doch dieses Aufgeld ist kaum ein Anreiz zu verbesserter Leistung, da Bundesbedienstete fast nie entlassen oder zurückgestuft werden.

Nach meiner Auffassung erhalten Bundesbedienstete ein Aufgeld, weil sie eine wirkungsmächtige Interessengruppe sind. Es ist nicht überraschend, daß sie über politische Einflußmöglichkeiten verfügen, wenn man in Betracht zieht, daß sie die Durchsetzung der Gesetzgebung und der Direktiven des Präsidenten kontrollieren.

Nichtsdestoweniger geht es den Spitzenbeamten in der Bundesregierung schlechter als Leitenden Angestellten in der privaten Wirtschaft mit offensichtlich vergleichbarer Verantwortung. Kein Bundesbeamter verdient mehr als 100.000 Dollar im Jahr, während der durchschnittliche Spitzenmanager nach der *Business-Week*-Rangliste der Jahresverdienste 965.617 Dollar Grundgehalt und Bonus bezieht. Sogar Manager im nicht gewinnorientierten privaten Sektor verdienen deutlich mehr als Arbeitnehmer im Staatsdienst in vergleichbarer Position.

Versuchung. Die Rekrutierung für viele Spitzenpositionen in der Regierung ist nicht einfach, und die Fluktuation nimmt zu. Das Justizministerium kann ambitionierte und erfahrene Juristen nicht halten, wenn sie weniger verdienen als frisch graduierte Partner in vielen Anwaltskanzleien. Sogar die hingebungsvollsten Regierungsbeamten müssen durch die viel besseren finanziellen Möglichkeiten im privaten Sektor in Versuchung geraten.

Manche Konservative, mißtrauisch gegenüber dem beachtlichen Einfluß ehrgeiziger Bürokraten, empfehlen niedrige Gehälter und eine hohe Fluktuation der Regierungsbeamten. Der Machtmißbrauch ist besorgniserregend, aber angemessen besoldete Staatsdiener leisten bessere, nicht schlechtere Arbeit. Unzureichend bezahlte Beamte sind versucht, den Unternehmen entgegenzukommen, die sie regulieren sollen – in der Hoffnung auf finanzielle und andere Vergünstigungen, etwa eine Beschäftigung für die Zeit nach ihrer Regierungstätigkeit.

Die 100.000 Dollar pro Jahr, die Richter an Distrikts- und Berufungsgerichten erhalten, werden weit in den Schatten gestellt von den Einkommen erfolgreicher Anwälte. Aber das bedeutet nicht, daß Richter unterbezahlt wären. Sie haben großzügige Pensionen, ein beachtliches Prestige und mehr Einfluß (und damit mehr Arbeit), da die Bundesgerichte in ihrer Bedeutung gestiegen sind. Trotz relativ niedriger Gehälter hat sich die Qualität der Richterschaft im letzten Jahrzehnt mit der Berufung und Bestätigung vieler hervorragender Berufungsrichter wie Stephen G. Breyer, Frank H. Easterbrook und Richard A. Posner wohl deutlich verbessert.

Um ihre Argumente für eine kräftige Gehaltserhöhung für die Bundesrichter zu untermauern, wies die Kommission darauf hin, daß im Zeitraum zwischen 1974 und 1988 zehnmal so viele Bundesrichter ihr Amt niederlegten als während der vorangegangenen 15 Jahre. Ein Großteil dieser Abwanderung resultiert allerdings wohl aus der allgemeinen Zunahme der Zahl der Richter in den vergangenen Jahren und aus dem größeren Anteil jüngerer Richter, die dazu neigen, ihre Arbeitsstellen häufiger zu wechseln als ihre älteren Kollegen.

Was Macht nötig macht. Obgleich die Belege der Kommission nicht überzeugend sind, scheint eine kräftige Besoldungserhöhung für Richter dennoch gerechtfertigt zu sein. Eben weil das Bundesgerichtswesen so mächtig geworden ist, werden die fähigen und energischen Juristen in den Privatpraxen, die mit Hilfe einer besseren Bezahlung für das Richteramt gewonnen werden könnten, mehr denn je gebraucht.

Kritiker der Kommissionsempfehlungen haben sich auf die vorgeschlagene Anhebung der Gehälter für Kongreßmitglieder um 46.000 Dollar jährlich kapriziert. Aber die Nettozunahme des Einkommens wird nicht erheblich sein, wenn die Empfehlung der Kommission, Beratertätigkeiten zu verbieten, ebenfalls umgesetzt wird. Natürlich sollten bei den vom Kongreß gezahlten Gehältern keine Aufbesserungen von seiten der Interessengruppen erlaubt werden, die staatliche Vergünstigungen erwarten. Keine nach ethischen Grundsätzen geführte Firma erlaubt ihren Angestellten, von Anbietern oder Kunden größere Geschenke entgegenzunehmen.

Ist das gegenwärtige Gehalt von 89.000 Dollar hoch genug, um geeignete Kandidaten zu einer Kandidatur für den Kongreß zu bewegen, wenn man an die hohen Einkommen denkt, die von talentierten Leuten in der Privatwirtschaft verdient werden, und an die beträchtlichen Kosten, die ein Mandat mit sich bringt? Die Kommission mag recht haben, daß die Abgeordnetenbezüge zu niedrig sind, doch ein Sitz im Kongreß ist sogar bei der jetzigen Bezahlung stark begehrt. Weniger als 20 von den 535 Abgeordneten des Kongresses traten vor der letzten Wahl freiwillig zurück; und 95 % von denen, die antraten, wurden wiedergewählt.

Die Kommissionsvorschläge als solche würden die Bundesausgaben gerade zu einem Zeitpunkt erhöhen, zu dem der Kongreß um den Abbau des Defizits ringt. Aber eine umfassende Reform der Art, wie ich sie vorschlage, würde die Ausgaben kräftig stutzen. Sobald das zahlenmäßige Übergewicht überbezahlter Arbeitsplätze beim Bund in Übereinstimmung gebracht wird mit vergleichbarer privater Beschäftigung, kommt das letztlich sowohl dem Defizit als auch der Qualität unserer Bundesangestellten zugute.

Budgetausgleich ohne Winkelzüge

(7. Dezember 1987)

Der Crash am Aktienmarkt vom 19. Oktober hat zu energischen Forderungen nach einem Abbau des Haushaltsdefizits geführt. Ein kleineres Defizit ist eine gute Sache, aber ich fürchte, daß ein forcierter Budgetausgleich mehr Probleme erzeugen als lösen wird. Obwohl es auch nicht die Spur eines Beweises für eine Verbindung zwischen dem Crash und dem Defizit gibt, werden die Forderungen nach einer Budgetreduzierung von Ökonomen, Geschäftsleuten und den Medien aufgenommen.

Selbst Leute, die mit den Fakten vertraut sind, glauben, daß schlechte Argumente nützlich sind, um die gute Sache des Defizitabbaus voranzubringen. Das Defizit in den USA war während des Hausse-Marktes im Jahre 1986 nicht kleiner, als es 1987 gewesen ist. Als 1929 der Markt zusammenbrach, wies der Haushalt sogar einen kleinen Überschuß auf. Und die Aktien fielen stärker in Ländern wie Großbritannien, die ein relativ geringeres Budgetdefizit hatten als die USA.

Defizite sind nicht die Schuld inkompetenter Politiker, die auf den richtigen Weg zurückgebracht werden müssen. Sie sind das Ergebnis erfolgreicher Bemühungen von Sonderinteressengruppen, ihre staatliche Alimentierung zu erhöhen, ohne höhere Steuern zu bezahlen. Wenn dem Gramm-Rudman-Gesetz und anderen Defizitbegrenzungen die Senkung der Staatsausgaben gelingen sollte, wird der Gesetzgeber versuchen, dem Druck mächtiger Gruppen dadurch nachzugeben, daß dem privaten Sektor Regulierungen und indirekte Steuern auferlegt werden.

Schon während der letzten Jahre hat der Kongreß in dieser Weise auf politischen Druck reagiert. Man stellte mehr Geld für die ärztliche Betreuung zur Verfügung, indem man Firmen zwang, die Zahl der Arbeitskräfte zu erhöhen, die durch großzügig ausgestattete Krankenversicherungsverträge abgesichert sind. Die wachsende politische Macht der Senioren und Ruheständler hat zu einer übermäßigen Unterstützung der

Schadensersatzforderungen im Rahmen von Diskriminierungsklagen älterer Arbeitnehmer und zu gesetzlich vorgeschriebenen Aufstockungen privater Pensionspläne geführt. Und der Gesetzgeber auf Bundesebene hat versucht, der Kampagne für eine subventionierte Kinderbetreuung durch eine Gesetzgebung entgegenzukommen, die von Firmen verlangt, schwangeren Frauen und Eltern von neugeborenen Kindern Urlaub zu gewähren.

Nach den vorliegenden Gesetzentwürfen sind derartige Urlaube unbezahlt; aber es ist nur eine Frage der Zeit, bis die Befürworter auf das Beispiel Schwedens und Westdeutschlands verweisen und einen bezahlten Urlaub fordern. Aber wenn die Gesetzgebung einen bezahlten Schwangerschaftsurlaub verlangt, werden die Betriebe weniger junge verheiratete Frauen einstellen und ihnen kaum verantwortliche Positionen geben wollen, da sie möglicherweise schwanger werden.

Versteckte Schäden. Wenn die Haushaltskürzungen zu einem Rückgang der Militärausgaben relativ zu den zivilen Haushaltsposten führen sollten, dann wird es schwerer, Freiwillige zu rekrutieren. Das ließe erneut Forderungen nach einer Wehrpflicht laut werden – mit der Begründung, daß ein Freiwilligensystem nicht funktionieren könne. Aber die Wehrpflicht zwingt manche junge Leute in das Militär, die als Zivilisten weit produktiver wären. Und niedrige Militärausgaben, die eine Wehrpflicht nötig machen, halten die potentiell besseren Soldaten davon ab, sich freiwillig zu melden.

Ein verlockender Weg, das Budget ausgeglichener aussehen zu lassen, ist der Verkauf von Staatsvermögen. Weil in der staatlichen Buchführung der Wert der Aktiva des Staates nicht von den ausstehenden Verbindlichkeiten abgezogen wird, erhöht der Verkauf solchen Vermögens das Steueraufkommen, ohne die reale Verschuldung zu verändern. Die ausgezeichneten Argumente für eine Privatisierung vieler staatlicher Vermögensbestände und Aktivitäten bleiben jedoch durch die fehlerhaften Grundsätze staatlicher Buchführung unberührt.

Ich befürworte die Privatisierung vieler staatlicher Aktivitäten sowie den Grundsatz, daß staatliche Unterorganisationen wie etwa die Post kostendeckende Preise in Rechnung stellen sollten. Aber ich wende mich mit allem Nachdruck gegen niedrigere Staatsausgaben, die nur durch Regulierungen und durch eine versteckte Besteuerung privater Firmen und Individuen erreicht werden.

Illusionen. Eine solche Politik verringert oft beträchtlich die Effizienz des privaten Sektors und trifft viele unbeteiligte Menschen. So stellt beispielsweise die vom Kongreß verfügte bessere Ausstattung der Krankenversicherungsverträge und Pensionspläne der privaten Unternehmen vielleicht einige ältere Arbeitnehmer besser; aber sie macht es arbeitslosen älteren Menschen auch schwerer, einen Arbeitsplatz zu finden. Unternehmen stellen keine Arbeitskräfte ein, die hohe indirekte Kosten in Form von Pensionsverpflichtungen und Gesundheitsausgaben machen.

Ein kleineres Haushaltsdefizit, das durch Regulierungen und indirekte Besteuerung erreicht wird, erzeugt die Illusion einer verringerten staatlichen Einmischung in die Wirtschaft. Es gibt der Verteilung der Bundesmittel auf die verschiedenen Ressorts ein anderes Aussehen, da sich nur bestimmte Ausgabenarten ohne weiteres auf den privaten Sektor abwälzen lassen. Ausgaben für ärztliche Betreuung, für Pensionen, Kinderbetreuung und Gleichstellung lassen sich leichter abwälzen als Aufwendungen für Rüstungsgüter oder Hilfen für unverheiratete minderjährige Mütter. Infolgedessen scheinen die Staatsausgaben bei den schwer zu überwälzenden Haushaltsposten an relativer Bedeutung zuzunehmen, da die Ausgaben in den übrigen Ressorts auf den privaten Sektor verlagert werden.

Ich teile nicht die Bedenken mancher Ökonomen gegen kleinere Budgetdefizite. Ein Defizit ist eine Steuer auf künftige Generationen, die vielleicht weniger als die gegenwärtige in der Lage sind, die Steuerbelastung zu tragen. Leider kontrolliert kein Plan zum Defizitabbau ernsthaft die politische Macht der Sonderinteressengruppen. Wenn ein ausgeglichenes Budget nicht aus einer größeren Immunität gegen Forderungen von Sonderinteressengruppen nach Alimentierung und niedrigen Steuern hervorgeht, richtet die Medizin wahrscheinlich mehr Schaden an als die Krankheit.

Entgegen einer verbreiteten Annahme hob der Wirtschaftsaufschwung alle Boote

(18. September 1988)

Man hört oft, daß die Reagan-Jahre gut für die Mittelklasse und die Reichen gewesen seien, nicht aber für die Armen. Diese Sicht der Dinge spiegelt vielleicht den Einfluß der berühmten Anklage von David Stockman im Magazin *The Atlantic* wider, nach der die Angebotsökonomie als ein Trojanisches Pferd angesehen werden sollte: Die Besteuerung der Reichen werde in der Hoffnung gesenkt, daß das Vermögen zu den Armen nach unten ‚durchsickert'.

Aber die Daten des Bureau of Statistics and Census Department zu Beschäftigung und Verdienst von Schwarzen, Jugendlichen und Frauen für das Jahr 1976 (dem letzten Jahr der Administration Gerald Fords), 1980 (dem letzten Jahr von Jimmy Carter) und 1987 zeigen, daß dieser Eindruck von der Bilanz der letzten acht Jahre völlig unangemessen ist.

Junge und ungelernte Arbeitskräfte sowie Minderheiten sind viel mehr von Arbeitslosigkeit betroffen als ältere und qualifizierte weiße Arbeitnehmer. Doch nicht nur die Gesamtarbeitslosigkeitsrate ist zurückgegangen (von 7 % am Ende der Carter-Jahre auf 5,4 % im Juli), sondern die Arbeitslosigkeitsraten bei Schwarzen und Jugendlichen sind auch viel niedriger als am Ende der Carter-Administration. So ist beispielsweise die Arbeitslosigkeitsrate bei Schwarzen von 14,3 % im Jahre 1980 auf 11,4 % gesunken; sie ist allerdings immer noch zu hoch.

Schneller Anstieg. Der Trend beim Verdienst erwerbstätiger Schwarzer ist weniger günstig. Nach einem steilen Anstieg während der 1970er Jahre fielen in den frühen 1980er Jahren die Stundenlöhne für männliche Schwarze relativ zu denen der Weißen. Dennoch ist in den letzten drei Jahren das Erwerbseinkommen männlicher Schwarzer schneller gestiegen – parallel zum kräftigen Rückgang der Arbeitslosigkeit bei den Schwarzen.

Die Arbeitslosigkeitsraten könnten auch gesunken sein, weil manche Arbeitslose wegen der Schwierigkeiten, einen Arbeitsplatz zu finden, resignierten und sich aus dem Erwerbsleben zurückzogen.

Aber die Zahlen zeigen das Gegenteil: Die Beschäftigung stieg, während die Arbeitslosigkeit sank. Von 1980 bis Juli 1988 bekamen weitere 15 Millionen Menschen einen Arbeitsplatz, und der Anstieg der Erwerbsquote bei Schwarzen um 4,5 Prozentpunkte liegt über dem entsprechenden Wert von 3,1 Prozentpunkten für alle Arbeitnehmer.

Ist der Rückgang der Arbeitslosigkeit und das Wachstum der Beschäftigung in diesem Zeitraum auf einen Rückgang der Reallöhne zurückzuführen, was die Arbeitgeber veranlaßte, billigere Arbeitskräfte einzustellen? Nein – von 1980 bis 1987 stiegen die realen Stundenlöhne sogar leicht. Ein Zusammenhang zwischen fallenden Reallöhnen und einem Rückgang der Arbeitslosigkeit ist jedenfalls schwer zu beweisen: Von 1976 bis 1980 blieb die Arbeitslosigkeit hoch, obwohl die Reallöhne um mehr als 5 % fielen.

Die Reagan-Administration ist von vielen Frauengruppen kritisiert worden, auch weil sie sich gegen das Equal Rights Amendment und gegen Gesetze wandte, die gleichen Lohn für gleiche Arbeit verlangen. Aber entgegen der Erwartung schnitten Arbeitnehmerinnen während der vergangenen acht Jahre sehr gut ab. Die Arbeitslosigkeitsraten bei schwarzen und bei weißen Frauen sanken, und die Differenz zwischen den Medianeinkommen vollzeitbeschäftigter Männer und Frauen fiel von 39 Prozentpunkten im Jahre 1980 auf 32 Prozentpunkte im Jahre 1987.

Diese erheblich verbesserte Position der Frauen ist um so bemerkenswerter, als der geschlechterbedingte Lohnabstand von den späten 1950er Jahren bis gegen Ende der 1970er Jahre unverändert bei etwa 40 Prozentpunkten verharrte; und viele Leute glaubten, daß diese Lücke ohne umfangreiche staatliche Hilfe niemals schrumpfen würde.

Doch sie wurde ein beachtliches Stück kleiner – unter einer Regierung, die sich der Gleichstellung entgegenstellte. Das gesamte Beschäftigungsumfeld, die Umstellung auf eine Dienstleistungswirtschaft, eine verbesserte Ausbildung und eine höhere Erwerbsquote – all dies trug zum ökonomischen Fortschritt der Frauen bei.

Manche Kritiker der Reagan-Administration gestehen die beachtliche Zunahme der Arbeitsplätze zu. Aber sie behaupten, daß die neuen Stellen in der Regel kaum besondere Fähigkeiten verlangen und schlecht bezahlt sind. Wir werden eine Nation von Würstchenverkäufern, lautet das Argument.

Aber in einem Aufsatz in der Winterausgabe von *The Public Interest* untersuchte Marvin Kosters vom American Enterprise Institute eingehend die Schaffung von Arbeitsplätzen während der letzten Jahre. Er fand, daß im Laufe der 1980er Jahre das Verteilungsmuster der hoch-, niedrig- und durchschnittlich bezahlten Stellen annähernd dasselbe blieb wie im Jahrzehnt zuvor.

Umstritten. Zugegebenermaßen begünstigte das Wirtschaftswachstum der Reaganjahre die ausgebildeten und qualifizierten Arbeitskräfte, nicht die weniger gut Ausgebildeten ohne Berufserfahrung. Aktuelle Statistiken zeigen, daß der Verdienstzuwachs auf Grund eines Collegebesuchs in den letzten Jahren viel höher gewesen ist als in den 1970er Jahren.

Die Professoren Kevin Murphy von der Universität Chicago und Finis Welch von der Universität von Kalifornien in Los Angeles zeigen, daß eine Collegeausbildung heutzutage mehr wert ist als je zuvor in den letzten 30 Jahren.

Diese Ergebnisse lassen erkennen, daß der ganz überwiegende Teil der Schwarzen, der Frauen, der Jugendlichen und der sonstigen weniger begünstigten Arbeitskräfte am wirtschaftlichen Boom der letzten sechs Jahre in vollem Umfang teilhatte. Diese Schlußfolgerung basiert auf den Tatsachen und hat nichts mit der umstrittenen und politisch aufgeladenen Frage zu tun, ob der Boom durch Steuersenkungen, das Haushaltsdefizit oder den sinkenden Dollar verursacht wurde, oder ob Murphy und Welch mit ihrer Einschätzung richtig liegen, daß während der

1980er Jahre sich das Ausmaß und die Zusammensetzung der Exporte und Importe veränderten und so die Löhne von Frauen, Schwarzen, Collegeabgängern und jungen Leuten beträchtlich beeinflußten.

Kurzfristige Vorteile können später Probleme machen

(29. Dezember 1986)

Politische und private Handlungen, die auf den ersten Blick hilfreich sind, haben später oft ungeahnte Konsequenzen. Vor allem Regierungen neigen dazu, dem Ruf der Sirenen nach kurzfristigen Vergünstigungen nachzugeben. Aber eine entsprechende Politik kann das Langzeitverhalten von Privatpersonen und Unternehmen dramatisch verändern.

Ein Beispiel ist das neue Einwanderungsgesetz, das die illegalen Immigranten amnestiert, die sich seit 1982 in den USA aufgehalten haben. Das Gesetz wird die Lage dieser Einwanderer verbessern – um den Preis, daß andere illegale Einwanderer fest mit weiteren künftigen Amnestiedekreten rechnen. Ein anderes Beispiel ist die Inflation der 1970er Jahre, die den realen Wert der öffentlichen Schulden und die Belastung durch frühere Defizite verringerte. Der Preis, den wir für diese inflationäre Episode bezahlt haben, sind höhere Zinssätze auf Langzeitkredite. Kreditgeber verlangen jetzt höhere Zinssätze, weil sie künftige Versuche vorwegnehmen, die Inflation einzusetzen, um die Last der Defizite zu erleichtern, die während der letzten Jahre entstanden.

Staatliche Bemühungen zum Schutz von Kreditnehmern sind ein anderes Beispiel. Viele Familien häufen mehr Schulden an als sie zurückzahlen können, weil sie ihr künftiges Einkommen überschätzen oder weil sie ihre Ausgaben unterschätzen. Es ist leicht, den Wunsch sympathisch zu finden, daß die Notlage derer gelindert wird, die in finanziellen Schwierigkeiten stecken. Die Konkursgesetze sind besonders attraktiv, da sie den Menschen die Chance bieten, von vorne anzufangen – frei von jeglichen Schuldenlasten, die sich durch frühere Fehlentscheidungen angesammelt haben.

Geschenk zum Erntedank. Eine umfangreiche Novellierung der Konkursgesetze im Jahre 1978 hob den Wert der persönlichen Schulden beträchtlich an, die durch einen Konkurs gelöscht werden können. Um die Notlage von Farmern zu mildern, setzte ein Zusatz zum Konkursgesetz, der am Erntedankfest in Kraft trat, die Höhe der Verbindlichkeiten drastisch herauf, die von den Farmern durch einen Konkurs abgeschrieben werden können. In den letzten Jahren waren die Einkünfte der Farmbetreiber niedrig, obgleich sie mit hohen Schulden belastet sind, die während der Prosperitätsphase der 1970er Jahre angehäuft wurden. Infolgedessen ist die Zahl der Farmer, die Konkurs beantragten, erheblich angestiegen.

Großzügigere Konkursbestimmungen würden die Folgen früherer Fehlentscheidungen scheinbar weiter erleichtern. Die empirischen Daten zeigen, daß ein großzügigeres Konkursgesetz die Wahrscheinlichkeit erhöht, daß Schuldner sich für einen Konkurs als Lösung ihrer Probleme entscheiden. Die Professoren William J. Boyes und Roger L. Faith von der Arizona State University zeigen in der Ausgabe des *Journal of Law and Economics* vom April 1986, daß das Gesetz von 1978 die Zahl der persönlichen Konkurse steigen ließ, besonders in der Zeit von 1978 bis 1980. Die jüngste Gesetzesnovelle wird die Zahl der Farmer, die Konkurs beantragen, sicherlich weiter erhöhen.

Aber diese kurzfristigen Vorteile für Kreditnehmer auf Grund eines großzügigen Konkursgesetzes bringen bedeutende langfristige Kosten mit sich. Um sich selbst zu schützen, ändern Banken und andere Kreditgeber die Konditionen für riskantere Kredite und für Schuldner mit geringen Sicherheiten und geringem Einkommen. Sie erhöhen die Zinssätze, verkürzen die Laufzeiten der Kredite und lehnen öfter als vor der Liberalisierung von 1978 Kreditwünsche ab. Daher schaden diese liberalen Konkursgesetze auf lange Sicht vielleicht genau jenen Leuten, die auf kurze Sicht am meisten profitieren – den Grenzschuldnern, die am ehesten in eine finanzielle Notlage geraten. Für sie wird es noch schwieriger, einen Kredit zu bekommen, und die Konditionen eines bewilligten Kredits werden ungünstiger sein.

Weniger Kredite. Die Studie von Boyes und Faith ermittelte, daß nach Verabschiedung der Gesetzesänderung von 1978 bei Konkursverfahren das Verhältnis der Schulden, die durch Sicherheiten gedeckt sind, zu den ungedeckten Schulden sank. Eine plausible Interpretation dieses Rückgangs ist, daß die neuen Regeln den Anteil der Kredite an riskantere Schuldner senkten, da Kreditgeber von gutverdienenden und anderweitig kreditwürdigen Schuldnern weniger Sicherheiten verlangen.

Ähnlich langfristige Konsequenzen werden sich aus dem jüngsten Erfolg vieler Länder der Dritten Welt ergeben, die einen Teil der hohen Schulden bei den Gläubigern im Westen effektiv nicht anerkennen. Diese Handlungsweise hilft diesen Ländern momentan; aber sie wird das Kreditvolumen verringern, das diesen Ländern künftig eingeräumt wird. Sie läßt ferner die Zinssätze steigen und wird die Laufzeit künftiger Kredite verkürzen.

Es gibt Vorschläge, daß die Schadensersatzverpflichtungen für Kriminelle durch Konkurs löschbar sein sollten, um bankrotten Kriminellen einen neuen Start zu ermöglichen. Das US-Berufungsgericht für den Zweiten Gerichtsbezirk bestätigte diese Ansicht in einer Entscheidung von 1985. Zum Glück bekräftigte der Oberste Gerichtshof im November das Prinzip, daß Schadensersatzzahlungen ebenso wie Geldstrafen, zu denen Kriminelle verurteilt wurden, nicht durch einen Konkursantrag gelöscht werden können. Andernfalls würden Geldstrafen kaum von Verbrechen abschrecken und die Gerichte müßten sich mehr auf Gefängnisstrafen stützen.

Politiker sind enormen Versuchungen ausgesetzt, die kurzfristigen Vorteile eines Amnestieprogramms, der Inflation oder eines liberalen Konkursgesetzes einzuheimsen. Da aber individuelles Verhalten auf öffentliche Politik reagiert, haben diese kurzfristigen Vorteile leider langfristige Kosten. Politisch Verantwortliche sollten sich daher ermutigt fühlen, diesen Versuchungen zu widerstehen. Es ist viel vernünftiger, den politischen Prozeß auf eine langfristige Perspektive festzulegen, die auf die anfänglichen Vorteile verzichtet – und auf die späteren Nachteile.

Steuern

Niedrigere Steuern könnten sogar unstete Mannschaften seßhaft machen

(12. Februar 1996)

Die erbitterte Kontroverse über den Plan des Cleveland Browns Profi-Footballteams, nach Baltimore umzuziehen – nach mehreren Jahrzehnten an den Ufern des Erie-Sees –, enthüllt den heftigen Bieterwettbewerb um die Oberliga-Sportvereine. Dieser Wettbewerb ist nicht nur Sache der Bewohner der beteiligten Städte: Alle Steuerzahler helfen mit, die Zeche zu zahlen.

Andere Steuerzahler sind finanziell involviert, weil die Kosten für Stadien, neue Straßen und andere Einrichtungen teilweise mit Hilfe von Kommunalobligationen finanziert werden, die von der Einkommensteuer des Bundes befreit sind. Mein Kollege an der Universität Chicago, Casey Mulligan, hat die zu erwartenden Kosten des andauernden Kampfes zwischen Chicago und der nahegelegenen Stadt Gary, Indiana, um die Chicago Bären errechnet – einen der prestigeträchtigsten Sportvereine. Obwohl es unwahrscheinlich ist, daß die Bären ihre Zelte zugunsten von Gary abbrechen, hat schon die entsprechende Drohung den Bürgermeister von Chicago, Richard M. Daley, gezwungen, fast 200 Millionen Dollar für die Erweiterung des Stadions aufzuwenden, in dem die Bären gespielt haben: das stadteigene Soldier-Field-Stadion. Gary seinerseits hat angeboten, noch weit mehr auszugeben, um ein neues Stadion, Straßen und andere Einrichtungen zu bauen.

Beide Seiten planen, ihre Finanzmittel durch steuerbefreite Kommunalobligationen zu erhöhen. Solche Obligationen mit langer Laufzeit, höchster Bonität und Steuerbefreiung haben gegenwärtig einen Zinssatz von deutlich unter 6 %. Wenn die Bären ein neues Stadion oder den Ausbau des alten selbst finanzieren müßten, hätten sie einen viel höheren Zinssatz zu zahlen. Daher spart die Stadt, die sich letztlich durchsetzt, mehrere Millionen Dollar jährlicher Zinszahlungen, weil die Kommune und nicht die Bären das Stadion besitzt, in dem die Mannschaft spielt.

Mehrfachnutzung. Bürgermeister Daley behauptet, daß die Erweiterung des Soldier-Field-Stadions Chicagos Steuerzahler nichts kosten werde. Er beteuert, daß höhere städtische Einnahmen wegen erhöhter Pachtzahlungen der Bären und wegen eines höheren Spendenaufkommens der Öffentlichkeit die Zinszahlungen für die zusätzlichen städtischen Anleihen decken werden. Ob er recht behalten wird oder nicht (und derartige Voraussagen sind meist zu rosig) – der Umbau durch die Stadt statt durch die Bären bedeutet für das US-Schatzamt ein geringeres Einkommensteueraufkommen, da Kommunalobligationen an der Finanzierung beteiligt sind.

Als die Baseballmannschaft der Brooklyn Dodgers im Jahre 1958 nach Los Angeles umzog, um den Reise-nach-Jerusalem-Wettbewerb der Kommunen um Sportvereine zu eröffnen, waren fast sämtliche Stadien, die von Sportmannschaften der Oberliga genutzt wurden, in Privatbesitz. Oft teilten sich Football- und Baseballmannschaften die Räumlichkeiten: Die Chicago Bären zum Beispiel nutzten damals das noch private Wrigley-Field-Stadion, die Heimstatt der Chicago Cubs. Inzwischen spielen alle größeren Football- und Baseballmannschaften sowie die meisten Basketball- und Hockeyteams in Stadien, die sich in öffentlichem Besitz befinden.

Besonders die Nationale Football-Liga und die Baseball-Oberliga haben vom intensiven Wettbewerb zwischen den Kommunalregierungen um ihre Mannschaften profitiert: Sie fordern separate Stadien, die mit öffentlichen Geldern finanziert werden. Diese feudalen Zentren sind in der Regel eine schlechte Investition. Sie sind zu groß, zu luxuriös – und stehen praktisch die ganze Zeit leer: Sogar Baseballmannschaften der Bundesliga bestreiten nur 81 Heimspiele. Private Hallenstadien, wie das United Center in Chicago, halten ihre Kosten niedrig, indem sie verschiedene Mannschaften spielen lassen, vorzugsweise Hockey- und Basketballmannschaften der Oberliga.

Lokalpatriotismus. Wenn die Stadien und andere spezielle Einrichtungen den Lizenzvereinen gehörten, wären sie auch weniger geneigt, ihre Bündel zu schnüren und in eine andere Stadt zu gehen. Das liegt daran, daß spezialisierte Sporteinrichtungen ohne eine Oberligamannschaft, die dort spielt, einen geringen Marktwert haben. Die Zunahme von Stadien in Staatsbesitz verläuft gegen den Privatisierungstrend bei der Müllabfuhr und sonstigen staatlichen Dienstleistungen. Selbst Indianapolis, eine Stadt, die wohl in größerem Umfang privatisiert hat als jede andere Kommune, hält weiterhin den RCA-Dome in ihrem Besitz, die Heimstatt für die Indianapolis-Colts-Footballmannschaft.

Der immer breitere Markt für niedrigverzinsliche Kommunalobligationen, besonders für steuerfreie Rentenpapiere, hat es den Städten ermöglicht, durch den Bau unwirtschaftlicher Stadien in Kommunalbesitz um Lizenzvereine zu konkurrieren. Der Abstand zwischen den Zinssätzen steuerbefreiter Kommunalobligationen und denen vergleichbarer Rentenpapiere hängt vom Besteuerungsniveau und dem Progressionsgrad des Einkommensteuertarifes ab. Steuerpflichtige, die nach einem hohen Steuersatz besteuert werden und daher den größten Anreiz haben, sich steuerfreie Anleihen zuzulegen, drücken die Zinssätze von steuerfreien Anleihen so, daß die Erträge mit denen aus steuerpflichtigen Papieren vergleichbar sind.

Wenn der Kongreß und Präsident Clinton sich auf eine Steuerreform verständigen, die eine erheblich flacher verlaufende Einkommensteuerprogression vorsieht, wird der Markt für steuerfreie Vermögenswerte schrumpfen. Das wird die Anreize für Kommunalregierungen senken, mit dem Angebot, neue Stadien zu bauen, um Sportvereine zu konkurrieren; und es wird dazu beitragen, die Stadien in private Hände zurückzugeben – wo sie hingehören.

Warnhinweis: Eine höhere Tabaksteuer gefährdet die Finanzierung des Gesundheitswesens

(15. August 1994)

Einige Kongreßabgeordnete befürworten eine massive Erhöhung der Tabaksteuer, um die Kosten der Gesetzesvorlage zur Reform des Gesundheitswesens decken zu helfen. Die Ärzte und andere Gegner des Rauchens stimmen einer kräftigen Steuererhöhung zu; allerdings geht es ihnen nicht um die Erhöhung des Steueraufkommens, sondern um die Verringerung des Tabakkonsums. Die jüngste Forschung zeigt jedoch, daß eine deutliche Anhebung der Tabaksteuer nicht zu hohen Steuereinnahmen führt – obwohl sie das Rauchen stark einschränken würde.

Diese Ergebnisse erschienen in der Juniausgabe vom *The American Economic Review* in einem Aufsatz von Michael Grossman, Kevin M. Murphy und mir. Darin schätzen wir die Reaktionen des Zigarettenkonsums in den USA auf Veränderungen bei den Endverkaufspreisen, beim Einkommensniveau und bei anderen Variablen. Die Untersuchungen dienen dazu, verläßlich zu berechnen, wie sich Erhöhungen der Verbrauchsteuer des Bundes für Zigaretten auf sein Steueraufkommen auswirken.

Die Berechnungen gehen davon aus, daß eine Anhebung der Steuer um 25¢ die Endverkaufspreise um den gleichen Betrag erhöht – auch wenn verschiedene Studien nahelegen, daß die Preise wohl etwas stärker als die Steuern steigen dürften. Höhere Endverkaufspreise senken das Rauchen hauptsächlich deshalb, weil sie die einen davon abhalten, überhaupt mit dem Rauchen anzufangen, und die anderen dazu bringen, früher aufzuhören, als sie es sonst getan hätten. Und bei denen, die weiterhin rauchen, senken höhere Preise die Zahl der gerauchten Packungen. Die Rauchgewohnheiten von Jugendlichen reagieren besonders empfindlich auf veränderte Zigarettenpreise.

Anfangs reduziert ein höherer Preis für eine Packung Zigaretten das Rauchen nur geringfügig, da viele Raucher nicht so ohne weiteres ihre Gewohnheiten aufgeben können. Aber der Einfluß ist kumulativ, da jede nicht gerauchte Zigarette die Gewohnheit weiter schwächt und so eine weitere Abnahme des Konsums fördert. Wir schätzen in unserem Aufsatz, daß der Einfluß einer Preiserhöhung sich noch einmal verdoppelt, nachdem der Preis ein Jahr lang gegolten hat: Eine 10 %-ige Preiserhöhung reduziert das Rauchen nach einem Jahr um etwa 4 %, nach drei Jahren jedoch verdoppelt sich die Reduktion auf etwa 8 %.

Abhängige Politiker. Die gegenwärtige Bundessteuer von 24 ¢ auf eine Packung Zigaretten erbringt für den Bund jährlich etwa 6 Milliarden Dollar Steuereinnahmen. Die Nachfrageschätzungen in unserem Aufsatz implizieren, daß auf lange Sicht das maximale Steueraufkommen bei einer Steuerbelastung von 95 ¢ pro Packung erreicht wird. Sie würde nur 6 Milliarden Dollar pro Jahr mehr als die gegenwärtige Steuer erbringen. Man beachte, daß spürbare Steuermehreinnahmen in den Jahren entstehen würden, die Raucher benötigen, um sich in vollem Umfang den höheren Preisen anzupassen.

Diese Schätzung des Steueraufkommens liegt viel niedriger als die des Haushaltsausschusses im Kongreß. In deutlichem Gegensatz zu unserer Schätzung, die bei einem Anstieg des Preises um 10 % von einer Abnahme des Tabakkonsums um 8 % ausgeht, geht der Ausschuß davon aus, daß der Konsum bei jeder Erhöhung des Packungspreises um 10 % mit einer konstanten Rate von ungefähr 4 % abnimmt.

Einige Abgeordnete schlagen eine noch stärkere Anhebung um einen Dollar pro Packung vor, um die Gesamtsteuer des Bundes auf 1,24 Dollar zu erhöhen. Diese Steuer würde auf lange Sicht jährlich nur 9 Milliarden Dollar Steuereinnahmen einbringen, also nur 3 Milliarden mehr als gegenwärtig; aber sie würde den Tabakkonsum um mehr als 70 % reduzieren. Nach unseren Schätzungen steigt das Steueraufkommen bis zu einer Erhöhung der Bundessteuer auf 95 ¢ – bei fallendem Tabakkonsum. Aber sobald die Steuer darüber hinaus erhöht wird, gehen sowohl der Tabakkonsum als auch das Steueraufkommen zurück.

Der Zielkonflikt zwischen Steueraufkommen und Konsumreduktion hat für die staatliche Politik in Bezug auf den Tabakkonsum wohl erhebliche Bedeutung. Wenn der Bund vom Steueraufkommen aus den Tabaksteuern abhängig würde, hätte der Kongreß wohl Bedenken, das Rauchen durch strenge Regulierungen zu beschränken. Die Staatslotterien liefern eine beredte Warnung, wie dieser Druck wirkt: Trotz des immer noch beachtlichen moralischen und sonstigen Widerstandes gegen das Glücksspiel, und obwohl die Lotterien wahrscheinlichkeitstheoretisch gesehen sehr ungünstige Wetten sind, umwerben viele Staaten in beträchtlichem Umfang die Armen, um sie zum Kauf von Lotterielosen zu veranlassen.

Schmuggelgut. Der Zigarettenschmuggel aus benachbarten Ländern würde das Steueraufkommen aus einer Steuererhöhung noch weiter reduzieren. Kanada sah sich vor kurzem gezwungen, wegen des gewaltigen Schmuggels aus den USA seine drakonische Steuer von 2,69 C-Dollar pro Packung auf 1,82 C-Dollar zu senken. Eine größere Steuererhöhung in den USA ließe Schmuggelbewegungen aus Mexiko und anderen lateinamerikanischen Ländern mit viel niedrigeren Steuern entstehen; und von den für den Export bestimmten Zigaretten würden so manche illegal für den inländischen Konsum abgezweigt.

Zigarettensteuern treffen weitgehend die Armen, da die stärksten Raucher in den untersten Einkommensgruppen und Bildungsschichten zu finden sind. Wenn bei einer Steuererhöhung um einen Dollar pro Pakkung die Kosten einer Packung von 1,80 Dollar auf 2,80 Dollar stiegen, würden einige potentielle Raucher davon abgehalten werden, mit dem Rauchen anzufangen. Aber jene, die es sich nicht abgewöhnen könnten und weiterhin rauchen (sagen wir, anderthalb Packungen pro Tag), würden 1.533 Dollar Zigarettensteuern pro Jahr bezahlen – eine Menge Geld für Leute, die von der Wohlfahrt abhängig sind oder nur über ein bescheidenes Einkommen verfügen. Es macht wenig Sinn, die gestiegenen Kosten der Gesundheitsreform des Präsidenten teilweise mit einer Steuer zu finanzieren, die hauptsächlich die Armen und weniger Gebildeten trifft – Gruppen, denen durch seine Gesundheitsreformen vermutlich geholfen werden soll.

Die Argumente für eine deutlich höhere Tabaksteuer stehen auf sehr wackligen Füßen, wenn man an die regressive Natur der Steuer denkt, an die begrenzte Höhe des potentiellen Steueraufkommens, an die Förderung des grenzüberschreitenden Schmuggels und an die Versuchung, die es für die Bundesregierung bedeuten würde, das Rauchen zu fördern, um das Steueraufkommen zu steigern.

Ihre Steuergelder arbeiten – am falschen Platz

(26. November 1990)

Die überraschend knappen Siege des demokratischen Senators Bill Bradley in New Jersey und zahlreicher anderer Amtsinhaber in den kürzlich zuende gegangenen Wahlen zeigen auf dramatische Weise, wie sehr die Steuerzahler einer Politik üblichen Stils überdrüssig sind. Die amerikanischen Wähler haben ihr Vertrauen in diejenigen verloren, die sie als Vertreter von Sonderinteressengruppen ausgemacht haben.

Leute, die Geld vom Staat erwarten, hatten während der 1960er und 1970er Jahre leichtes Spiel. Der Anteil des Bruttosozialprodukts, der vom Bund, den Einzelstaaten und den Gemeinden ausgegeben wurde, stieg von 27 % im Jahre 1960 bis auf 37 % im Jahre 1982. Die nichtmilitärischen Ausgaben stiegen sogar noch schneller. Die großen Gewinner waren die Sozialversicherungen, Medicare, Lebensmittelgutscheinprogramme, die Sozialhilfe und andere Anspruchsrechte, die inzwischen fast die Hälfte der Bundesausgaben ausmachen, während die Verteidigungsausgaben von mehr als zwei Fünfteln des Bundeshaushalts im Jahre 1960 auf gerade noch etwas über ein Viertel im Jahre 1982 sanken.

Empörung und Ergebnis. Die meisten Wähler sind sich wohl nicht bewußt, daß sie fast 40 % ihrer Zeit für den Staat arbeiten. Aber was auch immer der richtige Wert ist – sie haben erkannt, daß sie nicht genug zurückerhalten, um diese Belastung zu rechtfertigen. Das Problem ist, daß Tausende von Sonderinteressengruppen, die um die Alimentierung durch die Regierung konkurrieren, nicht die dadurch entstehenden Kosten bedenken; denn die Belastung wird anderen aufgebürdet. Infolgedessen ist der gesellschaftliche Nutzen der Staatsausgaben oft geringer als die gesellschaftlichen Kosten der Steuern und Regulierungen, die sie finanzieren helfen.

In gleicher Weise beunruhigend ist, daß der Versuch, den Forderungen so vieler Sonderinteressengruppen gerecht zu werden, die Aufmerksamkeit des Staates von seiner eigentlichen Aufgabe ablenkt: das zu tun und zu finanzieren, was vom privaten Sektor nicht effizient erledigt werden kann. Dazu gehören die Finanzierung von Straßen, Flughäfen, Schulen und anderen Bestandteilen der Infrastruktur; die Bereitstellung eines Sicherheitsnetzes für jene, die es nicht aus eigener Kraft schaffen können; der Schutz gegen Verbrechen und ausländische Aggression; und die verantwortungsbewußte Verwaltung des Staatshaushalts, so daß Einnahmen und Ausgaben sich die Waage halten.

Es ist schwer, das Militär zu beurteilen; aber die Regierungen in den USA versagen auf fast allen anderen Gebieten. Die Straßen sind Hindernisstrecken, die Flughäfen platzen aus allen Nähten, und die Brücken scheinen sich häufig kaum noch auf den Beinen halten zu können. Die Furcht vor Kriminalität beherrscht das Leben in den großen Städten – weit mehr als in den frühen 1960er Jahren. Trotz stark erhöhter Ausgaben für die Schulen sind die meisten Studienanfänger schlecht ausgebildet, besonders die Angehörigen der Minderheiten in den großen Städten. Sogar mit den enormen Summen, die man für die Armen aufwendet, werden die Löcher im sozialen Netz nicht kleiner – und möglicherweise sogar größer. Das Haushaltsdefizit des Bundes in den 1980er Jahren und die fiskalpolitischen Probleme von Philadelphia und New York, in Massachusetts und New Jersey und in anderen Städten und Staaten weisen klar darauf hin, daß die Regierungen auf allen Ebenen ihr Haus nicht in Ordnung halten.

Bei Steuern, die einen so erheblichen Anteil am Bruttosozialprodukt ausmachen, ist die Vorstellung im Kongreß und in den Medien, daß die Haushalts-‚Krise' einer unzureichenden Besteuerung zuzuschreiben ist, kaum zu glauben. Vielmehr wird das Steueraufkommen schlecht verteilt, für schlechte Programme zuviel ausgegeben und dem Entwurf unentbehrlicher Programme nicht genügend Aufmerksamkeit gewidmet. Die Bemühungen, das Los der Armen zu verbessern oder die verrottende Infrastruktur auszubessern, werden vernachlässigt zugunsten solcher Dinge wie Agrarpreissubventionen und Untersuchungen zum Preis-,Betrug' der Ölindustrie. Ist es da noch überraschend, daß Regierungen so ineffektiv sind bei dem, was sie tun sollten, wenn sie außerdem noch so viele andere Dinge tun?

Der Kongreß und der Präsident sollten sich bei ihren Bemühungen um den Defizitabbau auf Ausgabenkürzungen konzentrieren – und auf eine intelligentere Ausgabenpolitik –, statt die Reichen und andere höher zu besteuern. Hauptkandidaten für Kürzungen sind etwa Agrarsubventionen und die Städteförderung, die Verteidigung, Beihilfen für verschiedene Industriezweige sowie Vergünstigungen, die an die Mittelklasse oder an die oberen Klassen gehen. Präsident Bush beging sowohl einen schweren grundsätzlichen Fehler als auch einen schweren politischen Fehler, sein Versprechen nicht einzuhalten, ‚keine neuen Steuern' zu erheben.

Mehr Macht den Menschen. Doch es gibt einen schwachen Hoffnungsschimmer, daß wir eine stärkere Kontrolle über die Staatsausgaben zu entwickeln beginnen. Die Steuerzahler schaffen es, sich besser zu organisieren und mehr Widerstand zu leisten. Das begann mit dem Gesetzentwurf 13 und der kalifornischen Rebellion in den späten 1970er Jahren. Der Widerstand der Steuerzahler verbreitete sich dann in anderen Staaten, in Städten und auf Bundesebene mit dem Steuerreformgesetz von 1986 und dem Gramm-Rudman-Gesetz. Obwohl in der letzten Woche einige Abstimmungsinitiativen zur Ausgabenbegrenzung scheiterten, wurde fast jeder Vorstoß zurückgewiesen, neue Schuldverschreibungen auszugeben.

Sogar das permanente Haushaltsdefizit der 1980er Jahre war ein Zeichen für den gewachsenen politischen Einfluß der Steuerzahler. Der Druck der Interessengruppen in Richtung auf höhere Ausgaben war während der 1980er Jahre so stark wie in früheren Jahrzehnten. Aber der Widerstand der Steuerzahler bedeutete, daß höhere Ausgaben nicht länger so einfach mit höheren Steuern finanziert werden konnten.

Der Widerstand der Steuerzahler hat wahrscheinlich auch die Verlangsamung der Expansion der Staatsausgaben erzwungen. Tatsache ist, daß der Anteil des Bruttosozialprodukts, der durch Regierungsprogramme einschließlich der Sozialversicherung und anderer Transferzahlungen in Anspruch genommen wird, seit 1982 kaum zugenommen hat.

Es ist zu früh für die Zuversicht, daß das Wachstum des Staates dauerhaft beschnitten worden ist. Aber nur wenn das zutrifft, kann man vernünftigerweise erwarten, mehr ausgeglichene Budgets zu erleben; oder beträchtliche Verbesserungen bei den Schulen und der Infrastruktur; spürbare Fortschritte beim Kampf gegen Armut und Kriminalität; und eine allgemein bessere Leistungsbilanz bei dem, was die vorrangigen Angelegenheiten des Staates sein sollten.

Wenn es wie eine Steuer riecht und sich wie eine Steuer anfühlt ...

(22. August 1988)

Eine rapide anwachsende Zahl von Gesetzen des Bundes, der Einzelstaaten und der Kommunen machen bestimmte Aufwendungen für die Unternehmen obligatorisch. So verlangt beispielsweise das Gesetz über Luftreinhaltung von den Stromversorgungsbetrieben und anderen industriellen Kohleverbrauchern die Installierung von Rauchgasentschwefelungsanlagen zur Reduktion von SO_2-Emissionen. Viele Städte wollen den Kabelfernsehgesellschaften keine Lizenz erteilen, wenn sie nicht Anschlüsse in armen Gegenden subventionieren. Eine in den Kongreß eingebrachte Gesetzesvorlage sieht vor, daß Arbeitgeber einen Erziehungsurlaub für Arbeitnehmer gewähren müssen, die ein Kind bekommen oder adoptiert haben. Und auf Betreiben von Gouverneur Michael Dukakis verabschiedete Massachusetts kürzlich ein Gesetz, das von Firmen verlangt, für Angestellte bis zu 1.680 Dollar pro Jahr in einen staatlichen Fonds einzuzahlen, der die Krankenversicherung für Arbeitnehmer subventioniert.

Die Steuerrevolte hat dazu geführt, daß Politiker nicht gerne offen neue Steuern fordern. Selbst [sozial-] liberale Denkfabriken, die für die nächste Demokratische Administration Politikentwürfe vorbereiten, schrecken vor klaren Forderungen nach deutlich höheren Steuern zurück und tarnen ihre Ausgabenvorhaben mit Vorschlägen, von der privaten Wirtschaft zusätzliche Ausgaben für Sozialprogramme zu verlangen.

Aber es wird einem nichts geschenkt. Letztlich müssen Steuern für die Begleichung sämtlicher staatlicher Ausgaben erhoben werden. Aber manchmal lassen sich Steuern verzögern, verstecken oder mit einer anderen Bezeichnung versehen. Zum Beispiel werden die großen Haushaltsdefizite der vergangenen Jahre mit höheren Steuern in der Zukunft finanziert werden müssen. Und gesetzlich verfügte Aufwendungen der Wirtschaft sind versteckte Steuern; sie erhöhen die Kosten für die Wirtschaft in der gleichen Weise wie explizite Steuern.

Verringerte Nachfrage. Betrachten wir den häufig zu hörenden Vorschlag, für die Mütter kleiner Kinder Betreuungseinrichtungen am Arbeitsplatz zu verlangen. Dies würde die Kosten der Beschäftigung von Frauen mit Kindern für solche Unternehmen erhöhen, die entsprechende Einrichtungen nicht freiwillig bereitgestellt haben. Im Grunde würde der gleiche Effekt erzielt, wenn man von diesen Unternehmen die Zahlung einer Steuer verlangte, die proportional zur Zahl der kleinen Kinder angesetzt wird, für die ihre weiblichen Beschäftigten das Sorgerecht haben. Der Staat würde den Erlös für den Bau und den Betrieb von Kinderbetreuungseinrichtungen bei diesen Firmen ausgeben.

Die höheren Kosten, die durch solche obligatorischen Einrichtungen oder expliziten Steuern bei der Beschäftigung von Frauen mit Kindern entstehen, würden die Unternehmen davon abhalten, sie einzustellen – trotz der Gesetze gegen die Diskriminierung bei Einstellungen. Nach einer gewissen Zeit würde die verringerte Nachfrage diese Frauen zwingen, niedrigere Löhne zu akzeptieren. Aber damit würden sie letztlich selbst einen Teil, wenn nicht den größten Teil der Rechnung für die Kinderbetreuung bezahlen. Dies ist einer der Gründe, warum die Frauenbewegung eine so ambivalente Haltung zu diesen Vorschlägen eingenommen hatte.

Nehmen wir an, daß die jungen Frauen durch niedrigere Löhne für den Großteil der Kosten der obligatorischen Kinderbetreuungseinrichtungen aufkommen. Ist dies sinnvoll, oder sollte die Gesellschaft solche Übereinkünfte aus dem allgemeinen Steueraufkommen finanzieren, oder sollten die Eltern die Dinge selbst regeln müssen? Die Antwort hängt davon ab, ob eine bessere Kinderbetreuung am Arbeitsplatz hauptsächlich den Eltern mit kleinen Kindern nützt oder der Gesellschaft als ganzer – durch die Verbesserung der geistigen und körperlichen Gesundheit der Kinder.

Ein direkter Ansatz. Eine entsprechende Analyse gilt für den staatlichen Krankenversicherungsfonds in Massachusetts. Da die Unternehmen ihren Beitrag zu diesem Fonds durch die Kosten für jede Krankenversicherung senken können, die sie den Beschäftigten anbieten, wird dieses Gesetz größere Firmen, die bereits großzügige Krankenversicherungsprogramme haben, kaum berühren. Aber es erhöht die Kosten für kleinere Firmen, die nur knapp bemessene oder gar keine Programme haben. Das Gesetz ist dann äquivalent mit einer Steuer für kleinere Arbeitgeber, deren Erlös für die Krankenversicherung ihrer Angestellten ausgegeben wird. Im Grunde genommen schwächt es die Fähigkeit kleinerer Betriebe, mit größeren Rivalen zu konkurrieren. Darum befürworteten größere Unternehmen in Massachusetts im allgemeinen das Gesetz, während die kleineren Firmen sich dagegen aussprachen.

Wenn Massachusetts den Einwohnern des Staates eine Krankenversicherung bieten möchte –warum tut man das nicht auf direktem Wege, statt durch Arbeitgeberbeiträge zu einem Staatsfonds? Ein direkter Ansatz könnte alle Einwohner einschließen, nicht nur Erwerbstätige. Außerdem würde er die derzeitige Bevorzugung großer Firmen auf Kosten kleiner Betriebe vermeiden.

Das Gesetz zur Luftreinhaltung verlangt Rauchgasentschwefelungsanlagen auch dann, wenn schwefelarme Kohle verwendet wird. Diese Anlagen reduzieren die Schwefelemissionen. Aber das Gesetz zwingt Versorgungsbetriebe und andere Industriezweige in Landstrichen mit schwefelarmer Kohle, Rauchgasentschwefelungsanlagen selbst dann zu installieren, wenn sie auch ohne solche Anlagen niedrige Emissionswerte hätten. Ein vernünftigeres Gesetz würde die Schwefeldioxid-Emissionen direkt besteuern, wobei es den Firmen freistünde, ob sie Rauchgasentschwefelungsanlagen installieren, um ihre Emissionen zu senken – und damit ihre Steuern. Dennoch würden viele Firmen im Nordosten, die stark schwefelhaltige Kohle einsetzen, wahrscheinlich das gegenwärtige Gesetz vorziehen, weil es ihren Wettbewerbern in Regionen mit schwefelarmer Kohle Kosten aufzwingt – und damit einen potentiellen Wettbewerbsvorteil auf dem Markt beseitigt.

Für Politiker sind gesetzlich verordnete Ausgaben der Wirtschaft ein Segen. Aber selbst wenn sie wohlinformiert sind, haben sie Schwierigkeiten, deren komplizierte Auswirkungen auf den Arbeits- und Gütermarkt zu bestimmen. Gesetzlich vorgeschriebene Aufwendungen sind verwirrend und gefährlich, weil sie Steuern verstecken und dazu beitragen, die schwierigen grundsätzlichen Fragen zu umgehen, die solche Themen wie Kinderbetreuung, Krankenversicherung und Umweltschutz für die Gesellschaft aufwerfen.

Höhere Spendenkosten sind kein Grund für Depressionen

(11. August 1986)

Die USA gehören zu den wenigen Ländern, die mit steuerlichen Anreizen die private Spendenbereitschaft für wohltätige Zwecke fördern. Die Gesetzesvorlagen des Senats und des Repräsentantenhauses zur Steuerreform, die in einem Vermittlungsausschuß des Kongresses miteinander in Einklang gebracht wurden, sehen beide die steuerliche Abzugsfähigkeit von Spenden für wohltätige und kulturelle Zwecke vor. Diese Regelung wird wahrscheinlich in die endgültige Steuerreformvorlage übernommen. Doch sobald ein neues Steuergesetz greift, wird der Umfang karitativer Spenden natürlich schrumpfen. Nach meiner Auffassung ist dies kein Anlaß zu übertriebener Besorgnis.

Der Hauptgrund für den erwarteten Rückgang des Spendenaufkommens ist, daß das neue Gesetz den Grenzsteuersatz für Steuerzahler mit höherem Einkommen beträchtlich reduzieren wird. Ein hoher Steuersatz senkt die Spendenkosten wesentlich. So bedeutet beispielsweise nach dem gegenwärtigen Steuersystem ein Spitzensteuersatz von 50 %, daß ein wohlhabender Steuerzahler, der Steuerabzüge geltend macht, nur 50 Dollar für jede 100 Dollar bezahlt, die er für wohltätige Zwecke spendet. Praktisch übernehmen die übrigen Steuerzahler die restlichen 50 Dollar. In der Gesetzesvorlage des Senats wird der Spitzensteuersatz von 50 % auf 27 % gesenkt, so daß jeder, der Spenden steuerlich geltend macht, 73 Dollar von 100 Dollar Spende bezahlen würde. Der Anstieg von 50 auf 73 Dollar erhöht die Spendenkosten von Steuerzahlern mit höherem Einkommen um mehr als 40 %.

Kirche und Staat. In mehreren Untersuchungen wurde der Einfluß veränderter Spendenkosten auf philanthropische Spenden geschätzt. Man stimmt zunehmend darin überein, daß sich Veränderungen bei den Steuersätzen stark auf die Spenden auswirken. Ein kürzlich erschienenes Buch, *Federal Tax Policy and Charitable Giving* von Professor Charles T. Clotfelter[24] von der Duke University, gibt einen Überblick über die empirischen Daten. Ein zehnprozentiger Anstieg der Spendenkosten für einzelne Steuerzahler senkt ihre Spendenbeiträge offenbar um fast 10 %. Da Einzelpersonen ungefähr 80 % aller privaten Spenden an philanthropische Organisationen geben, würden die Bestimmungen der Senatsvorlage das Spendenaufkommen wahrscheinlich wesentlich reduzieren. Hinterlassenschaften machen etwa 10 % der Spenden für wohltätige Zwecke aus, die Wirtschaft trägt nur 5 % bei, und die Stiftungen sorgen für den Rest.

Wäre ein starker Rückgang des philanthropischen Spendenaufkommens wünschenswert? Die Antwort läge auf der Hand, wenn die Spenden hauptsächlich an die Armen gingen, denn sie verdienen finanzielle Unterstützung von den Steuerzahlern. Tatsächlich gehen die sogenannten Wohltätigkeitsspenden jedoch nur in geringem Umfang an bedürftige Menschen. Fast 50 % aller Spenden tragen dazu bei, Kirchen, Synagogen und andere religiöse Einrichtungen zu finanzieren – trotz einer Tradition in diesem Lande, in der die staatliche Unterstützung der Religion verpönt ist; und genau darauf läuft die staatliche Subventionierung durch das Steuersystem hinaus. Weitere 15 % der Spenden gehen in die weiterführende Ausbildung. Die Gründe, die dafür sprechen, den Steuerzahlern Anreize zu geben, für einen solchen Zweck zu spenden, sind fragwürdig: Die meisten Collegeabsolventen und Fakultätsangehörigen verfügen über Einkünfte, die deutlich über dem Durchschnitt liegen. In ähnlicher Weise sind wohlhabende Leute die Nutznießer des 10 %-igen Spendenanteils, der an Museen, Sinfonieorchester und andere künstlerische und städtische Einrichtungen geht. Wer sie besucht, hat staatlich finanzierte Almosen kaum nötig. Und es gibt keinen Grund, warum der gewöhnliche Steuerzahler solche Gruppen letztlich subventionieren sollte.

Es gibt ein anderes und weniger dubioses Argument für die steuerliche Förderung von Spenden an philanthropische Organisationen. Dieses Argument stützt sich nicht auf die Bedürfnisse der Zielgruppen, sondern auf die unzureichenden privaten Spendenanreize. Viele Menschen möchten, daß es bestimmten Colleges, Kirchen, Museen und Krankenhäusern finanziell gut geht. Aber sie leisten dafür vielleicht keine eigenen Beiträge, weil sie damit rechnen, daß andere das tun. Das erzeuge eine Situation, in der jeder Beteiligte tendenziell versucht, auf Kosten der Spenden anderer Beteiligter ‚Trittbrettfahrer' zu sein. Ein Steuersystem, das die Spendenkosten verringert, arbeite dieser Tendenz entgegen.

Obwohl das Trittbrettfahrer-Argument nicht von der Hand zu weisen ist, erzeugt der nach dem gegenwärtigen Gesetz geltende 50 %-ige Steuersatz unter den Wohlhabenden wohl dennoch einen übermäßigen Anreiz für karitative Spenden. Das vielleicht schlagendste Argument gegen die derzeitigen großzügigen Steuernachlässe für Wohltätigkeitsspenden ist, daß sie alle Steuerzahler zwingen, an die, sagen wir, Universität von Chicago und an die Universität Princeton – um meine Almae Matres zu nennen – und auch an die katholische Kirche, das Metropolitan Museum of Art und andere nicht gewinnorientierte Organisationen zu spenden. Offensichtlich sind die meisten Steuerzahler überhaupt nicht am Wohlergehen dieser Organisationen interessiert.

Wettbewerb. Das amerikanische System der indirekten Finanzierung durch das Steuersystem ist natürlich dem europäischen Modell vorzuziehen, nach dem der Staat die Universitäten und Krankenhäuser betreibt und private künstlerische und philanthropische Organisationen bezuschußt. Der amerikanische Ansatz fördert hier den Wettbewerb zwischen privaten Anbietern. Er dezentralisiert auch die Mittelbereitstellung, weil das Spendenaufkommen aus vielen Millionen individuellen und körperschaftlichen Entscheidungen resultiert. Die Vorteile des Wettbewerbs und der Dezentralisierung springen auf dem Gebiet der Menschenliebe ebenso ins Auge wie auf den Märkten für Güter und Dienstleistungen.

Obwohl das US-System, das die private Spendenbereitschaft mit steuerlichen Anreizen fördert, besser ist als direkte staatliche Subventionen, führen seine hohen Grenzsteuersätze wohl dazu, daß die Wohlhabenden zu viel spenden. Es könnte außerdem zur Fehlleitung von Spenden führen – wie etwa zu Spenden an nicht gewinnorientierte Organisationen mit reicher Klientel. Aus diesen Gründen sehe ich keine Veranlassung, wegen der beträchtlichen Abnahme der Wohltätigkeitsspenden beunruhigt zu sein, die die Steuerreform mit sich bringen kann.

Erhöht die Alkoholsteuern, nicht das Konsumalter

(25. November 1985)

Im letzten Jahr verabschiedete der Kongreß ein Gesetz, nach dem die Zuweisung von Bundesmitteln für den Fernstraßenbau an diejenigen Staaten gekürzt wird, die nicht bis zum Jahre 1986 ihr Mindestalter für den legalen Alkoholkonsum auf 21 Jahre heraufsetzen. Viele Staaten haben dem schon entsprochen, und andere wollen es demnächst tun. Aber das Gesetz wirft ein wichtiges Problem der Gerechtigkeit auf: Ist es richtig, junge Erwachsene zu diskriminieren, indem man ihnen den legalen Zugang zu alkoholischen Getränken verwehrt, wenn sie alt genug sind, zur Wahl zu gehen und wenn die meisten von ihnen nur maßvoll trinken?

Die Befürworter des Gesetzes von 1984 weisen darauf hin, daß junge angetrunkene Verkehrsteilnehmer an vielen besonders schweren Verkehrsunfällen beteiligt sind. Allerdings sind junge Erwachsene nur in wenige Arbeitsunfälle infolge Trunkenheit verwickelt. Fast alle Busfahrer, Piloten, Fluglotsen und andere Menschen an Arbeitsplätzen, an denen Alkoholgenuß schweren Schaden für unbeteiligte Personen verursachen kann, sind keine jungen Leute mehr. Doch das vom Kongreß verabschiedete Gesetz beschränkt den Zugang zu Alkohol nicht für diejenigen, die für die Sicherheit zahlreicher anderer Menschen verantwortlich sind.

Niemand bestreitet, daß Alkohol am Steuer und Alkoholgenuß am Arbeitsplatz ernsthafte Delikte sind, die man verhindern sollte. Aber sie können auch ohne eine Gesetzgebung gesenkt werden, die jungen Leuten oder anderen Erwachsenen Beschränkungen auferlegt. Als erstes sollte man das Mindestalter-Gesetz von 1984 durch höhere Bundessteuern auf den Verbrauch alkoholischer Getränke ersetzen. Anschließend gilt es, angetrunkene Personen, die schwere Auto- oder Arbeitsunfälle verursachen, zu inhaftieren und streng zu bestrafen.

Mit Ausnahme einer geringfügigen Anhebung der Alkoholsteuer im Oktober sind die Verbrauchssteuern des Bundes auf Spirituosen, Bier und Wein seit 1951 unverändert geblieben. Die Inflation hat während der letzten 15 Jahre den realen Wert dieser Verbrauchssteuern beträchtlich schrumpfen lassen. Das trug dazu bei, die Preise für alkoholische Getränke im Vergleich zu denen anderer Konsumgüter niedrig zu halten. Wenn man die Verbrauchssteuern des Bundes auf alkoholische Getränke verdoppelte, würde man ihren realen Wert von 1951 lediglich zur Hälfte wieder erreichen. In diesem Falle würden die Steuern auf Spirituosen von 2,50 Dollar auf etwa 5 Dollar pro Dreiviertelliterflasche steigen. Die Steuern auf Bier und Wein wären ebenfalls merklich höher.

Verbrauchssenkung. Es gibt umfangreiche empirische Evidenz dafür, daß Preisanhebungen für alkoholische Getränke den Verbrauch senken. Studien von Professor Michael Grossman und seinen Mitarbeitern am National Bureau of Economic Research zeigen, daß höhere Preise besonders bei jungen Erwachsenen einen Rückgang des Alkoholkonsums bewirken. Diese Ergebnisse lassen darauf schließen, daß Steuererhöhungen genauso wirksam den Alkoholkonsum junger Erwachsener drosseln könnten wie die Heraufsetzung des Mindestalters. Ein um 10¢ höherer Preis für eine Flasche Bier würde ihren Konsum im gleichen Ausmaß senken wie ein Anstieg des Mindestalters für den legalen Alkoholkonsum um ein Jahr.

Nicht nur der maßvolle Alkoholgenuß, sondern auch der unfallträchtige Alkoholmißbrauch wird durch höhere Steuern verringert. Die Untersuchungen von Grossman und Mitarbeitern zeigen auch, daß höhere Preise für Bier und andere alkoholische Getränke dem übermäßigen Alkoholkonsum von Jugendlichen und jungen Erwachsenen entgegenwirken. Überdies haben die Professoren Philip J. Cook und George Tauchen von der Duke University gezeigt, daß höhere Steuern auf alkoholische Getränke die Zahl der Todesfälle durch Leberzirrhose senken – eine

Krankheit, die hauptsächlich durch übermäßigen Alkoholkonsum verursacht wird. Ihre Daten zeigen beispielsweise, daß ein Anstieg der Steuer auf Spirituosen um einen Dollar die Todesrate bei dieser Krankheit auf längere Sicht um mehr als 5 % verringern würde – und zwar aus zwei Gründen: Höhere Preise veranlassen starke Trinker zur Senkung ihres Konsums, und weniger Menschen werden zu starken Trinkern.

Höhere Verbrauchssteuern sorgen natürlich auch für Steuermittel. Zur Zeit belaufen sich die Alkoholsteuern des Bundes auf etwa 6 Milliarden Dollar jährlich. Auch wenn höhere Steuern den Alkoholkonsum senken würden, könnte eine Verdopplung dieser Steuern weitere 4 Milliarden Dollar einbringen und so das enorme Haushaltsdefizit des Bundes etwas verringern.

Eine Krankheit. Obwohl höhere Verbrauchssteuern den Alkoholmißbrauch reduzieren und zusätzliche Steuermittel einbringen, erhöhen sie die Kosten des Trinkens auch für diejenigen, die nur gelegentlich und mäßig Alkohol trinken. Um solche Personen nicht unangemessen hoch zu besteuern, sollten wir die Anhebung der Verbrauchssteuern begrenzen. Höhere Steuern sollten nicht die einzige Waffe zur Bekämpfung des Schadens sein, der durch angetrunkene Personen angerichtet wird. Wir sollten auch die Bestrafungssicherheit und die Bestrafungshöhe für Alkoholkonsumenten anheben, die schwere Verkehrsunfälle und sonstige Unglücke verursachen. Die USA haben nur zögernd strenge Strafen eingeführt – auch aus der Überzeugung heraus, daß Alkoholismus eine Krankheit sei und Strafen daher nicht von ihm abschrecken könnten.

Man kann jedoch zugestehen, daß Alkoholismus eine Krankheit ist, und gleichzeitig zugeben, daß Alkohol am Steuer und Trunkenheit im Dienst zurückgingen, wenn man darauf mit Festnahmen und Strafen reagieren würde. Professor H. Laurence Ross von der Universität New Mexico hat Daten aus vielen Ländern zusammengestellt, die eindeutig zeigen, daß Alkohol am Steuer beträchtlich zurückgeht, wenn die Bestrafungssicherheit ausreichend hoch ist. Bei Besuchen in Norwegen und Schweden, zwei Ländern mit harten Strafen für angetrunkene Fahrer, habe ich den Eindruck gewonnen, daß Leute, die gern und viel trinken, sich aus Furcht vor Bestrafung dort nicht ans Steuer setzen.

Ein alter und bedenkenswerter Gerechtigkeitsgrundsatz besagt, daß eine Strafe dem Verbrechen entsprechen müsse, ohne Unschuldige übermäßig zu belasten. Höhere Verbrauchssteuern auf Alkohol in Verbindung mit sichereren und strengeren Strafen für Angetrunkene, die schwere Unfälle verursachen, würden diesem Grundsatz durchaus entsprechen.

Die Justiz

Die Debatte um das Höchste Gericht geht nicht hoch (oder tief) genug

(12. August 1991)

Präsident Bush hat erklärt, daß sein Kandidat für den Obersten Gerichtshof, Clarence Thomas, die geeignetste Persönlichkeit für diese Aufgabe sei. Doch jeder weiß, daß nicht nur die Rasse, sondern auch die Ansichten von Thomas zur Gleichstellung, Abtreibung und anderen politisch sensiblen Fragen für Bush entscheidende Gesichtspunkte waren.

Der Justizausschuß des Senats wird Thomas einer eingehenden und voreingenommenen Prüfung unterziehen – auch wenn das Verfahren in eine hochtrabende Sprache verpackt wird: Nimmt der Kandidat Rücksicht auf Präzedenzfälle? Glaubt er an die Privatsphäre und an die Gerechtigkeit? Solche Fragen werden zu langwierigen Anhörungen führen, die manchen Menschen vielleicht überflüssig vorkommen und das Weiße Haus bestimmt zu spitzen Bemerkungen veranlassen werden, daß es der Senat übergenau nehme. In der Tat erwarteten die Gründerväter keine umfangreichen Anhörungen vor der Bestätigung; sie gingen davon aus, daß das Oberste Gericht einfach nur die Verfassung interpretieren würde. Aber der Einfluß, den das Gericht inzwischen auf das Leben der Amerikaner bekommen hat, ließ das inzwischen übliche Bestätigungsverfahren unumgänglich werden.

Im 19. Jahrhundert und in den ersten beiden Jahrzehnten dieses Jahrhunderts, als der Staat noch viel schlanker war, spielte der Oberste Gerichtshof eine viel geringere Rolle. Mit der gewaltigen Gesetzesflut des Bundes und der Einzelstaaten werden heutzutage Angelegenheiten, die sämtliche Aspekte unseres Alltagslebens berühren, vor Gericht gebracht. Da die Verfassung sich zu vielen Themen nur vage äußert – etwa zu ordentlichen Gerichtsverfahren –, und da die Gesetze des Bundes wie der Einzelstaaten oft mehrdeutig sind, war es unvermeidbar, daß das höchste Gericht sich zu einer De-facto-Legislative und zu einer Regelungsinstanz mit ungeheurem Einfluß entwickeln würde. Das Verfassungsrecht als solches war nur während der 1930er Jahre ein wichtiges Thema in den Juristischen Fakultäten.

Um den Spielraum dieser parlamentarisch im Grunde nicht legitimierten oberen Kammer zu begrenzen, längerfristig von den Wünschen der Wählermehrheit abzuweichen, habe ich eine Verfassungsänderung vorgeschlagen, nach der das gegenwärtige Richteramt auf Lebenszeit durch eine – möglicherweise verlängerbare – feste Amtszeit ersetzt würde (*Business Week*, 3. September 1990 [in diesem Band, S. 296]). Diese Änderung würde es erleichtern, senile und inkompetente Richter und solche, die den Kontakt mit der öffentlichen Meinung verloren haben, aus ihren Stellungen zu entfernen.

Forum mit Fehlern? Natürlich wird ein so radikaler Schritt wohl kaum in naher Zukunft unternommen werden. Die Anhörungen im Zuge des Bestätigungsverfahrens werden weiterhin das einzige öffentliche Forum darstellen, um die Qualifikationen, die Leistungen und die Philosophie von Kandidaten wie Clarence Thomas einer Prüfung zu unterziehen, der nach einer positiven Entscheidung für lange Zeit auf dem Richterstuhl sitzen wird. Seit 1950 hat der Senat mehrere Kandidaten abgelehnt – nicht nur Robert H. Bork, sondern auch Nixons Kandidaten Harold Carswell und Clement Haynsworth. Der Senat bereitete auch Lyndon B. Johnsons Versuch eine Abfuhr, Abe Fortas zum Vorsitzenden Verfassungsrichter zu befördern.

Die Präsidenten richten sich bei ihren Nominierungsentscheidungen auch danach, wer die Chance hat, bestätigt zu werden. Mit Recht ist in jüngster Zeit das intellektuelle Kaliber mancher Nominierungen für den Obersten Gerichtshof kritisiert worden; aber es ist klar, daß einige Professoren und Richter, die einen eindrucksvollen Beitrag zum Rechtsdenken geleistet haben (wie Richard A. Posner und Frank H. Easterbrook vom Berufungsgericht in Chicago und auch Robert Bork), keine großen Chancen haben, die Zustimmung des gegenwärtigen Senats zu erhalten. Sie gelten als zu konservativ. Umgekehrt würden wohl [Sozial-] Liberale wie Laurence H. Tribe von der Universität Harvard von einem konservativen Senat nicht bestätigt werden.

Leider bringt es der politische Charakter der Anhörungen mit sich, daß Themen, die gut organisierten Interessengruppen mit guten Medienkontakten sehr am Herzen liegen, im Vergleich zu grundsätzlicheren Fragen überbetont werden. Der Druck von lautstarken Minderheiten ist ein Hauptgrund dafür, warum die Einstellung zur Abtreibung als Lackmustest für die Eignung eines Kandidaten betrachtet wird, Verfassungsrichter zu sein. Solche emotionalen Kontroversen erregen Aufmerksamkeit, haben aber auf die meisten Menschen weniger Einfluß als die Kriminalität – zu der über ein Viertel aller Fälle zählen, die vom Gericht entschieden werden –, die Regulierung der Wirtschaft, die Arbeitnehmerrechte und andere Angelegenheiten, die vor dem Obersten Gerichtshof verhandelt werden.

Lippenbekenntnis. Für die Wirtschaft ist die Frage wichtig, in welchen Fällen Bundesgesetze den kommunalen Gesetzen vorgehen. Die chemische Industrie ist nicht glücklich mit einer Entscheidung des Gerichts vom Juni, daß Bundesvorschriften, die den Pestizidgebrauch regeln, weitergehende kommunale Regelungen nicht ausschließen. Die explosionsartige Zunahme der Entschädigungssummen bei Schadensersatzprozessen hat Versicherungen und Unternehmen dazu veranlaßt, Beschwerde beim Verfassungsgericht einzureichen, daß sie in ordentlichen Gerichtsverfahren benachteiligt wurden. Aber das Oberste Gericht hat noch keine konstitutionellen Beschränkungen von Schadensersatzsummen entdecken können.

[Sozial-] Liberale Gruppen bezweifeln, ob Thomas und andere Kandidaten aus jüngster Zeit in ausreichendem Maße Präzedenzfälle berücksichtigen. Dieses Lippenbekenntnis zu Präzedenzfällen klingt politisch nach sauren Trauben – weil man wohl mit der kürzlichen Aufhebung von Gerichtsentscheidungen zur Strafprozeßordnung aus den 1960er und 1970er Jahren unzufrieden war. Doch unter Warren überging das Gericht Präzedenzfälle, die über ein Jahrhundert lang die Strafverfahren geleitet hatten. Und das gegenwärtig amtierende Gericht hat keine Neigung erkennen lassen, frühere Entscheidungen zum Wirtschafts- und Arbeitsrecht zu revidieren, wo Präzedenzfälle den Rechtsrahmen stabilisieren und zur Planungssicherheit beitragen.

Solange der Staat sich auf alle Aspekte des Alltagslebens auswirkt, wird der Oberste Gerichtshof weiterhin in wirtschaftlichen und sozialen Belangen einen mächtigen Einfluß ausüben. Es ist nur angemessen, daß im Rahmen der Bestätigungsanhörungen die Ansichten eines Kandidaten zu vielen Themen gründlich untersucht werden, die kaum etwas mit der juristischen Ausbildung und Lehrmeinung zu tun haben.

Die lebenslange Amtszeit für Richter ist obsolet

(3. September 1990)

Ist es klug, Verfassungsrichtern weiterhin eine unbegrenzte Amtszeit zuzugestehen? Immerhin stehen sie unter einem erheblichen Erwartungsdruck, durch die kreative Interpretation von Präzedenzfällen, bestehenden Gesetzen und konstitutionellen Bestimmungen zum Entwurf neuer Gesetze beizutragen.

Einer unserer Gründungsväter, Alexander Hamilton, warnte in seinen *Federalist Papers*, daß, wenn Gerichte „dazu neigen [würden], eigenes Belieben [Will] statt Urteilskraft [Judgement] walten zu lassen, die

Folgen dieselben wären, wie wenn man ihr Vergnügen zur Leitlinie der gesetzgebenden Einrichtungen machte." Er war davon überzeugt, daß eine lebenslange Amtszeit den Richtern die erforderliche politische Unabhängigkeit geben werde, die sie dazu bringt, eher die Verfassung zu interpretieren als „eigenes Belieben" walten zu lassen. Während des 19. Jahrhunderts schien Hamilton rechtzubehalten, weil die Richter sich im allgemeinen in einer ziemlich eng begrenzten Rolle sahen.

Aber im Laufe dieses Jahrhunderts veränderte sich im Gefolge der massiven Ausdehnung der Kompetenzen des Bundesstaates das Verhalten der Richter grundlegend. Heutzutage erwarten Tausende von gesellschaftlichen Gruppen vom Staat Hilfe bei der Lösung ihrer wirtschaftlichen und sozialen Probleme. Legislative und Exekutive haben darauf mit einem gewaltigen Wachstumsschub bei Ausgaben, Steuern und Regulierungen reagiert, die zu endlosen Prozessen vor den Bundesgerichten geführt haben.

Wie können Richter, insbesondere die Richter des Obersten Gerichtshofes, ihre Zuständigkeiten eng definieren, wenn sie zu Entscheidungen über Abtreibung, die Bürgerrechte, die Entlassung von Arbeitnehmern, Eigentumsfragen, AIDS-Tests und unzählige andere Fragen aufgefordert werden, über die große Teile der amerikanischen Bevölkerung leidenschaftlich debattieren? Die Erwartung, daß die Richter einem solchen Erwartungsdruck standhalten und sich eine eng begrenzte Interpretation ihrer Rolle im Machtgefüge zu eigen machen, ginge von einer unrealistischen Sicht der menschlichen Natur aus.

Wettbewerb um Popularität? In seinem kürzlich erschienenen provokativen Buch *The Tempting of America* ermahnt Robert H. Bork[25] die Bundesrichter, „sich selbst als durch ein Gesetz gebunden zu betrachten, das unabhängig von ihrer eigenen Sicht des Wünschenswerten ist ... und keine Grundsätze zu schaffen oder anzuwenden, die nicht durch die Verfassung oder ein Gesetz in vollem Umfang gedeckt sind." Er argumentiert überzeugend gegen [sozial-] liberale und konservative Denker, die Verfassungsrichter wollen, die von den gerade geltenden Ansichten darüber geleitet sind, was gerecht ist, welches das geeignete Wirtschaftssystem ist und was der Grundsätze mehr sind, die in der Verfassung nur unter Anstrengungen entdeckt werden können. Aber er fragt nicht, ob die Richter unter den gegenwärtigen Umständen seinem Rat wohl folgen werden.

Die Antwort ist natürlich nein, weil Richter, wie Angehörige anderer Berufe auch, beeinflußt sind – vom Wunsch, bei Freunden und den Medien gut angeschrieben zu sein; von den vorherrschenden Ansichten darüber, was gerecht und was die angemessene Rolle des Staates ist; und von sonstigen Ideen, denen sie als Studenten und praktizierende Richter ausgesetzt waren. Und die tonangebenden Gruppen schauen sofort auf Staat und Justiz, wenn es gilt, Übel aus der Welt zu schaffen und kontroverse Themen auszuräumen. Es ist unvermeidlich, daß Richter darauf zu reagieren versuchen; und eine lebenlange Amtszeit erlaubt ihnen das, ohne sich über eine erneute Bestätigung oder einen vorzeitigen Ruhestand Sorgen machen zu müssen.

Juristische Entscheidungen haben einen bedeutenden Einfluß auf alle Teile der Bevölkerung, so daß es sicherlich angemessen ist, daß der Senat die Kandidaten für den Obersten Gerichtshof der USA und andere Bundesgerichte eingehend über ihre Ansichten zu kontroversen Themen befragt. Daß dies in der Vergangenheit selten getan wurde, ist für den Senat kein hinreichender Grund, es gerade jetzt zu unterlassen, wo die Gerichte noch einflußreicher sind und die Richter unter Druck stehen, Entscheidungen zu fällen, die vielleicht nur ihre persönliche Meinung ausdrücken.

Darum sollte der für den Obersten Gerichtshof nominierte David H. Souter nachdrücklich dazu gedrängt werden, seine allgemeine Philosophie und sein Denken über wichtige öffentliche Fragen darzulegen.

Radikale Reform. Aber eine eingehende Befragung der Kandidaten ist nicht genug. Nach meiner Auffassung ist eine weitaus radikalere Reform notwendig. Die Amtsniederlegung von William J. Brennan Jr., Richter am Obersten Gerichtshof der USA, und das absehbare Ausscheiden anderer über achtzigjähriger Richter geben Gelegenheit, die konstitutionell festgelegte lebenslange Amtszeit von Bundesrichtern zu überdenken. Ich betone das, weil die Richterschaft praktisch eine zweite gesetzgebende Körperschaft geworden ist. Es ist an der Zeit, mit dem Nachdenken über eine Verfassungsänderung zu beginnen, die Richtern feste Amtszeiten einräumt, die nach Ablauf verlängert werden können – oder auch nicht.

Hamiltons Diskussion in den *Federalist Papers* legt nahe, daß viele Gründerväter festgelegte Amtszeiten mit Verlängerungsmöglichkeit statt einer lebenslangen Amtszeit befürwortet hätten, wenn sie mit Richtern hätten rechnen müssen, die eher ihr „eigenes Belieben" als ihre „Urteilskraft" walten lassen.

Die Einzelheiten einer solchen gravierenden Reform müßten sorgfältig ausgearbeitet werden. Dennoch ein Vorschlag: Die Amtszeiten von Bundesrichtern könnten 12 bis 16 Jahre dauern – der höhere Wert sollte vielleicht für Richter am Obersten Gerichtshof gelten. Selbst 12 bis 16 Jahre gehen weit über zwei Amtsperioden eines Präsidenten und seiner umfassenden Ernennungsbefugnisse, ja oft noch über die seines Nachfolgers hinaus. Eine Berufungsperiode muß lang genug sein, um die Richter gegen momentane Launen der Wählerschaft abzuschirmen; doch sie muß dem Präsidenten auch die Möglichkeit geben, Richter nicht erneut zu ernennen, die krank oder inkompetent sind, die höchst irritierende Urteilsbegründungen herausgeben oder unvernünftige Interpretationen der Gesetze und der Verfassung dazu benutzen, sich den landläufigen Ansichten der überwiegenden Mehrheit der Menschen unbeirrbar entgegenzustellen.

Es ist notwendig, die gewaltige Macht zu kontrollieren, die eine kleine Gruppe Männer und Frauen über das Leben der Amerikaner ausübt.

Die Gerichte sollten nicht Sittenpolizei spielen

(28. August 1989)

Das Oberste Gericht von Montana hat kürzlich ein Staatsgesetz bestätigt, das als einziges in der ganzen Nation den Unternehmen verbietet, Arbeitnehmer ohne den Nachweis eines sogenannten ‚gerechtfertigten Grundes' zu entlassen. Wenn von entlassenen Angestellten Prozesse angestrengt werden, wird vom Gericht entschieden, ob ein Betrieb sie entlassen darf.

Obwohl das Montana-Gesetz den Schadensersatz erheblich begrenzt und eine Entschädigung für emotionale Beeinträchtigungen ausschließt, ist das Gesetz als Ganzes ein Fehler. Die Entlassung von Arbeitnehmern sollte weiterhin im Entscheidungsbereich des Arbeitgebers liegen – juristisch gesprochen ‚nach eigenem Ermessen' oder ‚ohne schuldhaftes Verhalten' –, es sei denn, sie ist durch explizite gewerkschaftliche oder außergewerkschaftliche Verträge und Verfahren geregelt. Schließlich können auch die Beschäftigten jederzeit ohne den Nachweis kündigen, daß ihre Arbeitgeber sich fehlerhaftes Verhalten zuschulden kommen ließen – außer wenn Verträge die Länge des Dienstverhältnisses festlegen.

Die US-Firmen und die Arbeitnehmer in den meisten Industriezweigen sehen sich einem harten Wettbewerb durch ausländische Produkte ausgesetzt. Es ist ein besonders ungünstiger Zeitpunkt, diesen Betrieben jetzt ineffiziente Beschäftigungspraktiken aufzubürden, die auf kurze Sicht die Kosten erhöhen und die Gewinne senken, aber auf lange Sicht hauptsächlich den Arbeitnehmern schaden.

Effizienzgesichtspunkte verlangen, daß im wesentlichen das Management die Entscheidungsbefugnis darüber behält, welche Arbeitnehmer am besten zu den Erfordernissen einer Firma passen, und ob Arbeitskräfte entlassen werden, die nicht mit anderen mitkommen oder nicht genug produzieren, um ihr Gehalt zu rechtfertigen. Wenn Arbeitgeber um Arbeitskräfte konkurrieren müssen, führt das in der Regel zu angepaßten Beschäftigungsquoten und Löhnen. Unter Wettbewerbsbedingungen können Arbeitnehmer zu anderen Firmen wechseln, wenn sie nicht so viel verdienen, wie sie verdienen könnten. Und Firmen, die in dem Ruf stehen, ihre Mitarbeiter fair zu behandeln, können höher qualifizierte und loyalere Arbeitskräfte gewinnen.

Seltene Fälle. Wenn die Konjunktur abflaut oder Firmen in Schwierigkeiten geraten, werden manche Arbeitnehmer vorübergehend entlassen. Anderen wird bald nach Arbeitsantritt wegen unbefriedigender Leistungen gekündigt. Untersuchungen zeigen, daß die überwiegende Mehrheit der Arbeitnehmer, die ihren Arbeitsplatz verlieren, schnell einen neuen mit vergleichbarer Bezahlung findet und ihre Entlassung nur in Ausnahmefällen vor Gericht bringt.

Prozesse um die Rechtmäßigkeit von Entlassungen werden am ehesten angestrengt, wenn neue Vorgesetzte Arbeitskräfte entlassen, mit denen sie nicht auskommen und die eine längere Betriebszugehörigkeit haben; oder wenn das Management entscheidet, die Belegschaft zu restrukturieren; oder wenn eine neue Geschäftsleitung zu dem Schluß kommt, daß manche Arbeitskräfte überbezahlt sind. Die Kläger in derartigen Prozessen sind typischerweise entlassene Arbeitnehmer, die lange Zeit arbeitslos bleiben und für einen neuen Arbeitsplatz wesentliche Kürzungen ihres Gehaltes hinnehmen müßten. Sie sind in der Regel ältere Arbeitskräfte mit langer Betriebszugehörigkeit. Viele dieser Prozesse scheinen in der Hoffnung angestrengt zu werden, das Management werde aus Furcht, daß die Geschworenen einem entlassenen älteren Arbeitnehmer wohlgesinnt sein werden, ein Vergleichsangebot machen.

In dem Montana-Fall behauptete die Firma, ein Pflegeheimbetreiber, der Kläger sei wegen einer Umstrukturierung des Betriebes entlassen worden, während der 46-jährige Beschäftigte, der den Prozeß angestrengt hatte, die Anschuldigung vorbrachte, seine Entlassung habe eine stillschweigende Vereinbarung verletzt, daß er für den Rest seines Arbeitslebens in dem Betrieb bleiben könne. Die Einlassung des Angestellten klingt merkwürdig, denn wieviele kleinere Betriebe in Bereichen mit starkem Wettbewerb und ungewisser Zukunft würden solche langfristigen Beschäftigungsverpflichtungen eingehen?

Aber der Montana-Fall verweist auf eine typische Situation: Arbeitnehmer gehen in vielen Prozessen um die Rechtmäßigkeit von Entlassungen von der Annahme aus, daß es eine implizite Übereinkunft über die Fortsetzung des Beschäftigungsverhältnisses gab. Ein Gericht ist allerdings ein denkbar ungeeigneter Ort, um festzulegen, unter welchen

Umständen damit zu rechnen ist, daß eine solche implizite Übereinkunft den Anforderungen des Wettbewerbs und den sich rasch wandelnden Bedingungen weichen muß, die in den meisten Wirtschaftsbereichen anzutreffen sind.

Dürftiger Ersatz. Die Hauptfunktion der Justiz in der Arbeitswelt sollte es sein, den Wettbewerb zwischen Arbeitgebern zu schützen und die Einhaltung von Arbeitsverträgen zu erzwingen. Der Gerichtssaal ist ein geeigneter Ort, um aufzudecken, ob Verträge verletzt worden sind, oder um offensichtliche Fälle von Diskriminierung auf Grund der Rasse, des Geschlechts oder der Religion festzustellen. Aber Geschworene und Richter sind bei der Bewertung der Produktivität von Angestellten ein dürftiger Ersatz für wettbewerbsorientierte Arbeitgeber. Warum beträchtliche Ressourcen für Rechtsstreitigkeiten verschwenden, die kaum wirtschaftlichen Sinn machen und die Beziehungen zwischen Arbeitnehmern und Arbeitgebern weiter verunsichern?

Arbeitnehmer brauchen nicht so sehr Gesetze, die von Arbeitgebern verlangen, die ‚Schuld' eines Arbeitnehmers detailliert nachzuweisen, sondern sie brauchen für den Kündigungsfall klar formulierte Regelungen der Auflösung des Beschäftigungsverhältnisses, insbesondere der Abfindung. Solche Regeln sind jetzt bei den meisten größeren Firmen ausdrücklich formuliert, und es könnte nützlich sein, sie von allen Firmen zu verlangen. Aber einige Abgeordnete des Kongresses und der Legislative der Einzelstaaten wollten unbedingt weit darüber hinausgehen und politisch reizvolle und vage Gesetze über unrechtmäßige Kündigungen verabschiedet sehen. Die Gesetzgebung in einigen europäischen Ländern ist noch extremer und verweigert den Arbeitgebern einfach das Recht, Arbeitskräfte zu entlassen – außer in Fällen eklatantesten Fehlverhaltens.

Die Gesetze über unrechtmäßige Kündigungen machen deutlich, daß die Legislative in den USA tendenziell der Justiz die Verantwortung zuschiebt, die dann genötigt ist zu interpretieren und eine Politik durchzusetzen, die kaum ökonomischen Sinn macht und nicht recht zu einer Entscheidungsfindung in einem Gerichtssaal passen will. Die kommunistischen Länder lernen gerade, wie wertvoll es ist, sich eher auf den Wettbewerb statt auf Bestimmungen zu stützen, um ökonomische Angelegenheiten zu regeln. Warum sind die kapitalistischen Länder dabei, diese grundlegenden Einsichten zu verlernen?

11.

Der Kapitalismus und andere Wirtschaftssysteme

Der Zusammenbruch des Kommunismus ist das bedeutsamste politische und wirtschaftliche Ereignis der letzten 50 Jahre. Er ist ein unwiderleglicher Beweis, daß ein Kapitalismus mit freien Märkten das effizienteste System ist, das bisher zur Mehrung des wirtschaftlichen Wohlstands und der politischen Freiheit entworfen wurde. Die ‚Chicago'-Schule der Ökonomik vertrat diese These seit vielen Jahrzehnten; aber es bedurfte des dramatischen Endes des Kommunismus, um deutlich zu machen, daß das, was in der Theorie und in der Vergangenheit richtig war, auch in der modernen Welt Bestand hat.

Für uns bilden die Erfahrungen Argentiniens während der letzten 100 Jahre eines der lehrreichsten Beispiele für die Vorteile freier Märkte gegenüber zentralisierter staatlicher Kontrolle. Am Ende des 19. Jahrhunderts und zu Beginn des 20. Jahrhunderts blühte das Land mehrere Jahrzehnte lang auf der Basis des Freihandels und anderer marktwirtschaftlicher Grundsätze. Aber dann begann die Regierung mit weitreichenden Eingriffen in den Außenhandel und die heimischen Märkte – mit dem Ergebnis, daß das argentinische Pro-Kopf-Einkommen in der Rangliste der Nationen nicht mehr zu den besten zehn gehörte, sondern noch unter den 50. Platz abrutschte. Zum Glück begann die Regierung Menem im Jahre 1989, zu den früher praktizierten marktwirtschaftlichen Grundsätzen zurückzukehren. Seitdem waren die Leistungen Argentiniens hervorragend – wenn man von den Schwierigkeiten absieht, die der ‚Tequila-Effekt' durch die Abwertung der mexikanischen Währung zur Folge hatte.

In den späten 1950er Jahren waren Kuba und Taiwan kleine agrarexportorientierte Inseln mit einem nach dem damaligen Weltstandard ziemlich hohen Pro-Kopf-Einkommen. Kuba begann dann sein Experiment mit dem Kommunismus, während Taiwan seine Märkte noch weitaus stärker öffnete. Die Ergebnisse sprechen für sich selbst. Kubas wirtschaftliche Grundlage ist weiterhin die Landwirtschaft, und die Einkommen stiegen ziemlich langsam an, während Taiwan ein wohlhabendes Industrieland und ein bedeutender Weltmarktexporteur wurde. Braucht man für die Überlegenheit des Marktes über die zentrale Planung einen noch schlagenderen Beweis? Leider zwingt ein halsstarriger

Fidel Castro eine frustrierte kubanische Bevölkerung weiterhin dazu, am Kommunismus zu genesen.

Auf einer Reise nach Osteuropa in den frühen 1980er Jahren machten wir die Erfahrung, daß während der Frühphase der Rebellion gegen den Kommunismus viele Menschen hoffnungsvoll auf Schweden als Vorbild für einen ‚mittleren Weg' blickten. Wir entschlossen uns, eine Kolumne zu schreiben, um den falschen Eindruck zu korrigieren, daß Schweden einen solchen erfolgreichen mittleren Weg gefunden hat. Denn seine Wirtschaft lief seit 1970 sehr schlecht – was hauptsächlich auf eine rasche Expansion von Steuern und Staatsausgaben zurückzuführen ist. Dieser Essay fand in Schweden unter den Anhängern der freien Marktwirtschaft weite Verbreitung.

Während des halben Dutzends Jahre, die seit seiner Abfassung verstrichen sind, geriet Schwedens Wirtschaft immer weiter ins Straucheln. Trotzdem sehnen sich viele Wähler in den zentral- und osteuropäischen Ländern offensichtlich immer noch nach einem ‚mittleren Weg', da sie nur halb gewendete Exkommunisten wieder an die Macht brachten.

Kapitalismus

Demokratie ist der Boden, auf dem der Kapitalismus am besten gedeiht

(28. Januar 1991)

So manche Fürsprecher freier Märkte in der Sowjetunion, in Polen und anderen osteuropäischen Ländern verlangen nach einer starken zentralen Autorität unter Gorbatschow, Walesa und anderen, um ihre Länder in Richtung Marktwirtschaft zu steuern. Sie befürchten, daß ethnische Rivalitäten, endlose Debatten und Sonderinteressen demokratisch gewählte Regierungen davon abhalten könnten, den nötigen Wandel zu vollziehen. Aber marktwirtschaftliche Ordnungen gedeihen am ehesten in einer Demokratie.

Nach meiner Auffassung tragen autoritäre Maßnahmen zur Durchsetzung des Systems der freien Marktwirtschaft den Keim ihres Fehlschlages in sich. Man verteidigt solche Maßnahmen teilweise unter Berufung auf die Erfahrungen in Chile, Hongkong, Südkorea und Taiwan. General Augusto Pinochet verordnete Chile gewaltsam drastische marktwirtschaftliche Reformen, die dieses Land schließlich in die dynamischste Volkswirtschaft Südamerikas transformierten. In Taiwan und Südkorea lösten autoritäre Führer ihre Volkswirtschaften radikal aus der Abhängigkeit von geschützten heimischen Märkten und forcierten die Exporte auf den Weltmarkt. Die Regierung Hongkongs nutzte mit Billigung Großbritanniens die Prinzipien des freien Marktes dazu, eine unbedeutende Inselgruppe in ein ökonomisches Machtzentrum zu verwandeln.

Diese Beispiele sind jedoch Ausnahmefälle. Weit häufiger findet man Regimes, in denen starke Männer in zentraler Position ihre Volkswirtschaften in die Armut gesteuert haben. In Argentinien hat die katastrophale Politik von Juan Perón und seinen Nachfolgern aus den Reihen der Militärs dieses einst reiche Land auf ein Dritte-Welt-Niveau heruntergewirtschaftet. Castro in Kuba, Mao mit seinem großen Sprung zurück, burmesische Generäle, Chomeinis Moslemfundamentalisten im Iran, Nasser in Ägypten und Diktatoren überall in Afrika haben zentral gelenkte Volkswirtschaften mit fester Hand in den Ruin gelenkt.

Intensive Kontakte. Quantitative Studien zum wirtschaftlichen Wachstum seit 1960 in mehr als 60 Ländern belegen, daß autoritäre Regimes im Regelfall schlechter und nicht besser funktionieren als demokratische Regimes. Meine eigenen Berechnungen zeigen, daß das Pro-Kopf-Einkommen in demokratischen Ländern in diesen drei Jahrzehnten schneller wuchs, selbst wenn man sie mit Ländern vergleicht, die mit ähnlich hohem Pro-Kopf-Einkommen und ähnlich hohem Ausbildungsniveau starteten.

Offensichtlich ergänzen sich eine zentrale politische Autorität und diktatorische Vollmachten nicht zu einem garantiert wirksamen Heilmittel für eine kränkelnde überregulierte Volkswirtschaft. Der berühmte Satz des englischen Historikers Lord Acton: „Macht korrumpiert, und absolute Macht korrumpiert absolut“ drückt in aller Kürze aus, warum Diktatoren die dezentralisierte wirtschaftliche Macht nicht schätzen, mit der sie es in einer Wettbewerbswirtschaft zu tun haben: Sie nimmt ihnen etwas von ihren eigenen Macht.

Wenn man das technologische Fundament und die Interdependenz der modernen ökonomischen Welt in Rechnung stellt, dann fördern autoritäre Regimes mit Markt und Wettbewerb zugleich auch die politische Opposition. Heutzutage basiert eine florierende Wirtschaft auf gründlicher Ausbildung, fortgeschrittenen Technologien, Exporten, internationalen Gemeinschaftsunternehmen, heimischen Tochtergesellschaften multinationaler Unternehmen und auf häufigen Kontakten mit Menschen aus anderen Ländern. Studenten müssen ins Ausland gehen, um die dortige Technik, die Wissenschaft, die Geschäftspraktiken und die Wirtschaft kennenzulernen. Führungskräfte müssen sich im Ausland um Verkauf und Finanzierung kümmern, während ausländische Techniker und Führungskräfte zu uns kommen müssen, wenn sie Export- und Importgüter handeln wollen. Diese intensiven Kontakte mit anderen Ländern, die durch Handel und Berufsausbildung zustandekommen, tragen dazu bei, eine totalitäre politische Führung zu schwächen.

'Die fünfte Kolonne'. Die für eine entwickelte Ökonomie so wichtigen gebildeten Schichten möchten sagen und lesen können, was sie wollen, und für einen Kandidaten ihrer Wahl stimmen können. Andernfalls kehren viele Ingenieure und anderes qualifiziertes Personal von der Ausbildung im Ausland nicht nach Hause zurück – teilweise aus Unzufriedenheit mit den heimischen Beschränkungen der Freiheit.

Diktatoren können sich dadurch an der Macht zu halten versuchen, daß sie ihre Wirtschaft und ihre Bürger gegen Kontakte mit reichen Ländern abschirmen. Stalin und Mao hielten ihre Länder eisern abgeschottet, während Albanien, Kuba, Irak und Nordkorea ihren Bürgern einige wenige Studienmöglichkeiten im Ausland oder Westkontakte zugestanden. Trotzdem sickern Informationen durch über das, was anderswo vorgeht – über die ‚Stimme Amerikas', über die BBC, über geschmuggelte Videobänder und andere Kanäle. Selbst Albanien erlebt erstmals Unruhen, wie sie den Rest Osteuropas transformiert haben.

Offenbar ist es gerade der Entstehungsprozeß einer modernen, in den Welthandel integrierten Wirtschaft, der so etwas wie eine ‚fünfte Kolonne' gegen autoritäre Herrschaft entstehen läßt. Es ist daher auch kein Zufall, daß Pinochet und Südkoreas Chun Doo Hwan zurücktraten, oder daß Chile, Südkorea und Taiwan ernsthafte Schritte in Richtung auf eine demokratische Regierung unternommen haben. Und es ist auch nicht überraschend, daß die Opposition gegen den Schah von Iranern angeführt wurde, die in den USA und in Westeuropa studierten, arbeiteten oder dorthin geflüchtet waren, und daß der internationale Boykott, der Südafrika von ausländischem Kapital und Exportmärkten abschnitt, das Ende der Apartheid eingeleitet hat.

Daher ist klar: Wenn autoritäre Regime den ökonomischen Fortschritt fördern, werden sie wahrscheinlich ihre unumschränkten Befugnisse verlieren; denn Studenten, Intellektuelle und Führungskräfte werden größere bürgerliche und politische Freiheiten fordern. Kein Wunder, daß der KGB, die dem Militär angehörenden Mitglieder der Kommunistischen Partei und der bürokratische Komplex in der Sowjetunion sich so vor marktorientierten Reformen fürchten.

Memo an Mandela: Setzen Sie Apartheid nicht mit Kapitalismus gleich

(16. April 1990)

Es ist ein beunruhigendes Zeichen, daß Nelson Mandela und der Afrikanische Nationalkongreß ihre Absicht bekräftigt haben, die südafrikanischen Minen, Banken und viele andere Industriezweige zu nationalisieren und die staatliche Kontrolle über die private Wirtschaft auszuweiten.

Als sie einige Jahre vor dem Verbot der Partei im Jahre 1960 diese Position einnahmen, galt der Kapitalismus als überholt. Eine linksgerichtete Ideologie hatte in der Welt Oberwasser, und viele Nationen bekannten sich zum Sozialismus und zur Planwirtschaft. Kommunistische Ökonomien wuchsen rasch und schienen den Weg in die Zukunft zu weisen. Fast alle neuen unabhängigen Nationen Afrikas folgten dem Beispiel der Sowjetunion und Chinas und nicht dem von Japan und den USA. Sie entschieden sich für Gemeineigentum an Schlüsselindustrien und für eine detaillierte Reglementierung der Wirtschaft.

Die Führung der südafrikanischen Schwarzen sollte die miserable Leistungsbilanz dieser Planwirtschaften auf ihrem Kontinent bedenken. Während der vergangenen 30 Jahre betrug das jährliche Wachstum des Pro-Kopf-Einkommens in den 27 südlich der Sahara gelegenen afrikanischen Ländern, die nationale Einkommensdaten erheben, ohne Südafrika durchschnittlich nicht mehr als $^1/_3$ Prozent. In mehr als der Hälfte dieser Länder fallen die Pro-Kopf-Einkommen gegenwärtig.

Bürgerkriege, Stammeskonflikte und ethnische Rivalitäten sowie Veränderungen bei den Rohstoffpreisen trugen ebenso wie Mißmanagement zu diesem katastrophalen Ergebnis bei. Selbst Länder wie Nigeria schnitten schlecht ab – trotz unermeßlicher Ölvorkommen und anderer natürlicher Ressourcen, deren Preise während der 1970er Jahre steil nach oben gingen. Nigerias massive staatliche Einmischung in die Wirtschaft verschärfte die Stammesgruppenkonflikte, da Steuern, Regulierungen und andere politische Maßnahmen dazu benutzt wurden, um chinesische und indische Händler sowie verschiedene schwarze Minderheitengruppen zu diskriminieren.

Leistungsgrenze. Der ANC hat die repressive Politik des südafrikanischen Staates mit dessen kapitalistischem System gleichgesetzt. Aber der Kapitalismus vergrößert die Chancen für unbeliebte Minderheiten – ob Schwarze, Chinesen oder andere – durch den Wettbewerb zwischen Arbeitgebern um Arbeitskräfte und dadurch, daß er Minderheiten die Freiheit gibt, ihre eigenen Betriebe aufzumachen. Selbst in Südafrika sind die Geschäftsleute im allgemeinen gegen die Apartheid und viele andere Formen der Diskriminierung; die entscheidende Unterstützung des Separatismus kam von den weißen Arbeitern, den Gewerkschaften und den Verbrauchern. In den letzten Jahren haben sich viele führende Geschäftsleute dafür ausgesprochen, den Hauptforderungen des ANC (etwa ein allgemeines Stimmrecht und die Beendigung der diskriminierenden Gesetzgebung) nachzukommen.

Weiße Geschäftsleute in Südafrika haben keinen höheren Gerechtigkeitssinn als weiße Arbeiter. Die Arbeiter fürchteten aber den Wettbewerb mit den Schwarzen um Arbeitsplätze sowie einen Verlust ihrer Privilegien. Die Geschäftsleute waren für einen Abbau der Regulierungen, weil die Gewinne sinken, wenn es den Unternehmern nicht erlaubt wird, billigere schwarze Arbeitskräfte einzustellen, und wenn Ladenbesitzer Schwarze abweisen müssen.

Die Geschichte der Diskriminierung der Schwarzen in südafrikanischen Minen – ein Industriezweig, den der ANC noch immer nationalisieren will – gibt Aufschluß über die wirtschaftliche und politische Ausrichtung verschiedener Gruppen unter dem Kapitalismus. Der inzwischen verstorbene, hoch angesehene südafrikanische Ökonom William H. Hutt zeigte in seinem 1964 erschienenen Buch *The Economics of the Colour Bar*,[26] daß die Diamanten- und Goldminen um die Jahrhundertwende zügig den Beschäftigungsanteil von Schwarzen und anderen Minoritäten erhöhten. Schwarze begannen sogar in leitende Positionen aufzusteigen.

Legaler Betrug. Die weißen Minenarbeiter scheuten den Wettbewerb und suchten Hilfe bei der Politik. Es gelang ihnen, daß eine ganze Reihe von Gesetzen verabschiedet wurde, die nichtweiße Arbeiter diskriminierten. Das Rassenschrankengesetz von 1911 reservierte viele Minenberufe für die Weißen und legte fest, daß für jeden weißen Vorarbeiter nur eine bestimmte Anzahl von Schwarzen eingestellt werden durfte. Das zweite Rassenschrankengesetz von 1926 und weitere Bestimmungen gingen über das Minenwesen hinaus und gestatteten den Schwarzen nicht, geringere Löhne zu akzeptieren, um in verschiedenen von den Weißen dominierten Berufen und Branchen Fuß zu fassen.

Nach dem Zweiten Weltkrieg nahm Südafrika den Grundsatz der Apartheid oder der getrennten Entwicklung der Rassen auch offiziell an. Dennoch ist dieser Grundsatz niemals erfolgreich in die Praxis umgesetzt worden, weil weiterhin viel mehr Schwarze in den für die Weißen reservierten Bereichen gearbeitet haben, als nach dem Apartheidgrundsatz erlaubt ist. Gewinnanreize erklären, warum das so ist. Kleinere

Geschäfte in den Städten und in anderen Gegenden, die hauptsächlich den Weißen vorbehalten sind, waren nur zu gern bereit, Schwarze einzustellen, ohne danach zu fragen, ob es ihnen gesetzlich erlaubt ist, dort zu leben und zu arbeiten. Schwarze wiederum zogen es vor, in weißen Gegenden zu arbeiten, weil die Löhne dort viel höher als in schwarzen Gebieten sind.

Daten aus vielen Ländern zeigen, daß privates Unternehmertum und Gewinnstreben nicht nur das Wirtschaftswachstum fördern, sondern auch Chancen für unbeliebte Minderheiten eröffnen. Im Gegensatz dazu haben der Sozialismus sowie Gesetze, die zugunsten politisch einflußreicher Gruppen diskriminieren, den wirtschaftlichen Fortschritt der meisten Schwarzen in Afrika verlangsamt, vielleicht sogar mehr als die üble diskriminierende Gesetzgebung in Südafrika. Um sich fur den Schaden zu rächen, der durch jahrzehntelange Apartheid und andere skrupellose Formen staatlicher Diskriminierung angerichtet wurde, zieht die ANC-Führung eine sozialistische Politik in Betracht, die wahrscheinlich die wirtschaftliche Lage der meisten Schwarzen verschlechtern würde.

Überraschungen in einer Welt nach Adam Smith

(17. August 1992)

Die weltweite Privatisierungsrevolution zählt sicherlich zu den außergewöhnlichen wirtschaftlichen Entwicklungen der letzten Jahrzehnte. Was in den 1970er und den frühen 1980er Jahren als rechtsgerichtete Thatcher- und ‚Chicago Boys'-Politik in Großbritannien und Chile begann, hat die meisten Länder erfaßt und sich ganz unabhängig von den ökonomischen Ansichten der jeweils regierenden Parteien durchgesetzt. Die Beweggründe sind überall die gleichen: die großen Haushaltsdefizite und die ineffiziente Beschäftigungs- und Investitionspraxis staatlich geführter Unternehmen.

Die Privatisierung kehrt den Trend in Richtung auf Staatseigentum um, der um die Jahrhundertwende in Großbritannien, Frankreich, Deutschland und anderen fortgeschrittenen Industrienationen aufkam. Als erstes wurden hauptsächlich die Eisenbahnen und der Nahverkehr verstaatlicht, aber schließlich übernahm der Staat auch Unternehmen im Bereich der Elektroenergie und anderen Bereichen. Man vergißt leicht, daß die Briten vor nur 25 Jahren ihre Stahlindustrie wieder verstaatlichten, und daß Mexiko in den frühen 1980er Jahren seine Banken enteignete.

Fast während des gesamten Jahrhunderts hielt die Orthodoxie staatlichen Unternehmertums daran fest, daß der Staat die meisten Industriezweige betreiben sollte; man nahm an, daß Skaleneffekte sie zu ‚natürlichen' Monopolen machen. Die empirischen Daten zeigten bis in die Mitte der 1970er Jahre hinein nicht eindeutig die Unterlegenheit staatlichen Managements. Zum Beispiel schienen die Pro-Kopf-Einkommen in kommunistischen Ländern mit weit verbreiteten Staatsbetrieben genau so schnell zu wachsen wie in anderen Volkswirtschaften.

Weltlabor. Aber die vergangenen zwei Jahrzehnte haben für entscheidende Resultate gesorgt. Die scheinbar gute kommunistische Leistungsbilanz hat sich als Potemkinsches Dorf entpuppt, und der Kollaps der kommunistischen Staaten hat schwer angeschlagene Volkswirtschaften ans Tageslicht kommen lassen. Westdeutsche Steuerzahler haben zu ihrer Bestürzung entdeckt, daß die meisten Fabriken in Ostdeutschland, dem vermeintlichen industriellen Kraftzentrum des kommunistischen Blocks, in der modernen Wirtschaftswelt wertlos sind.

Die Privatisierungsbewegung selbst ist zu einer reichhaltigen Datenquelle geworden, denn man kann nun Firmen vor und nach der Privatisierung vergleichen – in verschiedenen Teilen der Welt, in Ländern mit verschiedenen Kulturen und in verschiedenen Stadien der ökonomischen Entwicklung. Die Weltbank gab kürzlich erste Berichte ihrer Ökonomen über die Auswirkungen von einem Dutzend Privatisierungen in Großbritannien, Chile, Malaysia und Mexiko heraus. Sie untersuchten drei Telefongesellschaften, vier Fluglinien, eine Glücksspielfirma und vier Unternehmen aus anderen Bereichen.

In 11 von 12 Fällen erhöhte die Privatisierung das Gesamtwohl der Arbeitnehmer, der Konsumenten, der Investoren und des staatlichen Sektors. Produktivitätsverbesserungen und bessere Investitionen führten in neun Fällen zu erheblichen Gewinnen. Die Gewinne wuchsen mit jedem Privatisierungsschritt, und obwohl Konsumenten manchmal schmerzliche Preiserhöhungen hinnehmen mußten, profitierten sie in anderen Fällen von Preissenkungen. Da nur wenige der in dieser Studie untersuchten Unternehmen einem ernsthaften Wettbewerb ausgesetzt waren, scheint das Privateigentum an Produktionsmitteln sogar ohne einen harten Wettbewerbsdruck einem staatlichen Management überlegen zu sein.

Ein starker Beschäftigungsabbau trägt in der Regel zum Produktivitätswachstum bei – was der verbreiteten Meinung Auftrieb gibt, daß Staatsunternehmen meist zu viele Beschäftigte haben. Doch überraschenderweise profitiert im allgemeinen die Gruppe der Arbeitnehmer im Ganzen von den Privatisierungen – durch höhere Löhne für diejenigen, die weiterbeschäftigt werden, durch großzügige Abfindungen und durch die Einbindung der Arbeitnehmer in Programme zum Aufbau von Beteiligungsvermögen.

Straßensperren. Trotz der lawinenartig zunehmenden Privatisierungsprogramme hat politischer Druck von seiten der Gewerkschaften und anderen Sonderinteressengruppen den Verkauf zahlreicher noch staatlich geführter Unternehmen verhindert. So halten beispielsweise alle Länder an einem Monopol für die reguläre Briefbeförderung fest. Das machte noch nie viel Sinn, erst recht nicht im Lichte einer Weltbankstudie: Der Bericht läßt darauf schließen, daß die Produktivität eines privatisierten Postdienstes wahrscheinlich höher ist, selbst wenn er eine beträchtliche Monopolmacht besitzt. Und die zunehmende Konkurrenz durch die elektronische Post und durch die Expreßzustellung bedeutet, daß die private Postzustellung unter hohem Wettbewerbsdruck stehen wird. Ein zweites Beispiel: Das Schulwesen besteht überall aus voll subventionierten und staatlich betriebenen Organisationen. In den USA zielt die Bewegung zur Einführung von Bildungsgutscheinen auf eine Privatisierung der Schulen; aber weder Präsident Bush noch Gouverneur Clinton setzen sich für Bildungsgutscheine oder eine andere Form der Privatisierung ein.

In Italien bleibt der Industriegigant ‚Instituto per la Ricostruzione Industriale', der eine ganze Anzahl von Staatsholdings überwacht, ein staatliches Unternehmen, ebenso wie viele Versicherungsgesellschaften, Banken und Energieunternehmen. Der französische Staat leitet seine bedeutenden Computer- und Autofirmen, die Bull-Gruppe und Renault, wie auch seine Kohleindustrie, die Banken und andere Firmen auf ineffiziente Weise. Die Tschechoslowakei ist das einzige Regime des früheren Ostblocks, das eine rasche Privatisierung seines aufgeblähten Staatssektors in Gang setzte. Großbritannien verkaufte über eine Million Wohneinheiten, aber der Staat besitzt immer noch ein Viertel des Hausbestandes. In Mexiko, Norwegen, Venezuela, in sämtlichen Ländern des Mittleren Ostens und in anderen Gegenden ist die Ölförderung ein staatliches Monopol.

Vor mehr als zwei Jahrhunderten vertrat Adam Smith überzeugend die These, daß für die Förderung des Wohlstands der Nationen das Privateigentum von zentraler Bedeutung ist. Die empirischen Belege, die das in vollem Umfang bestätigen, sind inzwischen so erdrückend, daß nur in der Wolle gefärbte Sozialisten weiterhin glauben, daß ein umfangreiches Staatseigentum an den Produktionsmitteln ein Vorspiel zu etwas anderem sein könnte als zu einem wirtschaftlichen Desaster.

Wirtschaftssysteme

Argentiniens willkommene Kehrtwendung hin zu neuen Horizonten

(17. Mai 1993)

Als nach Englands Niederlage bei Saratoga im Jahre 1777 ein junger Mann fürchtete, daß England nunmehr ruiniert sei, versuchte Adam Smith ihn mit der Bemerkung zu trösten: „Jede Nation besitzt eine ausgeprägte Fähigkeit, sich selbst zu ruinieren." Während der vergangenen 60 Jahre hat Argentinien diese Behauptung ausgiebig getestet – mit einer katastrophalen Wirtschaftspolitik, die von Regierungen aller politischen Schattierungen ins Werk gesetzt wurde. Auf Einladung einer argentinischen Stiftung reiste ich kürzlich nach Buenos Aires, um mir ein genaueres Bild darüber zu machen, welche Lehren wir aus den argentinischen Erfahrungen ziehen können.

Zu Beginn dieses Jahrhunderts zog Argentinien in großem Ausmaß Einwanderer aus Italien, Spanien und Osteuropa an, weil sein Pro-Kopf-Einkommen zu den zehn höchsten in der Welt gehörte. Aber nach seinem beispiellosen Absturz in der wirtschaftlichen Rangliste haben nunmehr über 70 Länder höhere Einkommen.

Angetrieben von populistischen Stimmungen und dem Rat prominenter lateinamerikanischer Ökonomen begann Argentinien in den 1930er Jahren, die freie Wirtschaft und die Freihandelspolitik aufzugeben, der es seinen Wohlstand verdankte. Hohe Zollmauern wurden errichtet, um heimische Firmen gegen den internationalen Wettbewerb zu abzuschirmen. Der Staat nationalisierte große Teile der Schwerindustrie, Regulierungen und Preiskontrollen nahmen überhand, und die Gewerkschaften diktierten die Beschäftigungspolitik. Mehrere aufeinanderfolgende Regierungen griffen zur Notenpresse statt zu Besteuerungsmaßnahmen, um die wachsenden öffentlichen Ausgaben zu finanzieren. So begann in den achtziger Jahren eine Hyperinflation die Wirtschaft zu zerstören.

Dollartage. Als Carlos Saúl Menem von der Partei der Peronisten im Jahre 1989 zum Präsidenten gewählt wurde, bereiteten sich die Argentinier und die internationale Geschäftswelt auf das Schlimmste vor. Doch statt dessen unterstützte Menem unermüdlich die Anstrengungen von Domingo Cavallo und anderen Wirtschaftsministern, die Inflation in den Griff zu bekommen und die staatliche Lenkung der argentinischen Wirtschaft abzubauen. Um die Wirtschaft dem globalen Wettbewerb zu öffnen, wurden die Zölle drastisch gesenkt. Nach etwas über drei Jahren waren die meisten staatseigenen Betriebe privatisiert, auch die Telefon-, Energieversorgungs- und Luftfahrtgesellschaften. Die Regierung machte außerdem kürzlich den Vorschlag, 50 % der gigantischen staatlichen Ölgesellschaft zu verkaufen. Man schaffte bei den meisten Produkten die Preiskontrollen ab und beschnitt kräftig das Regulierungsdickicht. Um Inflationsängste zu zerstreuen, ist die Zahl der Pesos, die ausgegeben werden dürfen, an die Dollarreserven gekoppelt. Geschäfte müssen nicht mehr länger in Argentinischen Pesos abgewickelt werden, und unter Firmen und Verbrauchern zirkuliert der Dollar ohne Beschränkungen.

Bei einem privaten Treffen versicherte mir Präsident Menem, daß er weiterhin einer marktwirtschaftlichen Politik den Rücken stärken wolle. Trotz seines peronistischen und protektionistischen Hintergrunds wies er nicht ohne Stolz darauf hin, daß die Geschwindigkeit der Reform beispiellos war.

Nach meiner Auffassung wird Menems Erfolg durch die marktwirtschaftlichen Reformen erklärt, die ein kleiner Nachbar Argentiniens ins Werk setzte und die inzwischen auf ganz Lateinamerika ausstrahlen: Chile. Unter der autoritären Herrschaft von General Augusto Pinochet baute Chile Regulierungen ab, wie es sie in ähnlicher Weise auch in Argentinien gegeben hatte. Einheimische Firmen wurden durch einen schrittweisen Abbau der Einfuhrzölle dazu gezwungen, auf dem internationalen Markt zu konkurrieren. Die Zölle haben jetzt einen einheitlichen Satz von 11 % erreicht; damit gehören sie weltweit zu den niedrigsten überhaupt. Chile verkaufte zahlreiche Staatsbetriebe, unter anderem Fluglinien und Busverkehrsbetriebe, Elektroenergie- und Telefongesellschaften sowie große Flächen staatseigener Ländereien. Hier muß ich ein persönliches Interesse offenlegen: Zahlreiche dieser Reformen wurden von ehemaligen Studenten der Wirtschaftswissenschaft an der Universität Chicago in die Tat umgesetzt.

Schnelles Wachstum. Diese und andere unter Pinochet durchgeführten marktwirtschaftlichen Reformen sind von der im Jahre 1989 demokratisch gewählten Regierung beibehalten worden. In den vergangenen 10 Jahren hat Chiles Wachstum infolgedessen das aller anderen lateinamerikanischen Länder übertroffen. Die Reformen trugen auch dazu bei, die Wirtschaft zu diversifizieren, so daß der Anteil des Kupfers am Gesamtexport jetzt weit unter dem 80 %-Anteil der frühen 1970er Jahre liegt.

Es gibt eine ausgeprägte Rivalität zwischen Chile und Argentinien; die Argentinier neigen dazu, sich selbst als kulturell überlegen anzusehen. Viele Argentinier folgerten: Wenn Chile Fortschritte macht, indem es Marktlösungen übernimmt, dann könnten sie das auch – und noch besser. Paradoxerweise haben chilenische Geschäftsleute und Firmen in bedeutendem Umfang in Argentiniens neu privatisierte Wirtschaft investiert.

Obwohl Argentiniens Wirtschaft begonnen hat, sich zu erholen, ist sie doch noch nicht über den Berg. Um den Wert der staatseigenen Betriebe für einen Verkauf zu erhöhen, wurden ihnen in vielen Fällen geschützte Monopolmärkte zugestanden. Die Sozialversicherung und andere Lohnnebenkosten und Arbeitsmarktregulierungen sind noch viel zu teuer. Strenge Einfuhrhöchstquoten für Autos und andere Güter schützen noch manche inländische Produzenten vor dem Wettbewerb. Eine höhere Inflationsrate als in den entwickelten Ländern hat dazu geführt, daß der argentinische Peso im Vergleich zum Dollar und anderen Weltwährungen überbewertet ist. Doch eine Abwertung birgt die Gefahr, das zart keimende Vertrauen der Investoren zu zerstören, daß Argentinien nicht länger sein Heil im Gelddrucken und der Hyperinflation suchen wird.

Wegweisende Entscheidungen stehen der Regierung Menem bevor, erschwert durch die Parlamentswahlen im Oktober. Aber die meisten Leute scheinen gewillt zu sein, um einer vielversprechenden Zukunft willen harte Zeiten über sich ergehen zu lassen. Reformen bedeuten dort wie überall in Lateinamerika jetzt Privatisierung, freie Märkte und Demokratie. Wenn die Argentinier weiterhin dem Weg folgen, den Chile gewiesen hat, dann wird ihre Nation eine Chance haben, den wirtschaftlichen Rang zurückzuerobern, den es zu Beginn dieses Jahrhunderts besaß.

Wenn es hart wird, wird die Ideologie flexibel

(22. Januar 1990)

Der weltweite eilige Rückzug von zentraler Planung, vom Staatseigentum an Produktionsmitteln und von einer detaillierten Reglementierung des wirtschaftlichen Lebens ist schon deshalb bemerkenswert, weil er im wesentlichen von Parteien getragen wird, die historisch gesehen die Marktwirtschaft verabscheut haben.

Obwohl der Wandel in der kommunistischen Welt die Schlagzeilen beherrscht, finden andernorts ähnliche Veränderungen statt. Die Labour-Regierung Neuseelands hat äußerst radikale marktwirtschaftliche Reformen eingeleitet. Michael Manley von Jamaica war während seiner verheerenden ersten Amtszeit in den frühen 1970er Jahren ein prokubanischer, antiamerikanischer Sozialist. Seit die Wähler ihn vor ein paar Jahren wieder an die Macht wählten, hat er eine Politik verfolgt, die der Privatisierung und Deregulierung aufgeschlossen gegenübersteht. Der neue Präsident von Argentinien, Carlos Menem von der interventionistischen Peronistischen Partei, ging anfangs nach einem Wirtschaftskonzept vor, das von konservativen Geschäftsleuten entworfen wurde.

Nichts zeigt die Anpassungsfähigkeit der Ideologie besser als das, was der Direktor der Abteilung für ideologische Grundsatzfragen in der Kommunistischen Partei Polens mir gegenüber äußerte: Die Partei sei sich nicht mehr sicher, so sagte er, ob das Staatseigentum an den Produktionsmitteln ein wesentlicher Bestandteil des Sozialismus ist. Auf die Unterschiede zwischen Kapitalismus und Sozialismus angesprochen, erwiderte er, daß man daran noch arbeiten würde. Aber was bleibt von der kommunistischen Ideologie, wenn sie den Glauben an die unvermeidliche Ausbeutung der Arbeiter in einem System privaten Unternehmertums aufgibt? Ohne dieses grundlegende Prinzip wäre der Sozialismus schwerlich vom Kapitalismus unterscheidbar.

Falsch von Anfang an. Es ist nicht sehr sinnvoll zu behaupten, daß die kommunistische Welt die zentrale Planung und das Staatseigentum längst aufgegeben hätte, wäre sie nicht für den Einfluß des marxistischen Denkens empfänglich gewesen. Denn bis in die jüngste Zeit hinein wurde nicht deutlich, daß kommunistische Volkswirtschaften hinter den Marktwirtschaften zurückblieben. Tatsächlich hielten viele Sowjetexperten im Westen Chruschtschows Prahlerei nicht für abwegig, daß die Sowjetunion die USA beim Wettlauf um die wirtschaftliche Vormachtstellung ‚begraben' werde. Es gab sogar eine ernsthafte Debatte darüber, ob China oder Rußland die dominierende Wirtschaftsmacht werden würde. Japan zog man gar nicht erst in Betracht, und andere kapitalistische Volkswirtschaften galten als zu schwach.

Nach den besten westlichen Schätzungen wuchsen die osteuropäischen Volkswirtschaften bis in die Mitte der 1970er Jahre hinein schneller als die meisten anderen und genauso schnell wie die westeuropäischen Volkswirtschaften. Danach nahm wegen der Komplexität der Aufgabe, eine moderne, technologisch fortgeschrittene Volkswirtschaft zentral zu steuern, ihre Leistung offensichtlich ab. Während der letzten 15 Jahre blieb das Wachstum in der kommunistischen Welt hinter dem Wachstum im Westen deutlich zurück. Das Ergebnis war, daß nach mehr als zehn Jahren eindeutiger Belege für ein unterdurchschnittliches Wachstum kaum noch jemand zentrale Planung und Staatseigentum befürwortete.

Es ist schon richtig: In den kommunistischen Ländern sperren sich die Bürokraten und Beschäftigten, die in den zahlreichen staatseigenen Betrieben in bequemen Positionen sitzen, wohl aus Angst vor dem Verlust ihrer Arbeitsplätze und ihres Einflusses gegen einen Wandel. Aber der Widerstand ist nur in den seltensten Fällen ideologisch motiviert. Ich bezweifle, daß mehr als eine Handvoll Leute, die unter dem Kommunismus gelebt haben, intellektuell auf zentrale Planung und die marxistische Ökonomie festgelegt sind.

Trotzdem wiederholen viele Professoren und Intellektuelle im Westen weiterhin gebetsmühlenartig die marxistischen Phrasen über die Ausbeutung der Arbeiter unter dem Kapitalismus. Sie übersehen die offensichtliche Tatsache, daß es den Arbeitern im Kapitalismus materiell besser ging als unter dem Kommunismus; und genau das ist der Grund für die Unruhe im heutigen Osteuropa.

Vorsicht: Selbstgefälligkeit. Der Sozialismus ist nicht das einzige Wirtschaftssystem, das halten muß, was es versprochen hat, wenn es mit allgemeiner Unterstützung rechnen will. Wenn zum Beispiel die Volkswirtschaften Irans oder anderer Länder in der vordersten Front der islamisch-fundamentalistischen Revolution weiterhin stagnieren – was sie nach meiner Auffassung tun werden –, dann wird man dafür die islamischen Grundsätze wie das Zinsverbot und den Widerstand gegen leitende Positionen für Frauen verantwortlich machen. Über kurz oder lang werden diese Grundsätze durch jene ersetzt werden, zu denen man im Westen gekommen ist – was in einer Konterrevolution gegen den Fundamentalismus selbst kulminieren könnte. Der Iran hat bereits begonnen, seine starre Haltung zur wirtschaftlichen Tätigkeit von Frauen zu lockern.

Ebenso sollten die Verfechter des Marktes und des privaten Unternehmertums nicht allzu selbstgefällig und selbstzufrieden sein, denn das gegenwärtige weltweite Liebäugeln mit der freien Wirtschaft ist ein zartes Pflänzchen. Man erinnere sich, daß die Depression der 1930er Jahre und die wirtschaftlichen Zerstörungen während des Zweiten Weltkriegs in den 1950er und 1960er Jahren eine scheinbar unaufhaltsame Bewegung in Richtung auf den Sozialismus bewirkten. Die neu erwachte Sympathie für das private Unternehmertum wird ebenfalls schwinden, sollte eine weitere weltweite Depression in eine ausgedehnte Periode wirtschaftlicher Stagnation münden.

Was können wir daraus lernen? Obwohl ökonomische Ideologien einen ausgesprochen hartnäckigen Einfluß auf die staatliche Politik ausüben können, wenn nicht festgestellt werden kann, ob eine Wirtschaft wächst, erweisen sie sich als recht flexibel und wandlungsfähig, wenn sich die empirischen Daten ändern. Wie die Ablehnung des Kapitalismus nach der Großen Depression zeigt, gibt es manchmal eine überschießende Reaktion gegen Wirtschaftssysteme, die nur in kurzfristigen Schwierigkeiten stecken. Im großen und ganzen ist die Welt heute viel besser dran, weil die Organisation wirtschaftlicher Aktivitäten inzwischen weitaus stärker von deren Ergebnissen als von vorgefaßten philosophischen Meinungen abhängt.

Kapitalismus vs. Kommunismus: Warum es immer noch kein Wettkampf ist

(2. Mai 1988)

In den 1960er Jahren machte im Westen ein Witz die Runde: Ein Optimist ist, wer Russisch lernt, während ein Pessimist jemand ist, der Chinesisch lernt. Diese Witzelei war eine Reaktion auf den Kalten Krieg, auf das rapide Wachstum der Sowjetunion in den 1950er und 1960er Jahren und auf den Glauben, daß der Kommunismus in China sogar noch größere ökonomische Wunder vollbrachte. Nikita Chruschtschow prahlte, daß die russische Industrieproduktion bald mit der Amerikas gleichziehen werde. Viele Verteidiger des Westens gaben das Wachstumsrennen mit dem Kommunismus verloren; aber sie vertraten nachdrücklich die Auffassung, daß die Freiheit das Opfer einer geringeren Industrieproduktion wert sei.

Dennoch: In einem 1962 erschienenen Buch für das National Bureau of Economic Research mit dem Titel *The Growth of Industrial Production in the Soviet Union*[27] schwamm der inzwischen verstorbene Professor G. Warren Nutter gegen den Strom und vertrat kurz nach dem sowjetischen Wiederaufbau nach dem Zweiten Weltkrieg und der Einführung moderner westlicher Technologien die Auffassung, daß das sowjetische Wirtschaftswachstum sich abschwächen werde. Sowjetexperten attackierten Nutters Studie als politisch motiviert und durch kein Sachwissen getrübt – war er doch ein Konservativer und ein Amateur in Sowjetstudien, der noch nicht einmal Russisch lesen konnte. Aber es erwies sich, daß er recht hatte.

Ende Mai wird Ronald Reagan als erster Präsident nach Richard Nixon im Jahre 1972 nach Moskau reisen. Die Sowjetunion, die er besuchen wird, ist noch immer arm. Sie hat ein Pro-Kopf-Einkommen, das noch nicht einmal halb so hoch ist wie das in Amerika, und der Abstand wächst. Obwohl das Pro-Kopf-Einkommen der USA in den 1980er Jahren um jährlich 2 % zunahm, deuten einige jüngere sowjetische Schätzungen darauf hin, daß in diesem Zeitraum das Pro-Kopf-Einkommen in der Sowjetunion stagnierte. Die verfügbaren Daten zeigen auch, daß Chinas Wachstum im Westen weit überschätzt wurde. Der Pro-Kopf-Verbrauch in China wuchs von 1957 bis 1977 nur geringfügig. Einige wenige andere kommunistische Regimes schnitten besser als Rußland und China ab, und manche noch deutlich schlechter.

Auf chinesische Art. Vielleicht gerade wegen der dürftigen und unbeständigen Leistung unter Mao war China das erste kommunistische Land, das radikale ökonomische Reformen ins Werk setzte. Im Zuge des größten aller Privatisierungsprogramme schaffte es in den späten 1970er und frühen 1980er Jahren die landwirtschaftlichen Produktionsgenossenschaften ab. Die Reform seines industriellen Sektors kam langsamer in Gang, aber auch hier hat China dezentralisiert und gibt jetzt dem privaten Unternehmertum mehr Raum.

Gorbatschows *Perestroika* (ökonomische Restrukturierung) und der gegenwärtige Aufbruch in der Sowjetunion sind nicht zuletzt durch Chinas erfolgreiche Reformen inspiriert worden. Sie werden auch durch das bemerkenswerte Wirtschaftswachstum beflügelt, das von Japan, Taiwan, Südkorea, Singapur und Hongkong auf der Basis geringer natürlicher Ressourcen erzielt wurde. Der Erfolg dieser dezentralisierten freien Marktwirtschaften hat mehr dazu beigetragen, in den Ländern der Dritten Welt die Planwirtschaft und das Staatseigentum zu diskreditieren, als die Milliarden, die von den USA zur Beeinflussung der Weltmeinung ausgegeben wurden.

Eine auf dem freien Unternehmertum aufbauende Wirtschaft legt Preise, Löhne und Gewinne mit Hilfe des Wettbewerbs fest. Der Wettbewerb gibt Verbrauchern, Arbeitskräften und Kapitaleignern Anreize, ihre Ausgaben, ihre Arbeitskraft und ihr Kapital den Bereichen zuzuführen, in denen sie den höchsten Wert erbringen. In einer berühmten Debatte zwischen Ökonomen in den 1920er und 1930er Jahren akzeptierten einige sozialistische Theoretiker die entscheidende Bedeutung des Wettbewerbs beim Ausgleich von Angebot und Nachfrage. Aber sie behaupteten, daß eine zentral gesteuerte Wirtschaft den Mechanismus von Angebot und Nachfrage effektiver einsetzen könne als die kapitalistische, um die Ressourcen ihrer produktivsten Verwendung zuzuführen.

Vermischte Fragen. Dennoch läßt die Leistungsbilanz der kommunistischen Länder erkennen, daß eine zentral geplante Wirtschaft inhärente Schwächen aufweist. Sie können nicht korrigiert werden, indem man an dem System mit dem Ziel herumbastelt, die Wettbewerbskräfte, die unter dem Kapitalismus wirken, zu simulieren oder zu verbessern. Diese Länder haben durch schlechte Erfahrungen gelernt, daß die Verbindung zwischen Kapitalismus und Effizienz keine utopische Phantasterei weltfremder Theoretiker ist, sondern eine Schlußfolgerung aus jahrhundertelanger Erfahrung in allen Teilen der Welt.

Ein bedeutendes Problem zentraler Planung ist die Verquickung von politischen und wirtschaftlichen Fragen. So müssen die Planungsinstanzen zum Beispiel Nahrungsmittel billig verkaufen, um städtische Konsumenten zufriedenzustellen; sie müssen Öl- und Gaspreise unter den Weltmarktpreis drücken, um den Wunsch des Militärs nach preiswertem Treibstoff zu befriedigen; und sie müssen Manager davon abhalten, unfähige Arbeitskräfte zu entlassen, weil das nach Kapitalismus riecht. In einer Planwirtschaft sind politische Überlegungen so übermächtig, daß sie häufig das Gesetz von Angebot und Nachfrage außer Kraft setzen und so eine gravierende Fehlleitung von Arbeit, Kapital und Rohstoffen bewirken.

Die seit dem Zweiten Weltkrieg rasch zunehmenden politischen Interventionen in die Volkswirtschaften der USA, Kanadas und anderer Länder verschärften auch im Westen den Konflikt zwischen Effizienzstreben und der politischen Ruhigstellung von Sonderinteressengruppen. Zum Glück für diese Länder ist die politische Kontrolle über wirtschaftliche Entscheidungen jedoch noch weit weniger ausgeprägt als in kommunistischen Ländern.

Es ist unwahrscheinlich, daß kommunistische Länder ohne die Abschaffung zentraler Planung einen nennenswerten Spielraum für die Kräfte schaffen können, die im Kapitalismus wirken. Unterdessen gibt es kaum noch Zweifel, daß die kommunistische Wirtschaftsphilosophie sich weltweit auf dem Rückzug befindet und daß der Kommunismus Chruschtschows Wettkampf der konkurrierenden Wirtschaftssysteme verloren hat.

Zu viel Staat ist es, was die Dritte Welt plagt

(11. Januar 1988)

Warum haben es nur wenige Dritte-Welt-Länder geschafft, der Armut zu entkommen? Das Wohl der Dritten Welt hängt weit mehr von der Antwort auf diese Frage ab als von Handels- oder Haushaltsdefiziten oder vom Crash der Aktienmärkte. Bei der Überwindung der wirtschaftlichen Misere würde in den meisten Ländern Wachstum Wunder wirken.

Das weltweite Pro-Kopf-Einkommen ist seit den späten 1950er Jahren schneller gewachsen als in irgendeinem anderen Zeitraum vergleichbarer Länge in der modernen Geschichte. Dennoch ist die enorme Varianz der Wachstumsraten zwischen den Ländern ebenso beunruhigend, wie das schnelle durchschnittliche Wachstum eindrucksvoll ist. Ländern wie Taiwan, Südkorea oder Japan mit jährlichen Einkommenszuwächsen von mehr als 6 % stehen andere wie Bangladesh, Bolivien, Ghana, Jamaica oder Polen gegenüber, die nur wenig vorankamen oder sogar zurückfielen.

Ein Beispiel ist Jamaica, ein Land, das ich vor kurzem besucht habe. Vor dreißig Jahren schien Jamaica ein Wachstumskandidat zu sein, der noch vielversprechender war als selbst Taiwan oder Südkorea. Taiwan fürchtete eine Invasion durch China, und Südkorea erholte sich gerade von einem verheerenden Krieg. Im Gegensatz dazu wurde Jamaica nach der Unabhängigkeit im Jahre 1962 eine dynamische Demokratie mit konkurrierenden Parteien und friedlichen Wahlen; und anfangs verfügte es über einen kleinen und effizienten staatlichen Sektor. Jamaica hat wundervolle Strände und liegt in unmittelbarer Nähe eines großen Tourismusmarkts. Es hat naturgegebene Vorteile beim Anbau von Zucker, Kaffee und vielen Obst- und Gemüsesorten; es verfügt über ansehnliche Bauxitvorkommen; und es besitzt tatkräftige und ziemlich gut ausgebildete Arbeitskräfte. Das Pro-Kopf-Einkommen wuchs in Jamaica während der 1950er und 1960er Jahre wahrscheinlich schneller als in Südkorea und Taiwan. Aber seitdem können Jamaica und andere einst vielversprechende Länder nur klägliche Leistungen vorweisen.

Arbeitsethik. Das wirtschaftliche Versagen vieler Länder wird manchmal den leichtlebigen karibischen, afrikanischen, lateinamerikanischen oder sonstigen Temperamenten zugeschrieben, die den materiellen Aspekten des Lebens sorglos gegenüberstehen. Ich glaube, daß jedes nationale oder ethnische ‚Temperament', falls es so etwas überhaupt gibt, als Faktor der wirtschaftlichen Entwicklung weit überschätzt wird. Ökonomische Anreize in Form von höheren Löhnen und die Förderung höherwertiger Arbeit vollbringen Wunder bei der Verwandlung von scheinbar lethargischen in hart arbeitende und ehrgeizige Leute. Dieselben Jamaikaner und Polen, die nicht besonders ehrgeizig erscheinen, wenn sie in Jamaica oder Polen leben, arbeiten hart und kommen voran, wenn sie in die USA auswandern. Sogar manche Chinesen, deren Neigung zu fleißiger Arbeit legendär ist, waren in Festlandschina während der Kulturrevolution träge und apathisch.

Der große Erfolg mehrerer asiatischer Länder wird manchmal einer Kultur zugeschrieben, die Genügsamkeit und das Sparen für die Zukunft fördert. Aber Taiwans Sparquote war niedrig, bis die Finanzreformen um 1960 die Zinsen freigaben und für zusätzliche Sparanreize sorgten. Auch andere Länder hätten bei einer stabilen wirtschaftlichen Umgebung und mit Kapitalmärkten, die marktkonforme Zinsen zahlen und berechnen, eine hohe Sparquote.

Das Ausmaß der Staatstätigkeit und die Chancen für die Privatinitiative sind weit wichtiger als Temperament und Kultur. Einige Länder sind mit einem großen staatlichen Sektor gewachsen; aber im allgemeinen wirken ein ausgedehntes Staatseigentum an Produktionsmitteln sowie eine weitgefächerte Kontrolle der Löhne und Preise und anderer ökonomischer Aktivitäten als Bremse des wirtschaftlichen Fortschritts.

Leider nahmen die Länder der Dritten Welt eine Ideologie an, die während der 1950er und 1960er Jahre unter vielen Intellektuellen weit verbreitet war: daß das Wachstum am besten durch Staatseigentum, Kontrollen und eine Politik der Importsubstitution gefördert wird. Viele gerade unabhängig gewordene Länder übernahmen kränkelnde Privatunternehmen, nationalisierten die Banken, schützten die inländischen Unternehmen gegen Importe, häuften hohe Auslandsschulden an und regulierten in großem Ausmaß den privaten Sektor. In Jamaica schwoll das Verhältnis der Regierungsausgaben zum Bruttoinlandsprodukt von 25 % im Jahre 1970 auf fast 50 % im Jahre 1980 an, während die Regulierungen allumfassend wurden.

Kehrtwendung. Südkorea und Taiwan übernahmen zunächst diese Ideologie, aber sie machten schnell eine Kehrtwendung und begannen, die Exporte und das Wachstum privater Unternehmen zu fördern. Auch andere Dritte-Welt-Länder sind dabei, sich endlich der früheren Politik zu entledigen, und versuchen, den privaten Sektor und die Eigeninitiative zu stimulieren.

Der langsame Fortschritt in den Ländern, die gerade ihre Wirtschaft reformieren – das gilt für solche Giganten wie China, Indien und die Sowjetunion ebenso wie für kleine Nationen wie Jamaica –, macht deutlich, daß es viel leichter ist, Regulierungen einzuführen und die Reichweite des Staates auszudehnen, als zu deregulieren und den Staat zurückzudrängen. Wenn der Staat in umfassender Weise in wirtschaftliche Abläufe verwickelt ist, werden zahlreiche Sonderinteressengruppen aus der Bürokratie, der Wirtschaft, der Arbeiternehmerschaft und der Verbraucher immer mehr von staatlicher Hilfe abhängig. Natürlich tun sie alles, um Reformen zu verhindern, die ihre Subventionen beschneiden könnten.

Nach einer Umstellung auf freiere Märkte verschlechtert sich die Wirtschaftslage oft noch, bevor sie besser wird – nicht zuletzt wegen der

Notwendigkeit, derartige Widerstände zu umgehen. Obwohl in Jamaica die Reformen schon im Jahre 1980 eingeleitet wurden, begann das Einkommen erst vor kurzem zügig zu steigen. Es bleibt abzuwarten, ob die Wählerschaft in den Demokratien der Dritten Welt und die Regierungen in totalitären Staaten die Geduld aufbringen werden, angesichts anfänglicher Härten und des Widerstands von tief verwurzelten Sonderinteressengruppen an der Öffnung ihrer Volkswirtschaften festzuhalten.

Was wir von Kuba und Taiwan lernen können

(16. Juni 1986)

Sozialwissenschaftler sind ernstlich benachteiligt, wenn es um die Prüfung von Theorien geht. Im Gegensatz zu Physikern können sie keine großangelegten Experimente durchführen, die einige Variablen isolieren, während andere konstant gehalten werden. Stattdessen sind sie gezwungen, sich auf die natürlichen Experimente zu stützen, die sich als Nebenprodukt des historischen Wandels ergeben – Experimente, die viele Jahrzehnte umfassen können.

Im letzten Vierteljahrhundert sorgten Kuba und Taiwan für ein ausgezeichnetes ‚Experiment' zur Wirksamkeit verschiedener Systeme bei der Förderung wirtschaftlichen Wachstums und sozialen Fortschritts. Die Regierungen dieser zwei Inselstaaten haben eine stark unterschiedliche Politik verfolgt – mit sehr verschiedenen Auswirkungen. Kuba war ein begeisterter Befürworter des Marxismus und der zentralen Lenkung der Wirtschaft, während Taiwan ein dezentralisiertes System privaten Unternehmertums übernahm.

Trotz einiger offensichtlicher Unterschiede befanden sich Kuba und Taiwan Ende der 1950er Jahre in einer überraschend ähnlichen Ausgangsposition. Beide waren dichtbevölkerte Inseln mit feindlichen Großnachbarn, die mit einer Invasion und mit einer Handelsblockade drohten. Nachdem die Kommunisten im Jahre 1949 in China den Bürgerkrieg gewonnen hatten, wurde Taiwan der Zufluchtsort der nationalistischen Tschiang-Kai-Schek-Regierung. Fidel Castro führte die Revolution an, die 1959 die Regierung Batista stürzte. Zu dieser Zeit hatten beide Inseln relativ hohe Pro-Kopf-Einkommen. Kubas Hauptexportgüter waren Zucker und Tabak, während Taiwan hauptsächlich Zucker und Reis exportierte. Beide machten massive wirtschaftliche und soziale Turbulenzen durch, als Taiwan fast 2 Millionen Flüchtlinge aus Festlandschina aufnahm und Kuba mehrere Hunderttausend meist qualifizierter Auswanderer verlor.

Reisefreiheit. Die Resultate dieses Experimentes können jetzt besichtigt werden. Nach nahezu jedem ökonomischen und sozialen Maßstab hat Taiwan Kuba entweder weit hinter sich gelassen oder mindestens ebenso gut abgeschnitten. Die traumhafte wirtschaftliche Leistung Taiwans ist wohlbekannt. Es entwickelte sich zu einer Industriemacht von Weltklasse-Format, nachdem seit den späten 1950ern bis in die frühen 1980er Jahre das Bruttosozialprodukt pro Kopf um bemerkenswerte 6,4 % im Jahr gewachsen war.

Taiwan weist eine relativ geringe Einkommensungleichheit auf, und das Gesundheits- und Ausbildungsniveau seiner Bevölkerung ist rapide angestiegen. Zugegebenermaßen hat Taiwan nur eine einzige größere politische Partei – man kann also kaum von einer politischen Demokratie sprechen. Doch seine Bürger haben die Freiheit, ins Ausland zu gehen und können sich innerhalb der Insel frei bewegen – Freiheiten, die nicht viele Menschen auf dieser Welt haben. Es gibt auch eine beachtliche Freiheit, an der Wirtschafts- und Sozialpolitik Kritik zu üben.

Die wirtschaftliche Situation in Kuba ist schwerer zu beurteilen – zum Teil deshalb, weil die Preise mit den Produktionskosten in keinem engen Zusammenhang stehen, und weil peinliche Daten manchmal zurückgehalten oder mit zeitlicher Verzögerung veröffentlicht werden. Infolgedessen weichen die publizierten Schätzungen des kubanischen Wirtschaftswachstums sehr stark voneinander ab. Die Studie *Revolutionary Cuba* von Claes Brundenius aus Schweden[28] bietet die glaubwürdigste und optimistischste Einschätzung. Er kommt zu dem Schluß, daß während der letzten 20 Jahre die Einkommensungleichheit wesentlich abgebaut worden ist; und im Gesundheits- und Bildungswesen wurden große Verbesserungen erreicht. Er schätzt, daß das reale Bruttosozialprodukt pro Kopf von 1961 bis 1980 um 2,7 % pro Jahr wuchs – also ungefähr mit der durchschnittlichen Wachstumsrate im restlichen Lateinamerika.

Jorge Perez-Lopez vom Arbeitsministerium stellt diese Schätzungen in Frage. In einem in Kürze erscheinenden Buch vertritt Perez-Lopez die These, daß das kubanische Wirtschaftswachstum von 1966 bis 1980 nur durchschnittlich halb so hoch war wie Brundenius annimmt.

Massive Sowjethilfe. Unabhängig davon, wer recht hat, verblaßt Kubas Leistung im Vergleich zu Taiwan. Selbst wenn wir Brundenius' Zahlen akzeptieren, wuchs das Pro-Kopf-Einkommen in Kuba von 1960 bis 1980 weniger als halb so schnell wie das Pro-Kopf-Einkommen in Taiwan. Zucker macht immer noch mehr als 70 % der Exporte aus, und die Sowjetunion kauft große Zuckerkontingente zum Mehrfachen des Weltmarktpreises auf. Tatsächlich wird die kubanische Volkswirtschaft weiterhin durch massive sowjetische Hilfe gestützt, während die amerikanische Wirtschaftshilfe an Taiwan im Jahre 1965 endete. Die Kubaner können nicht wie die Taiwanesen problemlos ausreisen, und sie können auch nicht ohne weiteres die Wirtschafts- und Sozialpolitik ihrer Regierung kritisieren.

Was können wir von dieser Geschichte aus zwei Inseln[29] lernen? Eine wichtige Lektion ist, daß ein dezentralisiertes System des freien Unternehmertums ein weit mächtigerer Fortschrittsmotor ist als ein zentralisiertes marxistisches System. Das zeigen auch Vergleiche zwischen künstlich geteilten Ländern wie West- und Ostdeutschland oder Süd- und Nordkorea.

Taiwan und Kuba lehren auch noch etwas anderes. Bei der Beurteilung von Wirtschaftssystemen werden oft Erscheinung und Wesen miteinander verwechselt. Fidel Castro ist ein charismatischer Führer, der in der ganzen Welt populär ist. Er überwand eine Diktatur, brüskierte die USA und redete eloquent über die verzweifelte Lage der Unterdrückten. Im Gegensatz dazu waren die Führer Taiwans verschlossen und ohne Charisma. Die meisten Länder verweigern Taiwan die offizielle diplomatische Anerkennung. Und viele boykottieren auch Importe von dieser Insel.

Castros persönliche Ausstrahlung führt zu wohlgesinnten Beurteilungen von Kubas Leistungen. Sicherlich gibt es legitime Gründe, sich über die Wirtschaftsleistung Kubas unter Castro zu streiten. Aber es gibt überhaupt keinen Zweifel, daß Kubas Bilanz weniger beeindruckt als die Rhetorik seines Führers, und daß sie der von Taiwan weit unterlegen ist.

Das Ende des Kommunismus und die Phase des Übergangs

Regel Nr. 1 bei der Einführung des Kapitalismus: Beeilt euch

(29. Mai 1995)

Die sehr verschiedenen Wege, die von den ehemals kommunistischen Ländern in Richtung auf die Marktwirtschaft eingeschlagen werden, sorgen für ein hochinteressantes Laboratorium für die Transformation zentral geplanter Volkswirtschaften. Die aus diesen Experimenten gewonnenen Daten sprechen eine deutliche Sprache: Es ist am besten, umfassende Veränderungen mit einem Schlage einzuführen, ohne abzuwarten, bis die ‚richtige' Folge von Reformschritten entdeckt ist. Schnelligkeit erlaubt, die Transformation hauptsächlich durch die Spontaneität innovativer Marktkräfte leiten zu lassen, statt durch staatliche Planer oder Technokraten.

Dennoch befürworten viele Ökonomen ein langsames, schrittweises Vorgehen. Sie sind der Meinung, daß die Reihenfolge der Reformen in Richtung auf die Marktwirtschaft den langfristigen Erfolg des Prozesses erheblich tangiert. Doch die Geschichte bietet wenig Anhaltspunkte dafür, was die richtige Reihenfolge sein könnte, einfach wegen des beispiellosen Ausmaßes der Transformation, die durch den Zusammenbruch des Kommunismus erforderlich wurde. Die ökonomische Theorie stellt ebenfalls keine angemessene Blaupause zur Verfügung. Märkte haben ihre eigene Dynamik, die häufig nicht vorweggenommen werden kann.

Vaclav Klaus, der Premierminister der Tschechischen Republik, hat die äußerst erfolgreiche Transformation dieser Nation geleitet. In einem kürzlich erschienenen Essayband[30] betont er, daß eine Sanierung rasch erfolgen sollte, und zwar mit einer „Mischung aus geplanten Handlungen und Spontaneität". Ganz ähnlich vertrat Adam Smith vor mehr als 200 Jahren in seiner *Theory of Moral Sentiments*[31] die These, daß grundlegende Umstellungen der Politik nicht auf dem gleichen Wege geplant werden können, wie ein Schachmeister Figuren auf einem Schachbrett zieht.

Bummelei. Eine zügige Reform kann auch die unter dem Kommunismus gewachsenen Sonderinteressengruppen davon abhalten, sich wirksam zu organisieren, um den Übergang zur Marktwirtschaft zu verlangsamen und sogar zum Entgleisen zu bringen. Diese Gruppen waren für einige Zeit in der Defensive, nachdem die alten Regimes stürzten. Aber inzwischen sind die meisten gegenwärtigen Spitzenpolitiker in den exkommunistischen Ländern ehemalige Kommunisten; und diese Politiker verlangsamen das Tempo des Wandels, indem sie eher auf die Älteren und andere eingehen, denen die kapitalistische Umwälzung schadet.

Schlagende Beweise dafür, daß Bummelei auf dem Wege zum freien Markt schadet, sind in den osteuropäischen Ländern unschwer zu finden. Man denke an ihre Erfahrungen bei der Privatisierung von Staatsbetrieben. Ungarn, Polen, Rumänien und die meisten anderen exkommunistischen Nationen haben der Privatisierung Tausender mittelgroßer und großer Unternehmen Einhalt geboten; erst müsse die Regierung die Arbeit ‚restrukturieren', die Buchführungspraktiken überarbeiten und bei den verschiedenen Unternehmen die Produktmischung verändern. Weil es Zeit kostet und auf den Widerstand des Managements und der Arbeitnehmer stößt, die Unternehmen in dieser Weise ‚startbereit' zu machen, sind staatlich veranstaltete Privatisierungen langsam und ineffizient gewesen. In Polen blieb trotz der schnellen Umstellung auf eine sinnvolle Fiskal- und Geldpolitik fast die Hälfte der großen Unternehmen in staatlicher Hand. Die Arbeitslosigkeit liegt deutlich über 10 %, und nur wenige Firmen werden an der dortigen Börse gehandelt.

Brillante Idee. Ganz anders die Tschechische Republik. Sie handelte, bevor die politische Opposition sich organisieren konnte, und verließ sich auf die Marktkräfte. Klaus und ein kleines Team von Mitarbeitern hatten die brillante Idee, an weite Kreise der Bevölkerung zu einem bestimmten Nominalwert Gutscheine zu verkaufen, die zur Ersteigerung von Anteilen an verschiedenen Unternehmen benutzt werden konnten. In nur drei Jahren haben die Tschechen mit Hilfe ihrer Gutscheine über 2.000 Unternehmen privatisiert und dieses Stadium des Transformationsprozesses im wesentlichen abgeschlossen.

Trotz einiger Skandale und einiger anderer Probleme übertreffen die Tschechen sogar die optimistischsten Erwartungen. Zahlreiche Investmentfonds und andere Finanzierungsgesellschaften bildeten sich, um Gutscheine zu kaufen und mit ihnen für Firmenanteile zu bieten. Die Investoren konnten in den gerade privatisierten Gesellschaften mitbestimmen. Eine hochdifferenzierte Aktienbörse entstand, an der täglich Anteile von mehreren hundert Unternehmen gehandelt werden – nicht nur von wenigen Dutzend, wie an anderen Börsen in Osteuropa. Die Tschechische Republik hat die niedrigste Arbeitslosigkeitsrate in Europa, obwohl die meisten privatisierten Unternehmen von ihren neuen Besitzern restrukturiert wurden.

Der Erfolg des tschechischen Weges ermutigte die Russische Republik, im Jahre 1992 eine leicht modifizierte Version des Gutscheinplans einzuführen. Es kostete Rußland nur zwei Jahre, um gut 14.000 mittelgroße und große Betriebe zu privatisieren; und im Juni 1994 arbeiteten mehr als 85 % der industriellen Arbeitskräfte des Landes im privaten Sektor. Rußland hat zwar noch keine makroökonomische Stabilität erreicht und verfügt auch noch nicht über eine stabile Währung; aber das Land hat es geschafft, eine durch staatseigene Betriebe beherrschte Wirtschaft zügig auf ein System privaten Eigentums umzustellen.

In den ehemals kommunistischen Ländern gibt es mehr als genug Belege dafür, daß es ein Fehler von Staatsbürokraten ist, wenn sie sich an einer Feinabstimmung des Übergangsprozesses in eine Marktwirtschaft versuchen. Es ist viel besser, die spontane Kreativität von Geschäftsleuten, Arbeitnehmern und Märkten zu entfesseln.

Das letzte, was die Sowjets brauchen, ist ein ausländisches Hilfspaket

(4. November 1991)

Westeuropa, die USA und Japan sollten dem politischen Druck nicht nachgeben, der Sowjetunion und den osteuropäischen Ländern Wirtschaftshilfe zu gewähren. Sie sollten außerdem die Vergabe von Krediten und anderen Vergünstigungen auch an andere Länder einstellen – abgesehen von solchen für humanitäre Zwecke.

Wie das Beispiel Argentiniens, Mexikos und der kommunistischen Länder zeigt, verschafft Wirtschaftshilfe den Regierungen die Möglichkeit, Krisen hinauszuschieben, die sie gegen ihren Willen dazu zwingen, unpopuläre therapeutische Maßnahmen zu ergreifen. Daher verzögert ausländische Hilfe Privatisierungsprogramme, die Kürzung von Subventionen, die Beschneidung von Importbarrieren und den Abbau weiterer übermäßiger und unsinniger Kontrollen, die für eine schlechte Wirtschaftsleistung hauptsächlich verantwortlich sind.

Ein Hilfspaket für die Sowjetunion würde an die Zentralregierung oder an die Regierungen der russischen und nichtrussischen Republiken gehen – und nicht an den sich gerade entwickelnden privaten Sektor und an potentielle Unternehmer. Wirtschaftshilfe wird normalerweise über andere Regierungen abgewickelt, weil es viel leichter ist, mit ihnen zu verhandeln, als den Unternehmen und Familien direkt zu helfen.

Ein schneller Schuß. Da zu viel Staat typischerweise das Problem ist, nicht die Lösung, ist Wirtschaftshilfe kontraproduktiv. Regierungen setzen sie als eine kurzfristig wirksame Droge ein, um für längere Zeit wirtschaftlichen Druck ausüben zu können. Das zieht krisenhafte Situationen in die Länge und trägt wenig zur Behebung langfristiger Schwierigkeiten bei. Jedes Land, das grundlegende Reformen durchführt und eine intakte wirtschaftliche Umwelt schafft, wird wenig Mühe haben, Kredite und Investitionen westlicher Firmen und Banken anzuziehen.

Manche Ökonomen sprechen sich für Beihilfen und Kredite an die Sowjetunion aus, die an niedrigere Ausgaben für ihre nukleare und konventionelle Rüstung gekoppelt sind. Aber die trostlose wirtschaftliche Lage erzwingt bereits umfangreiche militärische Mittelkürzungen. Wenn die Auslandshilfe den ökonomischen Reformdruck verringert, könnten die Rüstungsausgaben trotz einer solchen Koppelung an niedrigere Militärausgaben höher sein als ohne diese Unterstützung.

Die schädlichen Auswirkungen der Wirtschaftshilfe sind nicht auf die ehemals kommunistischen Länder beschränkt. Das zeigen die Erfahrungen Ägyptens und Israels, der beiden größten Empfängerländer amerikanischer Unterstützung während der 1980er Jahre. Ägypten ist ein bettelarmes Land, das nur wenige Schritte unternommen hat, um die sozialistischen Fesseln abzuschütteln, die ihm während der 1950er und 1960er Jahre von Gamal Abdel Nasser angelegt wurden. Es hat immer noch einen gewaltigen und korrupten Staatsapparat, sehr hohe Subventionen von Nahrungsmitteln und anderen Gütern, einen schwachen privaten Sektor und subventionierte, staatlich geleitete Betriebe, die vor der Konkurrenz durch bessere ausländische Produkte geschützt sind.

Obwohl Israel sich während der 1970er Jahre sehr gut entwickelte, kämpft es seitdem mit Arbeitslosigkeit, einem viel langsameren Wachstum und periodischen Hyperinflationen. Gemessen an der Größe seiner Wirtschaft hat Israel wahrscheinlich den größten öffentlichen Sektor in der freien Welt – mit staatlich geleiteten Unternehmen, die viele Industriezweige dominieren, mit weitreichenden Lohnkontrollen und mit Beschränkungen ausländischen Wettbewerbs. Israel wäre in Richtung auf eine Reduzierung der staatlichen Würgegriffs viel weiter gegangen, nähme es nicht fortgesetzt großzügige Wirtschaftshilfe vom Westen an, besonders von den USA. Manche Israelis sind darüber so verärgert, daß sie einen einschneidenden Abbau der Abhängigkeit von ausländischer Hilfe fordern.

Straßen und Brücken. Die Dinge liegen ähnlich in Indien, Pakistan und den afrikanischen Ländern, die sich eines leichten Zugangs zu großzügiger westlicher Förderung erfreut haben – wenn das der richtige Ausdruck ist. Auch ihre schlechte Wirtschaftsleistung läßt sich auf umfangreiche Subventionen für bevorzugte Interessengruppen und auf zu viele Regulierungen des privaten Sektors zurückführen.

Allein die USA stellen jährlich mehr als 1,5 Milliarden Dollar Hilfsgelder für internationale Organisationen wie den Afrikanischen Entwicklungsfonds, die Internationale Entwicklungsgesellschaft und die Weltbank bereit. Diese Organisationen verleihen oder vergeben Gelder üblicherweise an Regierungen, nicht an den privaten Sektor. Offenbar sind einige Hilfsgelder und Kredite der Länder und internationalen Organisationen für eine sozial nützliche Infrastruktur wie Straßen, Brükken, Flughäfen und Kanalisationen ausgegeben worden. Aber diese Posten machen nur einen kleinen Teil der gesamten Unterstützung aus. Und da die Infrastrukturaufwendungen nur untergeordnete Posten in den Haushalten der Empfängerländer darstellen, könnten sie ohne ausländische Hilfe mit Leichtigkeit mehr ausgeben – wenn sie nur wollten.

Die Wirtschaftshilfe für Osteuropa und die Sowjetunion soll angeblich das leisten, was nach dem Zweiten Weltkrieg der Marshallplan für

Westeuropa tat. Aber damals waren die Probleme ganz anders gelagert. Europa lag wegen des Krieges am Boden und benötigte Zeit zum Wiederaufbau der hauptsächlich vom privaten Unternehmertum geprägten Wirtschaftsstrukturen der Vorkriegszeit.

Was Osteuropa braucht, ist genau das Gegenteil: ständigen Druck in Richtung auf eine radikale Abkehr von staatlicher Kontrolle hin zu freieren Märkten. So wie der Marshallplan dazu beitrug, das alte System in Westeuropa wiederaufzubauen, würde eine vergleichbare Unterstützung für den Osten dazu beitragen, die exzessive staatliche Lenkung und Verwaltung seiner Volkswirtschaften aufrechtzuerhalten.

Die alte Erfahrung, daß die Initiative eines Kindes geschwächt wird, wenn die elterliche Hilfe zu leicht zu bekommen ist, gilt genauso gut auch für Volkswirtschaften. Sie gedeihen eher, wenn sie dazu gezwungen sind, ihr eigenes Haus in Ordnung zu bringen, und wenn sie die ökonomische Last des Übergangs zu einer produktiven Marktwirtschaft selbst tragen müssen.

Warum ein Totalentzugs-Kapitalismus das Beste für die Sowjets wäre

(24. Dezember 1990)

Vor kurzem wurde ich nach Moskau eingeladen, um Regierungsbeamten, jungen Ökonomen, Leitenden Angestellten der Staatsunternehmen und privaten Unternehmern die Grundsätze der Marktwirtschaft zu erläutern. Ich betonte, daß das Marktsystem sich nicht auf Erlasse und Regulierungen stützt, sondern auf Menschen, die ihre eigenen Interessen im Blick haben. Das Fundament des Marktsystems – daß Ladenbesitzer und Konsumenten, Arbeitnehmer und das Management oder Anbieter und Kunden nicht freiwillig ein Geschäft abschließen, ohne daß beide Seiten einen Vorteil erwarten, – paßt nicht zum sowjetischen System. So gelten die meisten sowjetischen Erlasse gegen ‚Spekulation‘ für ganz normale geschäftliche Transaktionen.

Trotz allen Geredes über die *Perestroika* haben die Regierungsbeamten in der Sowjetunion bis jetzt nicht viel bewegt. Um die Dinge schnell voranzubringen, müssen Moskaus Kontrollen von Löhnen, Arbeitsbedingungen, Verbraucher- und Erzeugerpreisen, einschließlich der Wechselkurse, durch Tausende freiwilliger Transaktionen auf Arbeits-, Güter- und Geldmärkten ersetzt werden.

Die sowjetische Führung kann von den polnischen Reformen lernen, die im Januar dieses Jahres (1990) begannen. Die Regierung schaffte in einem mutigen Schritt die Regulierung praktisch sämtlicher Preise ab, auch die der Wechselkurse. Leider beging Warschau einen schweren Fehler, indem es die Löhne einfror. Diese Lohnpolitik hatte viel zu tun mit Polens anschließendem Niedergang der Industrieproduktion und mit dem kürzlichen Scheitern der Regierung. Die polnischen Reformer vergaßen offensichtlich, daß die Löhne wie die Preise einer freien Festsetzung durch die Marktkräfte bedürfen, um die wertvollste Ressource eines Landes, das Humankapital, produktiv einzusetzen.

Die Vorherrschaft des Staatseigentums ist für Moskau ein bedeutendes Problem. Kein System kann für geeignete ökonomische Anreize sorgen, ohne daß die Menschen das Recht haben, Eigentum zu kaufen, zu besitzen und zu verkaufen, wie sie es für richtig halten. Das Eigeninteresse und freiwillige Transaktionen können ihre motivierende Kraft nicht erfolgreich entfalten, wenn sich das meiste Eigentum in Staatsbesitz befindet. Aber für sozialistische Theoretiker war das Privateigentum ein Schreckgespenst, und viele Sowjetführer können das, was sie als den Teufel des Privatbesitzes ansehen, nicht einfach ignorieren.

Einfache Geschenke. Doch rascher Fortschritt ist unmöglich, wenn die gewaltigen Vermögenswerte des Kreml nicht zügig privatisiert werden. Grundstücke, Gebäude, Einzelhandelsunternehmen und viele Dienstleistungen lassen sich sofort privatisieren. Man kann sie einfach den gegenwärtigen Besitzern geben: Bauern, Mietern oder den Beschäftigten. Es wäre sogar technisch möglich, große Fabriken schnell zu privatisieren. Der Belegschaft oder der Bevölkerung insgesamt können Besitzgutscheine oder Anteile gegeben werden, die man erwerben oder verkaufen kann. Die anfängliche Verteilung der Anteile ist nicht so wichtig: Über kurz oder lang werden diejenigen Gruppen Mehrheitsbeteiligungen erwerben, die solche Fabriken effizient leiten können.

Politische Überlegungen machen verständlich, warum die Privatisierungsprogramme in der Regel so lange dauern. Der Widerstand kommt von Managern und Beschäftigten, die um ihre Arbeitsplätze fürchten; von Bürokraten, die sich um einen Machtverlust Sorgen machen; und von Verbrauchern, die glauben, daß die Vermögenswerte an politische Freunde oder ausländische Unternehmen unter Wert verkauft werden.

Sowjetische Funktionäre erzählten mir, daß die Menschen im Rahmen von jüngsten Versuchsprogrammen nur zögernd Bauernhöfe und andere Betriebe gekauft haben, weil sieben Jahrzehnte kommunistischer Herrschaft ihren Wunsch oder ihre Fähigkeit geschwächt hätten, Eigentum zu besitzen. Aber können einige Jahrzehnte Kommunismus den tiefverwurzelten Wunsch nach Landbesitz verändert haben?

Eine wahrscheinlichere Erklärung ist: Man ist skeptisch, ob die Besitzverhältnisse von Dauer sein werden. Die sowjetischen Menschen haben nicht vergessen, wie Stalin den bäuerlichen Landbesitz beschlagnahmte. Darüber hinaus behindern Preiskontrollen und eine zentrale Bewirtschaftung von Material die Geschäftstätigkeit der meisten Betriebe. Ich bin sicher, daß das Interesse an privatem Eigentum zunehmen wird, wenn die Preise durch die Marktkräfte festgesetzt werden, wenn die Unternehmen Rohmaterialien ersteigern können und wenn das Vertrauen wächst, daß Eigentum sicher ist.

Sicherheitsnetz. Viele Menschen in der Sowjetunion und in Europa befürchten, daß ein monopolistischer Preisbetrug überhandnehmen wird, wenn Preise und Löhne freigegeben werden. Aber das Monopolproblem kann entschärft werden, indem man den Wettbewerb auf Güter- und Arbeitsmärkten fördert. Jede Person sollte das Recht haben, ohne Abwicklung endloser Formalitäten einen Betrieb zu gründen und zu produzieren, wann immer er oder sie es wünscht. Arbeitnehmer müssen in der Lage sein, ohne die Erlaubnis eines Bürokraten überallhin umzuziehen und jeden Arbeitsplatz anzunehmen, den sie bekommen können. Und wenn die Regierung eine offene Handelspolitik verfolgte und den Umtausch von Rubeleinkommen in harte Währungen zu Marktpreisen erlaubte, würden auch ausländische Firmen gegen heimische Unternehmen durch Exporte in die Sowjetunion und durch dortige Gemeinschaftsunternehmen in Wettbewerb treten.

Um den Inflationsdruck zu brechen, der daraus resultiert, daß zu viele Rubel gedruckt werden, muß die Regierung die Finanzierung der defizitären Staatsunternehmen beenden. Sie sollten gezwungen werden, auf eigenen Füßen zu stehen, bis sie privatisiert sind. Einige Gelder sollten stattdessen für ein Sicherheitsnetz für die Arbeitnehmer und Rentner verwendet werden, die während der Übergangsperiode unter den drastischen Kürzungen ihres Lebensstandards leiden.

Es ist unmöglich, die sowjetische Kommandowirtschaft schmerzlos in eine effiziente Volkswirtschaft zu überführen oder sie gewissermaßen über Nacht zu transformieren. Aber die zeitliche Ausdehnung der Anpassungsprobleme kann verkürzt und die Vorteile vergrößert werden, wenn man die Grundzüge eines Marktsystems schnell einführt. Während der entscheidenden nächsten 12 Monate werden wir erfahren, ob die sowjetische Regierung und die Menschen den Willen haben, das Notwendige zu tun.

Schweden – ein fragwürdiges Modell

(9. Juli 1990)

Während die neu entstehenden Demokratien in Mitteleuropa sich anschicken, Staatseigentum und zentrale Planung über Bord zu werfen, sehen sich manche reformwillige Spitzenpolitiker nach einem ‚dritten Weg' um. Sie halten Ausschau nach einer Alternative zu dem, was sie als exzessiven Materialismus marktorientierter Volkswirtschaften ansehen. Das potentielle Vorbild, auf das man sich gerne beruft, ist Schweden.

Ich halte das für einen gravierenden Fehler. Es ist richtig, daß Schweden lange Zeit als eine gesunde Marktwirtschaft angesehen wurde, die nichtsdestoweniger nur geringe Ungleichheiten aufwies und außerdem ein Netz von staatlichen Programmen zum Schutz der Schwachen und Armen besaß. Ich erinnere mich, daß mich in meiner Jugend das 1936 erschienene populäre Buch *Sweden: The Middle Way* von dem Journalisten Marquis Childs[32] stark beeindruckte; es bewirkte, daß ‚Schweden' sich nach einem Paradies anhörte. Leider scheint es, wenn es überhaupt jemals ein Paradies war, in Ungnade gefallen zu sein.

Die Tugenden und der tiefverwurzelte Respekt vor der Arbeitsmoral, die sich in Schweden während des vorigen Jahrhunderts langsam herausbildeten, erodierten allmählich unter dem negativen Einfluß der Anreize von 25 Jahre lang ständig erhöhten Steuern und Reglementierungen. Leider können die neuen Regierungen in Osteuropa mit einer vergleichbaren Ausgangslage nicht rechnen, da 45 Jahre kommunistischer Mißwirtschaft schon jegliche Arbeitsdisziplin in diesen Ländern unterminiert haben.

In den 100 Jahren vor 1960 war Schwedens Leistung für ein Land mit weniger als 9 Millionen Einwohnern außergewöhnlich. Es verfügte über eine der am schnellsten wachsenden Volkswirtschaften und über eine relativ geringe Ungleichheit. Schwedische Firmen wie Asea, Volvo und Ericsson wurden zu bedeutenden Akteuren in der internationalen Wirtschaft.

Schnelle Finnen. Aber während der vergangenen 15 Jahre lag der Anstieg des Pro-Kopf-Einkommens weit unter dem Durchschnitt der OECD-Länder. Vor 20 Jahren wurden viele finnische Arbeitskräfte von den höheren Einkommen in Schweden angezogen. Inzwischen sind die meisten von ihnen nach Hause zurückgekehrt, da das finnische Pro-Kopf-Einkommen rasch gewachsen ist und vor Ablauf des Jahrhunderts das schwedische Pro-Kopf-Einkommen deutlich übertreffen wird.

Nach meiner Auffassung hat sich Schwedens Wirtschaftsleistung hauptsächlich deshalb verschlechtert, weil die Regulierungen und der

Anteil des Nationaleinkommens, der für die Zentralregierung und die Kommunen ausgegeben wurde, rasch zunahmen. Dieser Staatsanteil stieg von etwa 45 % während der frühen 1960er Jahre – damals lag er nicht allzu sehr über dem Durchschnitt anderer Marktwirtschaften – auf 67 % im Jahre 1986 und damit so hoch wie sonst nirgendwo in der westlichen Welt. Dagegen beansprucht der finnische Staat weiterhin kaum mehr als 40 % seines Nationaleinkommens für sich.

Der riesige staatliche Sektor legt den Steuerzahlern in Schweden enorme Lasten auf. Bis vor ein paar Jahren überstieg der Grenzsteuersatz bei der Einkommensteuer für die meisten Mittelklassehaushalte 60 %, und für viele lag er bei über 80 %. Daraufhin setzte sich bei den schwedischen Wählern die Erkenntnis durch, daß die Steuersätze zu hoch sind: Politischer Druck zwang die Regierung, eine Gesetzgebung einzuleiten, die den Spitzensteuersatz ab 1991 auf 50 % absenkt; die Staatsquote verringerte sich auf etwa 60 %.

Während der 1970er und 1980er Jahre führte Schweden sehr großzügige Ruhestands- und Krankengeldregelungen ein; lange Erziehungsurlaube für erwerbstätige Eltern; großzügige Karenzregelungen für diejenigen, die zu krank sind, um zur Arbeit zu gehen; und viele andere Arten von Transferzahlungen. Zusätzlich sorgte die Politik der Gewerkschaften und der Regierung dafür, daß sich Unterschiede im Ausbildungsstand, in der Berufserfahrung und in sonstigen Merkmalen der Arbeitsproduktivität immer weniger in der Bezahlung niederschlugen.

Viel Urlaub. Unter solchen Bedingungen werden der Arbeitseinsatz und die Investitionen in Humankapital notwendigerweise in Mitleidenschaft gezogen. Der durchschnittliche schwedische Arbeitnehmer fehlte im Jahr 1988 fast einen ganzen Monat lang wegen Krankheit – und erhielt für alle Krankheitstage volles Gehalt. An einem normalen Arbeitstag ist nahezu einer von vier Beschäftigten nicht an seinem Arbeitsplatz – wegen Krankmeldungen, elterlichen Verpflichtungen, Bildungsurlaub oder aus irgendeinem anderen der vielen Gründe, die einen Arbeitnehmer berechtigen, zu Hause zu bleiben. Schwedinnen sind viel seltener vollzeitbeschäftigt als Amerikanerinnen, und die schwedischen Männer arbeiten weit weniger Stunden pro Jahr als die amerikanischen Männer. Warum soll man sich bei der Arbeit auch besonders anstrengen, wenn es möglich ist, auch für das Zuhausebleiben bezahlt zu werden, wenn qualifiziertere Arbeitsplätze nicht mit deutlich höheren Löhnen verbunden sind und wenn die Steuern praktisch alle Gehaltserhöhungen aufzehren?

Auf einer Reise nach Schweden stieß ich kürzlich auf ein gutes Beispiel für diese Auswirkungen auf die Anreize. Graduierte Studenten der Wirtschaftswissenschaften brauchen durchschnittlich acht bis zehn Jahre zur Beendigung ihrer Promotion, im Vergleich zu vier bis fünf Jahren in den USA. Der Grund: Das schwedische Äquivalent eines Assistenzprofessors verdient nach Steuern kaum mehr als graduierte Studenten mit ihren großzügigen staatlichen Stipendien. Sobald Studenten der Wirtschaftswissenschaften in den USA ihren Doktortitel erhalten und eine Vollzeitstelle antreten, steigen ihre Einkommen um mehr als das Dreifache.

Der schwedische Staat besteuert neue Betriebe hoch, stellt aber viele steuerliche Schlupflöcher für Großunternehmen bereit. Das erklärt, warum einige große Firmen weiterhin auf dem internationalen Markt mithalten. Aber solange die Steuern mehr als die Hälfte des Nationaleinkommens verschlingen und das Land an den vielen Regulierungen und Programmen festhält, die von harter Arbeit und vom Erwerb von Fähigkeiten abhalten, kann Schweden nicht auf den Weg zügigen Wirtschaftswachstums zurückkehren.

Das heutige Schweden ist kein brauchbares Modell für Länder, die den Lebensstandard ihrer gewöhnlichen Bürger deutlich erhöhen wollen.

Warum die *Solidarność* die Weichen für die Wirtschaftsreform stellen muß

(31. Juli 1989)

Nur noch wenige Menschen in Osteuropa glauben an einen Sozialismus, der das Staatseigentum an den meisten Produktionsmitteln verlangt. Viele Führer der *Solidarność*, die ich auf einer Reise nach Polen im Juni getroffen habe, streben ein Wirtschaftssystem an, das hauptsächlich auf privater Initiative beruht. Selbst ein hochrangiges Mitglied der Abteilung für ideologische Grundsatzfragen in der Kommunistischen Partei Polens traf mir gegenüber die bemerkenswerte Feststellung, daß „Gemeineigentum nicht das Wesen des Sozialismus ist". Deshalb kann die *Solidarność* bei genügender Entschlossenheit in der Zeit, in der das frisch gewählte Parlament noch mit sich selbst beschäftigt ist, Polens Wirtschaft öffnen. Ungarn hat bereits damit begonnen, seinen privaten Sektor erheblich auszuweiten.

Ohne eine freiere Exportindustrie können in kleinen Ländern wie Polen und Ungarn, die stark von Exporten und Importen abhängig sind, heimische Reformen nicht vorankommen. Der polnische Zloty ist mit einem offiziellen Kurs von etwa 800 Zloty für einen Dollar offenbar erheblich überbewertet, und ich rate der neuen Regierung dringend, den offiziellen Wechselkurs aufzugeben und den Zloty frei umlaufen zu lassen. Der inoffizielle Wechselkurs, der de facto in gewissem Maße schon frei floatet, ist vor kurzem auf mehr als 4.500 Zloty gestiegen – ein Zeichen, wie unrealistisch der offizielle Wechselkurs ist.

Freie Wechselkurse in Verbindung mit moderaten Zöllen und Importhöchstquoten zwingen die Binnenhandelspreise handelbarer Güter, sich an den Weltmarktpreisen zu orientieren. Vor allem die Konkurrenz durch Importe würde die Befürchtungen mancher polnischer Ökonomen zerstreuen, daß freie Binnenhandelspreise den Staatsunternehmen der Schwerindustrie (etwa im Stahlbereich) zu viel Monopolmacht geben würden.

Die USA und andere Länder sollten Polen und Ungarn helfen, ihre beträchtlichen Hartwährungsschulden abzubauen. Präsident Bush und die Spitzenpolitiker der Allianz haben jedoch recht, wenn sie die Polen darum ersuchen, den größten Teil des Schuldenproblems durch eigene Maßnahmen zu lösen. Der Sturz des inoffiziellen Zlotykurses im Laufe der letzten beiden Jahre hat die polnischen Exporte schon kräftig stimuliert. Freie Wechselkurse, verbunden mit einem viel größeren Vertrauen in privates Unternehmertum, gäbe dem Export beider Länder ganz erheblich Auftrieb. Die daraus resultierenden Devisenüberschüsse würden ihre Auslandschulden abbauen und damit künftige kommerzielle Kredite wieder leichter verfügbar machen.

Furchterregende Alternativen. Die Defizite der Staatsbetriebe in Polen und Ungarn müssen schnell gesenkt werden, um die öffentlichen Ausgaben und die Inflation unter Kontrolle zu bringen – besonders in Polen, wo die jährliche Inflationsrate vor kurzem 100 % überschritt. Diese Betriebe können zu besserem Wirtschaften gezwungen werden, indem man ihre Subventionen kürzt und ihnen größere Gestaltungsmöglichkeiten bei Preisen und Beschäftigung einräumt. Letzten Endes müssen aber viele Staatsbetriebe privatisiert oder stillgelegt werden.

Private Betriebe sind in Polen auf wenige Bereiche beschränkt, hauptsächlich auf die Landwirtschaft und auf Reparaturwerkstätten, und das in kleinem Maßstab. Aber man sollte ihnen erlauben, in den meisten Industriezweigen tätig zu werden, öffentlich gehandelte Aktien auszugeben und so viele Arbeitskräfte einzustellen, wie sie es für richtig halten. Über die Form und das geeignete Ausmaß der verschiedenen Aktivitäten würde der Wettbewerb entscheiden.

Viele Vorteile privaten Unternehmertums lassen sich nur dann realisieren, wenn der Staat seine Reglementierung der Preise und Produktionsmethoden abbaut. Die Preise der meisten Güter und Materialien, die Löhne und Gehälter sowie die freien Stellen sollten eher durch die

Marktkräfte von Angebot und Nachfrage als durch staatliche Regulierung festgelegt werden. Das gegenwärtige verschwenderische System, das sich in Schlangen, Rationierungen und einer hohen versteckten Subventionierung der Staatsbetriebe in Form von Mietfreiheit und niedrigen Zinsen ausdrückt, sollte durch offene Subventionen ersetzt werden – wenn sie schon politisch nicht zu vermeiden sind.

Angst vor Aufruhr. Fast alle Ökonomen in Polen und Ungarn geben zu, daß radikale Reformen langfristig wünschenswert sind; aber viele glauben, daß sie in nächster Zukunft weder politisch noch wirtschaftlich durchsetzbar sind. Sie fürchten Protest und Aufruhr, wenn viele Menschen ihren Arbeitsplatz verlieren, wenn Nahrungsmittelpreise und Mieten rapide steigen und wenn andere Sonderrechte, die im gegenwärtigen System gelten, mit einem Schlage abgeschafft werden. Sie könnten recht haben, aber ich stimme mit denjenigen Führern der *Solidarność* überein, die überzeugt sind, daß nur dramatische Schritte in Richtung auf eine freie Wirtschaft eine annehmbare Chance eröffnen, voranzukommen, und daß ein schrittweiser Umbau den oppositionellen Kräften zu viel Zeit gibt, die Reform zu sabotieren.

Ein langsamer Fortschritt gibt den Gruppen, die spezielle Privilegien verlieren würden, mehr Zeit, den Widerstand zu mobilisieren. Ungarn und Polen, die beiden Ostblockländer mit der politisch vielversprechendsten Ausgangsposition für einen radikalen Umbau ihrer Volkswirtschaften, haben ihre größte Chance zur erfolgreichen Bewältigung des Übergangs vom Staatssozialismus auf die Marktwirtschaft mit einer schnellen und kraftvollen Reform in Richtung auf privates Unternehmertum und offenen Außenhandel.

Einige Führer der *Solidarność* vertreten die Auffassung, daß Arbeitnehmer und Verbraucher eine beträchtliche Arbeitslosigkeit und andere Härten kurzfristig akzeptieren würden, wenn sie davon überzeugt wären, daß der Staatssozialismus durch ein System abgelöst wird, das ehrliche Bemühung und Initiative belohnt. Es ist ein trauriges Zeugnis für die sozialistischen Volkswirtschaften, daß die meisten ambitionierten polnischen Männer und Frauen in Westberlin, in den USA und anderswo arbeiten, weil ihre eigenen Industrie- und Dienstleistungsbereiche so wenig Anreize für intensive Arbeit vorsehen.

Man kann sinnvoll streiten über die genaue Reihenfolge und die zeitliche Abstimmung der Schritte, um die polnische und ungarische Wirtschaft zu liberalisieren. Aber niemand kann bezweifeln, daß der Erfolg beider Länder bei der Umstellung von einer staatlich gelenkten auf eine offene Volkswirtschaft erhebliche Auswirkungen auf das haben wird, was in den anderen Ostblockländern geschieht – einschließlich der Sowjetunion.

12.
Internationaler Handel und Internationale Abkommen

Das sprunghafte Wachstum des internationalen Handels während der vergangenen Jahrzehnte förderte nicht nur das Wirtschaftswachstum, sondern beseitigte weitgehend auch die Benachteiligungen kleiner Nationen, da der riesige internationale Markt jetzt ein ausgezeichnetes Substitut für große heimische Märkte ist. Das hat dazu geführt, daß ethnisch heterogene Gruppen mit einer politisch und wirtschaftlich konfliktreichen Vergangenheit nicht länger in demselben Land zusammenleben müssen, um in den Genuß der ökonomischen Vorteile steigender Skaleneffekte zu kommen.

Wir zeigen, daß viele sehr kleine Länder sich hervorragend geschlagen haben, indem sie den internationalen Markt für ihre Güter nutzten. Solche Beispiele förderten den Zerfall mehrerer Nationen, in denen ethnische Gruppen auf der Basis eines prekären Waffenstillstands zusammengelebt hatten; die Tschechoslowakei spaltete sich in die Tschechische Republik und die Slowakei, Jugoslawien in Bosnien, Kroatien und Serbien. Sie gaben auch in anderern Ländern den Forderungen zahlreicher ethnischer Gruppen nach größerer Autonomie und sogar nach Unabhängigkeit Auftrieb, etwa bei den Frankokanadiern, den Kataloniern und den Kurden.

Ein Essay in diesem Teil kritisiert den Plan der Europäischen Gemeinschaft, die Deutsche Mark, den französischen Franc und andere Mitgliedswährungen durch den ECU* zu ersetzen, eine gemeinsame Währung für alle Mitgliedsländer. Da der internationale Kapitalmarkt einen wirksamen Wettbewerb zwischen Währungen verschiedener Länder ermöglicht hat, schlagen wir vor, in die entgegengesetzte Richtung zu gehen und den Wettbewerb zwischen den europäischen Währungen eher zu intensivieren als zu eliminieren.

Ein notwendiger erster Schritt zur Förderung verstärkten Wettbewerbs ist es, alle Mitgliedswährungen innerhalb jedes Landes als gesetzliches Zahlungsmittel gelten zu lassen. Unter diesen Umständen würde ein intensiverer Wettbewerb zur Kontrolle inflationärer Entwicklungen beitragen und die Staatseinnahmen aus einer sprunghaften oder raschen

---

* Vgl. dazu S. 338, wo die Autoren die aktuelle Bezeichnung 'Euro' verwenden. – Anm. des Übers.

Ausweitung der Geldmenge reduzieren. Wenn Währungen miteinander konkurrierten, würden Regierungen bei einer unzureichenden Geldmengenkontrolle die Erfahrung machen, daß sie nicht länger ein geschütztes Monopol besitzen. Haushalte und Unternehmen werden aus ihrer ‚eigenen' in eine konkurrierende Währung gehen, wenn die ‚eigene' beginnt, signifikant an Wert zu verlieren. Dieser Vorschlag wurde von Zeitungen in ganz Westeuropa wiederabgedruckt und veranlaßte zahlreiche Leserbriefe mit zustimmenden und ablehnenden Äußerungen.

In den letzten Jahren erörterte man auf einer Reihe von internationalen Konferenzen, die teilweise unter der Schirmherrschaft der Vereinten Nationen standen, wie die globalen Ressourcen angesichts von Bevölkerungswachstum und Umweltzerstörung bewahrt werden können. Aber trotz der voreiligen Alarmrufe, die der Biologe Paul Ehrlich und andere ertönen ließen, hat niemand nachgewiesen, daß das Bevölkerungswachstum größere schädliche Auswirkungen hat. Schließlich stiegen die Pro-Kopf-Einkommen in armen wie in reichen Ländern mit den höchsten Steigerungsraten seit vielen Jahrhunderten, obwohl die Weltbevölkerung rapide anwuchs und sich während der letzten 50 Jahre verdoppelte. Außerdem zeigen wir, daß ein kontinuierliches Wirtschaftswachstum und eine verbesserte Ausbildung die Geburtenraten zügig senken – ganz ohne Zwangssterilisation und andere drakonische Maßnahmen, die von Untergangspropheten befürwortet werden.

Umweltkatastrophen wie die von Tschernobyl haben erhebliche internationale Auswirkungen. Dennoch hat die Umweltschutzbewegung an Glaubwürdigkeit verloren: Ihr genügten sehr schwache Belege, um Katastrophen vorauszusagen, die dann gar nicht eintraten – wie etwa Ehrlichs Prognose eines durch das Bevölkerungswachstum ausgelösten Massensterbens in den 1970er Jahren.

Ein anderes Beispiel für Übertreibungen im Umweltbereich ist die immer wieder vorgetragene Behauptung, daß die Verschmutzung der weltweiten Atmosphäre mit Kohlendioxid einen katastrophalen Treibhauseffekt erzeugen werde. Obwohl internationale Konferenzen es geschafft haben, der industriellen Produktion von CO_2 Beschränkungen aufzuerlegen, sind die wissenschaftlichen Belege für ein bevorstehendes Unheil nicht überzeugend. Wir vertreten die Auffassung, daß es noch keinen besonderen Handlungsbedarf gibt. Die beste Politik ist, weiterhin die weltweiten Temperaturen und andere mögliche Anzeichen für eine signifikante Erwärmung zu beobachten.

Internationaler Handel

Vergeßt die Währungsunion – laßt Europas Währungen miteinander konkurrieren

(13. November 1995)

Auf einer Reise nach Spanien wurde ich kürzlich von den Journalisten und von der Geschäftswelt immer wieder zu den Plänen befragt, im Januar 1999 eine gemeinsame europäische Währung einzuführen, die wahrscheinlich die Bezeichnung *Euro* tragen wird. Obwohl ich kein Experte in Währungsangelegenheiten bin, sprach ich mich strikt gegen diesen Plan aus. Nach meiner Auffassung wäre es ein viel besserer Ansatz, den Wettbewerb zwischen den europäischen Währungen zu intensivieren und nicht zu eliminieren.

Eine Währungsunion würde von den Bevölkerungen aller 15 Mitgliedsländer mehrheitlich unterstützt, wenn sie darauf vertrauen könnten, daß die künftige Europäische Zentralbank sich wie die Deutsche Bundesbank verhalten wird. Aber man befürchtet, daß die Geldpolitik innerhalb der Europäischen Währungs-Union (EWU) das Ergebnis von Kompromissen und politischen Machtkämpfen unter den Mitgliedern mit verschiedenen monetären und fiskalischen Bedürfnissen sein wird. Kürzlich ergab eine Umfrage, daß 73 % der Deutschen ‚nicht glauben', daß eine gemeinsame Währung so stabil sein könnte wie die Deutsche Mark. Das erklärt vielleicht, warum der deutsche Kanzler Helmut Kohl nicht das Risiko einer Volksabstimmung über die EWU einging. Unter dem Druck der Euroskeptiker innerhalb der Konservativen Partei scheint Großbritannien sich entschieden zu haben, seinen Beitritt zur EWU bis über das Jahr 2002 hinaus zu verschieben.

Machtteilung. Einige Deutsche haben mit ihrem Vermögen bereits gegen die Währungsunion votiert: Der Schweizer Franken ist gegenüber der Mark im Wert gestiegen, weil die Deutschen ihre Vermögenswerte in Anlagen umgeschichtet haben, die auf Schweizer Franken lauten, auch wenn sie niedrigere Zinsen abwerfen als deutsche Geldanlagen. Der Franken wird eine unabhängige Währung bleiben, da die Schweiz sich entschieden hat, der Europäischen Union nicht beizutreten. Die deutschen Bundesschuldverschreibungen, die nach 1999 fällig werden, werden als Folge der Unsicherheit über die Währungsunion jetzt mit einem Zinsaufschlag gehandelt.

Die Pläne für die EWU sind in Griechenland, Italien, Spanien und anderen Ländern, die eine höhere Inflation und eine sprunghaftere Geldpolitik erlebt haben, höchst populär. Zum Glück gibt es einen Weg, den Bevölkerungen dieser Länder entgegenzukommen, ohne die Deutschen und andere zu bestrafen, die eine solide Geldpolitik verfolgen. Statt die Macht in den Händen einer einzigen Zentralbank zusammenzufassen, wäre es besser, die Währungshoheit noch weiter zu dezentralisieren, indem man den Wettbewerb zwischen den Währungen fördert.

Ein bedeutsamer Schritt in diese Richtung wäre es, in jedem Mitgliedsland der EWU die Bezahlung der erhobenen Steuern entweder in der jeweils eigenen Währung oder in Mark, Britischen Pfund, Französischen Franc und vielleicht in einigen anderen Währungen zu gestatten. Auch Ladenbesitzern, Arbeitnehmern und Anbietern würde erlaubt werden, die Bezahlung für ihre Güter und Dienstleistungen in jeder dieser Währungen anzunehmen. Die Marktkräfte von Angebot und Nachfrage bestimmten dann die Wechselkurse zwischen diesen Währungen, so daß die unbeliebteren an Wert verlören.

Defizitkontrolle. Ein Währungswettbewerb trägt dazu bei, verantwortungslos handelnde Regierungen zu disziplinieren: Für sie verringert sich der Anreiz, die Geldmenge auszuweiten und Haushaltsdefizite zu finanzieren, die durch zweifelhafte Ausgabenposten wie ineffiziente Staatsunternehmen zustande kommen. Währungen werden an Wert verlieren, wenn die Regierungen versuchen, sich aus fiskalischen Schwierigkeiten herauszuinflationieren, da Haushalte und Unternehmen ihr Geld in stabilere Währungen umschichten werden.

Vermutlich wird die Bevölkerung jedes Landes weiterhin die eigene Währung vorziehen. Aber Verbraucher, Arbeitnehmer und Geschäftsleute werden mit zunehmender Gewöhnung an das neue System häufiger die Währung mit der stabileren Kaufkraft benutzen. Nach diesem Ansatz können sich die Deutschen und andere EU-Bürger weiterhin vor allem auf ihre eigenen Währungen stützen, solange sie stabil gehalten werden.

Nach einer Gewöhnungsphase bestehen die Transaktionskosten des Umgangs mit verschiedenen Währungen wahrscheinlich nur aus kleineren Unbequemlichkeiten. Schließlich akzeptieren gegenwärtig viele Läden an internationalen Flughäfen über ein Dutzend Währungen, und sie finden das kaum aufwendiger als die Annahme von American Express, Eurocard und anderen Kreditkarten. Außerdem können Betriebe, wenn sie das wollen, an diesen Kosten sparen, wenn sie sich dafür entscheiden, Geschäfte nur in einer oder zwei Währungen abzuschließen. Eine vorherrschende Währung könnte so aus den freien Wahlhandlungen der verschiedenen Bevölkerungen entstehen, da sie ihre Transaktionen auf die stabilsten Währungen konzentrieren, sei es die Mark, das Pfund, oder selbst die Lira, wenn sie gut gemanagt wird.

Überall auf dem Globus haben die Länder die gewaltigen Vorteile des Wettbewerbs gegenüber dem Monopol entdeckt – in der Stahlproduktion, in der Telekommunikation, in der Luftfahrt und bei anderen Gütern und Dienstleistungen. Die Europäische Union hat bei ihrem Konzept eines gemeinsamen Geldes diese Lektion völlig ignoriert. Aber es ist vielleicht noch nicht zu spät, eine Kehrtwendung zu machen und einen schärferen Wettbewerb zwischen den europäischen Währungen zu fördern – mit dem Ziel, eine verantwortungslose, von der Regierung initiierte Währungs- und Fiskalpolitik zu bestrafen und zu verhindern.

Die beste Chance der GUS ist Wettbewerb

(2. Februar 1992)

Der Wettbewerb unter den Mitgliedsrepubliken der Gemeinschaft Unabhängiger Staaten eröffnet große Chancen für ökonomischen Fortschritt und politische Freiheit. Der bedeutendste und nachhaltigste Vorteil des Zusammenbruchs der Sowjetunion könnte der Wettbewerb zwischen verschiedenen Politikentwürfen und Institutionen sein, der vorher nicht möglich war. Da jede Republik versucht, für in- und ausländische Investitionen attraktiv zu werden und die Loyalität ihrer Bürger zu gewinnen, würde der Wettbewerb sie dazu zwingen, ihr Haus in Ordnung zu bringen.

So wie Konsumenten gewinnen, wenn Firmen mit verschiedenen Gütern und Dienstleistungen um ihre Gunst wetteifern, wären auch die verschiedenen ethnischen Gruppen in der GUS besser gestellt, wenn sie zwischen verschiedenen Regierungen wählen könnten, von denen jede eine eigene Politik und Programmatik vertritt.

Der Wettbewerb zwischen den wirtschaftlichen und politischen Vorgehensweisen der Republiken wäre natürlich dann besonders wirksam, wenn die GUS die ungehinderte Bewegung von Gütern, Kapital und Menschen zwischen den Mitgliedstaaten zuließe. Wenn unter dieser Voraussetzung das Wirtschaftswachstum in Teilen der GUS zurückbliebe – vielleicht wegen einer törichten Politik –, dann würden Menschen und Kapital wegen günstigerer Bedingungen in ökonomisch erfolgreiche Republiken abwandern. Zudem wäre die Abwanderung aus Staaten, die in autoritärer Gewohnheit die Freiheiten des Individuums einschränkten, ungewöhnlich hoch. Daher trägt die Abwanderungsoption dazu bei, Minderheiten gegen die schlimmsten Auswüchse der Diskriminierung zu schützen. Wenn zum Beispiel Aserbaidschan die armenische Minderheit diskriminierte, könnten einige von ihnen ohne weiteres nach Armenien oder in eine andere Republik abwandern.

Offene Grenzen? Es war kein Zufall, daß nahezu alle kommunistischen Länder das Recht zur Auswanderung strikt begrenzten, besonders für jüngere, qualifizierte Arbeitskräfte. Die betreffenden Regierungen waren sich sehr wohl der Macht bewußt, die man durch die Abstimmung mit den Füßen ausüben kann. Als es vor weniger als zwei Jahren erstmals möglich wurde, die Deutsche Demokratische Republik zu verlassen, beschleunigte eine Auswanderungswelle von Zehntausenden junger Leute den Zusammenbruch der Regierung.

Obwohl die Republiken vielleicht über einen freien Austausch von Gütern und Kapital Übereinstimmung erzielen, ist eine ungehinderte Mobilität von Menschen innerhalb der GUS sowie die Koordinierung vieler anderer Politikbereiche in naher Zukunft nicht zu erwarten. Die Republiken fürchten die Vorherrschaft der Russen, und es gibt zwischen anderen ethnischen Gruppen eine ausgeprägte Feindschaft. Solche Reibereien wurden durch die stalinistische Politik der Zwangsumsiedlung großer Bevölkerungsteile verschärft. Aber das Beispiel wachsender Kooperation zwischen einstmals verfeindeten Ländern in Westeuropa läßt darauf schließen, daß die Kooperation zwischen den ehemaligen Sowjetrepubliken im Laufe der Zeit zunehmen dürfte.

Manche Ökonomen verweisen auf die Übereinkunft der Europäischen Gemeinschaft, am Ende des Jahrhunderts eine gemeinsame Währung einzuführen, und beklagen, daß ethnische Rivalitäten und Ängste die GUS davon abhalten werden, den alten Rubel durch einen neuen zu ersetzen. Aber nach meiner Meinung sollte sich eine gemeinsame Währung entwickeln dürfen; sie sollte nicht zu Beginn verordnet werden. Befürworter einer einheitlichen Währung nehmen in der Regel an, daß sie gut gemanagt sein wird – mit niedriger Inflationsrate und leichter Konvertierbarkeit in harte Währungen. Aber was ist, wenn sie schlecht verwaltet wird, wie in den letzten Jahren der argentinische Peso oder der Rubel? Tatsache ist, daß ein schlechtes Währungsmanagement viel häufiger als ein gutes anzutreffen ist.

Prägend. Es ist besser, die Republiken ihre eigenen Währungen herausgeben zu lassen, wenn sie das wollen, und dafür den Nutzen aus dem Wettbewerb zwischen verschiedenen Währungen zu ziehen. So würden Unternehmen und Haushalte in der Ukraine bei manchen Transaktionen natürlich russische Rubel benutzen, wenn der Rubel hart wäre und das ukrainische Geld nicht.

Die Flucht aus ihrem Geld zwingt Regierungen dazu, sich verantwortungsbewußter zu verhalten, wohingegen die Vorteile, über eine weithin gebräuchliche Währung zu verfügen, eine vernünftigere Geldpolitik fördern. Eine Republik könnte sogar die Geldmenge durch die Ankoppelung an harte Währungen im Zaum halten; in dieser Weise ist der Hongkong-Dollar mit dem US-Dollar verbunden worden.

Offenkundig wäre ein Wettbewerb zwischen den Republiken bei Atomwaffen keine so gute Sache. Es ist unerläßlich, daß die neue GUS Kontrollen und Sicherheitseinrichtungen für die Tausende von nuklearen Sprengköpfen etabliert, die auf ihrem Territorium stationiert sind. Der Westen sähe es gern, wenn viele von ihnen zerstört würden; er könnte den Republiken, die im Besitz von nuklearen Sprengköpfen sind, Abrüstungsmaßnahmen und andere Anreize anbieten.

Man könnte es für unwahrscheinlich halten, daß kleine Republiken wie Moldawien und Armenien in der Weltwirtschaft erfolgreich bestehen können, wenn die GUS noch nicht einmal unter ihren Mitgliedern einen freien Handel garantiert. Aber Länder mit einer relativ kleinen Bevölkerung, die oft durch eine einzelne ethnische Gruppe beherrscht sind und über eine eigene Sprache und Währung verfügen, haben sich im Schnitt gut entwickelt. Ihre Pro-Kopf-Einkommen sind in den letzten Jahrzehnten überdurchschnittlich schnell gewachsen. Der internationale Handel und der grenzüberschreitende Kapitalverkehr verschaffen den Produzenten und Konsumenten in kleinen Volkswirtschaften Zugang zu großen Märkten und zu ausländischen Produkten.

Die wirtschaftliche Lebensfähigkeit kleiner Nationen ist eine Ursache, warum Jugoslawien und andere Länder mit starken ethnischen Rivalitäten sich ebenfalls in lockere Konföderationen oder gänzlich unabhängige Nationen auflösen werden. Auch sie werden aus dem Wettbewerb zwischen verschiedenen Staaten Nutzen ziehen, da die Menschen mit ihrer Brieftasche und mit ihren Füßen abstimmen.

Laßt den billigen Dollar das Handelsbilanzdefizit ausbügeln

(4. April 1988)

Eine in den letzten Jahren häufig zu hörende Meinung besagt, daß traditionelle Heilmittel wie ein fallender Dollar nicht mehr länger das amerikanische Handelsbilanzdefizit ausgleichen können. Das hohe Haushaltsdefizit, hohe Tariflöhne und eine ausgehöhlte industrielle Basis haben im Verein mit den Handelsbarrieren anderer Länder angeblich die heilenden Kräfte eines billigeren Dollars geschwächt.

In Zuschriften auf eine meiner früheren Kolumnen, die den Freihandel befürwortete (*Business Week*, 20. Juli [in diesem Band, S. 345]), forderten mich sogar differenziert denkende Leitende Angestellte auf, inländische Unternehmen namhaft zu machen, die von einem schwächeren Dollar profitieren würden. Zum Glück steht die ökonomische Welt nicht Kopf: Produzenten und Konsumenten, auch ausländische Konsumenten, reagieren noch auf Anreize. Die empirischen Belege unterstützen stark die althergebrachte Ansicht, daß zahlreiche US-Firmen ihre Verkäufe ins Ausland erhöhen, wenn der Dollar deutlich billiger ist.

Die Skepsis hinsichtlich der Wirksamkeit der Dollarabwertung wuchs, als das amerikanische Handelsbilanzdefizit von 80 Milliarden Dollar im Jahre 1984 auf über 150 Milliarden Dollar in den Jahren 1986 und 1987 anstieg – trotz eines scharfen Rückgangs des Dollar gegenüber dem Yen, der Mark und anderen Währungen. Aber in den letzten Monaten hat das Defizit endlich zu sinken begonnen; und es sollte jetzt, wo die amerikanischen Unternehmen Zeit hatten, die Marketing-Fähigkeiten und anderes Knowhow für Verkäufe im Ausland zu entwickeln, auch weiterhin zurückgehen.

Falsche Vorstellung. Die Industriegüterexporte aus den USA haben sich vom Niedergang der vergangenen Jahre erholt und liegen um 60 % höher als an ihrem Tiefpunkt im Jahre 1983. Die Anstieg der Importe ist gestoppt, und die Januarzahlen weisen darauf hin, daß sie zu fallen begonnen haben. Sogar der japanische Handelsbilanzüberschuß ist in 10 aufeinanderfolgenden Monaten geschrumpft, während die Importe aus den USA und aus anderen Ländern zugenommen haben.

Die Vorstellung, daß die Industrie in den USA unheilbar krank sei, kam nach dem 25 %-igen Absturz der Industriegüterexporte während der frühen 1980er Jahre und nach dem rapiden Anstieg der Importe von Autos, Stahl und anderen Gütern auf. Aber der 40 %-ige Anstieg des Dollarkurses von 1980 bis 1984 erhöhte die Produktionskosten in den USA im Vergleich zu Japan und anderen Ländern beträchtlich. Der Rückgang des Dollarkurses während der letzten zwei Jahre hat den vorherigen Anstieg ausgeglichen, und jetzt sind viele heimische Unternehmen durchaus fähig, es mit den leistungsfähigsten Unternehmen im Ausland aufzunehmen.

Protektionisten, die das Gephardt Amendment zum Handelsgesetz und andere restriktive Maßnahmen unterstützen, vertreten die These, daß sich große Teile des Handelsbilanzdefizits auf niedrige Löhne und die Ausbeutung der Arbeitskräfte in anderen Ländern, auf Dumpingpreise ausländischer Unternehmen und auf Beschränkungen für Importe amerikanischer Waren zurückführen lassen. Aber die US-Löhne sind jetzt viel niedriger als in Westdeutschland und ungefähr so hoch wie in Japan; Deutschland hat jedoch im Handel mit den USA einen der höchsten Handelsbilanzüberschüsse erzielt, Japan sogar den höchsten. Obwohl die Arbeiter in Taiwan und Südkorea viel niedrigere Löhne bekommen, wuchs das US-Defizit im Handel mit diesen Ländern während der letzten paar Jahre rapide an – trotz der Tatsache, daß während dieses Zeitraums die dortigen Löhne sogar noch rascher anstiegen.

Dumpingpreise. Warum sollten es die Amerikaner beklagen, wenn ausländische Unternehmen uns durch Dumping ‚helfen' möchten – indem sie in den USA Güter unter den Herstellungskosten verkaufen? Eine Antwort ist, daß die Unternehmen den Preis kräftig anheben werden, sobald die heimischen Wettbewerber aus dem Geschäft gedrängt sind. Doch nachgewiesene Fälle einer solchen monopolistischen Preisgestaltung sind selten – trotz der Dumpingpreise, von denen man immer dann spricht, wenn ausländische Wettbewerber günstigere Preise und bessere Qualität bieten.

Vor 10 Jahren klagte die Zenith Electronics Corporation in einem verlorengegangenen Prozeß gegen japanische Hersteller von Fernsehgeräten wegen Dumpings. Obwohl praktisch alle heimischen Hersteller von TV-Geräten durch billige Importe aus dem Markt gedrängt wurden, gingen die Preise von importierten Fernsehgeräten nicht nach oben. Ein harter Wettbewerb zwischen ausländischen Produzenten und ein potentieller Wettbewerb von inländischen Unternehmen verhinderten zuverlässig monopolistische Preissteigerungen. Um das angebliche Dumping bei japanischen Herstellern von Computer-Speicherchips zu zügeln, erzielte die Reagan-Administration 1986 eine Übereinkunft mit Japan, das dazu beitrug, den Ausstoß japanischer Produzenten zu senken. Danach haben sich die Preise von Speicherbausteinen amerikanischer Unternehmen mehr als verdoppelt.

Japan, Südkorea, Taiwan, Deutschland und die meisten anderen Länder, die mit den USA Handel treiben, setzen Zölle, Subventionen und Importhöchstquoten ein, um die Einfuhren zu beschränken und die Ausfuhren zu fördern. Damit schaden sie ihren Konsumenten genauso wie den amerikanischen Unternehmen. Doch die Handelsbarrieren Japans oder Deutschlands sind wohl nicht größer als die der USA mit ihren Importquoten bei Autos, Stahl, Textilien, Zucker und anderen Importgütern; mit ihren Exportsubventionen durch die Export-Import-Bank; und mit ihren Programmen, angehäufte Agrarüberschüsse zu subventionierten Preisen zu verkaufen. Die ausländischen Handelsbarrieren können die amerikanischen Defizite auch nicht in vollem Umfang erklären. Japan beispielsweise baute während der vergangenen Jahre die Handelsschranken ab, während sein Überschuß im Handel mit den USA anstieg.

Konsumenten aller Länder erhielten während der letzten 30 Jahre mit der Ausweitung des internationalen Handels Zugang zu einer reichen Vielfalt von Waren zu bezahlbaren Preisen. Das Wachstum des Welthandels ist das hervorstechendste Beispiel internationaler Kooperation während der Zeit nach dem Zweiten Weltkrieg. Will der Kongreß diese Errungenschaften mit zusätzlichen Gesetzen gefährden, um Länder abzustrafen, nur weil sie die von den amerikanischen Konsumenten nachgefragten Güter produzieren?

Die fadenscheinige Rhetorik über den ‚fairen' Handel

(20. Juli 1987)

Viele Leser erhoben gegen meine vor kurzem erschienene Kolumne Einwände (*Business Week*, 25. Mai [in diesem Band, S. 348]). Darin befürwortete ich eine offene Handelspolitik der USA und lehnte Strafmaßnahmen gegen Länder wie Südkorea und Taiwan ab, die im Handel mit Amerika Überschüsse erzielen. Die Kritiker stimmten mit mir unter anderem deshalb nicht überein, weil diese Länder Zölle erheben und andere Importrestriktionen verhängen. Südkorea und Taiwan setzen Importhöchstquoten und subtilere Kunstgriffe ein, um zahlreiche Importgüter außer Landes zu halten und um die eigenen Exporte zu fördern. Südkorea etwa importiert immer noch keine Autos, und Taiwan limitiert streng die Reisimporte.

Konsumenten in anderen Ländern würden ebenso wie die Exportindustrie in den USA ohne Zweifel davon profitieren, wenn Amerikas Drohungen, gegen Südkorea und Taiwan Strafmaßnahmen zu verhängen, diese Länder zum Abbau ihrer Handelsschranken bewegten. Leider macht eine Politik der Vergeltung gegen ‚unfaire' Handelspraktiken die Dinge in der Regel schlimmer, weil sie zum willkommenen Anlaß werden, heimische Produzenten gegen harten ausländischen Wettbewerb zu schützen.

Unternehmen und Arbeitnehmer bemänteln ihren Wunsch nach steigenden Gewinnen und Gehältern mit Vergeltungsforderungen für angebliches Dumping und für die Ausbeutung billiger Arbeitskräfte durch ausländische Produzenten. Das bedeutet im Ergebnis höhere Preise für inländische Konsumenten und eine geschützte, weniger effiziente heimische Industrie, die gegen die neuen Produkte und die verbesserte Produktivität ausländischer Produzenten nicht antreten muß.

Man denke an die lange juristische Auseinandersetzung der Zenith Radio Corporation mit japanischen Unternehmen, die in den USA Fernseher und andere elektronische Güter verkaufen. Zenith behauptete, daß die Japaner ein Komplott geschmiedet hätten, diese Produkte unter den Herstellungskosten zu verkaufen. Eine solche Vorgehensweise liegt offensichtlich im Interesse der amerikanischen Konsumenten; aber Zenith behauptete, daß die Japaner die US-Firmen schließlich aus dem Markt drängen und die Preise auf ein Monopolniveau anheben würden. Im Jahre 1986 wies der Oberste Gerichtshof diese unglaubwürdige Einlassung ab. Er kam im Grunde zu dem Schluß, daß die Japaner diese Güter einfach effizienter herstellen. Die meisten Behauptungen inländischer Unternehmen, daß ausländische Produzenten ihre Güter zu Dumpingpreisen verkaufen oder eine monopolistische Preispolitik verfolgen, sind nicht überzeugender als die von Zenith. Leider haben sie in einigen Fällen dazu geführt, daß Amerika Importbeschränkungen erließ.

Ignorierte Interessen. Wir können auch davon ausgehen, daß der Demokratische Abgeordnete Richard A. Gephardt aus Montana mit seinem Vorschlag, sich über die multilaterale Beschaffenheit des Handels zwischen den Ländern hinwegzusetzen und bilaterale Handelsgleichgewichte mit einzelnen Ländern anzustreben, kaum auf einen ‚fairen' Handel abzielt. Man kann auch gar nicht von fairem Handel sprechen, wenn man Druck auf Südkorea, Taiwan und andere asiatische Länder ausübt, solche Güter wie Industriechemikalien, Lastwagen und Fertigungsausrüstungen nicht von den Japanern, sondern von US-Firmen zu beziehen – insbesondere wenn die japanischen Produkte billiger und qualitativ besser sind.

Es ist ein Gemeinplatz, daß politische Entscheidungen in ökonomischen Dingen in der Regel die Verbraucherinteressen zugunsten spezifischer Arbeitnehmer- und Produzentengruppen übergehen. Der Grund ist klar: Der durchschnittliche Konsument wird durch höhere Preise für bestimmte Güter nur ganz wenig geschädigt, aber die Unternehmen und ihre Beschäftigten profitieren ganz beträchtlich von deutlich höheren Preisen für ihre Produkte. Die Handelspolitik geht besonders gern über die Konsumenteninteressen hinweg, da ausländische Produzenten in der Innenpolitik kaum ein Rolle spielen. Der politische Einfluß der amerikanischen Industrie dagegen ist bei den harten Importhöchstquoten bei Autos, Stahl, Fernsehern, Textilien und vielen anderen Importgütern kaum zu übersehen – wobei solche Quoten die Preise dieser Güter für die amerikanischen Konsumenten spürbar erhöhen.

Jahrhundertelang haben heimische Produzenten in vielen Ländern unfaire Praktiken anderer Nationen aufgebauscht, um in den Genuß protektionistischer Gesetze zu kommen, mit deren Hilfe sie sich auf Kosten der Konsumenten besser stellen können. Vor mehr als 200 Jahren kritisierte Adam Smith den Handelskrieg in seinem ‚Wohlstand der Nationen': „Es ist wohl ein schlechter Weg, einen Schaden, der bestimmten Schichten unserer Bevölkerung [durch die Einfuhrzölle anderer Länder] zugefügt wurde, dadurch auszugleichen, daß wir nicht nur jene Schichten, sondern zusätzlich auch fast alle anderen schädigen ...".[33]

Historische Lektion. In einem ausgezeichneten Aufsatz über Reziprozität und Gerechtigkeit im Handel zieht Professor Jagdish Bhagwati von der Columbia Universität eine faszinierende Parallele zwischen Großbritannien am Ende des 19. Jahrhunderts und den USA heute. Die Protektionisten attackierten Großbritanniens Freihandelspolitik mit den gleichen Argumenten, wie sie jetzt zur Rechtfertigung der Vergeltungskampagne vorgebracht werden. Der bedeutende Premierminister William Gladstone verteidigte den Freihandel mit durchschlagenden Attacken auf die Motive hinter den Vergeltungsforderungen. Aber sogar seine Redekunst und sein Ansehen konnten den Zusammenbruch der Britischen Freihandelspolitik nur verzögern. Im Laufe der Zeit setzten viele britische Industriezweige erfolgreich Zölle und andere Hemmnisse für Konkurrenzimporte durch.

Der Freihandel trug dazu bei, daß Großbritannien in der ersten Hälfte des 19. Jahrhunderts die führende Industrienation wurde. Obwohl viele Faktoren an seinem Niedergang als Wirtschaftsmacht im 20. Jahrhundert beteiligt waren, geht sicherlich ein Teil der Schuld auf das Konto der Arbeitskräfte und Eigentümer, die ihre protektionistischen Anliegen hinter Forderungen nach Vergeltung versteckten. Die USA sollten aus Großbritanniens Erfahrungen lernen und sich gegenüber den verführerischen Rufen nach gleichen Bedingungen für alle und nach ‚fairem' Handel taub stellen. Der Gewinn für die amerikanischen Konsumenten und für die Effizienz der US-Wirtschaft sind Gründe genug, eine offene Handelspolitik zu verfolgen – selbst wenn andere Länder es nicht tun.

Taiwan und Südkorea sollten gelobt, nicht gemaßregelt werden

(25. Mai 1987)

Wenn der Gephardtsche Änderungsantrag zum Handelsgesetzentwurf des Repräsentantenhauses in Kraft treten sollte, würden Länder, die im Handel mit den USA Überschüsse erzielen, unter Druck gesetzt, ihre Exporte zu verringern und ihre Importe zu erhöhen. Während der Änderungsantrag offensichtlich auf Japan gemünzt ist, schadete er wahrscheinlich Südkorea und Taiwan am meisten. Als ich vor kurzem diese beiden Länder bereiste, traf ich auf viele Bedenken gegenüber der Art, wie die USA Druck ausüben. Indem man Südkorea und Taiwan dazu zwingt, ihre Exporte in dieses Land zu reduzieren, löst man nicht Amerikas Zahlungsbilanzproblem; aber man schadete ernstlich ihrer Wirtschaft. Fast 50 % der taiwanesischen und 40 % der südkoreanischen Exporte gehen in die USA. 1986 belief sich das US-Defizit im bilateralen Handel mit Südkorea auf 7 und mit Taiwan auf 15 Milliarden Dollar. Obwohl diese Zahlen gemessen am Volumen des Handels mit diesen Ländern hoch sind, machen sie nur einen kleinen Teil des gesamten US-Handelsbilanzdefizits von 150 Milliarden Dollar aus.

Bis zum Jahre 1982, als Südkorea im Handel mit den USA regelmäßig Defizite anhäufte, gab es keine Beschwerden über unfaire Handelspraktiken der südkoreanischen Wirtschaft. Sicherlich entdeckten Südkorea und Taiwan nicht erst in den vergangenen paar Jahren, wie man Güter zu Dumpingpreisen auf den Markt wirft oder wie man billige Arbeitskräfte dazu benutzen kann, US-Firmen zu unterbieten. Tatsächlich sind die Reallöhne in Südkorea und Taiwan seit 1980 um mehr als 35 % gestiegen, während sie sich in unserem Land kaum veränderten.

Nein, die Zunahme der Exporte aus Südkorea und Taiwan ist nicht das Ergebnis der Ausbeutung billiger Arbeitskräfte, von Dumpingangeboten oder sonstiger Formen unfairen Wettbewerbs. Sie ist zurückzuführen auf die hervorragende Leistungsbilanz ihrer Volkswirtschaften, die an Dynamik noch zulegen. In beiden Ländern betrug die jährliche Wachstumsrate des realen Pro-Kopf-Einkommens während der letzten 25 Jahre mehr als 6 %. Auch wenn sie im wesentlichen ihr gesamtes Öl und andere Energieträger importieren, bewältigten Südkorea und Taiwan den enormen Anstieg der Energiepreise seit den siebziger Jahren bemerkenswert gut. Taiwans Pro-Kopf-Einkommen rangiert inzwischen unter den höchsten der Welt, und Südkorea hat sich von einem sehr armen Land zu einem der wohlhabenderen entwickelt. Doch Taiwans Einkommensungleichheit ist so niedrig wie fast nirgendwo sonst auf der Welt, und die von Südkorea ist moderat – gemessen an den Standards anderer entwickelter Länder.

Diese hervorragende Bilanz unterstreicht die Kraft einer privaten Wirtschaft und das Potential einer weitsichtigen Entwicklungshilfe. In den frühen fünfziger Jahren war Südkorea durch den Koreakrieg geschwächt, und Taiwan mußte 2 Millionen Soldaten und Amtsträger aus Festlandschina aufnehmen. Nachdem sie umfangreiche Entwicklungshilfe von den USA erhalten hatten, stellten beide Regierungen in den späten fünfziger Jahren klugerweise von einer straffen Kontrolle über geschützte heimische Märkte auf ein exportorientiertes privatwirtschaftliches System um. Zu dieser Zeit war ein solcher Schritt in den Ländern der Dritten Welt beispiellos; dort bildeten der Sozialismus und die Planwirtschaft die vorherrschende Ideologie. Das Vertrauen auf den privaten Sektor gestattete ihren Geschäftsleuten und Arbeitskräften, Nutzen aus den enormen Chancen des Weltmarkts zu ziehen.

Natürlich betonen die chinesische und die koreanische Kultur harte Arbeit und Ausdauer, aber diese Eigenschaften erklären ihren Erfolg nicht allein. Nord- und Südkorea haben die gleiche Kultur, und der Norden war vor dem Krieg wohlhabender und höher industrialisiert. Der Norden machte allerdings den gravierenden Fehler, von seinen sowjetischen und rotchinesischen Verbündeten ein zentral gesteuertes Wirtschaftssystem zu übernehmen. Dieser Fehler sorgte für ein seltenes und entscheidendes ‚Real'-Experiment in den Sozialwissenschaften. Die sich deutlich voneinander unterscheidenden Resultate in Nord- und Südkorea lassen für Zweifel an der wichtigen Rolle des freien Unternehmertums in der Entwicklung Südkoreas keinen Raum: Die Pro-Kopf-Einkommen waren im Jahre 1960 ungefähr gleich, jetzt aber sind sie im Süden gut zwei- bis dreimal höher. Obwohl Südkoreas zögernde Schritte in Richtung auf freie Wahlen und mehr Demokratie ausreichend publik gemacht wurden, spürt man in seinem politischen Klima im Vergleich zur Unterdrückung im Norden einen Windhauch der Freiheit.

Bestrafte Konsumenten. Kein Land ist wegen ‚exzessiver Exporte' und unfairer Handelspraktiken Nordkoreas, Kubas, Indiens und vieler anderer Länder beunruhigt, die billige Arbeitskräfte einsetzen. Und sicherlich begünstigen die USA keine schlecht geführten Volkswirtschaften abhängiger Staaten wie Nordkorea und Kuba, denen von ihren russischen und chinesischen Verbündeten häufig aus der Klemme geholfen werden muß. Im Gegensatz dazu entwickelten sich Südkorea und Taiwan zu starken Volkswirtschaften und sind imstande, auf eigenen Füßen zu stehen. Im übrigen: Warum sollten die amerikanischen Verbraucher zusammen mit Korea und Taiwan dafür bestraft werden, daß Hyundai der beliebteste neue Importwagen der letzten Jahre ist, oder daß Taiwan preiswerte und beliebte Videorecorder und Kleidungsstücke herstellt?

Der bemerkenswerte wirtschaftliche Erfolg Südkoreas, Taiwans und anderer neuerdings industrialisierter Staaten in Asien hat weit mehr dazu beigetragen, die Tugenden des freien Unternehmertums in der sich entwickelnden Welt zu verbreiten als alle Predigten der USA und alle ökonomischen Theorien zusammengenommen. Der Kongreß und der Präsident sollten das Gephardt-Amendment auf jeden Fall zurückweisen und den Druck verringern, der Südkorea und Taiwan zur freiwilligen Verpflichtung zwang, die Exporte in die USA zu drosseln. Andernfalls könnte dieser Druck die Volkswirtschaften dieser bemerkenswerten Beispiele, wie man durch das Vertrauen auf das freie Unternehmertum und den Weltmarkt Erfolg haben kann, zerstören.

Kleine Nationen

Warum so viele Kleine ganz groß sind

(7. November 1994)

Die Zahl der Nationen hat sich in den vergangenen 50 Jahren fast verdoppelt – auf fast 191 unabhängige Staaten. Die üblichen Erklärungen für diese Verdopplung berufen sich auf den Nationalismus und auf ethnische Konflikte. Aber sie lassen einen wichtigeren Grund unerwähnt: Die ökonomischen Kosten der Unabhängigkeit haben sich durch das rasche Wachstum des internationalen Handels nach dem Zweiten Weltkrieg drastisch verringert.

Seit 1950 haben die Importe und Exporte weltweit mit der bemerkenswerten Rate von etwa 10 % pro Jahr zugenommen. Sogar während der abflachenden Konjunktur in den 1980er Jahren nahm der internationale Handel weiterhin um 5 % pro Jahr zu. Das Ergebnis war, daß Prosperität nicht mehr länger von einer starken heimischen Wirtschaft abhängt: Selbst winzige Nationen können ihre Waren auf dem Weltmarkt verkaufen.

Tatsächlich haben kleine Nationen jetzt Wettbewerbsvorteile auf den internationalen Märkten. Die wirtschaftliche Effizienz verlangt von ihnen, sich auf nur wenige Produkte und Dienstleistungen zu konzentrieren. Sie spezialisieren sich oft für Nischen, die zu klein sind, als daß große Nationen sie füllen könnten. Wegen ihrer Homogenität leiden kleinere Volkswirtschaften tendenziell weniger an den internen Auseinandersetzungen zwischen Sonderinteressengruppen. Ihre Güter und Dienstleistungen sind tendenziell in geringerem Maße Einfuhrhöchstquoten und anderen Handelshemmnissen ausgesetzt, da sie nicht so umfangreich sind, daß sie Produzenten in großen Ländern in Mitleidenschaft ziehen. Ganz ähnlich sind Wirtschaftsgemeinschaften wie die Europäische Union in der Regel bereit, eine kleinere Nation als Mitglied zu akzeptieren, da ihre Produktion keine besondere Konkurrenzdrohung darstellt.

Es gibt viele Beispiele, die zeigen, daß geringe Größe kein Handicap darstellt. Mauritius, eine 2040 km^2 große Inselnation im Indischen Ozean, hatte Erfolg mit der Konzentration auf Textilexporte und Tourismus. Hongkong und Singapur begannen ihren erstaunlichen wirtschaftlichen Aufstieg, indem sie sich darauf spezialisierten, Güter aus der ganzen Welt zu importieren und sie in andere Teile Asiens weiterzuveräußern. In beiden Stadtstaaten übersteigt das Import- und Exportvolumen noch beträchtlich ihr Bruttoinlandsprodukt, weil ein so großer Anteil ihrer insgesamt 7,3 Millionen Einwohner im Handel von Gütern und Finanzierungsinstrumenten tätig ist.

Im winzigen Fürstentum Monaco drängen sich 5.000 Staatsbürger und über 30.000 Einwohner auf knapp zwei Quadratkilometern. Monaco hat mehrere Spezialisierungsnischen im internationalen Handel besetzt. Es wurde ein Glücksspielzentrum und ein Steuerparadies für Tennisstars, Geschäftsleute und andere Hocheinkommensbezieher, die dorthin umziehen, um Einkommens- und Erbschaftssteuern zu entkommen. Ausländer haben die Grundstückspreise im Vergleich zu französischem Grundeigentum erst vor wenigen Jahren um mehr als das Sechsfache in die Höhe getrieben.

Hongkong, Singapur, Monaco und Mauritius sind nicht nur vereinzelte Beispiele für die Vorteile geringer Größe. Seit 1950 hat sich das reale Bruttoinlandsprodukt pro Kopf in kleineren Ländern deutlich schneller erhöht als in größeren. Nach meiner Auffassung hat der wirtschaftliche Erfolg vieler kleiner ökonomisch eigenständiger Gebilde dazu beigetragen, einige der schwelenden ethnischen Konflikte offen aufbrechen zu lassen, die bereits rund um die Welt existierten – zwischen Kurden, Serben und Kroaten ebenso wie zwischen englisch- und französischsprachigen Kanadiern. Viele dieser Gruppen kamen zu dem Schluß, daß sie sich wirtschaftlich besser stehen, wenn sie selbständige Nationen werden und sich auf die Produktion spezialisierter Güter und Dienstleistungen für die Weltwirtschaft konzentrieren.

Erfolgsstory. Vor weniger als 2 Jahren spaltete sich der ehemalige Staat der Tschechoslowakei in die Tschechische Republik und die Slowakei auf. Beide Staaten haben Probleme, sich an die Unabhängigkeit anzupassen – waren sie doch durch eine gemeinsame Währung, Handelsbeziehungen und zusammenhängende Produktionsnetzwerke eng verbunden. Aber die Tschechische Republik boomt bereits: Sie weist niedrige Arbeitslosigkeitsraten und ein rasches Wachstum auf und richtet ihren Export nach den Bedürfnissen westlicher Länder aus. Viele Tschechen waren gegen die Spaltung, aber ihre Wirtschaft kräftigte sich, als sie sich von der ärmeren Slowakei trennten. Auch diese neue Nation wird blühen, nachdem eine Privatisierung ihre Unternehmer zwingt zu lernen, wie man auf den Weltmärkten konkurriert.

Die tschechischen Erfahrungen lassen sich in vielen anderen Nationen mit ethnischen und kulturellen Unterschieden wiederholen. Zum Beispiel wird weithin angenommen, daß das französischsprachige Quebec einen wirtschaftlichen Niedergang erleben wird, wenn es sich vom übrigen Kanada abspaltet. Diese Ansicht übersieht die Rolle, die der internationale Handel beim wirtschaftlichen Erfolg spielt. Nach einer vielleicht harten Anpassungsperiode könnte Quebec einen prosperierenden Platz in der Weltwirtschaft finden, indem es mit Kanada, den USA und Mexiko ebenso wie mit dem Rest Lateinamerikas Handel treibt. Eine Trennung könnte auch der Wirtschaft des englischsprachigen Kanada zugute kommen, weil es den Kulturkampf entschärfen und die Auseinandersetzungen mit Quebec über die Verteilung von Steuereinnahmen und Staatsausgaben beenden würde.

Geringe Größe kann ein wertvoller Vorteil in einer modernen arbeitsteiligen Welt sein, in der die Volkswirtschaften durch internationale Handelsbeziehungen verbunden sind. Der Nationalismus, der neue Nationen schmiedet, ist nur eine Schaumkrone auf den Wogen des Welthandels.

Die Nationen zersplittern – die globalen Märkte verschmelzen

(22. April 1991)

Antagonistische Volksgruppen, die in der Sowjetunion, in Jugoslawien, im Irak und andernorts einander feindselig gegenüberstehen, geraten in Aufruhr. Schon bald können die Unruhen dazu führen, daß einige dieser Nationen in separate Einzelstaaten zerbrechen oder Konföderationen von quasi-unabhängigen Republiken bilden. Doch im nächsten Jahr werden die Volkswirtschaften von 12 westeuropäischen Ländern mit einer langen Geschichte politischen Konflikts in einer großen Freihandelszone verschmelzen. Diese divergenten Entwicklungen – in Richtung auf politische Spaltung und in Richtung auf wirtschaftliche Integration – spiegeln zwei Trends wider: die abnehmenden Vorteile eines großen Nationalstaates und die zunehmenden Gewinne aus dem Zugang zu größeren Märkten.

Große, zentral verwaltete Länder konnten traditionellerweise besser mit ausländischer Aggression fertig werden; sie konnten auf effektivere Weise Steuern für die Finanzierung staatlicher Dienstleistungen erheben und besser offene Inlandsmärkte für den Güterhandel und die Wanderungsbewegungen von Menschen schaffen. In *The Federalist Papers* waren dies die Hauptgründe, die Alexander Hamilton anführte, um die Ersetzung der damals in den neu entstandenen Vereinigten Staaten geltenden Konföderationsartikel durch eine Verfassung zu unterstützen, die der Bundesregierung größere Befugnisse gibt.

Aber sämtliche Argumente Hamiltons haben im Laufe der Zeit an Gewicht verloren. Die militärischen Vorteile von Nationen mit großer Bevölkerung sind während der letzten 50 Jahre unterminiert worden durch Fortschritte in der Waffentechnik und durch die Kontrollvollmachten, die durch die USA und die UN ausgeübt werden. Skaleneffekte bei der Steuererhebung und bei der Subventionsgewährung werden in größeren Ländern manchmal dazu benutzt, um schwächere ethnische und nationale Gruppen auszubeuten.

Eine Welt. Die Vorteile großer Binnenmärkte sind durch Handelsverträge zwischen unabhängigen Staaten und durch einen wachsenden Handel zwischen allen Staaten ausgeglichen worden. Der internationale Handel ist seit 1960 geradezu explodiert – teilweise in Reaktion auf stark sinkende Transportkosten für Güter und Menschen, auf billige und schnelle Kommunikationsmittel und auf die multilateralen Zollsenkungen, die seit 1977 im Rahmen des General Agreement on Tariffs & Trade (GATT) ausgehandelt wurden. Diese Entwicklungen haben Unternehmen dazu ermuntert, nach Märkten und Angeboten jenseits der Grenzen des jeweiligen Landes Ausschau zu halten. Sogar der riesige US-Markt ist nicht mehr länger ausreichend, um wirtschaftliches Wachstum aufrechtzuerhalten; das erklärt, warum der Anteil der US-Exporte am Bruttosozialprodukt sich seit 1950 verdreifachte.

Seit dem Ende des Zweiten Weltkriegs sind mehr als 70 neue, meist ziemlich kleine Nationen geschaffen worden. Trotz ihrer Größe und ihrer begrenzten natürlichen Ressourcen haben die wachsenden Chancen des Außenhandels diejenigen Länder prosperieren lassen, die eher Exporte und Importe gefördert als sich auf begrenzte heimische Märkte gestützt haben.

Singapurs Bevölkerung beträgt weniger als 3 Millionen, doch sein reales Pro-Kopf-Einkommen ist seit den frühen 1960er Jahren um mehr als 7 % jährlich gewachsen – sicherlich so etwas wie ein Rekord. Die Exporte von Textilien, Elektronik, Finanzdienstleistungen und anderen Gütern und Dienstleistungen übertreffen wertmäßig das Bruttosozialprodukt des Landes um 150 %. Taiwan hat ebenfalls außerordentlichen wirtschaftlichen Erfolg erzielt, indem es mehr als die Hälfte seiner Produktion exportiert.

Dennoch ist der internationale Handel kein umfassender Ersatz für eine Freihandelszone, da Exporte beim Zugang zu den Weltmärkten beträchtliche Importquoten- und andere Hindernisse überwinden müssen. Freihandelsabkommen zwischen unabhängigen Staaten, die nur locker assoziiert sind, können solche Hindernisse überwinden und souveränen Staaten einen Zugang zu viel größeren Märkten schaffen. Solche Vereinbarungen sind leichter zu erreichen als eine politische Integration: Sie erregen nicht so starke Ängste vor Ausbeutung durch starke Volksgruppen und andere Sonderinteressen.

Alte Spannungen. Ende 1994 werden Argentinien, Brasilien, Paraguay und Uruguay einen gemeinsamen Markt bilden, der 190 Millionen Menschen umfassen wird und mehr als die Hälfte des Produktionsvolumens von Lateinamerika und der Karibik repräsentiert. Die USA haben ein Freihandelsabkommen mit Kanada abgeschlossen und wollen ähnliche Vereinbarungen mit Mexiko und Chile aushandeln, obwohl diese Pläne auf starken Widerstand gestoßen sind. Vereinbarungen wie diese schaffen Handelsbarrieren für fast alle Güter und Dienstleistungen ab, aber sie lassen die sonstige Politik in den beteiligten Ländern unberührt. Die US-Verhandlungen mit Mexiko werden nicht – und könnten politisch auch nicht – die radikale Beschränkung der Einwanderung aus Mexiko durch die USA thematisieren.

Die Europäische Gemeinschaft wird bald nahezu alle Nicht-Agrarprodukte frei handeln und eine unbeschränkte Freizügigkeit von Arbeitskräften innerhalb der 12 Mitgliedsländer sowie eine begrenzte Harmonisierung von Steuern und Subventionen einführen. Aber es ist überhaupt noch nicht abzusehen, daß die EG eine gemeinsame Währung, eine einzige Zentralbank oder eine gemeinsame Verteidigungs- und Außenpolitik zustande bringen wird – was viele Befürworter anstreben. Die Golfkrise legte ernsthafte Differenzen zwischen den Mitgliedern bloß: Großbritannien und Frankreich entsandten Truppen, während Deutschland und andere Länder sich mit einer Zuschauerrolle begnügten. Uralte nationale Spannungen zwischen den Franzosen und Briten oder zwischen den Deutschen und ihren Nachbarn sind zu tief eingewurzelt, als daß sie sich durch zwei Jahrzehnte guten Willens beenden ließen.

Ich sehe nicht, daß der Druck ethnischer Gruppen in Richtung auf Autonomie nachlassen wird, ob in Jugoslawien, der Tschechoslowakei, der Sowjetunion, in Kanada, Äthiopien, im Irak oder andernorts. Im Gegenteil – die auseinanderstrebenden Trends in Richtung auf größere politische Autonomie und großflächigere wirtschaftliche Orientierung werden wohl mit Sicherheit bis ins nächste Jahrhundert hinein andauern.

Übrigens, unbedeutende Nationen machen ihre Sache recht gut

(1. Oktober 1990)

Wenn Separatisten in Quebec, Litauen, Äthiopien, Sri Lanka, Spanien und andernorts Abspaltung und Unabhängigkeit fordern, werden sie oft beschuldigt, die Gründung von Staaten zu betreiben, die zu klein sind, um wirtschaftlich lebensfähig zu sein. Aber es steht überhaupt nicht fest, daß große Länder alles in allem entscheidende ökonomische Vorteile bieten.

Das durchschnittliche jährliche Wachstum des Pro-Kopf-Einkommens in der bevölkerungsreichsten Hälfte aller Länder war von 1960 bis Mitte der 1980er Jahre nicht größer als das durchschnittliche Wachstum der bevölkerungsärmeren Hälfte; und Länder mit relativ kleiner Fläche wuchsen sogar etwas schneller als größere Länder. Auch wenn man große und kleine Länder einander gegenüberstellt, die im Jahre 1960 nach Ausbildungsstand und Pro-Kopf-Einkommen vergleichbar waren, erwiesen sich die Unterschiede in den Wachstumsraten des Pro-Kopf-Einkommens als vernachlässigbar.

Diese überraschenden Befunde basieren auf Daten, die von dem Ökonomen Robert Summers und seinen Mitarbeitern von der University of Pennsylvania zusammengestellt wurden. Nicht nur die Wachstumsraten sind ähnlich, sondern auch die Pro-Kopf-Einkommen sind in größeren Ländern nicht höher. Länder, die entweder eine größere Bevölkerung oder eine größere Fläche aufweisen, haben tatsächlich statistisch gesehen etwas niedrigere Pro-Kopf-Einkommen als kleinere Länder.

Wie ist das zu erklären? Offensichtlich sind kleine Länder durch die Größe ihrer heimischen Märkte in ihren Möglichkeiten eingeschränkt. Sie sind nicht groß genug, um bei der Produktion von Autos, Stahl, Flugzeugen oder vielen anderen Produkten Skaleneffekte entstehen zu lassen. Doch die Nationen können ihre Märkte durch internationalen Handel ausdehnen; das ist in den vergangenen Jahrzehnten mit dem raschen Wachstum des Welthandels leichter geworden. Und kleine Länder stützten sich stärker auf die Weltwirtschaft: die Exporte machen bei ihnen einen größeren Anteil des Einkommens aus als bei größeren Ländern.

Große Tiefenschärfe. Doch der große internationale Markt ersetzt kleine inländische Märkte nicht in vollem Umfang, da der Handel zwischen den Nationen durch Zölle und Importquoten beschränkt ist. Die internationale Mobilität ist sogar noch strenger reglementiert. Waren und Menschen können in der Regel weitaus ungehinderter zwischen Regionen und anderen Sektoren innerhalb einer Volkswirtschaft fluktuieren als über nationale Grenzen hinweg.

Zum Beispiel können die Einwohner von Quebec nach Toronto umziehen oder Güter nach Vancouver verkaufen, ohne sich über Zölle, Einwanderungsquoten und andere Faktoren den Kopf zu zerbrechen, die den Austausch mit den USA oder Mexiko behindern. Güter aus der Ukraine haben einen besseren Zugang zu den Märkten in der Sowjetunion als zu denen in Westeuropa. Kleinere Länder spezialisieren sich tendenziell auf Produkte, die keine großen heimischen Märkte voraussetzen. Statt Autos und Flugzeuge exportiert Chile Obst und Gemüse, Israel verkauft handliche Waffen, die winzige Insel Mauritius produziert Textilien zur Verschiffung ins Ausland, und Kuwait produziert natürlich Öl.

Aber große Länder stehen auch vor verschiedenen ökonomischen Problemen, die die Vorteile großer Binnenmärkte aufwiegen. Ein vorrangiges Problem erwächst aus dem Schaden, den das Gerangel von Sonderinteressengruppen um Subventionen und begünstigende Regulierungen verursacht. Viele verschiedene Bereiche großer Volkswirtschaften erhalten politische Vergünstigungen – um den Preis höherer Steuern und höherer Kosten von Gütern und Arbeitskräften in den jeweils anderen Bereichen. Auf diese Weise läßt etwa die staatliche Hilfe an die Getreideproduzenten im kanadischen Westen die Weizenpreise in Quebec und anderen östlichen Provinzen steigen, während Öl- und Gassubventionen an den Osten wiederum auf Kosten der Produzenten im Westen gehen.

König Baumwolle. Konflikte zwischen Sonderinteressengruppen in großen Ländern führen sogar zu ernstlichen zivilen Unruhen. Zweifellos war die Auseinandersetzung um die Sklaverei in den USA der offen zutage liegende und unmittelbare Anlaß des Bürgerkrieges. Der Wunsch des Südens nach niedrigeren Zöllen auf Industriegüter aus Europa und nach der Ausweitung des Weltmarkts für seine Baumwolle war jedoch ebenfalls eine nicht unbedeutende Ursache des Konflikts; denn die Interessen des Südens kollidierten mit denen der Hersteller von Industriegütern in Neuengland: Sie wollten Zollschutz für ihre Güter, um den Wettbewerb mit Europa zu vermeiden, und gleichzeitig auch niedrige Preise für die Baumwolle aus dem Süden, die ein Rohmaterial für die Textilindustrie des Nordens bildete.

Im Gegensatz dazu gibt es in den homogeneren Volkswirtschaften kleiner Länder weniger Möglichkeiten, eine Politik zu fördern, die andere Bereiche mit Kosten belastet. Es ist nicht überraschend, daß Länder mit weniger Regulierungen der Wirtschaft überwiegend klein sind. Beispiele sind Taiwan, Singapur und Chile.

Ich bezweifle, daß die Integration von Ost- und Westdeutschland größere ökonomische Vorteile bringen wird, als man sie hätte haben können, wenn sie zwei getrennte marktorientierte Länder geblieben wären, die eine ungehinderte Bewegung von Menschen und Gütern über ihre Grenzen hinweg erlauben. Das Hauptproblem der ostdeutschen Wirtschaft war nicht ihre geringe Größe, sondern die zentrale Lenkung und der Staatsbesitz der Industrie. Tatsächlich erzeugt die Integration einen Konflikt zwischen Gruppen in Ost- und Westdeutschland, der notwendige Reformen im Osten verzögern wird. Diese Region möchte, daß ihre wohlhabenden Vettern im Westen die Weiterführung der ineffizienten Nutzung von Arbeit und Kapital subventionieren; und mehrere wilde Streiks sind im Osten ausgebrochen, um langsamere Veränderungen und größere Beihilfen durchzusetzen.

Natürlich sind in der Regel Nationalismus, ethnische Konflikte und Loyalitätsgefühle, nicht ökonomische Kalkulationen die treibenden Kräfte bei der Abspaltung von größeren Staaten. Aber was immer die Motive auch sein mögen – die gegenwärtigen Wirtschaftsdaten zeigen, daß dunkle Warnungen wegen des wirtschaftlichen Preises, den kleine Nationen in Kauf nehmen müssen, in keiner Weise gerechtfertigt sind.

Umwelt

Laßt uns die Bevölkerungsbombe entschärfen – mit freien Märkten

(23. Mai 1994)

Pfarrer Thomas Malthus ist munter und wohlauf und lebt bei den Vereinten Nationen. Eine wachsende Bevölkerung sieht sich einer begrenzten Zunahme des Nahrungsmittelangebots und anderer lebenserhaltender Ressourcen gegenüber. Das klingt vielleicht wie ein Satz aus Malthus' Klassiker von 1798, ‚An Essay on the Principles of Population';[34] tatsächlich aber handelte es sich um ein Thema bei einem kürzlich beendeten Vorbereitungstreffen für eine groß angelegte UN-Bevölkerungskonferenz im nächsten September in Kairo.

Ein bei der Konferenz heftig debattierter Vorschlag sieht vor, den Betrag von etwa einer Milliarde Dollar, den die UN an arme Nationen für Familienplanungsprogramme geben, zu vervierfachen. Aber eine Studie von Lant Pritchett von der Weltbank, die in der Märzausgabe von *Population and Development Review* 1994 erschien, argumentiert überzeugend, daß Menschen in armen Ländern viele Kinder haben, weil sie große Familien wollen, und nicht weil sie nichts über Geburtenkontrolle wissen.

Auf eine typische Familie in den Ländern der Dritten Welt entfallen noch mehr als 6 Lebendgeburten, weil man Kinder schon in einem frühen Alter zum Lebensunterhalt beitragen läßt. Aber selbst arme Eltern bekommen weniger Kinder, wenn sie die geeigneten Anreize haben. Während sich die Länder entwickeln, ändern sich die Einstellungen: Familien gehen dazu über, lieber weniger und besser ausgebildete Kinder zu haben, die in modernen Volkswirtschaften bestehen können. Die effektivsten Verhütungsmittel sind daher wirtschaftliche Entwicklung und die Ausbildung der Frauen, nicht Familienplanungsprogramme.

Heute besser. Aber viele Biologen, Ökologen und andere, die mit dieser Sicht nicht übereinstimmen, sehen eine Katastrophe voraus, wenn die Bevölkerungsflut nicht durch radikalere Mittel eingedämmt wird. Sie sind beunruhigt, weil sich die Weltbevölkerung seit 1950 mehr als verdoppelt hat – auf 5,5 Milliarden Menschen –, und weil ihre nochmalige Verdopplung auf 11 Milliarden für das Jahr 2055 erwartet wird. Das nimmt sich dramatisch aus gegen die mehr als 100 Jahre, in denen sich die Weltbevölkerung nach 1850 verdoppelte, und gegen die mehr als 150 Jahre, die ihre Verdopplung nach 1700 in Anspruch nahm. Und sie sind beunruhigt, weil seit 1950 die Bevölkerung besonders stark in den ärmsten Ländern der Dritten Welt zugenommen hat. Die afrikanische Bevölkerung wuchs von 200 Millionen auf fast 700 Millionen, während Asiens Gesamtbevölkerung (selbst ohne Japan) von 1,3 Milliarden auf etwas über 3 Milliarden anstieg.

Schwindelerregende Zuwächse, gewiß. Aber ich glaube nicht, daß sie zwangsläufig zur Beunruhigung Anlaß geben. Die Populationsdichte in Afrika liegt noch weit unter der in Japan, den Niederlanden, Taiwan und vielen anderen Wohlstandsgesellschaften. Außerdem scheinen die Neo-Malthusianer nicht zu sehen, daß die typische Dritte-Welt-Familie heutzutage finanziell viel besser gestellt ist als noch vor 40 Jahren. Das Pro-Kopf-Einkommen in den meisten dieser Länder hat gut zugelegt, obwohl es in einigen afrikanischen Ländern während der achtziger Jahre und teilweise sogar schon früher gesunken ist. Die Bevölkerung in der Dritten Welt nahm besonders schnell zu, weil Kinder und Erwachsene viel länger leben als noch vor wenigen Jahrzehnten – und nicht weil Familien dort mehr Babys bekommen. Tatsächlich bekommen sie weniger Babys. Wie kann man über ein Bevölkerungswachstum lamentieren, das auf dramatisch weniger Todesfälle durch Mangelernährung und ansteckende Krankheiten zurückzuführen ist?

Trotz einiger schrecklicher Hungersnöte hat sich die Ernährung in den meisten Ländern der Dritten Welt durchgreifend verbessert. Nahrungsmittel stehen trotz weltweit kleinerer Ackerflächen billiger und reichlicher zur Verfügung. Ein rascher technologischer Wandel in der Landwirtschaft und in der Erschließung von Energieressourcen hat die Verfügbarkeit von Nahrungsmitteln, Öl, Gas und anderen natürlichen Ressourcen beträchtlich erhöht.

Ausbildungsschub. Die Pessimisten erwidern, daß das, was in der Vergangenheit geschah, sich nicht fortsetzen kann und daß die Produktion von Nahrungsmitteln und fossilen Brennstoffen mit der weitaus größeren Bevölkerung, die für das nächste Jahrhundert prognostiziert wird, nicht mithalten kann. Nun mag das Bevölkerungswachstum einige potentielle langfristige Probleme aufwerfen, was das Angebot an Nahrungsmitteln und natürlichen Ressourcen betrifft, aber diese Probleme sind von den Schwarzmalern weit übertrieben worden. In der Vergangenheit erwiesen sich zahlreiche Hochrechnungen des Nahrungsmittelangebots und der natürlichen Ressourcen als bei weitem zu pessimistisch. Zum Beispiel senkten in diesem Jahrhundert unvorhergesehene technologische Fortschritte die Preise der Nahrungsmittel und natürlichen Ressourcen trotz eines raschen Wachstums der Bevölkerung und der Industrieproduktion – was nach Meinung der Neo-Malthusianer zu einem steilen Anstieg dieser Preise hätte führen sollen.

Bevölkerungsprognosen haben sich als ähnlich unzuverlässig erwiesen; sie haben oft einfach Trends aus der Vergangenheit extrapoliert. Seit 1950 fielen die Geburtenraten in Kolumbien, Hongkong, Mexiko, Taiwan und anderen armen Ländern, die im Zuge ihrer raschen wirtschaftlichen Entwicklung den Bildungsstand und die Erwerbsquote von Frauen erhöhten – weit schneller als erwartet. Die Bevölkerung afrikanischer und anderer Dritte-Welt-Länder wird ebenfalls langsamer als vorausgesagt zunehmen, wenn diese Staaten die markt-, ausbildungs- und exportorientierte Politik übernehmen, mit der es den asiatischen Tigern, Chile und weiteren Ländern gelang, der Armut zu entkommen.

Die UN können zur Abnahme des Bevölkerungswachstums und des Elends in der Dritten Welt am besten beitragen, indem sie den armen Staaten verständigen ökonomischen Rat anbieten. Auch freie Märkte und eine elementare Schulbildung für alle lassen den Wunsch nach großen Familien schwinden. Mit den Vorteilen dieser Methode sollte sich die Weltbevölkerungskonferenz in Kairo im nächsten Herbst vorrangig befassen.

Laßt bei der globalen Erwärmung die kühlsten Köpfe die Oberhand behalten

(20. Juli 1992)

Wenn die industrielle Aktivität eines Landes die Umwelt in anderen Ländern schädigt, sind internationale Abkommen notwendig. Darum ist Präsident Bush scharf dafür kritisiert worden, daß er sich als einziger Spitzenpolitiker beim Rio-Gipfel einer streng gefaßten Übereinkunft zur Kontrolle der Erderwärmung durch den Treibhauseffekt widersetzte. Aber die USA haben recht: Die Auswirkungen der Emission von Kohlendioxid (CO_2), Fluorchlorkohlenwasserstoffen und anderer, hauptsächlich aus der Verbrennung fossiler Brennstoffe stammenden Gase auf die atmosphärische Temperatur sind in der Fachwelt durchaus noch umstritten.

Die genannten Gase werden in der Atmosphäre festgehalten und reflektieren die Wärmeabstrahlung zurück, so daß sich die Erdoberfläche und die Ozeane erwärmen. Weil man keine üblichen wissenschaftlichen Vorgehensweisen einsetzen kann, um festzustellen, ob dieser Vorgang einen signifikanten Einfluß auf die Erdtemperatur hat, basieren Behauptungen über die globale Temperaturerhöhung als Folge eines solchen Treibhauseffekts auf theoretischen Atmosphärenmodellen. Diese Modelle sind komplex; aber sogar Wissenschaftler, die unnachgiebige Verteidiger der Treibhaustheorien sind, geben zu, daß die Analysen übervereinfachen. Beispielsweise berücksichtigen die Modelle kaum, wie die Gase die Bewölkung verändern.

Furchterregende Behauptungen. Auf dem Gebiet der globalen Erwärmung sind die Physiker in der gleichen Lage wie die Ökonomen: Sie können ihre Theorien nur testen, indem sie historische Ereignisse heranziehen. Aber die historischen Daten zum Erdklima liefern keine Bestätigung für die furchterregenden Prognosen der extremeren Verfechter der Theorie des Treibhauseffekts. Der Ausstoß von CO_2 und anderen angeblichen Missetätern ist während der vergangenen 50 Jahre weit schneller gestiegen als in früherer Zeit. Die Erde erwärmt sich seit Beginn des Jahrhunderts; doch praktisch die gesamte Temperaturerhöhung vollzog sich vor 1940. Daher könnte sie durch andere Faktoren verursacht worden sein. Wenn das stark steigende Vorkommen dieser Gase bis jetzt keine erkennbaren Auswirkungen auf die globale Temperatur hatte – kann man dann viel Vertrauen in Behauptungen setzen, daß die Erde sich erheblich erwärmen wird, wenn die Produktion dieser Gase nicht scharf gedrosselt wird?

Natürlich kann die Politik in wirtschaftlichen und wissenschaftlichen Fragen nicht immer warten, bis voll überzeugende Beweise verfügbar sind. Die Befürworter weitgehender Kontrollen der Kohlenstoffemissionen glauben, daß die Konsequenzen einer weltweiten Erwärmung genügend besorgniserregend sind, um zum gegenwärtigen Zeitpunkt maßvolle Schritte zu rechtfertigen. Wenn man das Risiko eingeht, auf überzeugendere Belege zu warten, so ihr Argument, könnte das dazu führen, daß später weitaus drastischere Maßnahmen ergriffen werden müssen.

Aber viele Wissenschaftler sind von den Erwärmungstheorien noch keineswegs überzeugt. Ich glaube, die Vereinigten Staaten und andere Länder sollten diese Skeptiker nicht ignorieren und erst einmal abwarten, bevor sie umfangreiche Beschränkungen der CO_2-Emissionen erlassen. In den nächsten beiden Jahrzehnten werden neue Informationen über entscheidende Parameter der Erwärmungsmodelle verfügbar werden. Sie dürften die Unsicherheit weitgehend beseitigen und deutlich machen, ob diese Gase viel Schaden anrichten werden oder nicht. Es ist durchaus möglich, daß die globalen Effekte übertrieben worden sind und daß große Reduktionen der Kohleförderung und der Verbrennung fossiler Brennstoffe unnötig sind.

Es gibt beispielsweise noch erhebliche Unsicherheit über den Verbleib des CO_2 und anderer Treibhausgase, die in die Atmosphäre entlassen werden. Jedes Jahr wird ein Teil von ihnen im Boden, in Bäumen, im Wasser und anderen natürlichen Materialien gebunden, ohne Schaden anzurichten. Man nimmt allgemein an, daß diese Absorptionsrate sich etwa zwischen 0,5 % und 2 % pro Jahr bewegt. Wenn die Rate in Wirklichkeit am oberen Ende dieses Bereichs liegt, dürfte der überwiegende Teil des industriellen Ausstoßes während der nächsten beiden Jahrzehnte zur künftigen Erwärmung nichts beitragen, da die Gase im Laufe dieser Zeit in natürlichen Materialien gebunden würden.

Entspannen. Niemand kann die künftige Entwicklung der Technologien voraussagen, die die industrielle Nachfrage nach Kohle und anderen fossilen Brennstoffen zurückgehen lassen werden. Aber moderate Ausgaben mit Hilfe von Preisanhebungen und andere Anreize seitens der Unterzeichnerstaaten in Rio könnten die Fortschritte bei der Entdekkung von Methoden und Techniken beschleunigen, die die Emissionen schädlicher Gase reduzieren. Selbst wenn die Treibhaustheorien richtig sind, werden hohe Kohlendioxid-Abgaben nicht erforderlich sein, wenn die Technologie sich schnell genug entwickelt.

Wie schlimm wird die Situation sein, wenn man jetzt nichts unternähme und die weltweite Erwärmung sich als ein ernstes Problem herausstellte? Eine Studie von Ian Perry von der Universität von Chicago vergleicht die Auswirkungen sofortiger drastischer Kürzungen des künftigen Verbrauchs fossiler Brennstoffe auf die Weltwirtschaft mit den Konsequenzen einer schrittweisen Abnahme über einen viel längeren Zeitraum. Der Unterschied zwischen diesen ökonomischen Effekten hängt davon ab, zu welchen Kosten Kapital aus Sektoren verlagert werden kann, die intensiv fossile Brennstoffe nutzen; außerdem sind Ernteeinbußen auf Grund höherer Temperaturen zu berücksichtigen, und ähnliche Dinge mehr.

Obwohl Perrys Studie neue Technologien nicht berücksichtigt, kommt er dennoch zu dem Schluß, daß die Kosten eines Moratoriums für zwei Jahrzehnte wahrscheinlich nicht hoch sind – selbst wenn das Treibhausproblem sich als schwerwiegend erweisen sollte. Der Schaden, der aus dem Abwarten erwächst, wird nur unter der Voraussetzung offensichtlich höchst unrealistischer ökonomischer Szenarien beträchtliche Ausmaße annehmen – etwa großflächiger Überschwemmungen von Küstenregionen auf Grund katastrophaler klimatischer Veränderungen. Eine weltweite Erwärmung ist potentiell ein dringendes Problem, aber die gegenwärtige Beweislage rechtfertigt keine kopflosen Reaktionen. Man sollte die wissenschaftlichen Grundlagen und die Techniken der

Emissionsreduzierung von Treibhausgasen weiter erforschen, wobei man entsprechende Bemühungen mit finanziellen und anderen Anreizen fördern kann. Aber man sollte drastische Schritte vermeiden, bis weitaus mehr über die Triftigkeit der Treibhaustheorien bekannt ist.

Heiße Luft, die den Treibhauseffekt verstärkt

(17. Juni 1991)

Die Expansion der Weltwirtschaft ist eine potentiell ernsthafte Bedrohung für die Umwelt. Aber manche Umweltschützer und Wissenschaftler haben versucht, die Menschen mit stark übertriebenen Behauptungen über die Höhe bestimmter Risiken so in Angst zu versetzen, daß sie aktiv werden.

Ein vortreffliches Beispiel ist der während der letzten 10 Jahre publizierte Stapel von Büchern und Aufsätzen, in denen die Folgen der durch den Treibhauseffekt verursachten globalen Erwärmung in düstersten Farben ausgemalt werden. Dieser Effekt kommt durch den Anstieg der atmosphärischen Konzentration von Kohlendioxid (CO_2), Fluorchlorkohlenwasserstoffen (FCKWs) und anderer Gase zustande, die die Wärmeabstrahlung der Erde zurückhalten. Die Anreicherung dieser Gase während der letzten 150 Jahre sei angeblich für den Großteil der 0,3 bis 0,6 Grad Celsius verantwortlich, um die die Oberflächentemperatur in diesem Jahrzehnt angestiegen ist.

Diese Arbeiten zum Treibhauseffekt gehen davon aus, daß die Temperaturen weiterhin erheblich ansteigen – die Schätzungen reichen von 2° C bis 5° C –, bis die atmosphärischen Konzentrationen von Treibhausgasen irgendwann in der ersten Hälfte des nächsten Jahrhunderts das Doppelte ihres Standes von 1860 erreicht haben werden. Beunruhigt durch solche Voraussagen, beschloß die Klima-Konferenz von Toronto im Jahre 1988, auf der 48 Länder vertreten waren, die CO_2 -Emissionen bis zum Jahre 2005 auf 80 % des Standes von 1988 zu senken – was einen erheblichen Rückgang im Produktionsvolumen der Weltwirtschaft erfordern würde. Der demokratische Senator Timothy E. Wirth aus Colorado schlug eine Kohlenstoffsteuer auf Brennstoffe vor, die bis zum Jahre 2000 auf 100 Dollar pro Tonne ansteigen würde – was die Kosten einer Tonne Kohle oder Öl um mehrere hundert Prozent nach oben triebe.

Geringe Auswirkungen. Solche extremen Vorschläge zur Reduktion der Kohlenstoffemissionen sind Reaktionen auf höchst fragwürdige Prognosen einer globalen Erwärmung. Die Erklärung des Temperaturanstiegs mit dem Treibhauseffekt ist insofern problematisch, als ein Großteil der Temperaturerhöhung bereits stattgefunden hatte, als vor 50 Jahren die rapide Zunahme dieser Gase begann. Und eine kürzliche Sichtung der empirischen Daten, die von der National Academy of Sciences (NAS) unter dem Titel *Policy Implications of Greenhouse Warming* herausgegeben wurde,[35] kommt zu dem Schluß, daß die gestiegene Konzentration von Treibhausgasen seit dem Ende des 19. Jahrhunderts nicht notwendigerweise die Hauptursache für den Anstieg der globalen Temperatur in jenen Jahren gewesen zu sein braucht.

Und was die Zukunft betrifft: Selbst wenn die kontinuierliche Zunahme von CO_2 und anderen Gasen in der Atmosphäre die weltweiten Temperaturen erhöhte, kann niemand voraussagen, wie das die Weltwirtschaft und das Alltagsleben beeinflussen würde. Jede voraussichtliche Erwärmung wird sich wahrscheinlich in irgendeiner Weise auf Güterproduktion, Bergbau, Transport- und Geldwesen sowie die meisten anderen Dienstleistungen auswirken. Allerdings würden manche landwirtschaftlichen Erzeugnisse unter zu viel Hitze und Trockenheit leiden, in Ländern mit warmem Klima würde das Leben weniger angenehm sein, und im Extremfall würden einige Küstenregionen von schmelzenden Gletschern überflutet werden. Auf der anderen Seite käme die Erwärmung vermutlich kalten Klimaregionen wie Kanada zugute und förderte die Landwirtschaft in hohen Breitengraden.

Das bedeutet, daß die Folgen der Erwärmung gravierend sein können, es aber wahrscheinlich nicht sind. Wie sollte die Politik auf einen möglichen, aber keineswegs gesicherten Treibhauseffekt reagieren? Eine kürzlich abgeschlossene Studie von William Nordhaus von der Universität Yale und der NAS-Report befürworten das Montrealer Protokoll, das bis zum Jahre 2000 den schrittweisen Ausstieg aus der Verwendung von Fluorchlorkohlenwasserstoffen verlangt, die in der Kühltechnik und bei der Reinigung elektronischer Bauelemente Verwendung finden. FCKWs spielen bei der weltweiten Erwärmung nur eine untergeordnete Rolle, aber sie schaden der Ozon-Schutzschicht der Erde und können, wie es scheint, mit bescheidenem finanziellen Aufwand schrittweise abgeschafft werden.

Das Gerätsel der Gebildeten. Dennoch äußern sich die Studie von Nordhaus und der NAS-Report skeptisch darüber, ob es ratsam ist, mit drastischen Maßnahmen die CO_2-Emissionen zu reduzieren. Nordhaus hält die angestellten Schadensvermutungen bestenfalls für Mutmaßungen akademisch Gebildeter, und er befürwortet nur moderate Steuern auf Kohle und andere fossile Energieträger; für ihn ist es unwahrscheinlich, daß selbst ein erheblicher Anstieg der CO_2-Emissionen während der nächsten 50 Jahre größere nachteilige Auswirkungen haben wird. Der NAS-Report schlägt einige allgemeine Grundsätze der Verbesserung der Energieeffizienz vor und befürwortet ferner die weitere Erforschung der Wahrscheinlichkeit und der Auswirkungen einer globalen Erwärmung sowie die administrative Vorbereitung drastischerer Schritte – sollten sie nötig werden.

Eine von Ian Perry geleitete Studie an der Universität Chicago untersucht die Konsequenzen der erheblichen Unsicherheit über das Ausmaß und die schädlichen Folgen eines Treibhauseffekts. Seine Arbeiten unterstützen die Schlußfolgerungen von Nordhaus und der NAS: Nur extreme und unwahrscheinliche Umstände rechtfertigen hohe Energiesteuern, um das in die Atmosphäre eingebrachte CO_2 drastisch abzusenken.

Der Treibhauseffekt ist nur ein wichtiges Beispiel für irreführende Behauptungen über zahlreiche Umweltrisiken. Das Bevölkerungswachstum, eine nie versiegende Quelle von Umweltängsten, ist ein anderes. Um ein bekanntes Beispiel zu nehmen: Paul R. Ehrlich warnte in seinem populären Buch „*The Population Bomb*" von 1968,[36] daß Hunderte von Millionen Menschen in den 1970er und 1980er Jahren verhungern würden, weil die Weltbevölkerung so rasch zunahm. Wie wir inzwischen wissen, traf diese vielfach zitierte Voraussage in geradezu grotesker Weise daneben; dennoch werden Ehrlich und andere Untergangsapostel weiterhin ernstgenommen.

Über die weltweite Erwärmung und andere potentielle Umweltrisiken ist so wenig bekannt, daß es schon schwierig ist, selbst bei sorgfältig aufbereiteten empirischen Daten eine effektive Politik zu entwerfen. Das wird jedoch fast unmöglich, wenn die Befürworter einer anderen Politik die Öffentlichkeit mit Katastrophenszenarios bombardieren.

Die Untergangspropheten haben klägliche Belege

(27. Januar 1986)

Der Krisenvirus sucht selbst die besten Köpfe heim. 1865 schrieb William S. Jevons, einer der weltweit bedeutendsten Ökonomen, *The Coal Question.*[37] Er gab damit seiner Befürchtung Ausdruck, daß das industrielle Wachstum Großbritanniens angesichts zur Neige gehender Kohlereserven des Landes zum Erliegen kommen werde. Doch noch immer hat Großbritannien genug Kohle, um den Industriezweig und die Arbeitsplätze von mehr als 100.000 Bergleuten gegen die Konkurrenz durch Importe zu schützen. Jevons sagte auch voraus, daß der Kohlepreis mit zunehmender Knappheit steigen würde. Statt dessen stieg der reale Kohlepreis in England zwischen 1870 und den frühen siebziger Jahren dieses Jahrhunderts fast gar nicht. Jevons konnte die Entwicklung von Substituten für Kohle, von neuen Maschinen und von anderen Technologien, die einen wirtschaftlicheren Gebrauch von fossilen Brennstoffen machen, nicht in vollem Umfang voraussehen.

Die unheilschwangeren Prognosen von Pfarrer Thomas Malthus sind wohlbekannt. Im Jahre 1803 warnte er, die Bevölkerung werde immer gerade so viel zunehmen, um die Reallöhne niedrig zu halten, es sei denn, junge Männer und Frauen würden ihre Heirat hinausschieben und weniger Kinder bekommen. Doch in den folgenden 150 Jahren stiegen die Reallöhne in Großbritannien fast ununterbrochen an – trotz eines rapiden Bevölkerungswachstums und trotz eines durchschnittlich gesunkenen Heiratsalters. Malthus konnte weder die kontinuierlichen technologischen Fortschritte nach der Industriellen Revolution noch den Wunsch nach kleinen Familien in modernen Volkswirtschaften voraussehen.

Nüchterne Urteile. Die Krisenmentalität ist nicht auf das 19. Jahrhundert beschränkt und findet sich auch nicht nur bei Ökonomen mit düsteren Zukunftserwartungen. In ihrem verdienstvollen Buch „*The Doomsday Myth*" untersuchen die Professoren Charles Maurice und Charles W. Smithson[38] von der Texas A&M Universität verschiedene Voraussagen wirtschaftlichen Untergangs in der Vergangenheit. So rechnete man beispielsweise damit, daß die Holzknappheit im England des 17. Jahrhunderts die Kriegsmarine lähmen und die Heizkosten für die meisten Familien unbezahlbar machen würde. Statt dessen beschleunigte ein jahrhundertelanger Anstieg des Holzpreises die Erschließung eines überlegenen fossilen Energieträgers – der Kohle.

Die Tatsache, daß hervorragende Denker wie Jevons und Malthus zukünftige Entwicklungen nicht voraussehen konnten, sollte den Möchtegernwahrsagern eine Lehre gewesen sein. Aber nüchterne Urteile haben gegen das Krisengerede im Wettbewerb um Aufmerksamkeit selten eine Chance, und die 1960er und 1970er Jahre waren für die Untergangspropheten herrliche Zeiten. Der Geist von Malthus sprach erneut aus zahlreichen Weissagungen eines galoppierenden Wachstums der Weltbevölkerung, das die Umwelt zerstören und der ökonomischen Entwicklung Fesseln anlegen werde. Der Geist von Jevons lenkte die Befürchtung, daß der Welt die fossilen Brennstoffe ausgehen werden. Viele Stimmen warnten auch vor einer Umweltkrise, einer nuklearen Krise und einer Krise der Städte.

Die verfügbaren empirischen Daten machen mit diesen Voraussagen kurzen Prozeß. Schätzungen des künftigen Weltbevölkerungswachstums aus den 60er Jahren mußten schon wesentlich nach unten korrigiert werden, weil China, Indien und andere Entwicklungsländer ihre Geburtenraten gesenkt haben. In den entwickelten Ländern beginnt man, sich über zu kleine Familien Sorgen zu machen und über Geburtenraten, die zu klein sind, um die Schrumpfung der Bevölkerung zu verhindern. Die scheinbare Knappheit fossiler Brennstoffe spiegelte lediglich die von der OPEC diktierten hohen Preise wider. Diese Preise lieferten Anreize für einen sparsamen Umgang mit Energie, aber auch für die Exploration alternativer Vorräte, die das Kartell erschüttert und Besorgnisse über eine Energiekrise beendet hat – wenigstens für den Moment.

Führungsrolle verloren. Obwohl die 1980er Jahre ruhiger waren als die vorangegangenen zwei Jahrzehnte, konnte man so manches Krisengeraune hören. Die beträchtlichen Defizite in den Bundeshaushalten der letzten vier Jahre haben Katastrophenvoraussagen genährt. Außerdem verlieren die USA und Europa angeblich gerade ihre industrielle Führungsrolle an das Pazifische Becken. Die amerikanische Unfähigkeit, auf dem Weltmarkt für Industrieprodukte zu bestehen, hat angeblich die jüngsten großen Defizite in seiner Handelsbilanz bewirkt.

Aber starke moderne Volkswirtschaften scheinen gar keinen dominanten industriellen Sektor zu benötigen. Die amerikanische Wirtschaft entwickelte sich in der Zeit von 1947 bis 1975 sehr gut; doch während dieser Jahre sank der Anteil der Arbeitsplätze in der verarbeitenden Industrie von 35 % auf nur noch 23 %. Tatsächlich wuchs in dieser Zeit sogar die absolute Anzahl der Arbeitskräfte im verarbeitenden Sektor nur langsam. Die jüngsten Außenhandelsdefizite hängen offenbar eher mit der ausländischen Nachfrage nach Dollarvermögen zusammen, als mit der Unfähigkeit der USA, auf dem Weltmarkt zu konkurrieren. Der Dollar ist während der meisten Zeit, in der das Handelsdefizit anstieg, im Vergleich zu anderen Währungen sogar im Wert gestiegen.

Andauernde hohe Budgetdefizite werden vielleicht ernsthafte Probleme verursachen; darin unterscheiden sie sich von anderen mutmaßlichen Krisen. Zum Beispiel könnten künftige Regierungen versucht sein, eine noch viel schwerere Schuldenlast durch Inflation zu beseitigen. Aber wie erklären die Leute, die sich um jedes große Defizit in den letzten vier Jahren Sorgen machten, die Aufwärtstendenz der amerikanischen Wirtschaft und die maßvolle Inflation während dieser Zeit?

Wir sollten ehrlich sein und zugeben, daß die Ökonomik und andere Sozialwissenschaften die exakten Reaktionen auf den Wettbewerb mit einem Japan oder Südkorea oder auf die offensichtlich sinkenden Vorräte an Öl und anderen Ressourcen nicht voraussagen können. Trotzdem zeigt die Erfahrung von Hunderten von Jahren, daß Individuen und Organisationen, die auf klare Preissignale und andere Umstände reagieren können, ingeniöse und oft unerwartete Lösungen scheinbar unüberwindlicher ökonomischer Schwierigkeiten finden werden.

13.

Aktienmärkte und Rezessionen

Unmittelbar nach dem Crash des amerikanischen Aktienmarktes im Jahre 1987 schrieben wir den in diesem kurzen Teil enthaltenen Essay, der prognostiziert, daß keine größere Depression folgen werde. Er richtete sich gegen eine Titelgeschichte der *Business Week* mit der Überschrift ‚Wie schlimm' und gegen andere Artikel aus jener Zeit, die Ähnlichkeiten mit 1929 auflisteten und die Befürchtung ausdrückten, daß der Crash des Aktienmarktes auch die Wirtschaft in Mitleidenschaft ziehen werde.

Unsere gegenteilige Prognose basierte auf einer simplen Rechnung: Sogar der 24-Prozent-Absturz der Aktienkurse bedeutete nur eine kleine Minderung des Gesamtwohlstandes der Menschen, der auch ihr Humankapital umfaßt. Die auf dieser Rechnung basierende Voraussage erwies sich für die Geldbörse als zutreffend, denn die Wirtschaft geriet kaum ins Stolpern, und der Aktienmarkt kehrte nach wenigen Monaten zu den alten Höchstständen zurück.

Als Japan während der Blütezeit der achtziger Jahre eine boomende Wirtschaft und ein langanhaltendes Kursfeuerwerk am Aktienmarkt erlebte, konnte man im Westen häufig die Meinung hören, daß japanische Bürokraten entdeckt hätten, wie man vielversprechende neue Industriezweige identifiziert, um sie mit Subventionen und auf sonstige Weise zu unterstützen. Westliche Beobachter glaubten auch, daß die japanische Regierung massiv interveniert hatte, um den japanischen Aktienmarkt auf einem künstlich hohen Niveau zu halten. Beide Behauptungen schienen uns äußerst unglaubwürdig zu sein, weil in anderen Ländern selbst intelligente Bürokraten entweder bei der Identifizierung der ‚Gewinner'-Industrien gescheitert waren oder die Aktienmärkte nicht vor dem Kurssturz bewahren konnten, wenn schlechte Nachrichten bekannt wurden.

Ein Essay in Teil 9 greift einen solchen Romantizismus hinsichtlich des Erfolgs der japanischen Industriepolitik an [in diesem Band, S. 231]. Im vorliegenden Teil weist ein anderer Essay die These zurück, daß der japanische Aktienmarkt entweder von der Regierung oder von den großen Konzernen manipuliert wird. Weil der Nikkei-Index von seinem Höchststand im Jahre 1990 um mehr als 60 % auf sein Tief im Jahre 1993 fiel, und weil die wiederholten Versuche der Regierung, den Markt wiederzubeleben, kläglich scheiterten, ist es, seit wir 1990 unseren Beitrag schrieben, um Behauptungen über manipulierte Märkte still geworden.

Aha – Sie dachten, der Aktienmarkt in Tokio war manipuliert?

(14. Mai 1990)

Der Zusammenbruch der Notierungen am japanischen Aktienmarkt während der letzten Monate ist als ein Zeichen dafür gesehen worden, daß Japans Wirtschaft in Schwierigkeiten steckt. Aber ich teile diese Meinung nicht.

Die Notierungen an der Aktienbörse in Tokio kletterten von 1985 bis Ende 1989 um mehrere hundert Prozent, während sich das durchschnittliche Kurs-Gewinn-Verhältnis mehr als verdoppelte. Zu Beginn dieses Jahres wurden die Aktien nahezu zum 60-fachen der ausgewiesenen Jahresgewinne gehandelt – im Vergleich zum 15-fachen in den USA und den meisten anderen Industrienationen. Das aufgeblähte Kurs-Gewinn-Verhältnis legt nahe, daß die Aktiennotierungen in Japan überhöht und reif für eine Korrektur waren.

Meine Auffassung wird unterstützt durch die Ergebnisse einer sorgfältigen Studie von Kenneth R. French von der Universität Chicago und James A. Poterba vom Massachusetts Institute of Technology. Sie zeigen, daß das Kurs-Gewinn-Verhältnis in Japan in beträchtlichem Umfang durch Bilanzierungsmethoden in die Höhe getrieben wird, die im Vergleich zu der andernorts üblichen Weise der Gewinnermittlung die Erträge zu niedrig ansetzen. Zum Beispiel bewerten japanische Firmen die Erträge von Tochtergesellschaften und die der Abschreibung unterliegenden Vermögenswerte sehr niedrig. Nach den Ergebnissen von French und Poterba war Ende 1989 das durchschnittliche Kurs-Gewinn-Verhältnis in Japan dennoch viel höher als im Westen – selbst nach den Bilanzkorrekturen, um die Vergleichbarkeit sicherzustellen, und nach einer angemessenen Berücksichtigung künftigen Gewinnwachstums.

Hohe Orders. Der Boom bei japanischen Aktien und das Ausbleiben eines Kurseinbruchs in Tokio während des weltweiten Crashs im Oktober 1987 verleiteten viele Wall-Street-Experten zu der Überzeugung, daß die japanische Regierung ihren Aktienmarkt manipulierte. Wollten sie damit sagen, daß staatliche Manipulation auch für den gewaltigen

Boom bei den japanischen Grundstückspreisen während der letzten Jahre verantwortlich war? Doch die Regierung kann die Aktiennotierungen ebensowenig wie die Grundstückspreise kontrollieren, und zwar aus demselben Grund: Es gibt zu viele Käufer und Verkäufer. Tausende von Privatpersonen in Japan und im Ausland besitzen ungefähr 30 % aller an der Börse in Tokio notierten Aktien, und Hunderte von Firmen halten die meisten übrigen Papiere. Jedenfalls verstummte das Manipulationsgerede nach dem 30 %-igen Kurssturz von Anfang Januar bis Ende März.

Der lang anhaltende Anstieg des japanischen Kurs-Gewinn-Verhältnisses war eine ‚Seifenblase', die sich mit den hohen Papiergewinnen der Anteilseigner ausdehnte. Im Wissen, daß alle Preisballons einmal platzen, und im Glauben, daß das Manipulationsgerede Unsinn war, nahm ich etwas Geld und kaufte Anfang Februar eine kleine Stückzahl Puts der American Stock Exchange auf den Nikkei-Index und stieß sie Ende März ab. Mit etwas Glück – ohne das es nicht geht, da der Zeitpunkt eines Zusammenbruchs äußerst unsicher ist – nahm ich fast den gesamten Kursrückgang mit und verbuchte einen recht ordentlichen Ertrag aus der Investition.

Obwohl die gewaltige Kursblase geplatzt ist, bleiben die fundamentalen Daten für Japan stark, und die Aussichten für die Wirtschaft sind ausgezeichnet.

Daten der OECD zeigen, daß die Japaner längere Arbeitszeiten haben als männliche Arbeitnehmer in anderen Ländern. In Japan wird über 2.200 Stunden im Jahr gearbeitet; in den USA sind es 1.800 Stunden und in Westeuropa noch weniger. Japanische Arbeitnehmer nehmen auch weniger Urlaub und haben geringere Fehlzeiten als Amerikaner und Europäer.

Erwerbstätige Frauen. Es ist richtig, daß das durchschnittliche Erwerbsalter der japanischen Arbeitskräfte schneller zunimmt als in anderen Ländern; aber dafür ist noch ein weit größerer Anteil der japanischen Männer über 65 Jahren erwerbstätig (vgl. Economic Viewpoint, 19. März), und die Erwerbsquote verheirateter Frauen hat von einem niedrigen Stand aus schnell zu steigen begonnen. Japanische Firmen bieten Frauen jetzt auch bessere Stellen und mehr Aufstiegsmöglichkeiten.

Japanische Arbeitnehmer haben eine gute Schulbildung und sind gut ausgebildet. Mehr als 90 % schließen die Highschool ab – im Vergleich zu weniger als 80 % in den USA. Japanische Schulen stellen Mathematik, Naturwissenschaften und anderes Grundlagenwissen in den Mittelpunkt und geben viermal so viele Hausaufgaben auf wie amerikanische Schulen. Infolgedessen sind japanische Studenten bei internationalen

Tests in Mathematik und Naturwissenschaften in der Spitzengruppe zu finden; amerikanische Studenten rangieren am unteren Ende. Japanische Firmen betreiben auch eine sorgfältige Personalpolitik und sorgen für eine umfangreiche berufliche Weiterbildung.

Die japanische Sparrate ist seit den frühen siebziger Jahren stark gesunken, da das Wachstum des Pro-Kopf-Einkommens sich nach den bemerkenswerten Zuwächsen der 1950er und 1960er Jahre drastisch verlangsamte. Doch Japan spart und investiert einen größeren Teil seines Einkommens als die USA und Westeuropa, wobei allerdings unterschiedliche Definitionen von ‚Sparen' die Kluft übertreiben.

Ich gebe wenig auf die Meinung, daß ein Großteil des japanischen Erfolges auf die angeblich brillante Lenkung der Wirtschaft durch das Ministerium für Internationalen Handel und Industrie (MITI) und andere staatliche Stellen zurückzuführen ist. Die staatliche Politik unterliegt der gleichen Art politischer Einflußnahme von seiten der Sonderinteressengruppen wie andernorts – man braucht sich nur die Unterstützung Japans für die Landwirtschaft oder die wiederkehrenden Korruptionsskandale anzusehen. Aber Japan profitiert von niedrigen Kriminalitätsraten, begrenzten Rechtsstreitigkeiten und von einer Regierung, die einen kleineren Anteil des Bruttosozialprodukts besteuert und ausgibt als die westlichen Staaten.

Der Kollaps der japanischen Börse ist ein nützliches Korrektiv spekulativer Exzesse. Es gibt Belege dafür – wenn sie überhaupt nötig sind –, daß auch dieser Markt den üblichen Gesetzen von Angebot und Nachfrage gehorcht. Aber der Kurssturz signalisiert nicht, daß Japan ein geschwächter Konkurrent auf dem Weltmarkt sein wird.

Herdeninstinkte lassen sich zum Nutzen des Marktes einspannen

(20. November 1989)

Ein großer Crash oder Boom an den Finanzmärkten hat nur selten etwas mit realen Veränderungen in der Wirtschaft zu tun. Aber sie werden durch unscheinbare Ereignisse ausgelöst – wie etwa durch das Scheitern des Übernahmeplans für die UAL Corp. am 13. Oktober. Das liegt am wohlbekannten Herdeninstinkt, nach dem Investoren auf der Grundlage dessen handeln, was nach ihrer Meinung die anderen Händler tun werden.

Die Tendenz, auf einen fahrenden Zug aufzuspringen, ist an der Wall Street seit langem bekannt. Wie John Maynard Keynes vor vielen Jahren schrieb, sind „die Energien und die Fähigkeiten eines professionellen Investors und Spekulanten [darauf gerichtet], die Durchschnittsmeinung darüber zu erahnen, was die Durchschnittsmeinung ist." Doch die moderne Finanzwissenschaft schenkt diesem Phänomen nach meiner Auffassung noch zu wenig Aufmerksamkeit.

Investoren setzen in jedes gegebene Kursniveau nur wenig Vertrauen, da sie sich um die Absichten anderer Händler Gedanken machen. Daher können sogar winzige Preisveränderungen leicht eine große Hebelwirkung bekommen, wenn sie als Anzeichen der Intentionen anderer Händler interpretiert werden. Anstatt energisch in einen fallenden Markt hinein zu kaufen oder bei steigenden Kursen zu verkaufen, hält sich die Mehrheit vielleicht zurück oder verhält sich genau entgegengesetzt. Dann müssen die Kurse schon beträchtlich fallen, bevor genug Schnäppchenjäger beginnen, Aktien zu kaufen; oder sie müssen vielleicht sogar erheblich ansteigen, bevor genügend Investoren bereit sind, sich von ihren Papieren zu trennen.

Kürzlich haben Gerard Genotte und Hayne E. Leland von der Universität von Kalifornien in Berkeley im Geiste dieser Überlegungen eine systematische Untersuchung der Aktienkursbewegungen entwickelt. Es ist leicht, auf den Herdeninstinkt zu verweisen, wenn Investoren unterstellt wird, sie seien irrational und launisch; aber es ist weit anspruchsvoller, dieses Nachahmungsverhalten mit rationalen Erwartungen und logischen Entscheidungen in Verbindung zu bringen. Ich bin nicht sicher, ob ihr oder irgend ein anderer verfügbarer Ansatz den Kern der Kursbildung erfaßt; aber ihre Studie betritt Neuland, indem es den Nachahmungseffekt mit rationalem Investorenverhalten in Verbindung bringt.

Platzangst. Der Herdeninstinkt ist nicht nur auf den Aktienmarkt beschränkt. Soziologen haben seit langem betont, daß interdependentes Verhalten das rasche Wachstum und den ebenso raschen Niedergang beim Konsum vieler Güter erklärt, vor allem jener, die Moden und Marotten unterworfen sind. Nachdem Modepioniere während der 1960er Jahre ihre Röcke gekürzt hatten, ahmten viele Frauen das nach, weil sie glaubten, daß die Trendsetter bessere Informationen darüber hatten, was ‚in' war, und sie wollten nicht altmodisch erscheinen.

Erwartungen über das Verhalten anderer Investoren erfüllen sich manchmal selbst und führen zu großen Kursausschlägen, die mit Erträgen, Zinssätzen oder anderen fundamentalen Bewertungskriterien in keinem engen Zusammenhang stehen. Das kann man an den vielen großen Kursausschlägen zeigen, die während der letzten 60 Jahre stattgefunden haben. Bei 38 verschiedenen Gelegenheiten gab es in New York Tagesschwankungen der Durchschnittskurse von mehr als 7 %; an 960

Tagen machten sie mehr 2 % aus. Eine Studie zeigt, daß sich große Kursveränderungen oft im September, Oktober und November ereignen, und sehr starke Kurseinbrüche werden von vorherigen und nachfolgenden Kursrückgängen begleitet. Größere Kursbewegungen sind nicht vorrangig auf Panikverkäufe bei fallenden Kursen zurückzuführen – eine weitverbreitete Erklärung von Börsencrashs. Über die Hälfte der starken Kursbewegungen waren nach oben gerichtet.

Auf die meisten starken Kursausschläge folgte weder eine Depression noch ein Boom. Ein gutes Beispiel dafür ist der 20 %-ige Kurssturz, der sich am 19. Oktober 1987 ereignete. Einige Investoren sind vielleicht bei diesem Crash in Panik geraten. Aber tatsächlich gerieten die Medien und die Regierungsvertreter noch viel mehr in Panik, da sie ihn mit 1929 verglichen und Befürchtungen über eine größere Depression ähnlich der in den frühen 1930er Jahren äußerten.

Wetterbericht. In einer Kolumne, die kurz nach dem Crash von 1987 erschien (*Business Week*, 9. November [in diesem Band, S. 375]), sagte ich voraus, daß er nur geringe Auswirkungen haben und nicht in eine Depression münden werde. Damals waren die Wirtschaftsindikatoren für Beschäftigung, Gewinne, Preise und andere Bereiche sehr positiv; sie erwiesen sich als weit zuverlässiger bei der Vorhersage der Zukunft als der Zusammenbruch des Marktes. Der anhaltende wirtschaftliche Aufschwung während der letzten beiden Jahre hat Vergleiche mit 1929 als töricht erwiesen.

Wenn das starke Auf und Ab bei den Kursen durch begrenzte Information verursacht ist, könnten mehr Informationen die Aktienkursentwicklung stabilisieren. Zum Beispiel könnte eine eingehendere Ankündigung umfangreicher Orders von institutionellen Anlegern, die auf den Markt kommen – eine Gewähr für eine glänzende Börse –, den Investoren bessere Informationen über die Ursache der Kursveränderungen geben. Und bei Kursstürzen könnten feste Zusicherungen der Zentralbank und der Regierung dazu beitragen, einem weiteren Vertrauensverlust bei den Investoren entgegenzuwirken.

Leider dürften die meisten gegenwärtigen Konzepte das zerbrechliche Vertrauen der Anleger eher erschüttern und die Häufigkeit heftiger Kursausschläge erhöhen, statt sie zu senken. Dazu gehören hohe Steuern auf Transaktionen der Versicherungen, das Verbot einer Portfolioversicherung, der Vorschlag des Vorsitzenden der Börsenaufsichtskommission, Richard C. Breeden, während turbulenter Börsenzeiten den Programmhandel auszusetzen, und Finanzminister Nicholas F. Bradys Empfehlung, der Börsenaufsicht das Recht zu geben, die Wertpapiermärkte während ‚krisenhafter' Perioden zu schließen.

Die Stärke der Wirtschaft angesichts sehr starker Kursausschläge während der letzten Jahre spricht sehr dafür, den Finanzmärkten nicht neue, unerprobte und potentiell gefährliche Regulierungen aufzuerlegen.

Warum die Karten nichts von einer Depression künden

(9. November 1987)

Viele Menschen erinnern sich an die Depression, die im Jahre 1929 dem Crash am Aktienmarkt folgte; sie fragen sich, ob eine ähnliche Katastrophe jetzt ins Haus steht. Ich weiß nicht, was einen Crash verursacht, aber ich bin zuversichtlich, daß dieses Mal keine größere Depression folgen wird – es sei denn, die Wirtschaftspolitik nimmt eine radikale Wende zum Schlechteren. Die heftigen Kursausschläge sind sicherlich beunruhigend, doch es gibt keinen Grund, die Konsequenzen für Beschäftigung, Produktion und Inflation zu übertreiben.

Der 25 %-ige Rückgang der Kurse im Laufe der letzten beiden Monate vernichtete fast eine Billion Dollar Aktienkapital. Obwohl das ein gewaltiger Betrag ist, nahm der Wohlstand der Normalperson kaum ab; denn der Reichtum ist zumeist in den Fähigkeiten und in der Ausbildung verkörpert, die gegenwärtige und zukünftige Einkommen erzeugen. Dieser ‚menschliche Reichtum' bildet 75 % oder mehr des gesamten amerikanischen Wohlstandes. Der Rest besteht aus dem Kapital börsennotierter Gesellschaften, aus dem Kapital nicht eingetragener Handelsgesellschaften, aus Immobilien, langlebigen Konsumgütern, Staatsbesitz und Bargeld.

Das Handelsministerium schätzt das nichtmenschliche Vermögen auf etwa 13 Billionen Dollar. Daher reduziert ein Wertverlust von einer Billion Dollar dieses Vermögen um weniger als 8 % – und das Gesamtvermögen um weniger als 2 %. Ein solcher Rückgang hätte spürbare Auswirkungen auf die Ausgaben und einen bedeutenden Einfluß auf die Nachfrage nach luxuriösen Wohnungen und Autos. Aber ein Ausgabenrückgang, der aus einem Wohlstandsverlust von 2 % resultiert, kann keine größere Depression auslösen.

Trotzdem stark. Der Wandel in den Erwartungen, der die Aktienkurse drückte, hält möglicherweise auch von neuen Kapitalinvestitionen ab. Aber auch die Auswirkungen auf die Investitionen dürften sich in Grenzen halten, wenn man an die Stärke der Wirtschaft nach der bemerkenswerten Bilanz der letzten 5 Jahre denkt – eine Stärke, die sich von der Situation im Jahre 1929 deutlich unterscheidet. Die Produktion wächst in zügigem Tempo: Das Bruttosozialprodukt stieg im Vergleich zum Vorjahr im dritten Quartal real um 3,8 %, während die Inflation gering und die Arbeitslosigkeit auf ihrem niedrigsten Stand seit Jahren ist; die Überschußkapazitäten sind minimal und die Industrieproduktion belebt sich wieder.

Der Kongreß und der Präsident werden sich wahrscheinlich bald auf einen Kompromiß im Haushaltsstreit einigen: auf eine Kombination von höheren Steuern und einer leichten Kürzung der Bundesausgaben. Und ein weiterer, unvermeidlich erscheinender Rückgang des Dollars gegen die ausländischen Währungen käme der Wirtschaft durch die Verkleinerung des Handelsbilanzdefizits zugute.

Dennoch haben sich einige irritierende Abweichungen der Kursbewegungen von der ‚Theorie der Markteffizienz' ergeben, nach der im Börsenwert eines Unternehmens jede Information zum Ausdruck kommt, die Investoren über die gegenwärtigen und zukünftigen Erträge, Zinsen und andere fundamentale Bestimmungsgrößen des Unternehmenswertes haben. Dieser Gedanke hat in der Finanzwelt und in der Ökonomik viel von sich reden gemacht und für viele wichtige Einsichten in die Kursbildung von Optionen und anderen Finanzwerten gesorgt; er besagt, daß die Kurse sich in Reaktion auf veränderte Informationen über diese fundamentalen Daten verändern.

Es ist irritierend, daß die Aktienkurse, Immobilienpreise und Wechselkurse stärker schwanken als mit veränderten Informationen erklärt werden kann. Das dramatischste Beispiel ist der mehr als 20 %-ige Rückgang der Aktienkurse am 19. Oktober, aber ebenso verwirrend ist der steile Anstieg des Aktienmarktes von Ende 1985 bis zu seinen Höchstkursen am 25. August dieses Jahres.

Diese gigantischen Bewegungen der Aktienkurse sind für die Theorie der Markteffizienz ärgerlich, weil es keine neuen Informationen über fundamentale Daten gab, die so große und schnelle Veränderungen hätten rechtfertigen können. Das Haushaltsdefizit war während der Zeit, als die Aktienkurse stiegen, so groß wie in der Zeit, als sie fielen. Der Anstieg der Inflationsrate und der Zinsen vollzog sich zu allmählich, um die Höhe des Sturzes am Schwarzen Montag erklären zu können. Auch die Erwartung eines verstärkten US-Engagements im Iran-Irak-Krieg scheint daran nicht schuld zu sein, da nur wenige Investoren den Ausbruch eines größeren Konflikts befürchten.

Selbsterfüllend. Die Diskrepanzen scheinen mit der Art und Weise zu tun zu haben, wie Investoren ihre Erwartungen bilden. Statt sich auf fundamentale Daten zu verlassen, versuchen viele Investoren herauszufinden, was andere tun werden, um es dann auf schnellstem Wege zuerst zu tun. John Maynard Keynes schrieb, daß „die Energien und die Fähigkeiten eines professionellen Investors und Spekulanten [darauf gerichtet sind], die Durchschnittsmeinung darüber zu erahnen, was die Durchschnittsmeinung ist." Manche Investoren suchen nach Schemata bei den Kursbewegungen* oder stützen sich auf andere Faktoren, die wenig mit den zugrunde liegenden fundamentalen Daten zu tun haben.

Leider können Erwartungen, die auf sachfremden Faktoren und auf Vermutungen über das Verhalten anderer beruhen, sich selbst erfüllen, indem sie für eine gewisse Zeit große Kursausschläge erzeugen. Sich selbsterfüllende Erwartungen sind nicht irrational, aber sie schwächen die Abhängigkeit der Kurse von den fundamentalen Bestimmungsgrößen.

Was tun? Beruhigende Äußerungen des Präsidenten, des Vorsitzenden der Zentralbank und anderer Spitzenbeamte des Bundes tragen bei stark schwankenden Kursen vielleicht dazu bei, die Investoren zu beruhigen, besonders bei Panikverkäufen. Manche Ökonomen glauben sogar, daß die Bundesregierung die Benutzung von Indexoptionen, den Programmhandel und andere neue Finanzierungsinstrumente und Handelsmethoden beschränken sollte, um zur Dämpfung der Kursschwankungen am Aktienmarkt beizutragen. Doch wenn man an den Schaden denkt, der durch die meisten Regulierungen der Finanzmärkte angerichtet wird, wäre es nach meiner Auffassung ein schwerer Fehler, an diesem Punkt umfangreiche neue Regulierungen umzusetzen.

Wie schlimm wird der nächste Abschwung sein? Werfen Sie eine Münze

(10. April 1989)

Die Länge des gegenwärtigen Aufschwungs – er währt jetzt den 76. Monat – hat manche Leute zu der Überzeugung veranlaßt, daß die Aufwärts- und Abwärtsbewegungen von Konjunkturzyklen in den USA gemäßigter werden. Abgesehen vom Boom während des Vietnamkrieges

---

* Hier sind wohl Chart-Analysen gemeint. Die Autoren sprechen von „patterns in price movements". – Anm. d. Übers.

ist dieser Aufschwung der längste seit dem Ende des Zweiten Weltkriegs. Doch so wie eine Schwalbe noch keinen Frühling macht, besagt ein außergewöhnlicher Boom wenig über den Verlauf künftiger Konjunkturzyklen; und ich bezweifle, daß Konjunkturzyklen überhaupt gemäßigter werden.

Die traurige Tatsache ist, daß Ökonomen, einschließlich der Experten für Konjunkturzyklen, nicht wissen, warum Aufschwungphasen ausnahmslos an ein Ende kommen. Und sie wissen kaum mehr darüber, warum Rezessionen – seien sie stark oder schwach – zu Ende gehen. Das gilt trotz der gewaltigen Anstrengungen, die während der letzten 100 Jahre bei der theoretischen und statistischen Untersuchung der Konjunkturzyklen unternommen wurden.

Ökonomen sind sich noch nicht einmal sicher, ob Konjunkturzyklen sich selbst erzeugen, indem sie wegen der internen Logik des Marktes und der Wirtschaft eine Eigendynamik entwickeln. Es könnte auch ohne weiteres sein, daß jeder Zyklus eine spezifische Reaktion auf externe Erschütterungen darstellt – wie etwa den scharfen Anstieg der Ölpreise während der frühen 1970er Jahre oder eine schlechte Geld- und Fiskalpolitik.

Erklärungsnotstand. In Wirklichkeit ist der Terminus ‚Konjunkturzyklus' selbst ein irreführender Ausdruck, denn Volkswirtschaften sind Schwankungen und nicht regelmäßig wiederkehrenden Zyklen ähnlicher Länge und Stärke unterworfen. Expansive und depressive Phasen variieren zeitlich erheblich. Obwohl beispielsweise die neun Aufschwungsphasen nach 1945 durchschnittlich nur 48 Monate dauerten, gingen (abgesehen von der gegenwärtigen) zwei über 55 Monate hinaus und zwei waren kürzer als 25 Monate.

Der gegenwärtige Boom folgte der schlimmsten Depression der Nachkriegszeit – von Juli 1981 bis November 1982. Als die Geschäfte wieder besser zu werden begannen, herrschte in der Wirtschaft eine durchgehende Flaute: Die Arbeitslosigkeit überschritt 10,5 % und die Industrie verfügte über viele unausgelastete Kapazitäten. Es sollte niemanden überraschen, daß der nachfolgende Aufschwung sich als lang anhaltend und lebhaft erwies.

Viele Bankiers und Ökonomen sind der Meinung, daß die Länge des jetzigen Booms auch das Ergebnis einer klugen Geldpolitik der Notenbank ist. Manche behaupten sogar, daß er mehr oder weniger unbegrenzt andauern könnte, solange sie im Kampf gegen die zunehmende Inflation nicht über das Ziel hinausschießt. Und es gibt keinen Grund, daran zu zweifeln, daß die Notenbank gern einen solchen Kurs verfolgen würde. Das Problem ist: Sie weiß nur nicht, wie.

Andere erklären den langen Aufschwung und ihre Hoffnungen auf sanftere Konjunkturausschläge in der Zukunft mit verschiedenen Programmen der Reagan-Administration. Insbesondere weisen sie auf eine beträchtlich reduzierte private Steuerbelastung und sonstige Maßnahmen der Angebotspolitik hin sowie auf die Deregulierung, einen niedrigeren Dollarkurs und die Haushaltsdefizite. Viele dieser Programme haben die Leistungsfähigkeit der Wirtschaft gestärkt; aber niemand hat bisher gezeigt, daß sie für das Ausmaß von Konjunkturzyklen besondere Bedeutung haben.

In der Vergangenheit führten außergewöhnliche Ereignisse oft zu einem unberechtigten Optimismus oder Pessimismus. Die Große Depression überzeugte in den 1930er Jahren viele prominente Ökonomen davon, daß kapitalistische Volkswirtschaften ohne eine massive Stützung durch Staatsausgaben nicht mehr länger Vollbeschäftigung erzeugen könnten. Diese Volkswirtschaften litten angeblich unter einer ‚säkularen Stagnation' – ein Ausdruck, den Alvin Hansen prägte, ein damals weithin bekannter Professor aus Harvard. Aber der Boom nach dem Zweiten Weltkrieg und während der 1950er und 1960er Jahre ließ alles Gerede über eine andauernde Stagnation verstummen.

Jahrzehnte nach der Großen Depression, als in der zweiten Hälfte der 1950er Jahre und der ersten Hälfte der 1960er Jahre die Preise in den USA ziemlich stabil blieben, sagten manche Ökonomen das Ende der Inflation zu Friedenszeiten voraus. Doch kurz danach kam es in den 1970er Jahren zu einem der heftigsten Inflationsschübe, die je in Friedenszeiten in der US-Geschichte zu verzeichnen war.

Bären aufschrecken. Ein aktuelleres Beispiel für eine solche Extrapolation der Ereignisse war die zur damaligen Zeit weithin geteilte, aber irrige Überzeugung, daß dem Crash am Aktienmarkt im Oktober 1987 eine durch einen starken Rückgang der Investitionen und Konsumausgaben erzeugte Depression folgen werde. Man zog eine falsche Parallele zur Großen Depression, die dem Crash von 1929 fast auf dem Fuße folgte. Dieser wirtschaftliche Pessimismus hat sich bei vielen verflüchtigt, da der gegenwärtige Aufschwung auch nach dem Crash unvermindert anhält.

Einige Ökonomen, darunter auch ich, wendeten sich gegen die vorherrschende Meinung und sagten voraus, daß der Crash keine größeren Auswirkungen auf die US-Wirtschaft haben würde. Wir behielten recht, nicht weil wir profunde Einsichten in die Ursachen von Konjunkturzyklen und in die Funktionsweise von Aktienmärkten hatten – ich ganz gewiß nicht –, sondern weil wir glaubten, daß die Erfahrungen von 1929 nur wenige Lehren für 1987 bereithielten; denn wir bezweifelten, daß der Crash von 1929 die Ursache der nachfolgenden Depression gewesen ist. Außerdem war die Wirtschaft im Oktober 1987 in guter Verfassung, und selbst der 25 %-ige Rückgang der Aktienkurse minderte nur geringfügig das Gesamtvermögen der weit überwiegenden Mehrheit der Arbeitnehmer und Konsumenten.

Nach den Erfahrungen mit den Konjunkturzyklen eines halben Jahrhunderts gibt es keinen Grund zu glauben, daß der nächste Abschwung besonders sanft verlaufen wird. Die US-Wirtschaft wird nach aller Erfahrung weiterhin schwere Rezessionen erleben – und die Länge des vorangegangenen Aufschwungs sagt uns wenig darüber, wie stark sie ausfallen werden. Aber ich betone noch einmal: Wir Ökonomen können Konjunkturzyklen nicht sehr gut voraussagen.

14.

Ökonomen

Der erste Essay dieses Teils hat für uns beide eine besondere Bedeutung. Er schildert unsere Reaktionen, als wir am Dienstag, den 13. Oktober 1992, erfuhren, daß Gary den Nobelpreis für Wirtschaftswissenschaften gewonnen hatte – eine besonders freudige, weil unerwartete Nachricht.

Sicherlich, wir wußten, daß Garys Name für mindestens ein Jahrzehnt auf der Liste der Nobelpreiskandidaten ziemlich weit oben gestanden hatte – und das trotz der Auseinandersetzungen um jeden neuen Aufsatz und jedes neue Buch, das er publizierte, zum Beispiel auch um die Kolumne, in der er Schwedens sogenannten ‚mittleren Weg' attakkierte [in diesem Band, S. 331]. Viele Ökonomen hielten es für wahrscheinlich, daß er in absehbarer Zeit den Nobelpreis gewinnen würde; und in einer Plazierungswette, die von einigen amerikanischen Ökonomen veranstaltet wurde, stand er für einige Jahre an der Spitze.

So hatten wir so manchem Oktober mit einer gewissen Beklommenheit entgegengesehen: Würde er in diesem Jahr gewinnen? Aber gerade 1992 fühlten wir uns von solchen Überlegungen gänzlich unbelastet. Der Hauptgrund war, daß Garys Kollegen von der Universität Chicago in den vorangehenden beiden Jahren gewonnen hatten – Ronald Coase 1990 und Merton Miller 1991, der sich den Nobelpreis teilte. Es schien daher höchst unwahrscheinlich, daß man sich zum dritten Mal hintereinander für einen Ökonomen der Universität Chicago entscheiden würde. Und es gab einen noch ernsthafteren Grund, warum wir nicht an den Nobelpreis dachten: Gary hatte sich Anfang Oktober eine schlimme Grippe mit hohem Fieber zugezogen. Sein Arzt drängte auf eine Einlieferung ins Krankenhaus, was wir allerdings beide ablehnten.

An diesem Dienstagmorgen erhob sich Guity schon früh um 5.00 Uhr, um einen Stapel Semesterarbeiten zu korrigieren. Zum Glück schlief Gary zum ersten Mal seit Wochen tief und fest. Guity ging hinunter in die Küche, frühstückte und begann zu arbeiten. Gegen 5:30 klingelte das Telefon, und Guity stürzte zum Telefon, um zu verhindern, daß ein zweites Klingeln Gary womöglich aufweckte. Sie nahm an, daß sich jemand verwählt hatte. Nachdem sie abgenommen hatte, merkte sie, daß es sich nach einem Auslandsgespräch anhörte – wahrscheinlich ein Anruf von ihrer Mutter aus dem Iran. Aber mitten in die Stille hinein fragte eine Stimme auf Englisch: „Dürfte ich wohl mit Professor Gary

Becker sprechen? Es ist ein Anruf aus Schweden." Guity sagte dem Anrufer, daß er noch schliefe. Die Stimme sagte: „Es ist wichtig."

Guity begann zu ahnen, daß es irgendetwas mit den Nobelpreisberatungen zu tun haben mußte, aber wir wußten nicht, daß der Preisträger für Ökonomie an diesem Tag bekanntgegeben werden sollte. Vielleicht wollten sie einfach nur zusätzliche Informationen über irgend jemand anderen? „Gary, wach auf! Da ist ein Anruf aus Schweden!" wiederholte sie mehrmals und versuchte hartnäckig, ihn aus tiefem Schlaf zu wekken. Endlich rappelte er sich auf, ergriff den Hörer und begann zuzuhören. Sein Gesicht blieb unbewegt und verriet nichts darüber, was gesprochen wurde. Schließlich entgegnete er mit einem schwachen Lächeln: „Asser [Lindbeck], bitte danken Sie dem Komitee in meinem Namen für die Ehre, die man mir erwiesen hat." Erst da wurde Guitys Ahnung zur Gewißheit: Gary hatte den Nobelpreis gewonnen. Ihre Reaktion war ein Freudenschrei.

Wenn der Weckruf vom Nobelpreiskomitee kommt

(2. November 1992)

Am Dienstagmorgen, den 13. Oktober, wurde ich um 5:30 von meiner Frau aus tiefem Schlaf geweckt. „Da ist ein Anruf aus Schweden", sagte sie. Ich murmelte, daß sie mich schlafen lassen sollte, aber sie ließ nicht locker. Endlich stand ich auf, um den Anruf entgegenzunehmen, der mein Leben verändern sollte. Die Königliche Schwedische Akademie der Wissenschaften teilte mir mit, daß mir soeben der Nobelpreis für Ökonomie des Jahres 1992 zuerkannt worden war.

Seitdem habe ich einen nicht enden wollenden Strom von telefonischen Gratulationen, Telegrammen und Faxen von Verwandten, Freunden, Möchtegern-Freunden sowie von ehemaligen und gegenwärtigen Studenten erhalten. Obwohl ich nicht gern meine Gefühle zeige, versuchte ich ihnen deutlich zu machen, wie sehr ich mich freute. In Interviews mit Zeitungen, Magazinen und Radio- und Fernsehprogrammen wurde ich gebeten, meine Ideen in allgemeinverständlicher Sprache zu präsentieren; häufig bekam ich zu hören, daß sie sich von selbst verstünden oder daß sie sehr weit hergeholt seien.

Ich bin auch gebeten worden, zu allen möglichen Fragen Stellung zu nehmen. Auf einmal wurde ich als Experte für alles gehandelt. Obwohl dies eine verlockende Vorstellung ist, habe ich – allerdings nicht immer erfolgreich – versucht, mich auf die Gebiete zu beschränken, in denen ich über Fachkenntnisse verfüge.

Früher habe ich mich darüber geärgert, wenn Nobelpreisträger für Ökonomie ihre Auszeichnung als eine Kanzel benutzt haben, von der herab sie Predigten gegen politisch mißliebige Kandidaten vom Stapel ließen. Wenn die Ökonomik beansprucht, eine Wissenschaft zu sein und zu den Gebieten gehören will, für die ein Nobelpreis verliehen werden kann – und ich bin der festen Überzeugung, daß sie dazu gehört –, dann sollte dies ein Grund sein, politische Propaganda zu vermeiden und der Öffentlichkeit einen Eindruck von der wissenschaftlichen Qualität der Ökonomik zu vermitteln.

Blitzeinschlag in Chicago. Eine der mir am häufigsten gestellten Fragen lautet, ob ich überrascht gewesen sei, diese Auszeichnung zu erhalten. Nun – ich wußte, daß ich auf der Liste der Ökonomen stand, die dafür in Betracht kamen. Ich wußte außerdem, daß ich in einer Umfrage unter US-Ökonomen in den letzten Jahren als Favorit galt.

Aber als in diesem Jahr der Auswahltermin näherrückte, glaubte ich nicht die leiseste Chance zu haben. Denn im letzten Jahr ging der Preis an einen Kollegen von der Universität Chicago, Ronald H. Coase; und im Jahr davor teilte sich ein anderer Kollege aus Chicago, Merton H. Miller, die Auszeichnung mit zwei anderen Preisträgern. Da es kaum vorstellbar schien, daß der Preis drei Jahre in Folge nach Chicago gehen würde, schlief ich tief und fest, als der Blitz einschlug.

Ich werde immer wieder gefragt, was wir mit dem Preisgeld tun werden – 1,2 Millionen Dollar, bevor Uncle Sam sich seinen Anteil genehmigt. Die Antwort darauf besteht in einer einfachen Lektion in Ökonomie: Ständig wachsende Bedürfnisse suchen nach neuen Gelegenheiten, sie zu befriedigen. Das erklärt, warum Konsumenten in reichen Ländern sich nicht in größeren Maße zufriedengestellt fühlen als die in armen Ländern. Meine Frau und ich werden nicht die geringsten Schwierigkeiten haben, das Preisgeld auszugeben. Wir wurden schon mit Vorschlägen von Wertpapiermaklern, Autohändlern und anderen überhäuft, die sich sehr freuen, uns bei der Beseitigung etwaiger Unsicherheiten behilflich sein zu können.

Ich gewann den Nobelpreis dafür, daß ich die Methoden der ökonomischen Analyse auf soziale Probleme anwandte, besonders auf die Rassen- und Geschlechterdiskriminierung, auf die Investitionen in Schulbildung und anderes Humankapital, auf die Kriminalität und Bestrafung sowie auf die Gründung, Struktur und Auflösung von Familien. Jedermann gibt zu, daß die meisten Leute auf Kosten und Nutzen reagieren, wenn sie entscheiden, wieviel sie von simplen Gütern wie Früchten, Kleidern und Autos kaufen. Meine These ist, daß dieser common-sense-Gedanke für sämtliche menschlichen Entscheidungen gilt.

Kriminalität und Heirat. Doch gegen manche Implikationen dieser These wird aufs heftigste Widerstand geleistet. Zum Beispiel läßt diese Auffassung darauf schließen, daß auch Kriminelle auf Anreize reagieren, so daß die Kriminalität zunimmt, wenn potentielle Täter glauben, daß sie für Raubüberfälle oder andere Verbrechen keine hohe Strafe zu gewärtigen haben. Diese Analyse geht über eine Botschaft von ‚Recht und Ordnung' weit hinaus, denn sie impliziert auch, daß die Kriminalität ansteigt, wenn reguläre Arbeitsplätze nur schwer zu bekommen sind – vielleicht wegen ausgedehnter Arbeitslosigkeit oder weil Jugendliche die Schule mit unzureichenden Kenntnissen verlassen.

Nach meinem Ansatz heiraten Menschen, wenn sie erwarten, daß sie aus einer Heirat mehr Befriedigung ziehen, als wenn sie alleine blieben und die Suche nach einem geeigneteren Ehepartner fortsetzten. Auch die Zahl der Kinder, die ein Paar bekommt, hängt von den Kosten und dem Nutzen des Großziehens von Kindern ab; deshalb haben Paare tendenziell weniger Kinder, wenn die Frau berufstätig ist und eine gutbezahlte Stelle hat; oder wenn die Subventionen vom Staat in Form von Kindergeld und Steuerfreibeträgen für diejenigen, die darauf angewiesen sind, geringer ausfallen; oder wenn die Kosten der Schul- und Berufsausbildung von Kindern steigen; und so fort.

Ebenso lassen sich Paare scheiden, wenn sie nicht länger davon überzeugt sind, daß sie besser dran sind, wenn sie verheiratet bleiben. Die Scheidungsziffern gehen insbesondere dann nach oben, wenn die Einkünfte der Frauen im Vergleich zu denen der Männer höher sind; der Vorteil für solche Frauen, verheiratet zu bleiben, wird daher kleiner. Und die nicht mehr auf dem Schuldprinzip beruhenden Scheidungsgesetze, die sich allgemein durchgesetzt haben, verschärfen tendenziell die Notlage geschiedener Frauen mit Kindern.

In den vergangenen $6^1/2$ Jahren habe ich in diesen Kolumnen versucht, dieselbe Art der Analyse auf die Politik und auf soziale Fragen von allgemeinem Interesse anzuwenden. Ich hoffe, daß mein Nobelpreis mir nicht suggeriert zu glauben, daß ich auf alles eine Antwort habe; und ich hoffe, daß meine Kolumnen auch weiterhin die zahlreichen sozialen Fragen analysieren können, zu denen die Ökonomik mit ihrer spezifischen Art und Weise, das Alltagsleben zu sehen, etwas Nützliches zu sagen hat.

Ein Kartelljäger, dem ein Licht aufging

(30. Dezember 1991)

Als George Stigler vor einigen Wochen im Alter von 80 Jahren starb, verlor die Welt einen immer noch tätigen, hochkreativen Nobelpreisträger für Ökonomie. Er war ein führender Vertreter der am freien Markt orientierten Chicago-Schule. Seine Ansichten und die seiner Kollegen über Antitrust wurden als ‚Chicago-Ansatz' bekannt und übten seit den frühen 1980er Jahren einen starken Einfluß auf die staatliche Politik und auf Gerichtsentscheidungen aus.

Schon zu einem frühen Zeitpunkt seiner Laufbahn war Stigler ein leidenschaftlicher Vertreter einer Antikartellpolitik. Er forderte die Zerschlagung bestimmter Monopole und die weitgehende Einschränkung von Fusionen, die man für wettbewerbsbeschränkend hielt. Aber diese Haltung veränderte sich radikal in den 1960er Jahren, als er zu der Überzeugung kam, daß eingefleischte Kartellgegner die falschen Prioritäten haben. Statt unbeirrt einer Verbesserung des Wettbewerbs das Wort zu reden, so Stigler, reagieren die Befürworter von Regulierungen auf den politischen Druck, das ‚Big' Business anzugreifen oder zu verteidigen, kleine Firmen zu schützen, und auf Appelle aus der Wählerschaft.

Er sprach sich von nun an für eine minimalistische Antikartellpolitik aus, die außer Preisabsprachen und der Aufteilung von Märkten grundsätzlich alle nicht betrügerischen Geschäftspraktiken zuließ. Nach seiner Auffassung verhindert man monopolistische Praktiken nicht dadurch, daß man die Wirtschaft einer eingehenden Regulierung durch das Justizministerium aussetzt, sondern indem man den inländischen und ausländischen Wettbewerb fördert.

Aber seine Arbeiten zur Kartellpolitik machten nur einen kleinen Teil seiner zahlreichen Beiträge zur ökonomischen Theorie aus. Er war der erste, der systematisch das Unwissen der Konsumenten und Arbeitnehmer über Löhne und Preise analysierte. Seine Schlußfolgerung: Informationen über offene Stellen und über Preise, die von den verschiedenen Anbietern von Gütern in Rechnung gestellt werden, sind nicht kostenlos zu haben: Sie erfordern Zeit und Mühe, sie zu beschaffen. Er lieferte Beiträge zur Theorie der Preisbildung in Kartellen wie der OPEC und untersuchte, in welcher Weise Unternehmen ihre Produktionsmethoden an eine unsichere Nachfragesituation anpassen. Stigler arbeitete auch über den Zusammenhang von steigendem Produktionsvolumen und der zunehmenden Spezialisierung von Arbeitskräften und über die Frage, warum der Nahrungsmittelbedarf für ein paar Pfennige gedeckt werden könnte. Der letztgenannte Aufsatz zeigte, daß praktisch alle Ausgaben für Nahrungsmittel wenig mit den Mindesterfordernissen einer ausreichenden Ernährung zu tun haben und eher dem Wunsch nach Abwechslung und besserem Geschmack entsprechen.

Ein durchdringender Geist. Stigler war kein Elfenbeinturm-Theoretiker, der politischen und praktischen Angelegenheiten aus dem Wege ging, obwohl er mehrere Positionen in Washington ausschlug. Die Entwicklung seines Denkens über Antitrustpolitik zeigt einen offenen und durchdringenden Geist, der das Vertrauen in den Wert der meisten Regulierungen wirtschaftlicher Aktivitäten verlor, selbst wenn sie für die Wirtschaft möglicherweise vorteilhaft waren.

Stiglers gewandelte Auffassungen über die Antitrustpolitik färbte auf seine Einstellung gegenüber anderen Regulierungmaßnahmen ab. 1962 schrieb er mit der Chicagoer Kollegin Claire Friedland einen klassischen Aufsatz über die staatliche Regulierung von Elektrizitätsversorgungsunternehmen. Er stellte darin eine ganz schlichte Frage: Erreichen die verschiedenen staatlichen Regulierungsmaßnahmen ihr angestrebtes Ziel, die Kosten für Elektrizität zu senken? Nachdem er die empirischen Daten studiert hatte, sprachen Stigler und Friedland von ihrer „Unfähigkeit, irgendwelche signifikanten Effekte der Regulierungen von Elektrizitätsversorgungsunternehmen zu finden". Ihre Studie über die Regulierungen von Aktienemissionen durch die Börsenaufsichtskommission kam zu einem ähnlichen Ergebnis.

Obwohl die spätere Forschung einige ihrer Ergebnisse in Frage stellte, hielten sie einer strengen Überprüfung in den meisten Fällen gut stand. Diese Untersuchungen brachten eine umfangreiche Literatur hervor, die prüfte, ob die tatsächlichen Auswirkungen der Bürgerrechtsgesetze, der Wohlfahrtsprogramme und zahlloser anderer Gesetze sich mit ihren beabsichtigten Zielen decken.

Stigler stellte aber eine noch tiefergehende Frage: Worauf zielen die verschiedenen Regulierungen wirklich? Seine Antwort: Die meisten Behörden und Regelungsinstanzen werden von den regulierten Unternehmen selbst ‚vereinnahmt', die auf Kosten der Öffentlichkeit häufig Hilfe erhalten.

Ein dauerhaftes Vermächtnis. Er zeigte zusammen mit seinen Schülern, daß die alte Zivilluftfahrtbehörde die Einführung jeder neuen zwischenstaatlichen Fluggesellschaft verhinderte; daß die Regulierung des Lkw-Transports die Gütertransportkosten erhöhte; und daß die Umweltpolitik nicht selten die kleineren Betriebe und Firmen in den Südweststaaten der USA benachteiligte. Im wesentlichen argumentierte

Stigler, daß Regulierungen die Dinge häufig dadurch schlimmer machen, daß sie den Wettbewerb beschränken.

Stiglers Werk trug in bedeutendem Maße zu der von vielen geteilten Desillusionierung über eine zentralstaatlich vorgenommene Lenkung und Regulierung des wirtschaftlichen Lebens bei. Sozialismus, zentrale Planwirtschaft und andere Zielvorstellungen der 1940er und 1950er Jahre klangen gut auf dem Papier, haben sich aber in der Praxis nicht bewährt. Und dies nicht wegen des Anfängerarguments, daß der ‚wahre' Sozialismus und die ‚wahre' Planwirtschaft noch niemals versucht worden seien; denn es ist ein verheerender konstruktionsbedingter Mangel, wenn ein System es politischen Überlegungen erlaubt, wirtschaftliche zu dominieren. Der entscheidende Vorteil marktorientierter Systeme ist, daß sie die Macht der Zentralregierungen [Washingtons] dieser Welt auf einzelnde Geschäftsleute, Arbeitnehmer und Konsumenten verteilen.

George Stigler verfaßte seine bleibenden Beiträge zur Analyse der öffentlichen Regulierung und zur ökonomischen Theorie in einem ansprechenden, humorvollen und lebendigen Stil, mit intellektueller Wahrhaftigkeit und einer selten anzutreffenden Generosität. Es gibt in jeder Generation nur wenige solche intellektuellen Kapazitäten. Ich sehe es als ein großes Privileg an, mit ihm mehrere Aufsätze geschrieben zu haben und ihn unter meine engsten Freunde zählen zu können. Die ökonomische Profession, die Universität Chicago und besonders seine Freunde vermissen bereits schmerzlich diesen ‚unregulierten Ökonomen' – so der treffende Titel seiner Memoiren.

Warum wir nicht ohne Ökonomen leben können

(2. Februar 1987)

Witze über die Unzulänglichkeiten von Ökonomen sind kaum zu zählen. Der Grund ist einfach. Wirtschaft und Staat benötigen Führung, für die nur die Ökonomen sorgen können: Sie prognostizieren insbesondere Inflation, Beschäftigung und Produktion sowie die Auswirkungen einer Steuerreform, der Haushaltsdefizite und anderer Ereignisse, die auf die wirtschaftliche Zukunft Einfluß haben. Allerdings – und das ist die Quelle sowohl der Witze als auch der Kritik – sind solche Voraussagen oft unzuverlässig. Tatsache ist, daß die Ökonomen bei der Voraussage kurzfristiger Veränderungen in der Wirtschaft nur dürftige Erfolge vorweisen können.

Die kürzlich zuende gegangene Jahrestagung der American Economic Association in New Orleans beleuchtete schlaglichtartig den gegenwärtigen Stand des Denkens über die Grenzen und Errungenschaften der Profession. Die 6.000 anwesenden Mitglieder konnten zwischen über 100 Sitzungen zu zahlreichen Themen wählen. Die Treffen zur Makroökonomik, die sich mit der Inflation, mit Veränderungen in der Gesamtmenge der Produktion und mit der Beschäftigung in einer Volkswirtschaft befaßt, hatten den meisten Zulauf – unabhängig davon, ob die sich in weitschweifigen Ausführungen ergehenden Referenten nun Keynesianer, Monetaristen, Theoretiker der rationalen Erwartungen oder Angebotstheoretiker waren.

Die einander widersprechenden Auffassungen in der Makroökonomik spiegelten sich im Ausmaß der Meinungsverschiedenheiten, die bei diesen Sitzungen zutage traten. In einem Gremium analysierten vier hervorragende Ökonomen die Auswirkungen des Bundeshaushaltsdefizits auf die Wirtschaft. Ihre Schlußfolgerungen umfaßten ein ganzes Spektrum von Voraussagen: Es habe kaum Auswirkungen, es habe leicht ungünstige Auswirkungen, und es habe beträchtliche negative Auswirkungen. Leider ist die verfügbare empirische Evidenz zu wenig aussagekräftig, um eine Wahl zwischen diesen Ansichten treffen zu können. Meine eigene Auffassung ist – und ich bin kein Spezialist der Makroökonomik –, daß selbst hohe Defizite einer Wirtschaft nicht schaden, wenn sie nur wenige Jahre andauern.

Das verkannte Spezialgebiet. Mein Fachgebiet ist die Mikroökonomik. Diese Disziplin untersucht, wie Konsumenten, Produzenten und andere Teilnehmer am Wirtschaftsgeschehen solche wirtschaftlichen Fragen entscheiden wie die, was man kaufen, wieviel man sparen, wo man arbeiten und wie viele Stunden man bei einem gegebenen Lohn arbeiten soll. Obwohl auch die Mikroökonomik ihr Scherflein zu den Meinungsverschiedenheiten beiträgt, stimmen die Ökonomen im allgemeinen ihrer grundlegenden Annahme zu – und sie haben substantielle empirische Daten, die ihre Auffassung stützen: Marktteilnehmer treffen rationale Entscheidungen. Die Mikroökonomik zieht zwar weniger Medieninteresse auf sich als die Makroökonomik, doch sie hat in den letzten 10 Jahren erstaunliche praktische Erfolge erzielt.

Zu diesen Erfolgen gehören die Deregulierungsbewegung in der Industrie und verschiedene andere Punkte. Ich werde mich jedoch auf zwei Themen beschränken, die auf dem jüngsten Treffen der AEA im Mittelpunkt standen: das Geldwesen und das Recht.

Eine Revolution im Denken, die in den Jahren nach 1950 eingeleitet wurde, ersetzte ad-hoc-Annahmen über Finanzfragen durch Modelle der rationalen Wahl. Eines der Modelle erklärt zum Beispiel, wie Investoren die Art der in ihrem Portfolio gehaltenen Wertpapiere festlegen, indem sie die Unterschiede zwischen erwartetem Ertrag und erwartetem Risiko analysieren und bewerten. Verwandte Modelle werden eingesetzt, um die Auswirkungen der Schulden einer Firma auf die Kurse der Stammaktien zu analysieren und um den Einsatz von Optionen und Arbitrage-Geschäften anzuleiten.

Als Ergebnis dieser Bemühungen sind die intellektuellen Grundlagen des Geldwesens in einem mikroökonomischen Rahmen neu formuliert worden. Dieser Ansatz beherrscht jetzt die Lehre in der Finanzwissenschaft. Er findet auch Eingang in das Management von Investmentgesellschaften und beeinflußt das Verhalten von Geschäfts- und Investmentbanken und anderer Finanzdienstleister.

Juristischer Einfluß. Die Strömung der ökonomischen Theorie des Rechts wurde von akademischen Ökonomen und Juristen ins Leben gerufen, die der Auffassung waren, daß die ökonomische Analyse die Antitrustpolitik beträchtlich verbessern könne. Sie hat sich dann auf alle anderen juristischen Bereiche ausgedehnt und hat auch die juristische Praxis durchdrungen. Die mikroökonomischen Analysen juristischer Entscheidungen haben rapide zugenommen, auch weil Rechtsgelehrte und Ökonomen wie Robert H. Bork, Frank H. Easterbrook und Richard A. Posner aus der Wissenschaft auf den Richterstuhl wechselten.

Die Mikroökonomik hat mit großem Erfolg auch das Denken über das Strafrecht verändert. Das Denken über die Kriminalgerichtsbarkeit in den 1950er und 1960er Jahren war durch Behauptungen beherrscht, daß Kriminelle durch Bestrafung nicht abgeschreckt werden können, weil sie geisteskrank oder der Gesellschaft entfremdet seien. Der mikroökonomische Ansatz nimmt dagegen an, daß die meisten Kriminellen unter den für sie gegebenen Umständen rationale Wahlen treffen. Diese Auffassung hat die Politik und die richterliche Entscheidungsfindung während der letzten 10 Jahre erheblich beeinflußt. Feindselige Reaktionen gegen Richter und Mitglieder der Legislative, die dem Verbrechen gegenüber als zu nachgiebig galten, und das Wiederaufleben der Todesstrafe signalisieren, daß die mikroökonomische Interpretation des kriminellen Verhaltens viele Anhänger gewonnen hat.

Diese Diskussion macht verständlich, warum Ökonomen in der Politikberatung und in der Analyse von wirtschaftlichen Entscheidungen eine so beherrschende Rolle spielen. Meine Betonung der bedeutenden praktischen und theoretischen Errungenschaften der Mikroökonomik sollte nicht nahelegen, daß die Makroökonomik stagniert. Die heutigen beträchtlichen Meinungsverschiedenheiten unter den Makroökonomen sind weit fruchtbarer als die Übereinstimmung über ein unrealistisches

Modell der Wirtschaft, wie sie in den 1940er und 1950er Jahren anzutreffen war.

Trotz der Errungenschaften der Ökonomik verlangt die Öffentlichkeit von ihr mehr, als sie zur Zeit liefern kann – besonders von der Makroökonomik. Diese Spannung zwischen dem, was die Öffentlichkeit möchte, und dem, was die Ökonomen leisten können, erklärt, warum Ökonomen zur gleichen Zeit zur Zielscheibe des Spotts werden, zu der sie vom Staat, von der Wirtschaft und von den Medien umworben werden.

Anmerkungen

1 Adam Smith, *Der Wohlstand der Nationen*. Hrsg. von Horst Claus Recktenwald. München: Deutscher Taschenbuch Verlag 1978, 5. Buch, 1. Kapitel, 3. Teil, Abschnitt 3.

2 Richard Layard und Stephen Nickell: *Unemployment in Britain*. London: Center for Labour Economics 1981.

3 George Borjas: *Friends or Strangers: The Impact of Immigrants on the US-Economy*. New York: Basic Books 1990.

4 Richard B. Freeman: *The Overeducated American*. London: Academic Press 1976.

5 Coleman, James S.; Hoffer, Thomas; Kilgore, Sally: *High School Achievement. Public, Catholic and Private Schools Compared*. New York: Basic Books 1982.

6 Gary S. Becker: *A Treatise on Family*. Cambridge, MA: Harvard University Press 1981. Enlarged Edition 1993.

7 Lenore J. Weitzman: *The Marriage Contract. Spouses, Lovers, and the Law*. New York: Free Press 1981.

8 Charles S. Murray und Richard B. Herrnstein: *The Bell Curve*. New York: Free Press 1996.

9 Gary S. Becker: *The Economics of Discrimination*. Chicago: Chicago University Press 1971.

10 Gunnar Myrdal: *An American Dilemma*. New York: Harper & Brothers 1944.

11 Robert Eisner: *The Total Incomes System of Accounts*. Chicago: Chicago University Press 1981.

12 James Q. Wilson und Richard B. Herrnstein: *Crime and Human Nature*. New York: Simon & Schuster 1986.

13 Karl A. Menninger: *The Crime of Punishment*. New York: Viking Press 1968.

14 Robert H. Bork: *The Antitrust Paradox: A Policy at War with Itself*. New York: Free Press 1992.

15 Adolf A. Berle Jr. und Gardiner C. Means: *The Modern Corporation & Private Property*. New York: Macmillan 1932.

16 Mary Ellen Hombs und Mitch Snyder: *Homelessness in America: A Forced March to Nowhere*. Washington: Community for Creative Non-Violence 1983.

17 Christopher Jencks: *The Homeless*. Cambridge, MA: Harvard University Press 1994.

18 Tweedledum und Tweedledee neigen auf der Grundlage schönster Einigkeit zu heftigen Raufhändeln untereinander. Vgl. Lewis Carroll: *Alice hinter den Spiegeln*. Frankfurt am Main: Insel 1963, Kap. 4.

19 Als ‚liberal' gelten in den USA politische Gruppierungen und Programme, die nach europäischen Begriffen eher dem sozialdemokratischen Spektrum zugerechnet werden. Daher ist der Ausdruck ‚liberal' hier durchgängig mit ‚[sozial-]liberal' übersetzt.

20 Vgl. dazu Anmerkung 19 und die Fußnote auf Seite 56.

21 Stephen L. Carter: *Reflections of an Affirmative Action Baby*. New York: Basic Books 1992.

22 Paul Kennedy: *Aufstieg und Fall der großen Mächte. Ökonomischer Wandel und Konflikt von 1500 bis 2000*. Frankfurt am Main: Fischer 1989.

23 Diese Vorlesung ist in deutscher Sprache zugänglich unter dem Titel *Die ökonomische Sicht menschlichen Verhaltens*, in Gary S. Becker: *Familie, Gesellschaft und Politik – die ökonomische Perspektive*. Hrsg. von Ingo Pies. Tübingen: Mohr (Siebeck) 1996, S. 21-49.

24 Charles T. Clotfelter: *Federal Tax Policy and Charitable Giving*. Chicago: Chicago University Press 1985.

25 Robert H. Bork: *The Tempting of America*. New York: Free Press 1990.

26 William H. Hutt, *The Economics of the Colour Bar*. London: André Deutsch 1964.

27 G. Warren Nutter: *The Growth of Industrial Production in the Soviet Union*. Princeton: Princeton University Press 1962.

28 Claes Brundenius: *Revolutionary Cuba*. Boulder: Westview Press 1984.

29 Dies ist eine Anspielung Beckers auf Charles Dickens, *A Tale of Two Cities (Eine Geschichte aus zwei Städten)*. Dt.: Frankfurt am Main: Insel 1987.

30 Vaclav Klaus: *Signale aus dem Herzen Europas. Ausgewählte Beiträge zur Gesellschafts- und Wirtschaftspolitik nach der Wende in der Tschechoslowakei*. Wiesbaden: Gabler 1991.

31 Smith, Adam: *Theorie der ethischen Gefühle*. Hrsg. von Walter Eckstein. Hamburg: Meiner 1994.

32 Marquis Childs: *Sweden: The Middle Way* (1936). New Haven: Yale University Press 1980.

33 Zum Problem der Handelsbeschränkungen im Interesse der Produzenten vgl. Adam Smith: *Der Wohlstand der Nationen* (s. Anm. 1), Viertes Buch.

34 Thomas Malthus: *An Essay on the Principles of Population* (1798). Ed. by G. Gilbert. Oxford: Oxford University Press 1993.

35 Committee on Science, Engineering, and Public Policy (Ed:): *Policy Implications of Greenhouse Warming*. Washington, D.C.: National Academy Press 1992.

36 Paul R. Ehrlich: *The Population Bomb*. New York: Ballantine Books 1968.

37 William S. Jevons: *The Coal Question*. London und Cambridge 1865.

38 Charles Maurice und Charles W. Smithson: *The Doomsday Myth*. Stanford, CA.: Stanford University Press und Hoover Institution Press 1984.

Danksagungen

Wieder einmal leistete Myrna Hieke wertvolle und vielfältige Hilfe bei der Vorbereitung des Manuskripts für den Verlag. Jamie Johnson erstellte das Register und war uns auch sonst behilflich. Unser guter Freund Richard Stern machte ausgezeichnete Verbesserungsvorschläge für den einleitenden Essay.

Wir danken McGraw-Hill, besonders Susan Barry, Pattie Amoroso und Danielle Munley, für gute Zusammenarbeit und Unterstützung.

Namenregister

Stichwortregister